AF149300

Kontaktadresse nach EU-Produktsicherheitsverordnung:
produktsicherheit@fischerverlage.de

Seit 1945 war die deutsche Geschichte über 40 Jahre lang die Geschichte einer geteilten Nation. Am Beginn stand die Spaltung als Folge der Niederlage des Dritten Reiches und die Entfremdung der Siegermächte im Ost-West-Konflikt. Es folgten Jahrzehnte der Konfrontation, in denen zwei deutsche Staaten existierten, die gezwungen waren, im Kalten Krieg getrennte Wege zu gehen. Seit 1990 ist Deutschland wieder vereint, zwar territorial geschmälert um die ehemaligen Gebiete jenseits von Oder und Neiße, jedoch integriert und akzeptiert in einem Europa, das alte Gräben zu überwinden trachtet und neue Brücken schlägt – in den Westen ebenso wie in den Osten.

In den Kernelementen ihrer Verfassungs- und Gesellschaftsordnung, den außenpolitischen Eckpfeilern von Westbindung und europäischer Integration sowie in den Wesenszügen ihrer Eliten und politischen Kultur reicht die »Bonner Republik« tief in die sich derzeit ausbildende »Berliner Republik« hinüber und bildet damit die Grundlage der künftigen Entwicklung Deutschlands.

Görtemaker schildert in seinem Buch ebenso sachkundig wie anschaulich den Weg der Bundesrepublik vom Ende des Dritten Reiches bis zu den Jahren der Vereinigung. Neben der Schilderung der Ereignisse und Persönlichkeiten, welche die Bundesrepublik geprägt haben, erörtert er immer wieder die Frage nach den bestimmenden Strukturen, Kräften und Tendenzen der Bonner und Berliner Republik. Seine »Kleine Geschichte ...« bietet eine glänzend formulierte Einführung, die Politik und Wirtschaft, Kultur und Gesellschaft gleichermaßen berücksichtigt.

Manfred Görtemaker, geboren 1951, studierte Geschichte, Politikwissenschaften und Publizistik in Münster und Berlin. Er wurde 1990 an der FU Berlin habilitiert und ist seit 1992 Professor für Neuere Geschichte an der Universität Potsdam.

Für sein großes Standardwerk »Geschichte der Bundesrepublik Deutschland« (Fischer Taschenbuch Bd. 16043) erhielt er 1999 den Hans-Franzen-Preis der Mainzer Akademie der Wissenschaften und Literatur.

Im S. Fischer Verlag ist darüberhinaus lieferbar »Thomas Mann und die Politik«.

Unsere Adressen im Internet: www.fischerverlage.de
www.hochschule.fischerverlage.de

Manfred Görtemaker

Kleine Geschichte der Bundesrepublik Deutschland

Fischer Taschenbuch Verlag

3. Auflage

Lizenzausgabe
2024 S. Fischer Verlag GmbH,
Hedderichstr. 114, 60596 Frankfurt am Main

© Verlag C.H.Beck oHG, München 2002
Gedruckt mit freundlicher Genehmigung
der C.H.Beck oHG, München
Printed in Germany
ISBN 978-3-596-16039-6

Inhalt

Vorwort

Die deutsche Geschichte nach 1945 war über vierzig Jahre lang die Geschichte einer geteilten Nation. Am Beginn stand die staatliche Spaltung als Folge der Niederlage des Dritten Reiches und der Entfremdung der Siegermächte im Ost-West-Konflikt. Es folgten Jahrzehnte der Konfrontation, in denen zwei deutsche Staaten existierten, die gezwungen waren, im Kalten Krieg getrennte Wege zu gehen: die Bundesrepublik Deutschland mit der Rückendeckung der Westmächte und dem dynamischen Schub einer freien Marktwirtschaft, die den Aufbau einer stabilen parlamentarischen Demokratie und eines prosperierenden Sozialstaates in einem sich integrierenden Westeuropa erlaubte; die Deutsche Demokratische Republik im Schatten der repressiven Sowjetunion und unter dem Druck einer Parteidiktatur, die weder freie Wahlen noch größeren innen- oder außenpolitischen Spielraum zuließ.

Erst die innere Aufweichung der kommunistischen Regime Osteuropas, die durch den Machtantritt Michail Gorbatschows in der Sowjetunion 1985 maßgeblich gefördert wurde, schuf die Voraussetzungen für einen Wandel, der mit der »Wende« von 1989 auch die DDR erfasste. Das Wirken der Bürgerbewegungen, Massenflucht und Massendemonstrationen zwangen eine hilflose und von der Sowjetunion allein gelassene SED-Führung, die Mauer zu öffnen und ein freies Votum der Bevölkerung über ihre Zukunft zu akzeptieren. Die Wahlen zur Volkskammer vom 18. März 1990 sowie die Entscheidung des ersten frei gewählten Parlaments der DDR vom 23. August 1990 über den Beitritt der fünf neuen Länder Ostdeutschlands zum Geltungsbereich des Grundgesetzes waren Marksteine auf dem Weg zur deutschen Wiedervereinigung, die am 3. Oktober 1990 Wirklichkeit wurde.

Seit 1990 ist Deutschland wieder vereint, zwar territorial geschmälert um die ehemaligen deutschen Gebiete jenseits von Oder und Neiße, jedoch integriert und akzeptiert in einem Europa, das alte Gräben zu überwinden trachtet und neue Brücken schlägt – im Westen ebenso wie nach Osten. Die Umstände der Wiedervereinigung nach Artikel 23 GG ließen das ehemalige »Provisorium« Bundesrepublik zum strukturbildenden Kontinuum der deutschen Nachkriegsgeschichte werden, während die DDR – von deutschen Kommunisten gemeinsam mit Stalin ins Werk gesetzt und von der Sowjetunion vierzig Jahre lang am Leben erhalten, aber vom überwiegenden Teil der Bevölkerung ungeliebt und abgelehnt – Episode blieb.

Tatsächlich hat die Bundesrepublik, im Gegensatz zur DDR, von Anfang an eine eigene Legitimität entwickelt, die mit der Wiedervereinigung noch gewachsen ist. Sie hat sich nicht nur über ein halbes Jahrhundert hinweg als »Bonner Republik« bewährt, sondern reicht in den Kernelementen ihrer Verfassungs- und Gesellschaftsordnung, den außenpolitischen Eckpfeilern von Westbindung und europäischer Integration sowie den Wesenszügen ihrer Eliten und politischen Kultur nach der Verlegung des Regierungssitzes vom Rhein an die Spree in die »Berliner Republik« hinüber und bildet damit zugleich die Grundlage der künftigen Entwicklung Deutschlands.

Das vorliegende Buch unternimmt den Versuch, diese Geschichte nachzuzeichnen. Es versteht sich nicht als Beschreibung einer abgeschlossenen Epoche, sondern als Zwischenbilanz. Zu fragen ist insbesondere, wodurch die Bundesrepublik über mehr als fünfzig Jahre hinweg eine so erstaunliche Stabilität erlangt hat, dass sie – nach den vorangegangenen Brüchen der deutschen Geschichte des 19. und 20. Jahrhunderts – über die Wende von 1989/90 hinaus eine geradezu natürliche Kontinuität bewies. Zu fragen ist aber auch, wie sich die Veränderungen auswirken werden, die sich nicht nur in Deutschland selbst, sondern vor allem jenseits der nationalen Grenzen mit der Einführung einer gemeinsamen europäischen Währung, der Osterweiterung der Europäischen Union, der Globalisierung von Politik und Wirtschaft sowie der weitgehenden Öffnung der Grenzen am Beginn des neuen Jahrtausends ergeben.

1. Das Erbe Hitlers

Mit der Kapitulation der deutschen Wehrmacht am 8. Mai 1945 im Hauptquartier General Eisenhowers in Reims und am 9. Mai im sowjetischen Hauptquartier in Berlin-Karlshorst ging in Europa der Zweite Weltkrieg zu Ende. Zwar amtierte die deutsche Regierung unter Großadmiral Dönitz in Flensburg-Mürwick noch bis zum 23. Mai weiter. Doch alle Kampfhandlungen wurden eingestellt. Das Deutsche Reich bestand nicht mehr. Weite Teile Europas waren verwüstet, die meisten Städte Deutschlands nur noch Trümmerhaufen. Hitler hatte hoch gepokert und verspielt, wie General de Gaulle eine Woche nach Unterzeichnung der Kapitulationsurkunde in einer Rede vor der französischen Assemblée Consultative feststellte: »Deutschland, in seinem Traum von der Herrschaft bis zum Fanatismus hingerissen, hat den Krieg so geführt, daß der Kampf materiell, politisch und moralisch ein totaler Kampf war. Der Sieg musste daher ein totaler Sieg sein. Das ist geschehen. Insofern sind der Staat, die Macht und die Doktrin, ist das Deutsche Reich zerstört.«

Hitler selbst hatte es nicht anders gewollt. Bereits in *Mein Kampf* hatte er Mitte der zwanziger Jahre prophezeit, Deutschland werde »entweder Weltmacht oder überhaupt nicht sein«. Da die Welteroberung nicht gelungen war, schien die eigene Vernichtung jetzt nur konsequent. In einer Einschätzung der Folgen des bevorstehenden Endes hatte Hitler im März 1945 gegenüber Albert Speer dazu noch einmal ausdrücklich erklärt: »Wenn der Krieg verloren geht, wird auch das Volk verloren sein. Dieses Schicksal ist unabwendbar.« Es sei nicht notwendig, so Hitler nach Speers Überlieferung, »auf die Grundlagen, die das Volk zu seinem primitivsten Weiterleben braucht, Rücksicht zu nehmen«. Es sei im Gegenteil sogar besser, »diese Dinge selbst zu zerstören«, denn das deutsche Volk habe sich »als das schwächere erwiesen«.

Zwar mochten sich die Gegner Hitlers dessen radikaler, bis zur Selbstzerstörung reichender sozialdarwinistischer Denk- und Betrachtungsweise nicht völlig anschließen. Doch in dem Maße, in dem Deutschland nicht nur einen Krieg um Macht und Einfluss führte, um dem Reich eine hegemoniale Sonderstellung in Europa zu verschaffen, sondern einen hemmungslosen völkischen Ausrottungsfeldzug startete, um die eroberten Gebiete zu »germanisieren«, nahmen auch die Kriegsziele der Alliierten einen qualitativ neuen Charakter an. Während es in der Atlantik-Charta vom 12. August 1941 noch geheißen hatte, Ziel sei »die endgültige Zerstörung der Nazityrannei«, um einen Frieden zu erreichen, der die Gewähr dafür biete, »daß alle Menschen in allen Ländern der Welt ihr Leben frei von Furcht und Mangel leben können«, wurde auf der Konferenz von Casablanca am 24. Januar 1943 vom amerikanischen Präsidenten Franklin D. Roosevelt mit Zustimmung des britischen Premierministers Winston Churchill bereits die Forderung nach »bedingungsloser Kapitulation« (*unconditional surrender*) erhoben. Damit wurde nicht nur eine militärische Übergabe – wie im herkömmlichen Völkerrecht –, sondern eine staatlich-politische Gesamtkapitulation verlangt, bei der die Siegermächte sich das Recht vorbehielten, eine Friedensregelung nach eigenem Gutdünken ohne Mitsprachemöglichkeit des Besiegten zu treffen. Dementsprechend hieß es in der Kapitulationsurkunde vom 8./9. Mai 1945, Deutschland müsse sich »allen Forderungen, die ihm jetzt oder später auferlegt werden«, vorbehaltlos unterwerfen. Deutschland war zum Spielball der Alliierten geworden.

Mindestens 55 Millionen Menschen, unter ihnen 25 Millionen Zivilisten, hatten durch Krieg, Terror und Verbrechen der nationalsozialistischen Gewaltherrschaft ihr Leben verloren. Allein elf Millionen, davon fünf bis sechs Millionen Juden, waren in Konzentrations- und Vernichtungslagern ermordet worden. Insgesamt über 15 Millionen hatte man aus politischen, religiösen und rassischen Gründen dorthin verschleppt. Das menschliche Leid, aber auch die materiellen Zerstörungen, die auf das Konto der Nationalsozialisten gingen, waren ohne Beispiel. Vor allem Polen und die Sowjetunion waren betroffen. Kein historischer Vergleich erscheint angemessen, dem industrialisierten Massenmord des Dritten Reiches einen Maßstab oder eine Perspektive zu geben. Das Verbrechen war einzigartig.

Unter den Opfern befanden sich auch 7,8 Millionen Deutsche: vier Millionen Soldaten und 3,8 Millionen Zivilisten. Ungleich mehr waren verkrüppelt oder durch Krankheit für immer gezeichnet. Viele Millionen lebten in Trümmern. In den Großstädten war mehr als die Hälfte des Wohnraumbestandes von 1939 durch die alliierten Flächenbombardements und die Kämpfe bei der Besetzung Deutschlands zerstört. Bereits bis Ende 1946 strömten zudem etwa 5,6 Millionen Flüchtlinge und Vertriebene in die drei westlichen Besatzungszonen. Ihre Zahl stieg bis 1950 auf 7,5 Millionen. Am Ende waren es über 12 Millionen. Die Bevölkerung auf dem Territorium der drei Westzonen wuchs dadurch bereits 1945/46 um 12 Prozent auf 44 Millionen an, wobei den 13,7 Millionen Haushaltungen nur 8,2 Millionen Wohnungen gegenüberstanden, die oft noch Kriegsschäden aufwiesen. Da es sich hierbei um Durchschnittszahlen handelt, die auch die Situation auf dem Lande und in kleineren Orten einschließen, wo die Wohnverhältnisse wesentlich besser waren als in den Städten, lässt sich ermessen, wie die Lebensverhältnisse vieler Menschen aussahen. Oft blieb nur die Wahl zwischen einem provisorischen Lagerleben und vagabundierender Obdachlosigkeit. Wer das Glück hatte, über eine eigene, einigermaßen intakte Wohnung zu verfügen, konnte sicher sein, dieses Glück bald mit anderen teilen zu müssen: Einquartierungen waren an der Tagesordnung. Entsprechend überbelegt war der verfügbare Wohnraum – mit allen daraus resultierenden Einschränkungen für die Betroffenen, denen nichts anderes übrig blieb, als in der Stunde der Not enger zusammenzurücken.

Weitere Erschwernisse ergaben sich durch Engpässe bei der Versorgung mit Energie und Nahrungsmitteln. Das Transportwesen war durch die Bombardierungen – vor allem im letzten Kriegsjahr – und den Stillstand der Wirtschaft nach 1945 fast völlig zusammengebrochen. Soweit in der Landwirtschaft überhaupt schon wieder etwas angebaut wurde, gelangte es meist nicht direkt zu den Verbrauchern in den Städten, sondern verblieb auf dem Lande, wo es von den Kunden selbst im Tauschhandel erworben werden musste: »Hamstern« wurde zum Überlebenskampf, der Schwarzmarkt blühte. Gas und Elektrizität waren aufgrund zerstörter Produktionsanlagen und geborstener Leitungen zunächst ebenfalls kaum vorhanden. Dunkelheit und Kälte untergruben Lebensmut und Gesundheit der Menschen ebenso sehr wie der Hunger und die verzweifelte Suche nach Nahrung, die vor allem in den Städten den Alltag beherrschte. Die 1936 vom Völkerbund verabschiedeten Richtsätze, wonach ein Mensch selbst bei völliger Ruhe 1600 Kalorien pro Tag benötigte und bei achtstündiger Arbeitszeit wenigstens 3000, wurden in Deutschland erst 1948 wieder annähernd erreicht. Untergewicht, erhöhte Anfälligkeit für Krankheiten und die Gefahr von Seuchen waren die unausweichliche Folge.

Besonders schlecht erging es den Flüchtlingen und Vertriebenen. Schon ihre hohe Zahl machte eine angemessene Unterbringung und Versorgung in dem zerstörten Land unmöglich. Von einer überforderten Verwaltung auf Städte und Landgemeinden verteilt und dort zumeist in provisorischen Lagern untergebracht, waren sie oft über Jahre hinweg auf Unterstützung durch Wohlfahrtsorganisationen angewiesen, ehe ihre Eingliederung in Arbeitswelt und Gesellschaft gelang. Dem Verlust von Heimat, Besitz und Beruf folgte so die langjährige soziale Entwurzelung, die nach dem Leidensweg von Vertreibung und Flucht eine zusätzliche, oft schwer erträgliche Härte bedeutete.

Die Deutschen zahlten somit für die Politik ihrer verbrecherischen Führung ebenfalls einen hohen Preis. Aber sie waren nicht nur Opfer, sondern auch Täter. Anders als nach dem Ersten Weltkrieg, der trotz der in Artikel 231 des Versailler Vertrages behaupteten deutschen »Alleinschuld« nicht von den Deutschen allein ausgelöst worden war – obwohl sie ihn durch ihren »Griff nach der Weltmacht« (Fritz Fischer) maßgeblich mitverursacht hatten –, stand ihre Schuld diesmal außer Frage. Hinzu kamen das Ausmaß und die Ungeheuerlichkeit der Verbrechen, die unter dem NS-Regime verübt worden waren. Eine schonende Behandlung durch die Siegermächte wäre somit nicht als Ausdruck der Menschlichkeit, sondern als Belohnung für begangene Untaten erschienen.

Bereits im Vorfeld der Konferenz von Teheran hatte deshalb Präsident Roosevelt im Oktober 1943 gegenüber seinem Außenminister Cordell Hull erklärt, dass er in Bezug auf Deutschland »entschieden für eine Aufteilung in drei oder mehr staatsrechtlich völlig unabhängige Staaten« sei, denen »jede militärische Betätigung, einschließlich der Ausbildung von Soldaten, und jegliche Rüstungsindustrie verboten werden« solle. Ostpreußen solle von Deutschland abgetrennt, alle »gefährlichen Elemente« der Bevölkerung sollten »zwangsweise ausgesiedelt« werden. Außerdem, so Roosevelt, solle Deutschland »Reparationen in Arbeitskräften und industriellen Ausrüstungen« leisten. Der britische Außenminister Anthony Eden äußerte sich wenig später ganz ähnlich. Auf einer Außenministerkonferenz der USA, Großbritanniens und der Sowjetunion vom 18. bis 30. Oktober 1943 in Moskau, die der Vorbereitung des Gipfeltreffens der »Großen Drei« in Teheran diente, ließ er verlauten, seine Regierung sehe »den Fortbestand eines geeinten Deutschland nicht gerne, sondern zöge eine Aufteilung in verschiedene getrennte Staaten vor, insbesondere ein abgetrenntes Preußen«. Sie werde deshalb »jede separatistische Strömung in Deutschland unterstützen«. Der sowjetische Außenminister Wjatscheslaw Molotow bemerkte an gleicher Stelle pauschal, die UdSSR gebe »allen Maßnahmen ihre volle Zustimmung, die Deutschland für die Zukunft unschädlich machen«.

Auf der Teheraner Konferenz vom 28. November bis 1. Dezember 1943 wurde diese Linie bestätigt. Da das Kriegsende noch in weiter Ferne lag, verzichtete man zwar darauf, konkrete Beschlüsse zu fassen. Es wurde aber deutlich, dass die Sowjetunion und die Westmächte nicht nur die vollständige und dauerhafte Entwaffnung Deutschlands sowie die Zerstörung seines wirtschaftlichen Kriegspotenzials anstrebten, sondern auch die Beseitigung sämtlicher organisatorischen Erscheinungsformen des Nationalsozialismus und die Ausrottung aller Wurzeln des deutschen Militarismus. Diejenigen Deutschen, die Verbrechen gegen die Menschlichkeit begangen oder an der Vorbereitung, Auslösung und Durchführung des Angriffskrieges mitgewirkt hatten, sollten ausfindig gemacht und bestraft werden. Zu diesem Zweck wurde eine militärische Besetzung durch die Siegermächte auf unbestimmte Zeit für notwendig gehalten.

Bei der Frage der territorialen Zerstückelung, die in Teheran ebenfalls im Prinzip noch unstrittig war, wichen die Meinungen jedoch bald voneinander ab. Insbesondere Churchill und die britische Regierung gelangten bereits 1944 zunehmend zu der Einsicht, daß vielleicht schon in Kürze ein einheitliches Deutschland als Gegengewicht gegen eine übermächtige Sowjetunion auf dem europäischen Kontinent benötigt werde. So erklärte Churchill im Mai 1944, dass die Beziehungen zur Sowjetunion nach der Niederlage Deutschlands keinen wirklichen Frieden, sondern lediglich »einen verlängerten Waffenstillstand« erlauben würden. In einer Lagebeurteilung des britischen Generalstabs zur voraussichtlichen Entwicklung nach dem Ende der Feindseligkeiten hieß es im Juli 1944 mit Blick auf Deutschland und die Sowjetunion: »Die zwei europäischen Länder, die eine ernsthafte Bedrohung unserer strategischen Interessen darstellen könnten, sind ein wiedererrichtetes Deutschland und Russland ...; falls Russland uns gegenüber feindselig wird, ist Deutschland das einzige Land, dessen geographische Lage, Bevölkerungsmacht und Ressourcen geeignet wären, jene Hilfe bereitzustellen, die für die Bewahrung unserer Position ausschlaggebend sein könnte.« Auch wenn die britische Regierung noch über das Kriegsende hinaus am Bündnis mit der Sowjetunion festhielt, sah sich Churchill durch solche Überlegungen doch frühzeitig veranlasst, auf der Konferenz von Jalta im Februar 1945 die von Stalin vorgeschlagene Diskussion über eine Aufteilung Deutschlands zu unterbinden und entsprechende Beschlüsse durch Überweisung der Angelegenheit an eine »Zerstückelungskommission« zu verhindern. Das Verhalten der Sowjetunion nach dem Vormarsch der Roten Armee in Osteuropa – nicht zuletzt gegenüber Polen – hatte Spuren hinterlassen. Misstrauen zeichnete sich ab. Der Kalte Krieg warf seine Schatten voraus.

Ähnliche Differenzen bestanden auch beim Thema Reparationen. Hier waren es vor allem die USA, die nach den Erfahrungen des Versailler Vertrages und den daraus resultierenden Stabilitätsproblemen der Weimarer Republik zur Zurückhaltung mahnten, während die Sowjetunion und Großbritannien sowohl Lieferungen aus laufender Produktion als auch Demontagen ganzer Betriebe forderten, um Wiedergutmachung für die durch Deutschland verursachten Kriegsschäden zu erhalten und die deutsche Wirtschaft zu schwächen. Angesichts des Ausmaßes der Zerstörungen in der

UdSSR war die Haltung Moskaus in dieser Frage sogar verständlich. Das vorherrschende britische Motiv, durch Eingriffe in das deutsche Wirtschaftspotenzial einen lästigen Konkurrenten auf dem Weltmarkt auszuschalten, vermochte indessen weniger zu überzeugen. Lebhaft erinnerte man sich in den USA an die zwanziger Jahre, als man mit dem Dawes-Plan 1924 und dem Young-Plan 1929 umfangreiche Kredite hatte bereitstellen müssen, um die nach dem Ersten Weltkrieg zerrüttete deutsche Wirtschaft zu unterstützen. Selbst die deutschen Reparationen waren dadurch indirekt von den USA bezahlt worden.

In Jalta waren danach nicht nur die in Teheran noch ausgiebig verhandelten Zerstückelungsideen, sondern auch die gemeinsamen Reparationsforderungen vom Tisch. Der sowjetische Vorschlag, wenigstens die deutsche Schwerindustrie um 80 Prozent zu reduzieren, war ebenso wenig durchzusetzen wie Stalins Forderung, die Gesamtsumme der deutschen Reparationen auf 20 Milliarden Dollar festzusetzen, von denen 10 Milliarden an die UdSSR gehen sollten. Um Moskau wenigstens ein Stück weit entgegenzukommen, wurde zwar im Schlussdokument der Jalta-Konferenz ein Betrag von 20 Milliarden »als Verhandlungsgrundlage« genannt. Ein gültiger Reparationsbeschluss war dies jedoch nicht. Vielmehr wurde die Angelegenheit – wie die Zerstückelungsproblematik – zur weiteren Beratung an eine Kommission übergeben, die bis zum nächsten Gipfeltreffen der Regierungschefs eine entscheidungsreife Vorlage erarbeiten sollte. Beide Kommissionen nahmen wenig später ihre Arbeit auf, konnten sich aufgrund der inzwischen eingetretenen Spannungen zwischen Ost und West aber nicht mehr auf eine gemeinsame Linie verständigen.

Ungeachtet der Differenzen, die in den Deutschlandplanungen der Alliierten nun immer offenkundiger zutage traten, lebte der Gedanke der Bestrafung dennoch weiter fort, als die Herrschaft der Sieger begann. So hieß es in der Direktive JCS 1067 der Vereinigten Stabschefs der amerikanischen Streitkräfte vom 26. April 1945, die vom neuen Präsidenten Harry S. Truman am 11. Mai genehmigt wurde und als Grundlage der amerikanischen Besatzungspolitik in Deutschland diente, es müsse »den Deutschen klargemacht werden, dass Deutschlands rücksichtslose Kriegführung und der fanatische

Widerstand der Nazis die deutsche Wirtschaft zerstört und Chaos und Leiden unvermeidlich gemacht haben, und dass sie nicht der Verantwortung für das entgehen können, was sie selbst auf sich geladen haben«. Deutschland werde »nicht besetzt zum Zwecke seiner Befreiung, sondern als besiegter Feindstaat«.

Die Besatzungspolitik der Alliierten war danach von vier zentralen Forderungen bestimmt: Demilitarisierung, Denazifizierung, Dezentralisierung und Demokratisierung. Während die Bevölkerung den Abbau des militärischen Apparats der Wehrmacht und die Zerschlagung der organisatorischen Strukturen der NSDAP eher distanziert und mit Gleichgültigkeit zur Kenntnis nahm, wobei selbst die Entlassung von Millionen Soldaten aus Wehrdienst und Gefangenschaft und deren Übergang ins Zivilleben im Gegensatz zur Weimarer Republik keine nennenswerten politischen Probleme bereitete, entwickelten sich die anderen Bereiche bald zu kontroversen Themen der Nachkriegspolitik, die auch zwischen den Besatzungsmächten umstritten waren. Vor allem die Entnazifizierung erwies sich als schwierige bürokratische Prozedur, die sich nicht darauf beschränkte, den öffentlichen Dienst und die Wirtschaft von Funktionären und Mitgliedern der NSDAP zu säubern, sondern den Anspruch erhob, die gesamte deutsche Gesellschaft vom Geist des Nazismus zu befreien. Dabei taten sich besonders die Amerikaner hervor, die eine rigorose und intensive Gesinnungsprüfung jedes einzelnen zu betreiben suchten, während Briten und Franzosen behutsamer verfuhren und ihr Augenmerk auf die Säuberung der Spitzenstellungen von NS-Funktionären konzentrierten. So wurden bis zum Frühjahr 1946 allein in der amerikanischen Zone 120 000 als gefährlich eingestufte Personen interniert. Den amerikanischen Besatzungsbehörden kam dabei der Umstand zugute, dass sie in einer Münchner Papierfabrik die Zentralkartei der NSDAP entdeckten. Sicherheitseinheiten und Militärpolizei verfügten damit über persönliche Daten, die es ihnen ermöglichten, systematisch gegen Funktionäre und Anhänger des NS-Regimes vorzugehen und Serienverhaftungen (*automatic arrests*) – d.h. Festnahmen ohne staatsanwaltliche Einzelfallprüfung – vorzunehmen.

Ebenfalls auf Drängen der USA wurden die Mechanismen dieser Entnazifizierungspraxis am 12. Januar 1946 durch die Direktive

Nr. 24 des Alliierten Kontrollrats formal auf ganz Deutschland ausgedehnt. Danach mussten alle Mitglieder der NSDAP, »die ihr aktiv und nicht nur nominell« angehört hatten, sowie Personen, »die
den Bestrebungen der Alliierten feindlich gegenüberstehen«, aus
Ämtern und verantwortlichen Stellungen entfernt werden. Im öffentlichen Bereich betraf dies jeden, der nicht nur »gewöhnliche Arbeit« in untergeordneter Stellung verrichtete. Einbezogen waren
aber auch privatwirtschaftliche Unternehmen, Verlage, die Presse,
der gesamte Erziehungsbereich und sogar Religionsgemeinschaften.

Zugleich mit der Vereinheitlichung waren die USA bestrebt, die
Entnazifizierungspraxis in deutsche Hände zu legen. Dazu wurde
am 5. März 1946 für die US-Zone ein »Gesetz zur Befreiung vom
Nationalsozialismus und Militarismus« erlassen, das auch als Test
für die Demokratiefähigkeit der Deutschen angesehen wurde, wie
die amerikanische Militärregierung bei der Einführung deutlich
machte: »Sollte sich das Gesetz als ein Fehlschlag erweisen, so würde das bedeuten, dass das deutsche Volk noch nicht reif ist, die
Scherben seiner politischen Vergangenheit selbst zu beseitigen.« Eigene »Befreiungsministerien« bei den Länderregierungen waren
nun für die Durchführung der Entnazifizierung verantwortlich. Für
die Verfahren selbst wurden in der US-Zone 545 Spruchkammern
mit 22 000 Mitgliedern eingerichtet. Grundlage der Überprüfung
war ein Fragebogen mit 131 Fragen, den jeder Deutsche, der älter
als 18 Jahre war, auszufüllen hatte. Von der Beantwortung und
Überprüfung hing wesentlich die Einstufung als Hauptschuldige,
Belastete, Minderbelastete, Mitläufer oder Entlastete ab. Die
Spruchkammern konnten Sühnemaßnahmen aller Art, zumeist mit
finanziellen Auswirkungen, verhängen. Sie reichten von der Ein-
weisung in ein Arbeitslager, der Einziehung des Vermögens, Ar-
beitsbeschränkung und Verlust der bürgerlichen Ehrenrechte (Ab-
erkennung des Wahlrechts) bis zu Geldstrafen. Bereits bis zum
Sommer 1946 gaben 1 613 000 Personen einen Fragebogen bei den
zuständigen Stellen der amerikanischen Militärregierung ab. 373 762
von ihnen verloren nach der Überprüfung ihren Arbeitsplatz. Ver-
urteilte hatten allerdings das Recht, Berufung einzulegen, so dass
die Verfahren sich nicht nur langwierig gestalteten, sondern oft auch
unbefriedigend verliefen. Was sie politisch und moralisch bewirk-

ten, insbesondere bei der Masse der »kleinen« Parteigenossen, blieb umstritten.

Den Vorschriften des Gesetzes schlossen sich die beiden anderen westlichen Besatzungsmächte 1947 in ihrer Entnazifizierungspraxis an. Im Februar 1950 wurde die Entnazifizierung in Westdeutschland endgültig abgeschlossen. In der sowjetischen Besatzungszone war sie bereits im Februar 1948 für beendet erklärt worden. Hier schaltete man unter dem Deckmantel der »Entnazifizierung« allerdings nicht nur ehemalige Nazis, sondern auch politische Regimegegner aus und leitete zugleich eine umfassende gesellschaftliche Neuordnung mit der vollständigen Beschlagnahme des landwirtschaftlichen Großgrundbesitzes und Enteignungen im Bereich der Groß- und Mittelindustrie ein, die mit einem allgemein verstandenen »Antifaschismus« gerechtfertigt wurden.

Ein besonderes Kapitel war die Verfolgung von Kriegsverbrechern, die sich der »Verschwörung gegen den Frieden«, »Verbrechen gegen den Frieden«, der Verletzung des Kriegsrechts und der Kriegsbräuche – also Kriegsverbrechen im engeren Sinne – bzw. Verbrechen gegen die Menschlichkeit schuldig gemacht hatten. Viele von ihnen waren in den Wirren des Kriegsendes untergetaucht und wurden nun von den Alliierten gesucht, um sie vor Gericht zu stellen. Zu ihrer Aburteilung wurde bereits am 8. August 1945 das internationale Militärtribunal in Nürnberg als Einrichtung der vier im Alliierten Kontrollrat vertretenen Mächte geschaffen. Zu Prozessen in nationaler Zuständigkeit kam es in der britischen, französischen und sowjetischen Zone sowie u. a. in Polen, Jugoslawien, Norwegen und den Niederlanden. Insgesamt wurden dabei im westlichen Teil Deutschlands – einschließlich der Urteile des Internationalen Militärgerichtshofes – 5025 Personen verurteilt. Von 806 Todesurteilen wurden 486 vollstreckt. Die Zahl der Verfahren in der SBZ wird auf etwa 45 000 geschätzt. Die Gesamtzahl der im Ausland verurteilten NS-Verbrecher dürfte zwischen 50 000 und 60 000 liegen.

Deutsche Gerichte, die seit Ende 1945 ihre Tätigkeit allmählich wieder aufnahmen, waren an der Verfolgung von Kriegsverbrechen und anderer politisch motivierter Straftaten aus der Zeit des Nationalsozialismus zunächst nicht beteiligt. Ihre Befugnisse, die nur schrittweise erweitert wurden, beschränkten sich anfangs auf einfache Straftaten, die von Deutschen an Deutschen oder Staatenlosen begangen worden waren. Erst mit dem »Überleitungsvertrag« von 1955 erhielt die Bundesrepublik die volle Gerichtshoheit, so dass nun auch deutsche Gerichte Kriegsverbrechen und andere politische Straftaten aus der Zeit des nationalsozialistischen Regimes verfolgen konnten. Das Aufspüren von Schuldigen und die Bemühungen um Sühne zogen sich noch über Jahrzehnte hin, wie die Tätigkeit der eigens für diese Zwecke eingerichteten Ludwigsburger Zentralstelle zeigt, die am 1. Dezember 1958 eröffnet wurde.

Als problematisch wurden auch die wirtschaftlichen Strafmaßnahmen der Siegermächte nach 1945 empfunden. Die Entflechtung der deutschen Industrie und die Entnahme von Reparationen führten rasch zu einer Situation, in der Deutschland sich als unfähig erwies, seine Bevölkerung aus eigener Kraft zu ernähren. Um der drohenden Hungersnot zu begegnen, lieferten allein die USA bis 1949 Nahrungsmittel sowie Saatgut und Düngemittel für die deutsche Landwirtschaft im Wert von 1,52 Milliarden Dollar. Die amerikanische Militärregierung in Deutschland stützte sich dabei auf ein Schlupfloch in der Direktive JCS 1067, die zwar ein Verbot enthielt, zur »Stärkung der deutschen Wirtschaft beizutragen«, aber Hilfeleistungen zuließ, wenn es galt, »Seuchen und Unruhen« zu verhindern. Darüber hinaus wurden über die 1945 von 22 privaten und kirchlichen Wohlfahrtsorganisationen gegründete Gesellschaft »CARE Incorporated« insgesamt neun Millionen CARE-Pakete aus den USA nach Deutschland verschickt, um den Deutschen beim Überleben zu helfen, die meisten in der Notzeit zwischen 1946 und 1949, die letzten aber noch 1962 nach Berlin.

Mit offiziellen Nahrungsmittellieferungen und privaten CARE-Paketen allein war den Problemen der deutschen Wirtschaft jedoch nicht beizukommen. Deutschland war kein reines Agrarland und würde es nie werden. Die Bevölkerungsdichte war zu hoch, die Nutzflächen reichten nicht aus, um die hier lebenden Menschen ausreichend versorgen zu können – nach dem riesigen Zustrom der Flüchtlinge und Vertriebenen und dem Verlust der vorwiegend landwirtschaftlichen Gebiete im Osten schon gar nicht. Bereits am 12. Dezember 1945 wurde deshalb in einem Kommuniqué des amerikanischen Außenministeriums jede Absicht bestritten, »der deutschen Wirtschaft bleibende Beschränkungen aufzuerlegen«. Vielmehr wollten die USA »dem deutschen Volk gestatten ..., seine eigenen Produktionsmittel weiter zu entwickeln und einen höheren Lebensstandard zu erarbeiten«. Einschränkungen gebe es nur insofern, als es gelte, »nach Maßgabe eines späteren Friedensvertrages, die Herstellung von Waffen zu verhindern«. Es sollte jedoch noch mehr als ein weiteres Jahr vergehen, ehe die USA und Großbritannien mit dem Zusammenschluss ihrer beiden Besatzungszonen zur »Bizone« am 1. Januar 1947 aus dieser Erklärung praktische Schlussfolgerungen zogen. Bis dahin bestand für die deutsche Bevölkerung kaum Aussicht, das Ruinenleben beenden und einen wirklichen Neuaufbau beginnen zu können. Das Erbe Hitlers war nicht über Nacht zu beseitigen – weder im materiellen Bereich noch in politischer und moralischer Hinsicht.

2. Von der Siegerherrschaft zum Grundgesetz

Kaum jemand in Deutschland vermochte sich 1945 vorzustellen, dass binnen weniger Jahre nicht nur ein wirtschaftlicher Neuanfang, sondern auch eine politische Wiederbelebung gelingen könnte. Zu groß war die moralische Schuld, zu tiefgreifend die Zerstörung der Fundamente von Staat und Gesellschaft, als dass eine baldige Erneuerung nach dem Ende des nationalsozialistischen Regimes denkbar schien. Tatsächlich war der Wiederbeginn deutscher Politik nicht das Werk einer neuen Generation, sondern fast immer eine Angelegenheit Älterer, die auf Erfahrungen aus der Weimarer Republik oder sogar dem Kaiserreich zurückgreifen konnten.

Die Frage, ob es angesichts der totalen Niederlage 1945 eine »Stunde Null« gegeben hat, erscheint daher müßig: Man kam gar nicht umhin, personell und politisch an frühere Zeiten anzuknüpfen. Die jüngste Vergangenheit machte die Hoffnung auf einen unbelasteten Neubeginn ohnehin zu einer Illusion. Allerdings besaßen die Besatzungsmächte Informationen über jene Deutschen, die als unbelastet galten und für Verwaltungsaufgaben geeignet schienen. Die amerikanischen Besatzungsbehörden operierten dabei mit »Weißen Listen«, auf denen vor allem Geistliche und Honoratioren mit bürgerlichen Vorstellungen vermerkt waren. Engländer und Franzosen bevorzugten ebenfalls Kräfte aus dem konservativen Lager: Politiker aus der Weimarer Zeit, Anwälte, leitende Angestellte aus der Wirtschaft, Geistliche, aber auch Beamte, die von den Nationalsozialisten entlassen worden waren oder sich bereits in Pension befanden. Insgesamt rekrutierte sich die neue Verwaltung hauptsächlich aus dem politischen und administrativen Personalbestand der Weimarer Republik. Zu den wenigen jüngeren Politikern, die erst in der Nachkriegszeit ihre Karriere begannen, gehörten der erste Nachkriegs-Oberbürgermeister von Stuttgart, Arnulf Klett, der bis zu seinem Tod 1974 im Amt blieb, sowie die Landräte von Schongau und Tuttlingen, Franz Josef Strauß und Fritz Erler.

Die Aktivitäten, die von den deutschen Politikern und Parteien entfaltet wurden, bewegten sich allerdings zunächst nur in den engen Grenzen, die ihnen von den Besatzungsmächten gesteckt waren. Von einer Einheitlichkeit der Entwicklung konnte dabei keine Rede sein, da sich insbesondere Frankreich der auf der Potsdamer Konferenz im Sommer 1945 vereinbarten Errichtung deutscher Zentralverwaltungen widersetzte, die als mögliche Keimzellen einer künftigen deutschen Zentralregierung galten. Zwar hatte die Regierung in Paris den Potsdamer Beschlüssen, an denen sie nicht unmittelbar beteiligt gewesen war, am 7. August 1945 in Noten an die Regierungen der USA, Großbritanniens und der UdSSR grundsätzlich zugestimmt. Aber sie hatte dabei zugleich Vorbehalte geltend gemacht, die erkennen ließen, dass Frankreich weiterhin Grenzkorrekturen und sogar die Zerstückelung Deutschlands wünschte, auf jeden Fall aber eine Wiedervereinigung strikt ablehnte.

Die Sowjetunion hatte es danach leicht, unter Hinweis auf die französische Obstruktionspolitik in der eigenen Besatzungszone vollendete Tatsachen zu schaffen. Dazu gehörten ab September 1945 eine Bodenreform, die Verstaatlichung der Schwer- und Schlüsselindustrien, die Umgestaltung des Bildungswesens sowie schließlich im April 1946 die Zwangsvereinigung von SPD und KPD zur SED, mit der ein grundlegender politischer Systemwandel in Ostdeutschland eingeleitet wurde. Zwar blieb das im Frühsommer 1945 etablierte Mehrparteiensystem formal erhalten. Faktisch wurde jedoch eine Einparteiherrschaft errichtet, in der die in der SED dominierenden Kommunisten sämtliche Schlüsselpositionen besetzten. Die Sowjetische Besatzungszone (SBZ) wurde damit frühzeitig von den westlichen Besatzungszonen isoliert.

George F. Kennan, seit Juli 1944 Gesandter an der amerikanischen Botschaft in Moskau, bemerkte deshalb im Sommer 1945, die Idee, Deutschland gemeinsam mit den Russen regieren zu wollen, sei »ein Wahn«. Man habe »keine andere Wahl, als den Teil von Deutschland, für den wir und die Briten die Verantwortung übernommen haben, zu einer Form von Unabhängigkeit zu führen, die so befriedigend, so gesichert, so überlegen ist, dass der Osten sie nicht gefährden kann«. In amerikanischen Regierungskreisen fand Kennans unbequeme Stimme im Sommer 1945 allerdings noch wenig Gehör. Insbesondere Außenminister James F. Byrnes zögerte lange, gegenüber der Sowjetunion auf Kollisionskurs zu gehen, während Präsident Truman bereits im Januar 1946 erklärte, er habe es satt, »die Sowjets in Watte zu packen«.

Auch in London rechnete man spätestens seit Anfang 1946 nicht nur mit der Möglichkeit einer deutschen Teilung, sondern stellte sich in den internen Überlegungen ganz unverhohlen darauf ein. Vor allem die Stabschefs der britischen Armee plädierten für eine grundsätzliche Revision der britischen Deutschlandpolitik. Doch auch Außenminister Ernest Bevin äußerte am 3. Mai 1946 in einer Kabinettsvorlage, die »russische Gefahr« sei inzwischen »mit Sicherheit genauso groß, möglicherweise noch größer, als die Gefahr eines wiedererstarkten Deutschland«. Und Winston Churchill, seit den Tagen der Potsdamer Konferenz im Sommer 1945 Oppositionsführer im Unterhaus und daher weniger zur politischen Rücksichtnahme gezwungen als die Regierung, machte aus dieser Einsicht selbst öffentlich kein Hehl. Am 5. März 1946 erklärte er dazu in Fulton im amerikanischen Bundesstaat Missouri: »Wir müssen der Tatsache ins Auge sehen, dass so, wie die Dinge gegenwärtig stehen, zwei Deutschlands im Entstehen sind: das eine mehr oder weniger organisiert nach dem russischen Modell bzw. im russischen Interesse, das andere nach dem der westlichen Demokratie.«

Nach dem Scheitern der Pariser Außenministerkonferenz im Juli 1946, auf der die gegensätzlichen Positionen der Sowjetunion und der Westmächte noch einmal aufeinander prallten, schien es an der Zeit, aus dieser Einsicht die notwendigen Konsequenzen zu ziehen. In einer Denkschrift, die der stellvertretende amerikanische Militärgouverneur in Deutschland, Lucius D. Clay, noch während der Konferenz vorlegte, wurde dazu die wirtschaftliche Vereinigung der amerikanischen mit der britischen Zone vorgeschlagen – trotz »völliger Klarheit über die politischen Implikationen«. Auch Außenminister Byrnes bot am 11. Juli 1946 die Zusammenarbeit mit jeder anderen Zone an, »um deutsche Verwaltungseinrichtungen für die Verwaltung unserer Zonen als wirtschaftliche Einheit zu schaffen«. Sein Zusatz, daß dabei die Viermächteregierung unberührt bleibe und jeder Zone der Beitritt freistünde, war formal korrekt, aber politisch bedeutungslos, weil es nach dem offenkundigen Scheitern der Vier-Mächte-Verwaltung nur noch um die Verschmelzung der amerikanischen und der britischen Zone, vielleicht unter späterer Einbeziehung des französischen Gebiets, ging. In einer programmatischen Rede kündigte Byrnes schließlich am 6. September 1946 in Stuttgart nicht nur die Errichtung der »Bizone« zum 1. Januar 1947, sondern auch »die baldige Bildung einer vorläufigen deutschen Regierung« an: Die Schranken zwischen den Besatzungsgebieten und die damit verbundene wirtschaftliche Not dürften nicht unnötig weiterbestehen; das amerikanische Volk wolle dem deutschen Volk seine Regierung zurückgeben und ihm helfen, »seinen Weg zurückzufinden zu einem ehrenvollen Platz unter den freien und friedliebenden Nationen der Welt«.

Eine politische Vereinigung wurde jedoch erst nach einem weiteren ergebnislosen Außenministertreffen der Vier Mächte im März und April 1947 in Moskau erwogen, als die USA und Großbritannien die Bizone mit einem Wirtschaftsrat und einem Exekutivrat versahen, die Vorformen eines Parlaments und eines Kabinetts darstellten. Die Maßnahmen waren Teil einer umfassenden Revision der westlichen Politik gegenüber der Sowjetunion, die in der »Truman-Doktrin« vom 12. März 1947 zum Ausdruck kam. Der amerikanische Präsident hatte darin den Grundsatz verkündet, dass allen freien Völkern, die vom Kommunismus bedroht würden, amerikanische Unterstützung zugesichert werde. Jede Nation, so Truman, müsse in Zukunft zwischen westlicher Demokratie und Kommunismus wählen – also zwischen einer Lebensweise, die sich auf den Willen der Mehrheit, freie Wahlen und Freiheit vor politischer Unterdrückung gründe, und einer Lebensweise, die auf dem Willen einer Minderheit beruhe, den diese der Mehrheit durch Terror und Unterdrückung aufzwinge. Der Konflikt zwischen den USA und der Sowjetunion war damit nicht länger nur ein Kampf um Macht und Einfluss, sondern auch ein Ringen um die Durchsetzung ideologischer Ziele, die miteinander grundsätzlich unvereinbar waren – also eine weltanschauliche Auseinandersetzung, für die der amerikanische Publizist Walter Lippmann noch 1947 den Begriff »Kalter Krieg« prägte.

Die amerikanische Politik zur Eindämmung des sowjetischen Kommunismus war von einer Verstärkung des wirtschaftlichen Engagements der USA in Europa begleitet. Das »Europäische Wiederaufbauprogramm« (ERP = European Recovery Program) – besser bekannt unter der Bezeichnung »Marshall-Plan«, der am 5. Juni 1947 vom amerikanischen Außenminister in einer Rede vor der Harvard University vorgelegt wurde – sollte die westlichen Demokratien stabiler und damit unanfälliger gegen sowjetische Einflussnahme machen. Truman-Doktrin und Marshall-Plan waren deshalb, in den Worten Präsident Trumans, »zwei Hälften derselben Walnuss«. Für Deutschland bedeutete die Teilnahme am Marshall-Plan vor allem die Notwendigkeit einer Währungsreform, da die deutsche Währung durch den Umlauf von rund 300 Milliarden Reichsmark, denen kaum ein Warenangebot gegenüberstand, praktisch ruiniert war. Seit 1945 hatte es auf alliierter wie auf deutscher Seite nicht weniger als 250 Pläne für eine Währungsreform gegeben. Eine Lösung war jedoch zunächst nicht in Sicht, da eine Währungsumstellung Klarheit über die künftige deutsche Wirtschaftsordnung voraussetzte und damit weitreichende Konsequenzen für die wirtschaftliche und politische Einheit Deutschlands besaß.

Diese Entscheidungen gelangten im Herbst 1947 in ein konkretes Stadium, als die Londoner Außenministerkonferenz der Vier Mächte vom November und Dezember 1947 bestätigte, was sich schon in Moskau im Frühjahr 1947 abgezeichnet hatte: dass eine Übereinkunft zwischen der Sowjetunion und den Westmächten in der deutschen Frage nicht mehr möglich war. Am 15. Dezember gingen die Konferenzteilnehmer auseinander, ohne einen Termin für eine neue Begegnung vereinbart zu haben. Der in Potsdam 1945 eingesetzte »Rat der Außenminister« war gescheitert und hörte nach dem Abbruch der Londoner Verhandlungen praktisch auf zu bestehen. An seine Stelle traten Konferenzen und Gremien, in denen es nicht länger um Kompromisse zwischen den Vier Mächten, sondern nur noch um separate Lösungen für die SBZ und die drei Westzonen ging.

Auf westlicher Seite kamen die USA, Großbritannien, Frankreich und die Benelux-Staaten am 23. Februar 1948, ebenfalls in London, zur ersten Sitzungsrunde einer Sechs-Mächte-Konferenz auf Botschafterebene zusammen, die bis zum 6. März andauerte und auf der erwogen wurde, die deutschen Westzonen in ein staatliches Gebilde umzuwandeln und eine provisorische westdeutsche Regierung zu installieren. Parallel dazu sollten die deutsche Währung reformiert und Westdeutschland in das mit Marshall-Plan-Mitteln stabilisierte westliche Wirtschaftssystem eingefügt werden. Frankreich verzichtete dabei unter amerikanischem und britischem Druck auf eine Fortsetzung seiner eigenständigen Deutschlandpolitik und sah sich in diesem Positionswechsel nicht zuletzt durch die Entwicklung in der Tschechoslowakei bestätigt, wo die Kommunisten am 25. Februar 1948 durch einen »kalten Staatsstreich« die Alleinherrschaft übernahmen und die ČSSR endgültig zum Satelliten Moskaus degradierten.

Am Ende war es allerdings neben der Zuspitzung des Ost-West-Konflikts eine Mischung aus militärischen Garantien, wirtschaftlichem Druck und der Vision einer europäischen Integration, die Frankreich veranlasste, einer westdeutschen Staatsgründung zuzustimmen. So endeten die Londoner Botschaftergespräche am 1. Juni 1948 mit Vereinbarungen, die in einem Kommuniqué unter dem Datum des 2. Juni als »Londoner Empfehlungen« den Regierungen der sechs Mächte übermittelt wurden und den Auftrag zur Gründung eines westdeutschen Staates enthielten. Zu diesem Zweck wurden die Militärgouverneure der Drei Mächte instruiert, mit den Ministerpräsidenten der westdeutschen Länder ein Treffen abzuhalten, um diese zu autorisieren, eine Verfassunggebende Versammlung zur Ausarbeitung einer Verfassung einzuberufen, die dann von den beteiligten Ländern zu billigen war. Die Verfassung selbst sollte »nicht das zentralisierte Reich wiederherstellen«, sondern »eine bundesstaatliche Regierungsform« schaffen, die geeignet sein würde, »in angemessener Weise die Rechte der jeweiligen Staaten zu schützen, für eine angemessene Zentralgewalt zu sorgen und die Rechte und Freiheiten des einzelnen zu garantieren«. Darüber hinaus sahen die Empfehlungen die Mitgliedschaft Westdeutschlands in der Organization for European Economic Cooperation (OEEC) – und damit seine Beteiligung am Marshall-Plan – sowie die Errichtung einer »internationalen Behörde zur Kontrolle der Ruhr« vor, der die USA, Großbritannien, Frankreich, die Benelux-Staaten und

Deutschland angehören sollten. Dabei wurde ausdrücklich vermerkt, dass die Ruhrbehörde »nicht die politische Trennung des Ruhrgebietes von Deutschland« bedeute.

Nach Billigung durch die beteiligten Regierungen wurden die Empfehlungen am 7. Juni noch einmal in einem »zweiten« Kommuniqué zusammengefasst und veröffentlicht, bevor sie am 1. Juli bei einem Treffen der Militärgouverneure mit den Ministerpräsidenten der westdeutschen Länder in Frankfurt offiziell übergeben wurden. In den »Frankfurter Dokumenten« ging es (1) um die Einberufung einer Verfassunggebenden Versammlung, die spätestens am 1. September zusammentreten und eine Verfassung für den zu gründenden Weststaat ausarbeiten sollte, (2) um eine mögliche Neuordnung der innerdeutschen Ländergrenzen sowie (3) um Leitsätze für ein Besatzungsstatut, das die Alliierten für notwendig hielten, um die Beziehungen der Drei Mächte zu einer künftigen deutschen Regierung zu regeln.

Parallel zu diesen politischen Schritten für eine westdeutsche Staatsgründung liefen die Vorbereitungen für eine Währungsreform. Sie duldete keinen weiteren Aufschub, weil sich die Beteiligung der drei westlichen Besatzungszonen am Marshall-Plan immer deutlicher abzeichnete. Nachdem Verhandlungen mit der UdSSR über eine gemeinsame Währungsreform in ganz Deutschland gescheitert waren, wurde am 18. Juni 1948 durch Gesetz der drei Militärregierungen die Umstellung der Währung von Reichsmark auf Deutsche Mark mit Wirkung vom 20. Juni 1948 verkündet und schließlich auch auf Berlin ausgedehnt. Die Sowjetunion reagierte darauf mit einer Blockade des Westteils der Stadt, indem sie unter dem Vorwand »technischer Störungen« Ende Juni und Anfang Juli 1948 die Bahn-, Straßen- und Binnenschifffahrtsverbindungen zwischen West-Berlin und Westdeutschland unterbrach und auch die Stromversorgung einstellte. Nur die Luftverkehrswege nach Westen blieben offen. Lucius D. Clay berichtete später, als er gemeinsam mit den britischen und französischen Militärgouverneuren am 3. Juli das sowjetische Hauptquartier in Karlshorst aufgesucht habe, sei ihnen dort mitgeteilt worden, »die technischen Schwierigkeiten würden so lange anhalten, bis wir unsere Pläne für eine westdeutsche Regierung begraben hätten«. Die Sowjetunion wollte also eine

westdeutsche Staatsgründung, die mit der Währungsreform eingeleitet wurde, verhindern, um die deutsche Frage offenzuhalten und
vielleicht doch noch in ihrem Sinne zu entscheiden.

Die Absicht, die Westmächte über die Blockade Berlins zu einer
deutschlandpolitischen Kursänderung zu zwingen, erwies sich jedoch als Bumerang. Die Blockade vergrößerte nur die Solidarisie-
rung im Westen und förderte vor allem die amerikanische Bereitschaft, sich für Deutschland und Berlin zu engagieren. So wurde auf
Initiative Clays eine »Luftbrücke« eingerichtet, um die eingeschlos-
sene Stadt aus der Luft zu versorgen. Berlin wurde zum Sinnbild der
westlichen Selbstbehauptung gegen die Sowjetunion – eine Konstellation, an der sich während des gesamten Kalten Krieges nichts
mehr ändern sollte. Die Sowjetunion sah sich dabei mit der westlichen Entschlossenheit und insbesondere dem Gewicht, das die USA
seit dem Herbst 1946 zunehmend in die Waagschale der europäischen Politik warfen, konfrontiert und trug damit ungewollt zur
Versöhnung zwischen Siegern und Besiegten im Westen bei.

Für die Ministerpräsidenten, die am 8. Juli 1948 im Koblenzer
Hotel Rittersturz, einem beliebten Ausflugsziel oberhalb der Stadt,
zusammenkamen, um über die Frankfurter Dokumente zu beraten,
bot die Blockade Berlins eine zwar ferne, aber bedrückende Kulis-
se. Drei Tage lang debattierte man über die Angebote und Forderungen der Alliierten. Wer jedoch geglaubt hatte, die Vorstellungen
der Siegermächte zu einer westdeutschen Staatsgründung würden
freudige Zustimmung auslösen, sah sich getäuscht. Die Stimmung
war gedrückt, Bestürzung und Unsicherheit kennzeichneten die
Atmosphäre. Wohl begrüßte man es, dass die Länder in die Verantwortung für die Gründung eines westdeutschen Staates einbezogen
wurden. Doch der Gedanke einer nach Westeuropa integrierten
westdeutschen Zentralmacht mit bundesstaatlichen Kompetenzen
und Einrichtungen, der sich inzwischen angesichts des Kalten Krieges bei den Alliierten, vor allem den USA und Großbritannien, festgesetzt hatte, war den Ministerpräsidenten noch immer fremd. Ihre
Überlegungen bewegten sich vielmehr in den Bahnen einer politisch und wirtschaftlich möglichst vorteilhaft ausgestalteten »Tri-
zone«, die sie gegenüber »den Generalen« durchzusetzen gedachten.

Rundweg ablehnen konnte man die alliierten Vorschläge indessen kaum. Vor allem die Bürgermeister von Bremen und Hamburg, Wilhelm Kaisen und Max Brauer, plädierten dafür, die Frankfurter Dokumente trotz aller Bedenken als Grundlage weiterer Gespräche zu akzeptieren, auch wenn niemand eine »definitive Staatsbildung« – also einen »Weststaat« und eine verfassunggebende Nationalversammlung nach dem Vorbild Weimars – wünschte, die zwangsläufig die Spaltung Deutschlands vertiefen musste. Insbesondere der stellvertretende Staatspräsident von Württemberg-Hohenzollern, Carlo Schmid, argumentierte zugunsten eines »Provisorium-Konzepts«: Solange sich die vier Besatzungsmächte über das endgültige politische Schicksal Deutschlands nicht einig seien, bedeute jede rechtliche Verfestigung des Status quo eine Belastung für die Politik, die das Ziel verfolge, die deutsche Spaltung aufzuheben. Daher müsse, was immer man jetzt schaffe, »den Charakter eines Provisoriums haben«, das nur so lange in Geltung bleiben solle, bis das ganze Volk die Möglichkeit habe, »gemeinsam den Staat aller Deutschen zu errichten«.

Als man schließlich daranging, die Stellungnahmen zu den Frankfurter Dokumenten schriftlich zu fixieren, befand sich unter den Ministerpräsidenten niemand, der für die Einberufung einer »Nationalversammlung« votiert hätte, um eine »Verfassung« ausarbeiten zu lassen. Stattdessen sollte ein von den Landtagen der Länder zu beschickender »Parlamentarischer Rat« ein »Grundgesetz« und ein »Wahlgesetz« verabschieden, um auf diesem Wege zu einer Staatlichkeit zu gelangen, die schon bei der Namensgebung auf ihren vorläufigen Charakter den allergrößten Wert legte. Doch als die Stellungnahme am 10. Juli den Militärgouverneuren übermittelt wurde, mussten die Länderchefs rasch erkennen, dass die Besatzungsmächte durchaus einen »richtigen« westdeutschen Staat wollten. Besonders groß war die Verärgerung bei Clay, der nicht einzusehen vermochte, warum die Deutschen das großzügige Angebot, das mit so viel Mühe den Franzosen abgetrotzt worden war, nicht freudig akzeptierten. Bei einem Treffen der Militärgouverneure mit den Ministerpräsidenten am 20. Juli in Frankfurt wiesen er und sein britischer Amtskollege Robertson daher auf die »großen Schwierigkeiten« hin, die bei einem Abweichen von den Dokumenten entstehen könnten. Während der französische General Koenig in inoffiziellen Gesprächen deutsche Politiker sogar ermunterte, die Londoner Empfehlungen nicht als das letzte Wort zu betrachten, lehnten Clay und Robertson es strikt ab, über die Frage »Staat« oder »Verwaltungsgebiet« auch nur zu verhandeln. Auch ein »Grundgesetz« reichte ihnen nicht – mit all den Diminutiven, die in dem Wort steckten. Sie beharrten vielmehr auf ihrer Forderung nach einer regulären, im Rahmen des Besatzungsrechts mit allen Hoheitscharakteristika ausgestatteten »Verfassung«.

So zogen sich die Ministerpräsidenten am 21./22. Juli erneut zur Beratung zurück – diesmal in das Jagdschloss Niederwald bei Rüdesheim, ganz in der Nähe der bronzenen Germania, die hier von 1877 bis 1883 als Nationaldenkmal zur Erinnerung an die Neugründung des Deutschen Reiches von 1871 errichtet worden war. An den Erörterungen nahmen jetzt auch die einflussreichsten Politiker der Parteien teil, deren Einbeziehung andeutete, dass die Ära der Ministerpräsidenten in der nationalen Politik zu Ende ging. Vom trotzigen Beharrungswillen der Rittersturz-Konferenz war bald nur noch wenig zu spüren. Zwar sollte die dort entwickelte Terminologie – etwa die Bezeichnung »Parlamentarischer Rat« statt »Verfassunggebende Versammlung« – so weit wie möglich beibehalten werden. Doch in der Sache wollte man den Londoner Empfehlungen nun folgen. Die Grundforderung der Alliierten, dass das neue Gebilde ein »Staat« und nicht nur ein »Verwaltungsgebiet« sein müsse, wurde nicht mehr in Frage gestellt.

Wesentlichen Anteil an dieser Positionsveränderung hatte – neben den Militärgouverneuren – der gewählte, wenn auch von der Kommandantur nicht bestätigte Berliner Oberbürgermeister Ernst Reuter. Während die amtierende Oberbürgermeisterin Louise Schroeder in Koblenz die Ministerpräsidenten noch beschworen hatte, nichts Endgültiges zu schaffen, ehe nicht »Berlin mit den übrigen Zonen wieder zu einer Einheit gekommen« sei, trat Reuter entschieden für eine westdeutsche Lösung im Sinne der »Kernstaatsidee« ein, die im Gegensatz zur Position Schroeders durch eine Mehrheit von Politikern aller demokratischen Parteien Berlins gedeckt war. »Die Spaltung Deutschlands wird nicht geschaffen, sie ist schon vorhanden«, rief Reuter den Konferenzteilnehmern zu.

Die Gründung eines westdeutschen Staates werde keine Einigungs-möglichkeiten verschütten, sondern eine »magnetische Wirkung« auf die Ostzone ausüben. Nicht nur Berlin, auch das Volk der sowjetisch besetzten Zone sehe in der »Konsolidierung des Westens eine elementare Voraussetzung für die Gesundung auch ihrer Ver-hältnisse und für die Rückkehr des Ostens zum gemeinsamen Mut-terlande«.

Von der deutschlandpolitischen Linie des SPD-Vorsitzenden Kurt Schumacher, der alles zu vermeiden suchte, was die Teilung Deutschlands vertiefen konnte, hatte sich der Sozialdemokrat Reu-ter damit weit entfernt. Doch die Pragmatiker unter den Länder-chefs, allen voran Max Brauer, Hans Ehard und Wilhelm Kaisen, pflichteten ihm bei und lenkten die Debatte – anders als auf dem Rittersturz, wo sie sich um der Geschlossenheit der deutschen Po-sition willen zurückgehalten hatten – in seine Richtung. Carlo Schmid dagegen, der in Koblenz zu den Wortführern der Kritiker gezählt hatte und auch in Niederwald prinzipielle Bedenken gegen die vorgeschlagenen Kompromisse anmeldete, war diesmal isoliert. Als die Ministerpräsidenten am 26. Juli zum dritten Mal mit den Mi-litärgouverneuren zusammentrafen, waren die Generale zwar mit der Benennung der Verfassung als »Grundgesetz« noch immer nicht zufrieden. Auch die Frage, ob die Verfassung durch ein Referen-dum, wie von alliierter Seite gewünscht, oder durch die Landtage, wie von den Ministerpräsidenten vorgeschlagen, ratifiziert werden sollte, war weiterhin strittig. Nach wiederholten Unterbrechungen und Flüsterpausen war die Erleichterung auf beiden Seiten jedoch groß, als General Koenig, der den Vorsitz führte, feierlich erklärte, die Bezeichnung »Grundgesetz« bereite keine Schwierigkeiten mehr, und in der Frage des Referendums würden die deutschen Ge-genvorschläge den Regierungen der Drei Mächte überreicht; eine Entscheidung darüber werde vorliegen, ehe der Parlamentarische Rat am 1. September 1948 mit seiner Arbeit beginne. »Wenn Sie ak-zeptieren, die volle Verantwortung zu übernehmen«, so Koenig am Schluss, »können wir Ihnen sagen: En avant!« Der Weg zum Grundgesetz war frei.

3. »Im Anfang war Adenauer«

Mit den Beratungen des Parlamentarischen Rates begann jene Ära, die in der Geschichte der Bundesrepublik Deutschland untrennbar mit dem Namen Konrad Adenauers verbunden ist. Sie währte bis zum Herbst 1963 und wurde maßgeblich durch die Politik und Persönlichkeit des ersten deutschen Nachkriegskanzlers bestimmt: einer Vaterfigur und Gründungsgestalt besonderer Art, der Arnulf Baring 1969 mit den viel diskutierten Worten Rechnung trug: »Im Anfang war Adenauer – so lässt sich der Beginn der Bundesrepublik kurz kennzeichnen.«

Die Bedeutung, die Adenauer darin in der Rückschau beigemessen wurde, war den Zeitgenossen allerdings lange verborgen. Zwar trat er spätestens mit seiner Wahl zum Präsidenten des Parlamentarischen Rates am 1. September 1948 ins Rampenlicht der deutschen Nachkriegspolitik. Aber die Position galt als Ehrenposten ohne Macht und Perspektive, dessen Inhaber mit der Bereitschaft zur Überparteilichkeit und der Befähigung zum Ausgleich in erster Linie für Ordnung in den Plenarsitzungen zu sorgen hatte. Die SPD hielt das Amt für derart nebensächlich, dass sie Adenauers Wahl sogar mit ihren eigenen Stimmen förderte, weil die CDU versprochen hatte, im Gegenzug Carlo Schmid zu unterstützen, der sich um den Vorsitz des Hauptausschusses bewarb. Dieser koordinierte die Beratungen der Fachausschüsse, entschied über die Entwürfe, die dem Plenum vorgelegt wurden – und erschien somit als die zentrale Schaltstelle, wo die Drähte zur Ausgestaltung des Grundgesetzes zusammenliefen.

Doch nicht der Vorsitzende des Hauptausschusses, sondern der Präsident – nicht Carlo Schmid, sondern Konrad Adenauer – gewann während der Beratungen des Parlamentarischen Rates an Statur und Wirkungskraft. Denn Adenauer, obwohl bereits 72 Jahre alt und scheinbar über das Ende seines politischen Karriereweges längst hinaus, begriff seine Rolle keineswegs als Ehrenposten. Er nahm unerwartet aktiven Anteil an der inhaltlichen Arbeit der Ausschüsse, hielt »formlose interfraktionelle Besprechungen« ab und stilisierte sich, für alle unübersehbar, zur »offiziellen Figur«, deren Stimme insbesondere bei den Militärgouverneuren der Alliierten immer häufiger Gehör fand. Adenauer wurde, wie Theodor Heuss einige Jahre später bemerkte, »der Sprecher der werdenden Bundesrepublik«.

Der Parlamentarische Rat tagte in Bonn, nur wenige Kilometer von Adenauers Wohnhaus in Rhöndorf entfernt. Das eine hatte mit dem anderen allerdings nicht unmittelbar zu tun. Denn die Entscheidung über den Tagungsort war am 13. August 1948 ohne Adenauers Zutun in einer telefonischen Abstimmung zwischen den Ministerpräsidenten der Länder gefallen. Der Lichthof des Museum Koenig in Bonn war am 1. September 1948 Schauplatz des Festaktes, welcher der eigentlichen Eröffnungssitzung des Parlamentarischen Rates voranging. Dort, wo normalerweise ausgestopfte Tiere den Raum bevölkerten, saßen nun in feierlicher Stimmung die Abgeordneten, Ministerpräsidenten, Chefs der Ländermilitärregierungen und Vertreter der alliierten Zonenbefehlshaber sowie die Spitzen der Bizonenverwaltung.

Als anschließend in der eilig zum Parlamentsgebäude umgerüsteten, architektonisch nüchternen Pädagogischen Akademie am Rheinufer die inhaltlichen Beratungen über das Grundgesetz begannen, war Carlo Schmid gleichwohl die zentrale Figur. Zu behaupten, er sei der eigentliche »Vater des Grundgesetzes«, ist sicher nicht übertrieben. Während Adenauer mehr den »äußeren Dingen« der Politik zugeneigt war, herrschte Schmid über die internen Verfassungsdebatten in den Ausschüssen. Zu Beginn schien es, als könne die Arbeit an der neuen Verfassung spätestens bis Ende des Jahres 1948 abgeschlossen werden. Gemeinsamer Ausgangspunkt war der Bericht über die Arbeit eines Verfassungskonvents – einer Versammlung von Verfassungssachverständigen –, der vom 10. bis 23. August auf der Herreninsel im Chiemsee getagt und ein Grundsatzpapier mit Überlegungen für eine Verfassung ausgearbeitet hatte. Die hohe Qualität des Herrenchiemseer Entwurfs gab Anlass zu der Erwartung, dass die Beratungen zügig verlaufen würden. Die

Umrisse des späteren Grundgesetzes waren darin bereits deutlich erkennbar. Selbst die Benennung der Bundesorgane durch den Herrenchiemseer Konvent (Bundestag, Bundesrat, Bundespräsident, Bundesregierung, Bundesverfassungsgericht) konnte vom Parlamentarischen Rat problemlos übernommen werden. Dies galt ebenso für bestimmte Neuerungen gegenüber der Weimarer Verfassung, die die Stabilität der zweiten deutschen Republik erhöhen sollten. Dazu zählte nicht zuletzt das Instrument des »konstruktiven Misstrauensvotums«, das in Herrenchiemsee von einem Mitarbeiter des Stuttgarter Justizministers Josef Beyerle, Rechtsanwalt Otto Küster, entwickelt worden war. Im Herrenchiemseer Verfassungsentwurf war dieses Instrument zur Ablösung einer Regierung durch Vorschlag eines neuen Bundeskanzlers in Artikel 90 verankert worden, um den in Weimar zu Tage getretenen Nachteil des klassischen Parlamentarismus der Lähmung der Exekutive bei heterogenen Parlamentsmehrheiten zu vermeiden. Der Parlamentarische Rat griff den Gedanken auf und übernahm das konstruktive Misstrauensvotum in Artikel 67 des Grundgesetzes.

Kontroversen ergaben sich sowohl aus dem Streit um die Form des künftigen Föderalismus als auch aus dem Umstand, dass die Parteien sich nach den Vorarbeiten der Ministerpräsidenten als neue Größe der deutschen Politik zu etablieren suchten und ihre unterschiedlichen politischen und ideologischen Auffassungen verstärkt zur Geltung brachten. Strittig waren insbesondere die Frage des Staatsoberhauptes, die Mitwirkung der Länder an der Gesetzgebung des Bundes sowie das Problem der Bund-Länder-Zuständigkeit bei der Steuererhebung und Steuerverteilung im Rahmen der Finanzverfassung. Im Ergebnis der Beratungen engte der Parlamentarische Rat die Rechte und Befugnisse des Bundespräsidenten stark ein, der seinen Einfluss auf die Regierungsbildung verlor. Das Recht zur Wahl und Abberufung des Bundeskanzlers wurde allein dem Bundestag übertragen, der damit ebenso in seiner Bedeutung gestärkt wurde wie der Kanzler selbst, dem allein das materielle Recht der Kabinettsbildung oblag. Der Dualismus in der Staatsführung, der sich in Weimar nicht bewährt hatte, wurde damit abgeschafft. Überdies wurde der Präsident nicht mehr direkt vom Volk, sondern durch eine Bundesversammlung (bestehend aus den

Abgeordneten des Bundestages und einer gleichen Anzahl von Abgeordneten aus den Länderparlamenten) gewählt, um das »Ersatzkaisertum« der Weimarer Republik zu beseitigen – wie überhaupt die scheinbar so »demokratischen« plebiszitären Elemente der Weimarer Verfassung, die in Wahrheit die Republik in ein populistisches Chaos gestürzt und jegliche Stabilität beseitigt hatten, vom Grundgesetz nicht aufgegriffen wurden.

Der Ausgang der Bundespräsidentenkontroverse bewies, dass im Parlamentarischen Rat durchaus die Neigung bestand, das »Provisorium Grundgesetz« zu einer wirklichen Verfassung auszubauen. Selbst Carlo Schmid tendierte – allen anfänglichen Beteuerungen zum Trotz – bald dazu, nicht mehr vom »Verwaltungsstatut« eines fragmentarischen Staates zu sprechen, sondern erlag dem Reiz der großen parlamentarischen Aufgabe, eine neue dauerhafte Verfassung mit Modellcharakter für ganz Deutschland zu konstruieren. Die Aufgabe faszinierte ihn so sehr, dass er darüber manchmal sogar die eigene Partei vergaß, deren Widerstand er mit Mut und Geschick überspielte. So wurde er »zum virtuosen Regisseur der Beratung einer Vollverfassung«, und die Verfassungsordnung der Bundesrepublik wurde zu seiner großen historischen Leistung.

Diese Tendenz zur »Verstaatlichung« des Provisoriums wurde auch bei der Föderalismusproblematik erkennbar. Hier einigte man sich schließlich auf die »Bundesratslösung«, die eine Länderkammer aus Vertretern der Landesregierungen vorsah. In der Finanzfrage, d. h. bei der Steuererhebung und Steuerverteilung, setzten sich SPD und FDP gegen die extremen Föderalisten, darunter große Teile von CDU und CSU, mit ihrer Vorstellung durch, eine starke Bundesgewalt mit weitreichenden Steuererhebungskompetenzen und einem Finanzausgleich zwischen den Ländern im Grundgesetz zu verankern. Auch mehrere Einsprüche der Besatzungsmächte konnten daran nichts mehr ändern. Letztlich schreckten die Westmächte davor zurück, die westdeutschen Verfassungsberatungen im letzten Augenblick noch scheitern zu lassen. Auf einem Außenministertreffen der drei Westmächte vom 5. bis 8. April 1949 in Washington wurde daher nicht nur das Besatzungsstatut unterzeichnet, das nach der Einigung über das Grundgesetz verkündet werden sollte, sondern man gab auch in der Frage der Finanzkompetenz des

Bundes nach. Danach war der Weg für abschließende Verhandlungen mit den Alliierten frei, die am 25. April in Frankfurt stattfanden, so dass das Plenum des Parlamentarischen Rates den Grundgesetz-Entwurf am 8. Mai 1949 – auf den Tag genau vier Jahre nach der bedingungslosen Kapitulation der Deutschen Wehrmacht – in Dritter Lesung mit 53 gegen 12 Stimmen annehmen konnte. Das Provisorium hatte Gestalt gewonnen.

Nur zwei Tage nach der Annahme des Grundgesetzes, am 10. Mai 1949, bestimmte der Parlamentarische Rat Bonn zum »vorläufigen Sitz der Bundesorgane«. In geheimer Abstimmung votierten 33 Abgeordnete für Bonn, 29 für Frankfurt am Main. Eine wichtige Rolle bei der Vorbereitung dieser Entscheidung spielte der Chef der nordrhein-westfälischen Staatskanzlei, Hermann Wandersleb. Er hatte zunächst seinen Ministerpräsidenten Karl Arnold dazu gebracht, eigene Pläne zugunsten Düsseldorfs aufzugeben, und ihn dann dafür gewonnen, sich erfolgreich für Bonn zu engagieren. Seit September 1948 pflegte Wandersleb auch einen engen Kontakt zu Adenauer. Gemeinsam manövrierten sie die aussichtsreiche Bewerbung von Frankfurt am Main ins politische Abseits und verschafften Bonn in einer listig gestrickten Kampagne eine knappe, aber ausreichende Mehrheit. Endgültig wurde der Streit allerdings erst am 3. November 1949 im Bundestag beigelegt, als nochmals eine Abstimmung über Bonn und Frankfurt stattfand, die diesmal recht deutlich mit 200 gegen 176 Stimmen für Bonn ausfiel.

Am späten Abend des 12. Mai 1949 verlas General Robertson im Namen der drei Militärgouverneure das Genehmigungsschreiben der Alliierten zum Grundgesetz, das anschließend Adenauer in seiner Eigenschaft als Präsident des Parlamentarischen Rates überreicht wurde. Nun musste der Gesetzentwurf nur noch von den Landtagen ratifiziert werden. Dies geschah zwischen dem 18. und 21. Mai, als zehn der elf Landtage das Grundgesetz billigten. Lediglich Bayern lehnte die Ratifizierung am 20. Mai nach einer stürmischen, teilweise von Tumulten begleiteten siebzehnstündigen Landtagssitzung in der Atmosphäre eines nächtlichen Gewitters unter Blitz und Donner mit 101 gegen 63 Stimmen ab, weil seinen Abgeordneten die Bestimmungen über den Föderalismus nicht weit genug gingen. Zugleich wurde aber dem Antrag der bayerischen Staatsregierung entsprochen, das Grundgesetz auch für Bayern als rechtsverbindlich anzuerkennen, wenn es von mindestens zwei Dritteln der übrigen Länder angenommen sei (was zu diesem Zeitpunkt bereits der Fall war).

Die Schlusssitzung des Parlamentarischen Rates fand am 23. Mai 1949 wiederum in der Pädagogischen Akademie in Bonn statt. Nachdem das Grundgesetz in einem feierlichen Akt von allen Abgeordneten des Parlamentarischen Rates (mit Ausnahme der KPD-Vertreter Max Reimann und Heinz Renner, die sich verweigerten), den Ministerpräsidenten und den Landtagspräsidenten unterzeichnet worden war, wurde es von Adenauer als dem Präsidenten des Rates ausgefertigt und noch am selben Tag in der ersten Nummer des Bundesgesetzblattes verkündet. Die Bundesrepublik war gegründet.

Die Wahlen zum ersten Deutschen Bundestag erfolgten auf der Grundlage eines vom Parlamentarischen Rat gesondert beratenen und verabschiedeten Wahlgesetzes, wonach die Hälfte der Abgeordneten nach dem einfachen Mehrheitsprinzip direkt gewählt, die andere Hälfte der Mandate unter Anrechnung der Direktmandate über Listenplätze vergeben werden sollte. In der politischen Auswirkung kam dies dem klassischen Verhältniswahlrecht gleich, vermischte jedoch die Verhältniswahl mit Elementen der Persönlichkeitswahl. Eine Sperrklausel bestimmte, dass Parteien, die weniger als 5 Prozent der Stimmen im Bundesgebiet oder kein Direktmandat erzielt hatten, nicht berücksichtigt werden sollten. Als Wahltag wurde der 14. August 1949 festgesetzt.

Der Wahlkampf im Sommer 1949 war kurz. Weniger als zwei Monate blieben den 16 Parteien und 70 parteilosen Kandidaten, um sich beim Wähler im Rennen um die 402 Bundestagsmandate zu profilieren. Doch nur Vertreter der CDU/CSU, SPD, FDP und KPD kandidierten in allen Bundesländern. Vor allem Kurt Schumacher und Konrad Adenauer setzten einander hart zu. Am Ende waren es aber die inhaltlichen Aussagen, die maßgeblich zur Niederlage der SPD beitrugen, obwohl die meisten Beobachter im Vorfeld der Wahl den Sozialdemokraten die besten Chancen eingeräumt hatten. Insbesondere die Kritik Schumachers an den Kirchen und der sozialen Marktwirtschaft kostete viele Stimmen – und wahrscheinlich den Sieg.

Für Adenauer war die mutmaßliche Kirchenfeindlichkeit der Sozialdemokraten indessen nur ein Ansatzpunkt, um die Wahlchancen der SPD zu schmälern. Ungeniert und wider besseres Wissen rückte er sie auch in die Nähe des östlichen Kommunismus, indem er die Zwangsvereinigung zwischen SPD und KPD in der sowjetischen Besatzungszone vom Frühjahr 1946 zum Anlass nahm, von einer »historischen Schuld der Sozialdemokratie in der Ostzone und in Berlin« zu sprechen. Obwohl sich nicht nur die westdeutschen Sozialdemokraten, allen voran Schumacher, sondern auch viele ostdeutsche SPD-Anhänger – oft unter Einsatz ihres Lebens – der Verschmelzung beider Parteien widersetzt hatten, behauptete Adenauer, damit hätten die Sozialdemokraten »den einheitlichen Widerstand der deutschen Parteien in der russischen Besatzungszone gegen den Kommunismus und gegen die Russen gebrochen«. Durchaus infam, aber äußerst wirkungsvoll verwies er dabei auf die Tatsache, dass nicht weniger als fünf SED-Ministerpräsidenten in der Ostzone frühere Sozialdemokraten seien. Und auch im Westen, so Adenauer, stehe die SPD ideologisch »nach wie vor auf dem Boden des Klassenkampfes«, weil sie es nach 1945 noch nicht fertiggebracht habe, ein der Zeit angemessenes, neues Parteiprogramm zu entwerfen.

Christentum und Antikommunismus waren deshalb für Adenauer die beiden Kernfragen, um die es in diesem Wahlkampf ging. Darüber hinaus hatte die CDU am 15. Juli 1949 in einer viel beachteten Pressekonferenz ihre »Düsseldorfer Leitsätze« veröffentlicht und ein Programm der »Sozialen Marktwirtschaft« verkündet, das der parteilose Wirtschaftsdirektor der Bizone, Ludwig Erhard, seit Juni 1948 mit beträchtlichem Erfolg propagierte. Erhard selbst wurde nun zur zentralen Figur im Wahlkampf der CDU – wichtiger vielleicht noch als Adenauer –, obwohl er der Partei nicht angehörte und ihr auch gar nicht beizutreten gedachte. Während die SPD in alter Terminologie behauptete, die Frankfurter Wirtschaftsverwaltung, der Erhard vorstand, funktioniere nur »als Instrument des Klassenkampfes von oben« und habe »die Armen ärmer und die Reichen reicher gemacht«, forderte Erhard mit vertraueneinflößender Gemütlichkeit eine marktwirtschaftliche Ordnung mit sozialer Verantwortung. Einen größeren Gegensatz hätte man sich kaum denken können: Das Programm der SPD roch nach Klassenkampf und Kommunismus, Erhards Konzept verhieß materiellen Aufschwung und Wohlstand. Auch wenn dessen Bewährung in der Praxis noch ausstand, wurde der Frankfurter Wirtschaftsprofessor mit der unvermeidlichen Zigarre, optimistisch an qualmende Fabrikschlote erinnernd, dadurch bereits jetzt, 1949, zur Wahllokomotive der CDU/CSU – ein Glücksfall für die Partei, der noch dadurch an Wert gewann, dass Erhard sich nicht als Konkurrenten Adenauers begriff und daher auch für diesen zu einer willkommenen Erscheinung wurde. »In jenem ersten Wahlkampf«, so Erhard rückblickend im Dezember 1971, seien »soziale Marktwirtschaft und CDU zu einer Identität« geworden – eine Kombination, die der Union nicht nur bei dieser Wahl, sondern noch mehrfach den Sieg bescherte, bis die SPD sich die Grundsätze der sozialen Marktwirtschaft ebenfalls zu eigen machte und damit ihre Regierungsfähigkeit bewies.

Mit dem Wahlkampf und der anschließenden Regierungsbildung wurde nun auch Adenauer zu einer nationalen Erscheinung. Symptomatisch für sein Vorgehen – und für seinen Erfolg – war der 21. August 1949, als er, genau eine Woche nach der Bundestagswahl, eine bunte Runde von CDU/CSU-Honoratioren, insgesamt 26 Herren, zu sich in sein Haus nach Rhöndorf einlud und dabei nicht nur eine Koalition mit der FDP und der Deutschen Partei vereinbarte, sondern sich auch gleich selbst als Bundeskanzler ins Gespräch brachte. Keiner widersprach, als er erklärte, er habe mit Professor Martini, seinem Arzt gesprochen, ob er in seinem Alter dieses Amt wenigstens noch für ein Jahr übernehmen könne. Professor Martini habe keine Bedenken gehabt: »Er meint, auch für zwei Jahre könne ich das Amt ausführen.«

Tatsächlich hätte das Wahlergebnis vom 14. August mehrere Koalitionsmöglichkeiten zugelassen. Die CDU/CSU war mit 31,0 Prozent der Wählerstimmen und 139 Mandaten als stärkste Partei aus der Wahl hervorgegangen, dicht gefolgt von der SPD mit 29,2 Prozent und 131 Sitzen. Die Liberalen (FDP, DVP und BDV), die 11,9 Prozent erreicht hatten, waren mit 52 Abgeordneten ebenfalls recht stark vertreten. Die anderen Parteien waren bedeutend schwächer, aber für die Mehrheitsbeschaffung keineswegs ohne Belang. Dies galt insbesondere für die Deutsche Partei, die am äußersten rechten Ende der demokratischen Bewerber um Bundestagsmandate angesiedelt war, aber Berührungspunkte mit dem rechten Flügel der CDU/CSU aufwies.

Die Deutsche Zentrumspartei, die 1945 als Interessenvertreterin des politischen Katholizismus wiedergegründet worden war und bei der Bundestagswahl sowohl im Rheinland als auch in Niedersachen und Schleswig-Holstein kandidiert hatte, ließ sich dagegen koalitionspolitisch kaum einbinden. Unter Helene Wessel, die im Juli 1949 ihren Vorsitz übernommen hatte, kämpfte sie mit ihren 3,1 Prozent der Stimmen und 10 Mandaten gegen Union und SPD gleichzeitig. Als kompromisslose Verfechterin kirchlicher Anliegen gehörte sie aus sozialdemokratischer Sicht in das Lager der Konservativen. Andererseits forderte sie jedoch »die straffe Lenkung der Produktion und die rücksichtslose Bekämpfung des Preiswuchers« in der Wirtschaft sowie »die Überleitung der Grundstoffindustrien in Gemeinbesitz«. Für die CDU/CSU stellte sie sich deshalb als soziale Linkspartei dar. Eine Zusammenarbeit kam damit weder nach der einen noch nach der anderen Richtung in Frage. Der politische Katholizismus, soweit er sich im neuen Zentrum organisierte, isolierte sich weitgehend selbst. Adenauers Warnungen aus dem Frühjahr 1945 vor einem Wiederaufleben der alten Zentrumsidee und sein Plädoyer für eine überkonfessionelle christliche Volkspartei hatten sich bestätigt.

Kaum zu verwenden für Koalitionsbildungen war auch die Bayernpartei mit ihren 4,2 Prozent und 17 Mandaten, die von Anfang an gegen das Grundgesetz gekämpft hatte und »mit einer Mischung aus staatenbündischer Ideologie, Folklore, Partikularismus und monarchistischen wie separatistischen Sehnsüchten« operierte.

Zählte man die Mandate unter Berücksichtigung der politischen Programmatik der jeweiligen Parteien zusammen, war rechnerisch nur eine große Koalition aus CDU/CSU und SPD – eventuell sogar eine Allparteienregierung – oder eine kleine Koalition aus CDU/CSU, FDP und DP möglich. Die Entscheidung musste jedoch von der CDU/CSU getroffen werden, da der SPD die Partner fehlten. Adenauers Vorstoß vom 21. August erhielt damit zusätzliche Plausibilität. Sein Kurs war indessen weder in der Union noch beim angestrebten Koalitionspartner FDP unumstritten. Doch wie schon im Wahlkampf, so war Kurt Schumacher auch jetzt wieder Adenauers bester Helfer: Kompromisslos und unerbittlich zwang er die SPD entgegen den Vorstellungen der SPD-Ministerpräsidenten und gegen den Rat wohlmeinender Parteifreunde wie Carlo Schmid in die Opposition. Bereits am 22. August, einen Tag nach der Rhöndorfer Konferenz, erteilte der *Sozialdemokratische Pressedienst* allen Spekulationen über eine große Koalition eine klare Absage. Die SPD, so hieß es dort, sei unverändert der Auffassung, »dass die Zustimmung für einen Bundeskanzler Adenauer und einen Wirtschaftsminister Erhard eine allzu starke Zumutung für die sozialdemokratische Wählerschaft und die sozialdemokratischen Politiker wäre, die in einer solchen Regierung arbeiten müssten«. CDU-Politiker, die immer noch Ansatzpunkte für eine große Koalition sahen, wurden durch diesen rigiden Oppositionskurs Schumachers aller Chancen beraubt, ihr Ziel vielleicht doch noch zu erreichen. So wurde Adenauer von der CDU/ CSU-Fraktion einstimmig beauftragt, mit der FDP und der DP formelle Koalitionsverhandlungen aufzunehmen.

Am 12. September 1949 wurde zunächst Theodor Heuss zum Bundespräsidenten gewählt, am 15. September dann Adenauer zum Bundeskanzler. Vor allem die Kanzlerwahl ging mit 202 gegen 142 der 389 abgegebenen Stimmen – bei 44 Enthaltungen und 1 ungültigen Stimme – denkbar knapp aus. Da der Kanzler zu seiner Wahl entsprechend dem Grundgesetz der absoluten Mehrheit des Parlaments bedarf – 1949 waren dies 201 von 400 Stimmen –, erhielt Adenauer nur eine Stimme mehr, als er für seine Kanzlerwahl brauchte: seine eigene, wie oft zu hören ist, denn er stimmte selbstverständlich für sich selbst. Zwei Mitglieder der FDP-Fraktion waren bei der Abstimmung aus Gründen, die nichts mit der Wahl zu tun hatten, nicht anwesend gewesen, so dass offenbar fünf Mitglieder der eigenen Fraktion gegen Adenauer gestimmt oder sich der Stimme enthalten hatten.

Die neue Regierung setzte sich aus Vertretern jener Gruppierungen zusammen, die Adenauer bereits in Rhöndorf ins Auge gefasst hatte: mit Ludwig Erhard als Wirtschaftsminister, Fritz Schäffer als

Finanzminister und Jakob Kaiser als Minister für Gesamtdeutsche Fragen. Die alles überragende Figur blieb jedoch Adenauer selbst – der älteste Regierungschef seit Menschengedenken: früher geboren als Stresemann, Brüning und sechs weitere Kanzler der Weimarer Republik, dreizehn Jahre älter als Hitler. Er wurde Kanzler fast im selben Alter, in dem Bismarck entlassen wurde, und regierte länger als die 21 Kabinette der Weimarer Republik zusammengenommen – und länger als das »Tausendjährige Reich«. Seine physische Leistung war ebenso beeindruckend wie seine Politik. Neben ihm erschienen die Minister, vielleicht mit Ausnahme Ludwig Erhards, zweitrangig. Adenauer allein war, wie es damals hieß, »70 Prozent seines Kabinetts«.

Die Regierungserklärung, die Adenauer am 20. September 1949 vor dem Deutschen Bundestag abgab, stellte, wie Herbert Blankenhorn in seinen *Blättern eines politischen Tagebuchs* treffend bemerkte, »keinen großen Wurf« dar. Aufgrund zahlloser Besprechungen hatte Adenauer kaum Zeit gefunden, sich ernsthaft und mit der notwendigen Ruhe auf den Text zu konzentrieren. Während er vor dem Bundestag schon mit seinem Vortrag begonnen hatte, waren sieben Sekretärinnen noch damit beschäftigt, die letzten der 25 Seiten des Manuskripts in Reinschrift zu übertragen: »Es war«, so Blankenhorn, »die Rede eines Mannes, der in nüchternen Worten die Probleme und Aufgaben aneinander reihte, vor die sich die eben konstituierte Bundesregierung gestellt sieht.« Dennoch gab es oft Beifall, gelegentlich auch aus den Reihen der Opposition.

Bereits für den nächsten Morgen, am 21. September 1949, war Adenauer mit dem gesamten Kabinett zu einem Besuch der Alliierten Hohen Kommission der drei westlichen Alliierten auf den Petersberg bestellt, nur wenige Kilometer von Bonn entfernt, in Sichtweite Rhöndorfs auf der östlichen Seite des Rheintals gelegen. Dabei sollte den Mitgliedern der neuen Bundesregierung in feierlicher Form das von den Alliierten am 10. April 1949 beschlossene und am 12. Mai von den Militärgouverneuren verkündete »Besatzungsstatut« überreicht werden, dessen Grundsätze auf die Frankfurter Dokumente vom 1. Juli 1948 zurückgingen. Da man seinerzeit in der Militärverwaltung der Besatzungsmächte nur von einer beschränkten und kontrollierten Selbstverwaltung der Deutschen ausgegangen war, bedurfte die Art und Weise, wie die Alliierten nach Konstituierung der Bundesrepublik die ihnen weiterhin vorbehaltene oberste Gewalt auszuüben gedachten und wie die Beziehungen zur neuen deutschen Regierung gestaltet werden sollten, einer genauen Regelung. Für die Alliierten war die Übergabe des Besatzungsstatuts nach der Verabschiedung des Grundgesetzes und der Wahl Adenauers zum Bundeskanzler somit nur der logische dritte Schritt, um die doppelte Regierungsbildung der neuen Bundesrepublik – mit dem Kabinett in Bonn und der Nebenregierung der drei westlichen Besatzungsmächte auf dem Petersberg – zu vollenden. Die Statutsübergabe war zugleich der erste Amtsakt der drei Hohen Kommissare, die damit ihre Tätigkeit aufnahmen.

Adenauer indessen sah dies ganz anders. Zwar war er bereit, seinen Antrittsbesuch bei den Alliierten zu machen. Aber er weigerte sich, das eigens auf Pergament gedruckte Besatzungsstatut in großer Zeremonie aus den Händen der Hohen Kommissare entgegenzunehmen. Zudem lehnte er es ab, sich bei seinem Besuch, den Wünschen der Alliierten entsprechend, vom gesamten Kabinett begleiten zu lassen, um sich von den Siegermächten gewissermaßen das Placet für seine Regierungsbildung zu holen. Wenn die Alliierten sich schon weitgehende Vorbehaltsrechte, Einspruchs- und Kontrollbefugnisse sowie Mitsprachemöglichkeiten gesichert hatten, welche die Eigenständigkeit der Bundesregierung erheblich einschränkten, musste man dies nicht auch noch für alle Welt sichtbar demonstrieren. So war Adenauer lediglich von Vizekanzler Franz Blucher und den Ministern Jakob Kaiser für die CDU, Fritz Schäffer für die CSU, Thomas Dehler für die FDP sowie dem parteilosen Ludwig Erhard flankiert, als er die schmale Straße zum Hotel Petersberg hinauffuhr, wo die Alliierte Hohe Kommission ihren Sitz genommen hatte.

Von einer respektvollen, versöhnlichen Haltung zwischen den neuen Partnern konnte somit zumindest an diesem Tage noch keine Rede sein. Um den Rangunterschied zwischen den Repräsentanten der Besatzungsmächte und den Vertretern der jungen, noch nicht souveränen Bundesrepublik deutlich zu machen, hatte man sogar festgelegt, dass die Kommissare bei der Zusammenkunft auf einem Teppich stehen sollten, die deutsche Delegation jedoch auf dem nackten Fußboden davor – eine protokollarische Albernheit, die den Kanzler und seine Minister vom ersten Augenblick an daran erinnern sollte, dass sie nur mit Zustimmung der Alliierten regierten. Als der französische Hohe Kommissar André François-Poncet, der an diesem Tag den Vorsitz führte, zu Beginn der Begegnung einen Schritt nach vorne trat, um den Kanzler zu begrüßen, ging dieser ihm entgegen und stand nun ebenfalls auf dem Teppich, ohne dass jemand Einwände erhoben hätte. Die Zeremonie, die dazu bestimmt gewesen war, die fortbestehende Kontrolle über die junge Bundesrepublik zu demonstrieren, war ungewollt zu einer symbolischen Geste neu gewonnenen Selbstvertrauens geraten – zu einem »ersten Schritt in die politische Mündigkeit«.

4. Der Erfolg der Marktwirtschaft

Die Erfahrung der Weimarer Republik hatte gezeigt, welche Bedeutung der wirtschaftlichen Entwicklung für die politische Stabilität Deutschlands zukam. Die Westmächte waren daher nach dem Zweiten Weltkrieg bemüht, das Wirtschaftsleben in ihren Besatzungszonen so schnell wie möglich wieder in Gang zu setzen. Nur wenn die Produktion bald wieder anlief, konnte die deutsche Bevölkerung sich selbst versorgen und waren auch Reparationsleistungen von ihr zu erwarten. Die Wirklichkeit sah allerdings zunächst anders aus: Die deutsche Wirtschaft lag nach Kriegsende fast völlig darnieder, die Industrieproduktion betrug in der zweiten Jahreshälfte 1945 nur noch etwa 20 Prozent des Standes von 1936.

Ursachen der Misere waren vor allem Zerstörungen und Mängel im Transportsystem sowie politische Behinderungen, die sich aus der Abtrennung der Ostgebiete und der Abschottung der Besatzungszonen ergaben. Die innere Balance zwischen den industriellen Ballungsräumen des Westens, Berlins und Oberschlesiens und den landwirtschaftlichen Kerngebieten Mittel- und Ostdeutschlands war dadurch praktisch nicht mehr gegeben. Hinzu kam, dass die fast völlige Unterbrechung des Warenverkehrs zwischen der SBZ und den Westzonen auf beiden Seiten zu Beeinträchtigungen führte, da die Wirtschaft Mitteldeutschlands vor dem Kriege über etwa 30 Prozent des gesamten deutschen Industriepotenzials verfügt hatte.

Die unmittelbaren Kriegsschäden an Fabriken und Maschinen spielten dagegen nur eine untergeordnete Rolle. Die Flächenbombardements der alliierten Luftangriffe hatten vor allem die Wohnviertel der großen Städte getroffen. Gezielte Angriffe waren weniger gegen Industriekomplexe als gegen die Verkehrs- und Transportknotenpunkte sowie in der letzten Kriegsphase gegen die Treibstoffversorgung geflogen worden. Selbst auf dem Höhepunkt der alliierten Luftangriffe 1944 hatten die Bombardements nur 6,5 Prozent des Maschinenparks zerstört oder beschädigt. Nach Berechnungen des United States Strategic Bombing Survey vom Oktober 1945 waren in den Westzonen lediglich 17 Prozent des Bruttoanlagevermögens zerstört. Die nahezu vollständige Lähmung der deutschen Wirtschaft ließ sich deshalb – außer im Verkehrs- und Transportbereich – mit materiellen Ausfällen allein nicht erklären. Offenbar kam den politischen Hemmnissen eine sehr viel größere Bedeutung zu. Das hieß jedoch auch, dass bei einer entsprechenden politischen Umorientierung eine rasche Erholung der deutschen Wirtschaft im Bereich des Möglichen lag, zumal es trotz der hohen Kriegsverluste eine ausreichende Zahl qualifizierter und motivierter Arbeitskräfte gab, deren Fachwissen durch Krieg und Niederlage nicht einfach verschwunden war.

Die Verschmelzung der amerikanischen und britischen Zone zur »Bizone« am 1. Januar 1947 war deshalb ein erster wichtiger Schritt, um aus der schweren ökonomischen Krise herauszukommen, die sich im Winter 1946/47 noch einmal dramatisch zuspitzte, als eine lange Kälteperiode und ein immer größer werdender Mangel an Lebensmitteln vor allem in den städtischen Ballungszentren vielfach zu Hunger, Krankheit und Tod führten. Das Bizonen-Abkommen, das von den Außenministern Großbritanniens und der USA, Bevin und Byrnes, am 2. Dezember 1946 in Washington unterzeichnet worden war, sollte gelten, »bis ein Abkommen über die Behandlung ganz Deutschlands als wirtschaftlicher Einheit abgeschlossen« würde, und war in jährlichen Abständen zu überprüfen. Kern des Abkommens war die Einsetzung deutscher Verwaltungsbehörden unter Verantwortung der amerikanischen und britischen Militärregierung. Mit dem Aufbau dieser bizonalen Ressorts war aber schon Monate zuvor begonnen worden, nachdem General Clay im Länderrat der amerikanischen Zone in Stuttgart am 6. August 1946 die süddeutschen Ministerpräsidenten von den Fusionsplänen offiziell unterrichtet und sie beauftragt hatte, mit deutschen Vertretern der britischen Zone die notwendigen Vereinbarungen auszuarbeiten. Der britische Militärgouverneur General Robertson war dem Beispiel Clays nur eine Woche später gefolgt und hatte in einer Ansprache vor dem Zonenbeirat des britischen Besatzungsgebiets in Hamburg die deutschen Politiker in seinem Bereich ebenfalls instruiert. Eine gemeinsame Verwaltung mit Personal aus beiden Zonen, so Robertson, solle die fünf Sachgebiete Wirtschaft, Ernährung und Landwirtschaft, Verkehr, Finanzen sowie Post- und Fernmeldewesen umfassen.

Noch im selben Monat, also im August 1946, trafen sich deutsche Abgesandte aus beiden Zonen, um über Einzelheiten des Zusammenschlusses zu beraten. Sie verständigten sich innerhalb kürzester Zeit untereinander und mit den Militärregierungen auf fünf Verwaltungsabkommen, von denen die ersten am 10. September und das letzte am 1. Oktober 1946 unterzeichnet wurden. Auch die alliierten Genehmigungen ließen nicht lange auf sich warten. Man hatte es eilig, da die Verwaltungen noch vor dem Winter ihre Arbeit aufnehmen sollten. Die Hektik, mit der man zu Werke ging, sollte sich jedoch bald als Fehler erweisen. Denn die Konstruktion der Bizonenverwaltung wies derart schwerwiegende Mängel auf, dass diese den gesamten Neuanlauf zum Wiederaufbau der westdeutschen Wirtschaft gefährdeten. Eines der Probleme bestand darin, dass die fünf Verwaltungen ohne übergeordnete deutsche Koordinierungsbehörde über das ganze Gebiet der Bizone verstreut waren, um jeden Anschein einer politischen Fusion mit einer bizonalen Hauptstadt zu vermeiden. So residierte die Verwaltung für Wirtschaft in Minden, die Verkehrsverwaltung in Bielefeld (mit einer Außenstelle für Seehäfen und Küstenschifffahrt in Hamburg), die Verwaltung für Finanzen in Bad Homburg, das Post- und Fernmeldewesen in Frankfurt und die Ernährung und Landwirtschaft in Stuttgart. Natürlich funktionierte nichts. Angesichts der räumlichen Trennung führte jede Verwaltung praktisch ein Eigenleben. Eine Verständigung zwischen ihnen war schon wegen der desolaten Verkehrs- und Kommunikationswege kaum möglich. Außerdem war eine Koordination strukturell gar nicht angelegt, da es kein gemeinsames Lenkungsorgan und keine gemeinsamen deutschen Kontrolleinrichtungen gab.

Dieser für alle Beteiligten enttäuschende Verlauf der Zonenverschmelzung ließ den Unmut über die bizonale Organisation immer mehr anschwellen. Vor allem in der britischen Zone kam es zu Unruhen und Tumulten, Streiks und Hungerdemonstrationen: im

März und April im Ruhrgebiet sowie zuletzt am 9. Mai auf einer gewerkschaftlichen Großkundgebung in Hamburg mit über 120000 Teilnehmern, die sich gegen Wohnungsnot, Kleidungsmangel, das Fehlen von Heizmaterial und vor allem die trostlose Ernährungslage wandten. Die beiden Militärgouverneure Clay und Robertson stimmten überein, dass es so nicht weitergehen konnte. Ende Mai einigten sie sich mit ihren Stäben auf eine Reform der Bizone, nachdem der neue amerikanische Außenminister George C. Marshall auf dem Rückflug von der Moskauer Außenministerkonferenz am 25. April auf dem Flughafen Berlin-Tempelhof Clay angewiesen hatte, zusammen mit seinem britischen Kollegen den Ausbau der Organisation der Bizone so voranzutreiben, dass diese sich möglichst rasch selbst versorgen könne. Das »Abkommen über die Neugestaltung der zweizonalen Wirtschaftsstellen« vom 29. Mai 1947 sah grundlegende Veränderungen der Verwaltungsorganisation vor, die sich ab Herbst 1947 offiziell »Wirtschaftsrat für das Vereinigte Wirtschaftsgebiet (amerikanisches und britisches Besatzungsgebiet in Deutschland)« nannte. Zum einen wurden nun alle bizonalen Behörden nach Frankfurt am Main verlegt, das nicht aus politischen oder historischen Gründen, sondern allein wegen seiner zentralen Lage in den Genuss kam, »Hauptstadt« der Bizone zu werden. Zum anderen wurde die interne Struktur umgebaut: Ein neu eingesetzter »Wirtschaftsrat« (Economic Council) stellte praktisch das Parlament der Organisation dar, deren 52 Mitglieder von den acht Landtagen der Bizone gewählt wurden. Ein ebenfalls neu gebildeter »Exekutivrat« oder »Exekutivausschuss« (Executive Committee), bestehend aus acht von den Länderregierungen bestellten Vertretern, hatte im Gegensatz zum Wirtschaftsrat keine legislativen Befugnisse, konnte aber Gesetzesvorschläge beim Wirtschaftsrat einbringen und Gesetzentwürfe begutachten, die vom Wirtschaftsrat selbst vorgeschlagen wurden. Die »Direktoren« (Executive Directors) der fünf Verwaltungen – gewissermaßen die »Minister« der neuen Struktur – mussten ihre Gesetzesvorlagen wiederum über den Exekutivrat an den Wirtschaftsrat leiten. Die fünf Direktoren traten nun an die Stelle der aufgelösten Verwaltungsräte und Verwaltungsämter der ersten Phase, deren Behördenapparate Schritt für Schritt nach Frankfurt umzogen.

Der erwartungsfrohe Beginn der erneuerten Bizonenverwaltung wurde jedoch schon bald durch Hiobsbotschaften aus der Landwirtschaft getrübt. Nach drei bitteren Kältewellen im Winter 1946/47 wartete der Sommer 1947 mit Dürre- und Hitzerekorden auf, die für den Herbst große Ernteausfälle und im folgenden Winter eine neue Hungersnot befürchten ließen. Ende September 1947 verabschiedete der Wirtschaftsrat daher ein »Gesetz zur Sicherung der Kartoffelversorgung«, das sich auf eine Verordnung vom August 1939 über die öffentliche Bewirtschaftung landwirtschaftlicher Erzeugnisse stützte und in seiner neuen Form den Bizonendirektor für Ernährung und Landwirtschaft ermächtigte, bei Kartoffeln die Ablieferungsmengen der einzelnen Länder, die Ausgleichsquoten zwischen agrarischen Überschussländern und Industrieregionen sowie die Höchstmengen für die Verbraucher festzulegen. Auch intensive Kontrollen konnten indessen nicht verhindern, dass das Ablieferungssoll nicht erfüllt wurde. Bei einer Zwischenbilanz am 21. November war noch nicht einmal die Hälfte der Lieferungen erfolgt. Das Schlusslicht der säumigen Länder bildete Bayern mit lediglich 36,2 Prozent. Aber die Anweisungen der Bizonenverwaltung wurden überall unterlaufen: Die Bauern versteckten die Kartoffeln zentnerweise, um sie nicht abliefern zu müssen, sondern auf dem Schwarzen Markt lukrativ verkaufen oder bei Hamsterfahrten gegen Wertgegenstände eintauschen zu können. Bei »Kompensationsgeschäften« auf dem Grauen Markt wurden sie in großem Stil gegen Kohlen oder andere wertvolle Güter verschoben. Und die Länderregierungen zogen es vor, erst einmal die Ernährung der eigenen Bürger zu sichern und ihnen ein bestimmtes Kontingent an Einkellerungen zuzugestehen, bevor sie die Bemühungen der Bizonenverwaltung um eine möglichst gerechte Verteilung unterstützten.

Tatsächlich waren die Ziele, die sich der Wirtschaftsrat in diesem »Kartoffelkrieg« gesteckt hatte, von vornherein unrealistisch. Da die gesamte Bizonenadministration in Frankfurt über nicht mehr als 4533 Beamte und Angestellte verfügte, war es völlig unmöglich, die erforderlichen Kontrollen vorzunehmen. Selbst ein Vielfaches an Personal hätte dazu nicht ausgereicht. Dennoch verabschiedete der Wirtschaftsrat am 23. Januar 1948 auf Druck der Militärregierungen eine zweite Verordnung dieser Art: das »Nothilfegesetz zur Ermitt-

lung, Erfassung und Verteilung von Lebensmitteln«. Bald als »Spei-
sekammergesetz« bekannt und verlacht, sollte es sämtliche Lebens-
mittelvorräte in der Bizone bei Bauern, Händlern, Spediteuren und
Gastwirten sowie in allen Haushalten aufspüren und statistisch fest-
halten. Es scheiterte jedoch ebenso kläglich wie das Gesetz zur Sicherung der Kartoffelversorgung.

In Wirklichkeit bedurfte es ganz anderer Methoden, um die ökonomischen Probleme in Deutschland zu lösen. Da es aufgrund der
gesunkenen Reallöhne, einer überhöhten Besteuerung und vor allem des rapiden Verfalls der Währung für Erzeuger und Händler in
Landwirtschaft, Industrie und Handwerk nicht den geringsten An-
reiz gab, im Rahmen der bestehenden Vorschriften zu produzieren
und zu verkaufen, war es kein Wunder, dass Waren lieber gehortet
oder auf den zahllosen Grauen und Schwarzen Märkten verschoben
wurden, als sie in den verplanten Kreislauf der Frankfurter Wirtschaftsverwaltung einzuspeisen. Die schlechte Versorgung mit
Nahrungsmitteln, der Mangel an Heizmaterial und Bekleidung sowie die desolate Wohnsituation, die zu einer erheblichen Zunahme
von Infektionskrankheiten, Säuglingssterblichkeit und psychischen
Störungen führten, waren zwar beklagenswert und bedurften kurz-
fristiger Notmaßnahmen. Aber grundsätzlich war die deutsche
Wirtschaft mit solchen »Reparaturen« nicht zu sanieren. Dazu bedurfte es weitreichender politischer und wirtschaftspolitischer Entscheidungen, um die Rahmenbedingungen ökonomischen Handelns insgesamt zu verbessern. Die bizonale Organisation hatte sich
dazu auch in ihrer zweiten Phase als ungeeignet erwiesen. Sie musste deshalb erneut reformiert werden – diesmal jedoch mit politischem Hintergrund und dem Ziel, eine florierende Wirtschaft mit
stabiler Währung in einem verfassungsmäßig abgesicherten Staat zu
schaffen. Die Ankündigung des Marshall-Plans im Juni 1947 und
die Aufnahme Westdeutschlands in den Empfängerkreis der Mittel
des »European Recovery Program« (ERP) im September 1947
schienen dafür die Voraussetzungen zu bieten.

Als der amerikanische Außenminister George C. Marshall am
5. Juni 1947 in einer Rede vor der Harvard University versprach, ein
wirtschaftliches Wiederaufbauprogramm für Europa zu initiieren,
um die Stagnation zu überwinden und zu einer allgemeinen Stabili-

sierung der Verhältnisse beizutragen, war es bereits klar, dass auch Deutschland von der amerikanischen Hilfe profitieren würde. Ex-Präsident Herbert Hoover, der im Februar 1947 mit einem großen Expertenstab nach Deutschland gereist war, um die Situation vor Ort zu studieren, hatte anschließend mit seinem Bericht im Kongress und in der öffentlichen Meinung der USA den Boden für die Einbeziehung des ehemaligen Kriegsgegners in das amerikanische Hilfsprogramm bereitet. So gerechtfertigt die ökonomische Bestrafung Deutschlands nach den Untaten des NS-Regimes auch gewesen sein mochte, so sehr fiel sie letztlich auf den amerikanischen (und britischen) Steuerzahler zurück. Auch Hoover beklagte bereits im Januar 1947, noch ehe er zu seiner Mission nach Europa aufbrach, mit Blick auf die amerikanische Deutschlandpolitik, dass »weitgehende Zerstörung und Arbeitslosigkeit ... das amerikanische Volk jährlich Hunderte Millionen Steuergelder kosten, um die Deutschen am Leben zu erhalten«. Doch während State Department und Militärregierung sich noch immer auf die Untersuchung der Lebensmittelknappheit als zentrales Problem der deutschen Wirtschaft konzentrierten, setzte er nun eine Inspektion aller Wirtschaftsprobleme durch.

Hoovers Bericht wurde damit zu einem »Kassensturz amerikanischer Deutschlandpolitik«. Er verlangte eine grundlegende Neuorientierung, die vom Gedanken der Bestrafung Abschied nehmen und den Wiederaufbau in den Mittelpunkt rücken müsse. Insbesondere gelte es, die Demontagen – außer von Rüstungsbetrieben – zu beenden und alle Überlegungen zu einer Abtrennung des Ruhrgebietes zu verwerfen. Das waren auf den ersten Blick radikale Forderungen, die über britische und französische Vorschläge weit hinausgingen. Dennoch stimmten insbesondere die Briten Hoover in vielem durchaus zu. Sie waren mit ihrer Zahlungsfähigkeit nahezu am Ende und konnten sich eine Fortsetzung der kostspieligen Besatzungspolitik in Deutschland nicht mehr leisten. Die verlockende Aussicht auf amerikanische Finanzhilfen brachte aber auch Frankreich letztlich dazu, dem Wiederaufbau der deutschen Wirtschaft zuzustimmen, nachdem Außenminister Marshall die Vergabe der ERP-Gelder an die Bedingung geknüpft hatte, dass die Westzonen Deutschlands einbezogen werden müssten.

In den USA waren inzwischen die Überlegungen zur Umsetzung des Marshall-Plans weit gediehen. Nach dem Scheitern der Londoner Außenministerkonferenz der Vier Mächte im Dezember 1947 wurden sie erneut forciert und führten am 3. April 1948 schließlich zur gesetzlichen Grundlage des »Foreign Assistance Act«, demzufolge die Durchführung des ERP-Programms nicht von den USA diktiert, sondern in Verhandlungen mit den 18 beteiligten Ländern gemeinschaftlich vereinbart werden sollte. Die drei Westzonen Deutschlands wurden dabei durch die drei Militärgouverneure in Begleitung deutscher Experten vertreten. Aus diesen Konferenzen ging bereits am 16. April 1948 die Organization for European Economic Cooperation (OEEC) hervor, die als ständiger Ausschuss für die Verteilung der Marshall-Plan-Gelder zu sorgen hatte und damit zur Keimzelle der künftigen europäischen Integration wurde.

Die Reform der Bizone war auch deshalb so dringlich, weil praktisch unmittelbar nach dem 3. April die Auszahlung der Gelder erfolgen konnte. So erhielten die europäischen Länder in der Zeit vom 3. April 1948 bis Ende 1951 insgesamt 12,4 Milliarden Dollar. Davon flossen 1,3 Milliarden in die drei Westzonen Deutschlands und nach West-Berlin; hinzu kamen noch einmal 1,9 Milliarden für Lebensmittellieferungen außerhalb des Marshall-Plans, um die deutsche Bevölkerung mit Grundnahrungsmitteln zu versorgen. Die amerikanische Gesamthilfe für Deutschland betrug somit 3,2 Milliarden Dollar, von denen lediglich die Marshall-Plan-Kredite zurückgezahlt werden mussten.

Eine Schlüsselrolle bei der politischen Verwaltung dieser Gelder spielte Ludwig Erhard, der seit Herbst 1947 als Leiter der »Sonderstelle Geld und Kredit« beim Wirtschaftsrat in Bad Homburg fungiert hatte und am 2. März 1948 als Nachfolger von Johannes Semler das Amt des Bizonendirektors der Wirtschaftsverwaltung übernahm. Der parteilose, aber als liberal geltende Erhard war von der FDP für dieses Amt vorgeschlagen worden. Er hatte in der Sonderstelle Geld und Kredit dabei geholfen, die Währungsreform vorzubereiten, die eine der wichtigsten Voraussetzungen für die Einbeziehung Deutschlands in den Marshall-Plan und den Übergang zur Marktwirtschaft darstellte. Doch erst jetzt begann sein steiler Aufstieg, der bald untrennbar mit dem »Wunder« verbunden sein sollte, das er in der deutschen Wirtschaft auslöste, indem er der »Sozialen Marktwirtschaft« zum Durchbruch verhalf.

Sieben Wochen nach seiner Wahl zum Direktor der Wirtschaftsverwaltung, am 21. April, hielt Erhard seine Antrittsrede vor dem Wirtschaftsrat. Nur Währungsreform und Marshall-Plan, so erklärte er dort, könnten den wirtschaftlichen Aufschwung sichern. Das erzwinge die Umstellung der Industrie auf Konsumgüterproduktion, weil »der letzte Zweck allen Wirtschaftens nur der Verbrauch sein kann« und dadurch die Produktivität der menschlichen Arbeitskraft besser gesteigert werden würde als durch jede andere Maßnahme. Nur die »Auflockerung der Bewirtschaftung«, Wettbewerb und eine auf »stärksten Leistungswillen« ausgerichtete Ordnung könnten die wirtschaftliche Not überwinden und eine sozial ausgerichtete Wirtschaftspolitik ermöglichen. Dagegen wäre die »persönlichkeitstötende Gleichmacherei ein falsch verstandenes soziales Ethos, das niemandem helfen, dem ganzen Volk aber schaden und den Weg in eine bessere Zukunft verbauen würde«. Menschen, die aus gesundheitlichen Gründen nicht arbeiten könnten oder arbeitslos würden, weil es für sie im Moment keine Arbeit gab, sollten Sozialhilfe erhalten. Ein »Lastenausgleich« solle die Auswirkungen möglicher Arbeitslosigkeit mildern. Schließlich werde die Währungsreform jedoch einen »dynamischen Prozess« einleiten, an dessen Ende eine freie, soziale und erfolgreiche marktwirtschaftliche Ordnung stehe. »Aus rauher Gegenwart«, so Erhard zum Schluss hoffnungsvoll, eröffne sich damit »ein versöhnlicher Ausblick in eine für unser Volk wieder glücklichere Zukunft«.

Erhards Rede war wirkungsvoll, geschickt in der Argumentation, suggestiv im Vortrag. Kaum einer der Anwesenden konnte sich dem Optimismus und der angenehm-harmonischen Stimmung entziehen, die Erhard mit tiefem Bass und fränkischem Idiom verbreitete: der Prophet der Marktwirtschaft. Die Lage schien ausweglos, aber Erlösung nicht länger unmöglich. So sahen es zumindest viele Abgeordnete des bürgerlichen Lagers. Franz Blücher, der spätere FDP-Vorsitzende, begrüßte sogleich Erhards »Bekenntnis zum neoliberalen Gedanken«, und auch in der CDU stimmte man dessen Plänen für eine Rückkehr zur Marktwirtschaft im Großen und Ganzen zu. Nicht zuletzt Konrad Adenauer erkannte, wie nützlich dieser weitgehend unbekannte, parteilose Franke im Kampf gegen die bisherige Übermacht planwirtschaftlicher Vorstellungen der SPD sein konnte, die immerhin in allen Ländern der Bizone den Wirtschaftsminister stellte. Bereits wenige Tage nach Erhards programmatischer Rede rief der CDU-Vorsitzende der britischen Zone ihn deshalb an und äußerte den Wunsch nach einer baldigen Zusammenkunft, die am 21. April 1948 in Bonn zustande kam und aus der eine für die Geschichte der Bundesrepublik überaus bedeutende politische Allianz hervorgehen sollte.

Doch der Beifall für Erhard war keineswegs einhellig. Die Mehrheit im Wirtschaftsrat konnte sogar ein entsetztes Erstaunen nicht verbergen. Denn mit seinem unbedingten Eintreten für die freie Marktwirtschaft und die Ablehnung jeglicher Bewirtschaftung hatte Erhard nicht nur den bisherigen Planungsvorstellungen der Alliierten widersprochen, sondern sich auch über alle Vereinbarungen hinweggesetzt, die in diesem Zusammenhang zwischen den Militärregierungen der Besatzungsmächte und dem Wirtschaftsrat getroffen worden waren. Die Vertreter der SPD sahen deshalb ihre schweren Bedenken bestätigt, die sie im Vorfeld der Wahl Erhards vorgebracht hatten, der sich ihrer Meinung nach einer blinden Liberalisierungseuphorie hingab, ohne einen gangbaren Weg zu einem sozial verträglichen Wirtschaftssystem aufzuzeigen. Das Gewerkschaftsorgan *Der Bund* prophezeite sogar, »dass der Privatkapitalismus wieder zum herrschenden Prinzip in der Wirtschaft werden« solle. Tröstlich schien nur die Vermutung, Erhard habe wohl als Neuling den Mund zu voll genommen, und man beruhigte sich damit, dass die Militärgouverneure ein so waghalsiges Unternehmen, wie er es da in Aussicht stellte, niemals zulassen würden. Eine geordnete Überleitung zu normalen Verhältnissen schien jedenfalls nach Meinung der SPD und der Gewerkschaften nur mit Hilfe eines staatlichen Planungssystems möglich – eine Auffassung, die ihrer Meinung nach auch von den Alliierten geteilt wurde.

Doch Erhard schritt nicht nur zielstrebig vom Wort zur Tat, sondern entwickelte dabei ein politisches Talent, das ihm kaum jemand zugetraut hatte. Gemeinsam mit dem engagierten Neoliberalen Leonhard Miksch und dem Münsteraner Volkswirtschaftsprofessor Alfred Müller-Armack, mit dem Erhard bereits seit Anfang der vierziger Jahre bekannt war, bereitete der neue Wirtschaftsdirektor der Bizone die von ihm geplante radikale Umstellung der Zwangswirtschaft auf Marktverhältnisse vor, die gleichzeitig mit der Währungsreform erfolgen sollte. Gelegentlich wurde auch noch Erhards Stellvertreter Edmund Kaufmann, ein erfahrener Jurist, hinzugezogen. Gegner seiner Pläne und Unentschiedene, die es in seinem Amt in großer Zahl gab, schloss er dagegen systematisch von den Vorbereitungen aus.

So entstand in aller Stille das Gesetz über »Leitsätze für die Bewirtschaftung und Preispolitik nach der Geldreform«, das den Direktoren für Wirtschaft sowie für Ernährung, Landwirtschaft und Forsten das Recht übertrug, »die Warengattungen, Güter und Leistungen im Einzelnen zu bestimmen, die von den Preisvorschriften freigestellt werden sollten«. Damit konnte Erhard praktisch nach eigenem Ermessen über die Aufhebung der Preisbindung für die meisten Produkte und Dienstleistungen entscheiden. Der Einfluss des Wirtschaftsrates, der bisher für diese Fragen zuständig gewesen war, wurde dagegen auf wenige Hauptnahrungsmittel sowie Kohle, Gas, Elektrizität und den Eisen-Stahl-Bereich beschränkt. Erhards Machtposition wurde zudem noch dadurch gestärkt, dass eine mögliche Aufhebung seiner Entscheidungen durch den Wirtschaftsrat im Gesetz nicht vorgesehen war. Das Parlament der Bizone konnte – sofern der Entwurf Gesetzeskraft erlangte – die getroffenen Maßnahmen nach Unterrichtung durch den Wirtschaftsdirektor lediglich zur Kenntnis nehmen.

Tatsächlich waren die Bestimmungen des »Leitsätze-Gesetzes« so weitreichend, dass Theodor Eschenburg später einen Vergleich mit den Ermächtigungsgesetzen zur Stabilisierung der Währung vom 13. Oktober und 10. Dezember 1923 nicht scheute. Neben diesen, so Eschenburg, stellten die Leitsätze »die weitestgehende Ermächtigung dar, die in Deutschland bisher erteilt wurde, lässt man einmal das (die Verfassung sprengende) nationalsozialistische ›Ermächtigungsgesetz‹ vom März 1933 außer Acht«. Im Unterschied zu 1923, als man die Reichsregierung ermächtigt hatte, die erforderlichen Maßnahmen zur Stabilisierung der Währung zu treffen, waren es diesmal allerdings nur zwei Personen, die Direktoren für Wirtschaft und für Ernährung, Landwirtschaft und Forsten, die mit derart weitreichenden Kompetenzen ausgestattet wurden – und genau genommen war es sogar nur einer, nämlich Erhard.

Nachdem das Datum der Währungsreform durchgesickert war, wurde der Gesetzentwurf schließlich zunächst vom Verwaltungsrat gebilligt und danach in größter Eile im Wirtschaftsrat eingebracht. Alle drei Lesungen sowie die entsprechenden Ausschussberatungen fanden am 17. und 18. Juni 1948 innerhalb von nur 18 Stunden statt. Nach einer dramatischen Nachtsitzung mit erregter Debatte wurde das Gesetz schließlich um fünf Uhr morgens am 18. Juni in namentlicher Abstimmung mit 50 Stimmen von CDU/CSU, FDP und DP gegen 37 Stimmen von SPD und KPD angenommen. Die SPD, die ein »Stahlbad der freien Preise« befürchtete, lehnte den Entwurf ebenso ab wie die KPD, da es ein »überaus fragwürdiger Schritt [sei], einen todkranken Mann ins kalte Wasser zu werfen«. Aber auch denjenigen Christdemokraten, die den Sozialausschüssen nahestanden, fiel die Zustimmung schwer. Erst die energische Intervention von Gewerkschaftsvertretern wie Theodor Blank und Hugo Kopf sorgte für den Umschwung, der dazu führte, dass der Wirtschaftsrat dem Gesetz allen prinzipiellen Bedenken zum Trotz mehrheitlich zustimmte und damit, wie der damalige Oberdirektor des Wirtschaftsrates Hermann Pünder rückblickend meinte, »wohl die bedeutendste parlamentarische Entscheidung der deutschen Nachkriegsgeschichte« traf.

Das »Leitsätze-Gesetz« war jedoch nur der erste Teil des doppelten Handstreichs, den Erhard plante. Der zweite Teil folgte am 20. Juni, als alle »natürlichen Personen« in den drei westlichen Besatzungszonen nach der am Tage zuvor von den Alliierten verkündeten Währungsreform ein »Kopfgeld« von 40 DM (wenig später noch einmal 20 DM) und juristische Personen einen Geschäftsbetrag von 60 DM im Verhältnis 1:1 gegen die alte Reichsmark, die am 21. Juni ungültig wurde, eintauschen konnten, während Bank- und Sparguthaben auf 6,5 Prozent des Wertes, Verbindlichkeiten auf 10 Prozent reduziert wurden. An diesem Tag verlas Erhard eine sorgfältig vorbereitete Erklärung im Rundfunk, in der er völlig überraschend und ohne Absprache mit dem Wirtschaftsrat oder den Alliierten die weitgehende Aufhebung der Bewirtschaftung und Preisbindung bekanntgab. Sie sollte bereits am darauffolgenden

Montag gelten und in Kürze durch weitere Freigaben ergänzt werden. Die Geldreform in Verbindung mit der Aufhebung der Bewirtschaftung, so hoffte Erhard, würde zur Räumung der Lager zwingen, gehortete Waren freigeben und neues »gutes« Geld zur Fortsetzung und Steigerung der Produktion in Umlauf bringen. Volle Läden und Schaufenster würden dann den Menschen signalisieren, dass die Währungsumstellung mehr war als eine finanztechnische Manipulation – nämlich ein radikaler Einschnitt in der wirtschaftlichen Entwicklung Deutschlands und der Beginn eines neuen Aufschwungs.

Bei seiner Entscheidung hatte Erhard allerdings nicht nur die Alliierten vorher im Dunkeln gelassen, sondern auch ein Gesetz angewandt, das von den Besatzungsmächten noch gar nicht genehmigt worden war. Diese wohl schwerste Verletzung einer Besatzungsorder, die je ein deutscher Amtsträger begangen hatte und die den Besatzungsmächten praktisch die Möglichkeit nahm, ihre Zustimmung zu Durchführungsverordnungen mit Auflagen zu verbinden, war zudem nicht aus Fahrlässigkeit eines Gesetzgebungsdilettanten, sondern aus Vorsatz erfolgt. Während in Großbritannien und Frankreich noch eine weitgehende Bewirtschaftung bestand, taten die besiegten Deutschen bereits den Schritt in die Normalität. Sogar Lucius D. Clay, eigentlich ein Befürworter der Rückkehr zur Marktwirtschaft, stellte Erhard daher am folgenden Tag, dem 21. Juni, in seinem Büro pflichtgemäß zur Rede. Auf seine Vorhaltung, wie Erhard es habe wagen können, in alliierte Rechte einzugreifen und einfach von sich aus die Bewirtschaftungsvorschriften abzuändern, antwortete dieser lakonisch: »Ich habe sie nicht abgeändert, ich habe sie abgeschafft!« Und dem Hinweis Clays, alle seine Berater lehnten das von Erhard gezeigte Vorgehen ab, begegnete dieser mit der ebenso tröstenden wie entwaffnenden Bemerkung: »Sie stehen nicht allein da. Meine Berater sind auch dagegen.«

Clay war von dieser Haltung durchaus beeindruckt. In seinen Memoiren attestierte er Erhard später zumindest »Zivilcourage« bei der Aufhebung der Bewirtschaftung. Außerdem war der unmittelbare Erfolg des Erhardschen Handstreichs nicht zu übersehen. Das sofortige erstaunliche Warenangebot sowie der plötzliche positive Stimmungsumschwung in der Bevölkerung gaben Erhard nachträglich recht. Eine Absetzung Erhards, die durchaus angebracht gewesen wäre, kam danach nicht mehr in Frage. Die Alliierten machten vielmehr gute Miene zum bösen Spiel und billigten am 30. Juni 1948 erst einmal das »Leitsätze-Gesetz« – und damit zugleich Erhards Verhalten. Darüber hinaus folgten sie wenig später, gemeinsam mit dem Wirtschaftsrat, den Vorschlägen Erhards für eine Ausdehnung der Aufhebung von Bewirtschaftung und Preisbindung. Lediglich für Grundnahrungsmittel, sonstige Agrarprodukte, Rohstoffe, Leistungen der Versorgungs- und Verkehrswirtschaft sowie eine Reihe anderer Dienstleistungen galt der Preisstopp zunächst weiter, wobei aber ebenfalls Korrekturen vorgenommen wurden. Das »Wirtschaftswunder« konnte beginnen.

Die Grundgedanken der wirtschaftspolitischen Konzeption, der Erhard nun folgte, waren schon zu Beginn der dreißiger Jahre entwickelt worden. Erhard selbst hatte dazu keinen Beitrag geleistet, sondern sie erst nach 1945 in den Diskussionen des Münchner Arbeitskreises um Alfred Weber übernommen. Ausgangspunkt waren die Thesen der »Freiburger Schule« um Walter Eucken, Leonhard Miksch und Franz Böhm, die einen so genannten »Ordoliberalismus« vertraten, bei dem »die Freiheit unternehmerischen Handelns auf eine staatlich garantierte Marktordnung bezogen« sein sollte. Zu ihnen gesellten sich einzelne, aus den dreißiger Jahren bereits bekannte Neoliberale, die noch vor der Niederlage des Nationalsozialismus in privater Abgeschiedenheit über Möglichkeiten einer neuen wettbewerblichen Marktwirtschaft in der Nachkriegszeit nachzudenken begannen: in Münster Alfred Müller-Armack, der dort eine »Forschungsstelle für Allgemeine und Textile Marktwirtschaft« unterhielt und 1940 erstmals auch mit Ludwig Erhard zusammengetroffen war, und außerhalb der deutschen Grenzen Wilhelm Röpke in Genf, dessen Buch *Gesellschaftskrisis der Gegenwart* in wenigen Exemplaren aus der Schweiz nach Deutschland hereingebracht und hier begierig als »eine Stimme der freien Welt« aufgenommen wurde. Von Müller-Armack wurde schon in dieser Zeit der Begriff »soziale Marktwirtschaft« geprägt, als er, zumeist in einem kleinen Kloster in Ellewick an der holländischen Grenze, eine Reihe von Studien, Denkschriften und die Hauptpartien eines Buchmanuskripts verfasste, in dessen zweitem Teil, der mit »Soziale Marktwirtschaft« überschrieben war, er den Versuch unternahm, der Wettbewerbswirtschaft eine neue Legitimation zu geben. In der Studie, die 1947 als Buch unter dem Titel *Wirtschaftslenkung und Marktwirtschaft* erschien, plädierte Müller-Armack für eine Erneuerung des Liberalismus gegenüber einem zentralistischen Kollektivismus, der vor allem von der stalinistischen Sowjetunion drohte. Das Neue bestand in erster Linie darin, den vom Altliberalismus geforderten schwachen Staat aus seiner »Nachtwächter«-Rolle zu erlösen und ihm eine zentrale Funktion bei der Sicherung einer wirklich freien Wirtschaft zu verleihen. Zwar dürfe der Staat, so Müller-Armack, nur mit marktkonformen Mitteln eingreifen, nicht auf dem direkten Weg der Dekretierung. Um sozial gerecht funktionieren zu können, bedürfe die Marktwirtschaft jedoch einer »stahlharten Ordnung«. Nur wenn individuelles Profitstreben mit gesellschaftlichem Verantwortungsbewusstsein verbunden werde, sei soziale Gerechtigkeit zu erwarten. Wenn die Einzelinteressen ungezügelt blieben und eine Berücksichtigung der Gemeinschaftsinteressen nicht mehr erfolge, würde am Ende ein sozialdarwinistischer Entscheidungskampf den Gemeinschaftsgedanken beseitigen und einem neuen Totalitarismus Vorschub leisten. Aufgabe des Staates sei es daher, über die Setzung eines entsprechenden wirtschaftspolitischen Ordnungsrahmens nicht nur die Wirtschaftsfreiheit des Einzelnen zu garantieren, sondern auch dessen Verantwortungsgefühl für die Interessen der Gesamtheit zu stärken.

Zur Berücksichtigung dieses Gesamtinteresses gehörte ebenfalls die Absicherung der schwächeren Mitglieder der Gesellschaft. Während das klassische *laisser faire*-Prinzip in erster Linie die Starken begünstigte, traten die Neoliberalen für eine auf das soziale Ganze gerichtete Gesellschaftspolitik ein, auch wenn sie einen »Wohlfahrtsstaat« im eigentlichen Sinne ablehnten. Für Wilhelm Röpke lautete die Formel für soziale Sicherung deshalb: Eigenvorsorge, soweit wie möglich, Fremdvorsorge (durch den Staat) nur dann, wenn unbedingt nötig. Müller-Armacks »soziale Marktwirtschaft« ging jedoch einen Schritt weiter. Die geglückte Koppelung der beiden Wörter »sozial« und »Marktwirtschaft« – von der Alfred Weber meinte, es sei eine schwere Unterlassung, dass die SPD sich diese Wortverbindung habe entgehen lassen –, bedeutete insofern eine Erweiterung neoliberalen Denkens, als hier eine Konzeption entwickelt wurde, »in der Erfahrungen der Vergangenheit mit dem Versuch verbunden wurden, einen neuartigen Weg zu gehen, eben Marktwirtschaft mit sozialer Sicherung zu verbinden«, wobei der Markt als »Garant für das Zusammenwirken der produktiven Kräfte zu einem gemeinsamen Erfolg« im Mittelpunkt stehen sollte.

Der Begriff wurde von Ludwig Erhard schließlich übernommen, der daraus eine »gängige Parole« (Theodor Eschenburg) machte. Erhard selbst definierte sie als eine Ordnung, in der zwar Wettbewerb herrschen, zugleich aber der Mensch durch soziale Sicherung vor »gnadenloser Ausbeutung« bewahrt werden sollte. Vor allem Müller-Armacks Idee der sozialen Marktwirtschaft als eine »nach den Regeln der Marktwirtschaft ablaufende, aber mit sozialen Ergänzungen und Sicherungen versehene Wirtschaft« mit einer bewussten »Eingliederung sozialer Ziele durch Schaffung einer mit den Gesetzlichkeiten des Marktes verträglichen Sozialpolitik« erschien Erhard als ein brauchbares Konzept, um nicht nur die unmittelbaren Probleme der Nachkriegszeit zu überwinden, sondern auch langfristig einen Weg zwischen bürgerlichem *laisser-faire*-Kapitalismus und sozialistischer Planwirtschaft zu finden.

Tatsächlich lösten die Währungsreform und der gleichzeitige Übergang zur Marktwirtschaft in den drei Westzonen eine Euphorie aus, die von der Hoffnung auf eine rasche Verbesserung der trostlosen ökonomischen Gesamtsituation genährt war. Die sofortige, explosionsartige Vermehrung des Warenangebots, das überall in den Auslagen und Schaufenstern zu bestaunen war, ließ den Eindruck entstehen, dass Erhards entschlossene Wirtschaftspolitik praktisch über Nacht ein »Wunder« bewirkt habe. Zwar waren die Probleme der deutschen Wirtschaft mit Erhards Tat vom 20. Juni 1948 keineswegs gelöst, da bald eintretende Preissteigerungen sowie besorgniserregende Entwicklungen auf dem Arbeitsmarkt zu einer Ernüchterung führten, die bis Anfang 1949 andauerte. Doch Erhard ließ sich dadurch nicht beirren. Selbst ein 24-stündiger Generalstreik, zu dem der Gewerkschaftsrat der Bizone gegen den Willen seines Vorsitzenden Hans Böckler für den 12. November 1948 aufrief und der sich mit Slogans wie »Freie Wirtschaft ist kein Freibrief« und »Wo bleibt die christliche Moral der Preiswucherer?« in erster Linie gegen die Preissteigerungen richtete, konnte ihn nicht dazu verleiten, von seinem Kurs abzugehen. Ein von der SPD eingebrachter Misstrauensantrag gegen ihn im Wirtschaftsrat wurde mit 52 gegen 43 Stimmen abgelehnt.

Die Widerstände gegen Erhards Politik, die keineswegs nur aus dem Lager der Gewerkschaften und von der SPD kamen, sondern auch aus den Reihen der CDU/CSU und sogar aus dem Verwaltungsrat und dem Länderrat der Bizone, ließen erst zu Beginn des Jahres 1949 nach, als die Reformen endlich Früchte trugen: Bereits im IV. Quartal 1948 war das Wirtschaftswachstum deutlich gestiegen, die Löhne und Gehälter hatten nach Aufhebung des Lohnstopps im Oktober 1948 ebenfalls zugelegt, und die Einzelhandelspreise – nicht zuletzt bei Nahrungsmitteln und Bekleidung – sanken. Dementsprechend gab es bei den Lebenshaltungskosten eine spürbare Verbesserung, der Schwarzhandel ging zurück, und die Spartätigkeit, die bereits ein Jahr nach der Währungsreform zu Einlagen in Höhe von etwa 10 Milliarden DM führte, verschaffte den Banken mehr Spielraum bei der Kreditvergabe für dringend benötigte Investitionen. Zugleich stieg die Wochenarbeitszeit von 42,4 Stunden 1947 auf 48,2 Stunden 1950, während sich die Produktivität pro Arbeitsstunde im Jahr nach der Währungsreform um 28 Prozent erhöhte – alles Zeichen einer neuen Arbeitsmoral und einer Steigerung des individuellen Leistungswillens, hervorgerufen durch die begründete Aussicht auf verbesserte Lebensbedingungen in der näheren Zukunft. Schon Ende 1949 wurde das Produktionsniveau des Jahres 1936 wieder erreicht. Das Wirtschaftswunder hatte begonnen.

5. Neubeginn in der Kultur

Die Totalität des Zusammenbruchs erfasste im Frühjahr 1945 auch die Kultur. Kaum jemand vermochte sich vorzustellen, dass binnen weniger Jahre nicht nur ein politischer und wirtschaftlicher Neuanfang, sondern auch eine kulturelle Wiederbelebung gelingen könnte. Zu groß war die moralische Schuld, zu tiefgreifend die Zerstörung der Fundamente von Staat und Gesellschaft, als dass eine baldige geistige Erneuerung nach dem Ende des nationalsozialistischen Regimes denkbar schien. Angesichts der Untaten, die von Deutschen und in deutschem Namen verübt worden waren, konnten Literatur und Musik, Malerei und Theater nach 1945 nicht einfach an alte ästhetische Traditionen anknüpfen, als wäre die jüngste Vergangenheit nur ein böser Alptraum gewesen, aus dem man nun wieder erwacht war – zwar körperlich erschöpft, aber seelisch unbeschadet.

Die Instrumentalisierung der Kunst durch das totalitäre Regime, dazu das Erlebnis des Krieges und die millionenfache Begegnung mit dem Tod, vor allem jedoch die Realität der Konzentrations- und Vernichtungslager von Dachau bis Auschwitz machten es unmöglich, die Frage nach Ursachen und Schuld nicht zu stellen. Dabei wurden Erklärungen nicht nur von Politikern und Historikern erwartet, sondern gerade auch von Künstlern und Intellektuellen. Wenn es je eine »reine« Kunst gegeben hatte, so hatte sie spätestens mit dem Nationalsozialismus ihre Unschuld verloren. Die Kultur befand sich sogar besonders auf dem Prüfstand, weil in ihr – mehr noch als in anderen Bereichen von Staat und Gesellschaft – Wissen von Gewissen nicht zu trennen war. Glaubwürdigkeit und Wirksamkeit hingen unmittelbar zusammen. Beides war durch die politisch-ideologische Instrumentalisierung der Kultur im Nationalsozialismus grundlegend in Zweifel gezogen.

Ein zentraler Aspekt der Auseinandersetzung war die Frage, ob das Dritte Reich nur eine Zäsur – gewissermaßen eine kurzfristige »Unterbrechung« der deutschen Geschichte – oder den Kulminationspunkt einer langen Entwicklung bedeutete. Die meisten Erklärungen dieser Zeit führten den Nationalsozialismus auf ein Gesamtgeschick oder (entsprechend der von William Montgomery McGovern formulierten anglo-amerikanischen These *From Luther to Hitler*) auf den Verlauf der deutschen Geschichte seit dem 16. Jahrhundert zurück. Thomas Mann setzte seinen Roman *Doktor Faustus*, in dem er nicht nur die Musik und das Leben des »genialen Tonsetzers Adrian Leverkühn«, sondern auch die Geschichte seiner Zeit – die Arbeit am *Faustus* begann 1943 und wurde 1947 vollendet – dämonisierte, in Parallele zum Schicksal des deutschen Volkes: Während Adrian sich dem Teufel verschrieb und wahnsinnig wurde, verfielen die Deutschen dem »Verführer« Hitler, der sie erst in den moralischen und dann in den politischen Abgrund trieb. Im Mittelpunkt stand dabei die »faustische Natur«, aus der Thomas Mann auch die Unfähigkeit der Deutschen ableitete, ihr Schicksal in demokratischer Ordnung zu gestalten. In seinem Vortrag *Deutschland und die Deutschen* in der Library of Congress in Washington wies er im Mai 1947 selbst auf diesen Zusammenhang hin: Verbrechen seien begangen worden, »denen keine Psychologie zur Entschuldigung verhilft«. Dennoch könne man nicht den Schluss ziehen, dass es zwei Deutschland gebe, ein gutes und ein böses. Es gebe nur eines, dem sein Bestes »durch Teufelslist zum Bösen ausschlug. Das böse Deutschland, das ist das fehlgegangene gute, das gute im Unglück, in Schuld und Untergang.« Er könne daher auch nicht, so Mann, sich selbst zum Repräsentanten des »guten, des edlen, des gerechten Deutschland« erklären, denn das hieße sein Land verleugnen, da auch er das alles in sich selbst trage, selbst durchgemacht habe: »Zuletzt ist das deutsche Unglück nur das Paradigma der Tragik des Menschseins überhaupt. Der Gnade, deren Deutschland so dringend bedarf, bedürfen wir alle.«

Als geistige Wegbereiter des Nationalsozialismus wurden sowohl die Philosophen des deutschen Idealismus, wie Kant, Fichte und Hegel, als auch die Vertreter des Irrationalismus, wie Schelling, Schopenhauer, Nietzsche und Heidegger, genannt. Kant wurde sein »martialisches« Konzept der absoluten Pflichterfüllung angelastet,

Fichte und Hegel ihr angebliches Versäumnis, zwischen Macht und Recht zu unterscheiden. Entlastend für die Deutschen wirkten demgegenüber die Deutungen von Philosophen, Historikern und Ökonomen, die das Phänomen des Nationalsozialismus auf die Entwicklung der modernen Gesellschaft und damit auf die weltweite »Vermassung« oder »Verpöbelung« des Menschen zurückführten, die der spanische Philosoph José Ortega y Gasset schon 1930 in seinem grundlegenden Werk *La rebelión de las masas* beschrieben hatte. Eine »spezifisch deutsche Schuld« konnte der Historiker Friedrich Meinecke darin ebenso wenig erkennen wie sein Berufskollege Gerhard Ritter, der 1948 den Faschismus ebenfalls als Ausdruck jenes »modernen Massenmenschentums« und »proletarischen Nationalgefühls« sah, das sich überall in der Welt verbreite und in seiner Neigung zur »totalitären Diktatur« selbst den Demokratien des Westens gefährlich werden könne.

Angesichts eines derartigen Umgangs mit der NS-Vergangenheit verwunderte es kaum, dass bei einer repräsentativen Meinungsbefragung in der Bundesrepublik 1951 auf die Frage, wann es Deutschland in diesem Jahrhundert »am besten gegangen« sei, immerhin 40 Prozent der Bevölkerung die Zeit zwischen 1933 und 1938 nannten. Nur unwesentlich mehr, nämlich 45 Prozent, entschieden sich für das Kaiserreich, während die Weimarer Republik mit lediglich 7 Prozent am schlechtesten abschnitt. Zudem wurde zwischen den »guten dreißiger Jahren« und der »schlechten Kriegszeit« differenziert – womit hauptsächlich die Phase des militärischen Niedergangs nach der Schlacht um Moskau im Winter 1941/42 und dem Fall von Stalingrad im Januar 1943 gemeint war. Sogar Anfang der siebziger Jahre meinte noch immer die Hälfte der Bundesbürger, der Nationalsozialismus sei »im Grunde eine gute Idee« gewesen, die »nur schlecht ausgeführt« worden sei.

Der Neuanfang in der Kultur musste deshalb fast zwangsläufig von außen kommen und wurde den Deutschen tatsächlich in hohem Maße von den Siegermächten vorgegeben. Indem die Alliierten ihre eigenen Werte zum Maßstab der Kulturpolitik erhoben, füllten sie ein geistiges Vakuum, das der Nationalsozialismus hinterlassen hatte, und bildeten so ein Korrektiv zur Orientierungslosigkeit, die viele Deutsche nach zwölf Jahren nationalsozialistischer Diktatur, davon fast sechs Jahren Krieg, verspürten. Die Kultur bildete damit neben Politik und Wirtschaft den dritten Bereich, in dem die Besatzungsmächte es nach 1945 für notwendig hielten, kontrollierend und regulierend einzugreifen oder grundsätzlich neue Strukturen zu schaffen. Denn einerseits waren Politik, Wirtschaft und Kultur inhaltlich kaum zu trennen. Andererseits hatten die Alliierten den Nationalsozialismus nicht nur als militärische Bedrohung, sondern auch als geistige Herausforderung empfunden, die mit der Kapitulation der Wehrmacht und der Übernahme der obersten Regierungsgewalt durch die Siegermächte nicht automatisch bewältigt war. Schon bald nach Kriegsende rückte daher die »Umerziehung« der Deutschen, also deren geistige Beeinflussung und kulturelle Neuorientierung, in das Zentrum der Besatzungspolitik. Wenn man die Deutschen nicht nur kurzfristig unterwerfen, sondern auf Dauer für sich gewinnen wollte, durfte man sich nicht auf die Kontrolle äußerer Attribute der Macht beschränken, sondern musste auch ihr Innerstes erreichen und den deutschen Geist verändern.

Auf britischer Seite wurde dazu schon im Planungsstadium während des Krieges immer wieder hervorgehoben, dass *re-education* vor allem eine Aufgabe der Deutschen selbst sei und dass von Seiten der Besatzungsmächte nur die Voraussetzungen und Rahmenbedingungen für eine geistige Erneuerung geschaffen werden könnten. In den USA dagegen entwarfen die Experten ein sehr viel umfassenderes Umerziehungsprogramm. Angesichts der Tatsache, dass in der Erziehungsabteilung der amerikanischen Militärregierung in Deutschland in den ersten beiden Besatzungsjahren nicht mehr als fünfzig Personen tätig waren, hatten die amerikanischen Behörden allerdings ebenfalls keine andere Wahl, als möglichst viele Deutsche einzubeziehen, da nur mit ihrer Hilfe Schulen und Universitäten bereits im Sommer und Herbst 1945 wieder geöffnet und der Kulturbetrieb wieder aufgenommen werden konnte. Ähnlich verlief die Entwicklung in der französischen Zone, wo aber Sicherheitsinteressen Vorrang vor der Umerziehungspolitik genossen, so dass man gar nicht erst den Ehrgeiz entwickelte, grundlegende Reformkonzepte in die Tat umzusetzen, sondern sich mit improvisierten Regelungen begnügte, um der chaotischen Situation im Bildungsbereich zu begegnen.

Unverzüglich jedoch wurden nach dem deutschen Zusammenbruch jene nationalsozialistischen Einrichtungen aufgelöst, die für die Kulturpolitik des Dritten Reiches die Hauptverantwortung getragen hatten: Goebbels' Propagandaministerium und die so genannte »Reichskulturkammer«. Ebenfalls ohne große Umstände erließen die Besatzungsmächte bereits am 12. Mai 1945 ein Gesetz, das die Herstellung von Druckschriften und Filmen, die Aufführung von Musik und den Betrieb von Schaubühnen und Rundfunkstationen verbot. Verleger, Drucker, Journalisten und Rundfunkangehörige wurden ohne langwierige rechtliche Prozeduren auf die Straße gesetzt. In der am gleichen Tage erlassenen Nachrichten-Kontrollvorschrift Nr. 1 behielten die Militärregierungen sich Neugründungen ausdrücklich vor. Die Überprüfung und Entlassung der Verantwortlichen in Rundfunk, Presse, Verlagswesen und Theater war jedoch ein politischer und personeller Kraftakt, dessen Ergebnis oft unbefriedigend blieb, weil sich formelle Funktion und moralische Belastung einzelner Redakteure, Chefredakteure, Verleger oder Intendanten in Grenzbereichen persönlicher Schuld bewegten, die sich kaum präzise definieren ließen. Ebenso schwierig und problematisch war die Durchforstung der Bildungseinrichtungen – von der Grundschule bis zu den Universitäten und Akademien – nach alten Parteigenossen und Unbelehrbaren. Was Akten und Behördenkarteien nicht preisgaben, musste durch Fragebögen und Denunziationen mühselig ermittelt werden. Einfacher, wenn auch administrativ nicht minder aufwändig, war die Entfernung von Büchern und Schriften, die den Nationalsozialismus verherrlichten, Rassenlehren propagierten oder den Angriffskrieg befürworteten, aus öffentlichen Bibliotheken, Buchläden und Verlagssortimenten.

Auf deutscher Seite fühlten sich besonders diejenigen deutschen Schriftsteller und Künstler, die unter dem Nationalsozialismus am meisten gelitten hatten, aufgerufen, die alte deutsche Kulturtradition wiederzubeleben. Ihr Ziel war die Herausbildung einer spezifisch »antifaschistischen Kultur«, bei der »ein bewusster Paradigmenwechsel von den romantischen, irrationalen, konservativen, gegenrevolutionären, faschistischen Überlieferungen der deutschen Kultur zu den bewusst liberalen, humanistischen, sozialistischen, aufrührerischen, ja revolutionären Traditionen« stattfinden sollte, um die demokratische Umerziehung aller Deutschen einzuleiten und ein besseres Deutschland zu schaffen. Zu politischen, moralischen und künstlerischen Vorbildern wurden vor allem Emigranten, die lange verfemt gewesen waren und nun zur Rückkehr nach Deutschland bewogen werden sollten. Nicht alle folgten dem Ruf. Manche hatten sich inzwischen im Ausland eine neue Existenz aufgebaut. Andere waren zu alt, um noch einmal ihren Lebensmittelpunkt zu verlegen. Besonders schwierig war die Entscheidung zur Rückkehr für Emigranten jüdischer Herkunft. Insgesamt kehrte von den etwa 5500 Emigranten aus dem kulturellen Bereich nur ein knappes Drittel – nämlich 32 Prozent – nach Deutschland zurück, von denen sich wiederum vier Fünftel in der Bundesrepublik Deutschland bzw. Österreich und ein Fünftel in der DDR niederließen.

Das Verhältnis der Remigranten zur Bevölkerung war keineswegs immer spannungsfrei. Während die Rückkehrer den Daheimgebliebenen ihre Kollaboration mit dem NS-Regime vorwarfen, stießen die Remigranten bei der Bevölkerung besonders dann häufig auf Ablehnung, wenn sie, wie Hans Habe, Alfred Döblin oder Klaus Mann, in der Uniform einer der Besatzungsmächte zurückkehrten. Dennoch war die Kunst- und Kulturszene zumindest in der ersten Phase nach dem Zusammenbruch von einem hohen Maß an Toleranz und Vielfalt bestimmt, die weder politische noch künstlerische Grenzen kannte. Autoren und Künstler, die während der NS-Zeit in Deutschland geblieben waren und hier weitergearbeitet hatten, wurden jenen ausländischen und verfemten Schriftstellern und Künstlern zur Seite gestellt, die im Dritten Reich auf dem Index gestanden hatten. In den literarischen Zeitschriften, die als die vielleicht besten Seismographen für Zeittrends gelten können, wurde nicht nur nach Herkunft, ideologisch-politischer Orientierung und Stilrichtung des Autors, sondern auch nach dem Beitrag gefragt, den dessen Werk zur Verbesserung der Verhältnisse leisten konnte. Das Neben- und Miteinander konkurrierender Strömungen wurde nicht als Chaos oder Widerspruch empfunden, sondern als Zeichen der neugewonnenen Freiheit gesehen und begrüßt.

Ein wichtiges Instrument des kulturellen Neuaufbaus war der Rundfunk, der nach 1945 grundlegend neu geordnet wurde. Beson-

ders am Anfang war der Hörfunk das wichtigste Kommunikations-
mittel, da Zeitungen aus technischen Gründen und Mangel an
Papier nur in geringem Umfang erscheinen konnten und andere
Medien, wie Zeitschriften oder Bücher, erst allmählich ein größeres
Publikum erreichten. Die bis 1945 in Deutschland bestehende staat-
liche Rundfunkhoheit, die schon in der Weimarer Republik eine
Reichsangelegenheit unter Zuständigkeit des Reichspostministeri-
ums gewesen war, ging nach dem Ende des NS-Regimes auf die
Besatzungsmächte über. Die Rundfunkstationen waren nunmehr
Sender der jeweiligen Militärregierung. Pläne, ein gemeinsames
Programm der Alliierten über den im brandenburgischen Königs
Wusterhausen gelegenen früheren *Deutschlandsender* auszustrah-
len, wurden nicht verwirklicht, da Frankreich seine Zustimmung
verweigerte und bald auch die USA und Großbritannien Bedenken
hegten, einen Sender zu betreiben, der in der sowjetischen Besatzungszone lag.

Einig waren sich die westlichen Alliierten darin, das Rundfunk-
monopol der Post im Interesse einer demokratischen Entwicklung
in Deutschland zu beseitigen. Die Funktionen der Post wurden auf
die Einrichtung und Schaltung der Rundfunkleitungen, den Ent-
störungsdienst und den Einzug der Rundfunkgebühr beschränkt.
Der Rundfunk selbst wurde in den einzelnen Zonen nach unterschiedlichen Modellen neu organisiert. Generell war der Sendebe-
trieb – wie der Druck und Vertrieb von Zeitungen – von alliierten
Lizenzen abhängig. Praktisch wurden die Rundfunkanstalten in
den jeweiligen Besatzungszonen von den Siegermächten neu eingerichtet. So entstanden in der britischen Zone nach dem Vorbild der
BBC der *Nordwestdeutsche Rundfunk* (NWDR) in Hamburg, in
der französischen Zone der *Südwestfunk* in Baden-Baden und in
der amerikanischen Zone neben dem *Rundfunk im amerikanischen
Sektor* (RIAS) in Berlin – als Gegengewicht zum sowjetisch kontrollierten *Berliner Rundfunk* – die Sender Bremen, Frankfurt,
Stuttgart und München als jeweils eigene Rundfunkorganisationen
in jedem der von den USA kontrollierten Länder.

Eine Neuordnung gab es auch im Pressewesen. 1944 hatte der
Pressetrust der NSDAP über 82,5 Prozent der Gesamtauflage aller
deutschen Zeitungen verfügt. Der Rest der Blätter, der sich noch in

anderweitigem Besitz befand, war zur Anpassung gezwungen worden. Aus Sicht der Alliierten schien es daher geboten, die bestehenden deutschen Zeitungsverlage ganz zu schließen und bisherige Titel nicht fortzuführen, sondern einen völligen Neuaufbau vorzunehmen. Dabei sollten die neuen Zeitungen zunächst in der Regie und unter der Kontrolle der Militärregierungen erscheinen. Presselizenzen an Deutsche sollten frühestens in einer zweiten Phase vergeben werden, wenn ein Minimum an politischer Stabilität und Verlässlichkeit erreicht sein würde. Allerdings war das Bedürfnis nach Information unbestritten. Der Rundfunk reichte dafür allein nicht aus, weil viele Menschen nach der Zerstörung ihrer Wohnungen keine Rundfunkempfänger mehr besaßen und weil es überdies sinnvoll schien, die Weisungen der Besatzungsmächte den Bürgern auch gedruckt vorzulegen.

Engländer und Amerikaner begannen deshalb im Westen Deutschlands bereits mit dem Aufbau eines Zeitungsnetzes, als die Kampfhandlungen noch andauerten. Dabei handelte es sich in der Regel um vierseitige Nachrichtenblätter ohne Kommentare und Anzeigen, die einmal pro Woche zum Preis von 20 Pfennigen erschienen und zeitweilig eine Gesamtauflage von 3,8 Millionen Exemplaren erreichten. Die Ehre der ersten Neugründung gebührt dem britischen Presseoffizier Chestnut, der den deutschen Sozialdemokraten Heinrich Hollands schon am 24. Januar 1945 mit der Herausgabe der *Aachener Nachrichten* betraute. In deren Untertitel war ausdrücklich vermerkt, dass die Publikation »mit Genehmigung der Alliierten Militärbehörde« erfolgte. Die erste amerikanische Neugründung war der *Kölner Kurier,* dessen erste Nummer im März 1945 unmittelbar nach der Eroberung der westlichen Stadtteile durch amerikanische Truppen erschien, während auf der anderen Rheinseite noch gekämpft wurde. Es folgten die *Stuttgarter Stimme,* der *Augsburger Anzeiger,* der *Braunschweiger Bote* und, am Tag der deutschen Kapitulation, die *Ruhr Zeitung* in Essen. Die dafür zuständige zentrale deutschsprachige Redaktion unter Major Hans Habe hatte ihren Sitz zunächst in Luxemburg, dann in Bad Nauheim und unterstand als Stabseinheit einer Sonderabteilung für »Psychologische Kriegführung« dem Hauptquartier der amerikanischen Armee.

Bis zum September 1949 waren in den Westzonen 169 Zeitungen lizenziert, davon 20 in West-Berlin, 71 in der britischen, 58 in der amerikanischen und 20 in der französischen Zone. Die *Aachener Nachrichten,* die nach dem Einmarsch der Engländer im Januar 1945 als erste erschienen waren, erhielten im Juni 1945 auch als erste Zeitung eine Lizenz, gefolgt von der *Frankfurter Rundschau* am 1. August. An die Stelle der *Allgemeinen Zeitung* trat Ende 1945 in Berlin unter Chefredakteur Erik Reger *Der Tagesspiegel,* der sich ab Anfang 1946 als »unabhängige und unzensierte Zeitung« bezeichnen durfte. *Die Neue Zeitung* in München erhielt 1946 Konkurrenz durch die als Nachfolgerin der *Münchner Neuesten Nachrichten* gegründete *Süddeutsche Zeitung* unter ihrem Mitherausgeber und Chefredakteur Werner Friedmann. Die *Frankfurter Allgemeine Zeitung* – als Nachfolgerin der berühmten alten *Frankfurter Zeitung* – entstand dagegen erst 1949. In der britischen Zone wurde im Herbst 1945 *Die Welt* als eine überparteiliche Zeitung nach dem Vorbild der Londoner *Times* gegründet. Wie die *Allgemeine Zeitung* in Berlin und *Die Neue Zeitung* in München war *Die Welt* ein offizielles Blatt der Militärregierung und erhielt damit – sehr zum Leidwesen der konkurrierenden Lizenzzeitungen – erhebliche Förderung durch die britische Besatzungsmacht. Nach der Verkündung des Grundgesetzes wurde der Lizenzzwang durch das Gesetz Nr. 5 der Alliierten Hohen Kommission vom 21. September 1949 aufgehoben. Mit der Erklärung der publizistischen Freiheit der Presse entfielen nicht nur Zensur und Vorschriften, sondern auch die Beschränkungen bei der Gründung von Zeitungen, so dass bald zahlreiche neue Blätter entstanden. Die Grundstruktur, die während der Besatzungszeit zwischen 1945 und 1949 geschaffen worden war, blieb in den folgenden Jahrzehnten aber im Wesentlichen erhalten.

Große Vielfalt und Lebendigkeit zeichnete in den Jahren nach 1945 ebenfalls die politisch-literarische Publizistik aus. Allein die Zahl der kulturpolitischen Zeitschriften belief sich auf über 200. Ihre Gesamtauflage erreichte mehrere Millionen Exemplare. Dazu kamen Zeitschriften in Wirtschaft, Technik und Recht sowie Bildung und Wissenschaft – alles in allem etwa 1400 zwischen 1945 und 1948. Da die alliierten Kontrollen sich in erster Linie auf die publikumswirksamen Medien des Rundfunks und der Tageszeitungen konzentrierten, ergoss sich der Ideenstau der Intellektuellen nach zwölf Jahren Diktatur mit um so größerem Schwung in das feine Forum der Magazine. Auch den Emigranten wurde damit eine leicht zugängliche Anlaufstelle geboten, sich auf dem deutschen Gedankenmarkt zurückzumelden. In kaum einem anderen Bereich wurde die Freiheit so sehr empfunden und ausgeschöpft wie bei den Diskussionen in den Zeitschriften, wo Sprachlust und Missionierungsdrang sich nahezu ungehemmt entfalten konnten und die staatliche Überwachung durch die Alliierten sich auf ein Minimum beschränkte.

Eine der ersten wichtigen Gründungen war *Die Wandlung.* Sie wurde von Dolf Sternberger, einem früheren Redakteur der *Frankfurter Zeitung,* gemeinsam mit Karl Jaspers, dem Soziologen Alfred Weber, einem Bruder Max Webers, und dem Romanisten Werner Krauss von November 1945 bis 1949/50 in Heidelberg herausgegeben. *Die Gegenwart* erschien seit Ende 1945 unter der Leitung von Benno Reifenberg, Bernhard Guttmann und Robert Haerdter – ebenfalls ehemaligen Redakteuren der *Frankfurter Zeitung* – als erste Zeitschrift in der französischen Zone in Freiburg im Breisgau. Die wohl einflussreichste und letztlich auch bedeutendste Zeitschrift waren allerdings die seit dem Frühjahr 1946 von Eugen Kogon und Walter Dirks als »Monatsschrift für Politik, Kultur und Religion« konzipierten *Frankfurter Hefte* mit der Propagierung eines vereinten Europa auf bundesstaatlicher und zugleich sozialistischer Grundlage. Dem antiamerikanischen und antiwestlichen Akzent, der unter den deutschen Intellektuellen des 19. und 20. Jahrhunderts eine lange Tradition besaß und sich oft durch einen tiefgründigen Hochmut gegenüber dem vermeintlich oberflächlichen Pragmatismus Amerikas auszeichnete, suchte im beginnenden Ost-West-Konflikt der 1948 in Berlin von Melvin J. Lasky and H. Jaesrich gegründete *Monat* zu begegnen – eine Zeitschrift im und für den Kalten Krieg, aber auch ein Magazin zum besseren Verständnis der deutsch-amerikanischen Beziehungen.

Die Blüteperiode der Zeitschriften dauerte allerdings nur wenige Jahre. Bereits 1949 hatten die meisten von ihnen ihr Erscheinen wieder eingestellt. Der Grund dafür war nicht nur in den veränderten ökonomischen Rahmenbedingungen – der Währungsreform und dem wachsenden Büchermarkt – zu suchen, sondern hing auch mit der Tatsache zusammen, dass der Elan der ersten Stunde mit seinem hohen Artikulations- und Erklärungsbedürfnis bald nachließ. Außerdem fehlte es an Autoren, die das hohe Niveau der Anfangszeit halten konnten, da die Gründergeneration sich wieder zunehmend der klassischen »Literaturproduktion« zuwandte oder dem lukrativeren Zeitungsgeschäft verschrieb. Dennoch blieb die Bedeutung der Zeitschriftenpublizistik unbestritten, deren Wirksamkeit hauptsächlich darin bestand, dass sich besonders in den politisch-kulturellen Zeitschriften mit einer großen Bandbreite der Themen und Meinungen das »andere Deutschland« präsentierte. Ausländische Journalisten und Besucher fühlten sich davon ebenso angezogen wie geistig interessierte Besatzungsoffiziere und -beamte. Zwar überzeugten die historischen, politischen und philosophischen Reflexionen häufig mehr durch ihre Intellektualität als durch ihren Praxisbezug. Aber die gelegentliche Wirklichkeitsferne wurde durch das breite Spektrum von Meinungen wettgemacht, die vom Sozialismus kommunistischer und christlicher Prägung bis zu liberalen und konservativen Auffassungen reichten.

Dauerhafter als die meisten Zeitschriften – von wenigen Ausnahmen wie den *Frankfurter Heften* oder dem *Monat* abgesehen – waren die Wochenzeitungen, die größtenteils gleichfalls bereits in den ersten Nachkriegsjahren ins Leben gerufen wurden und zum Teil bis heute bestehen. Dazu zählt der von Franz Albert Kramer geschaffene katholische *Rheinische Merkur* ebenso wie die protestantische *Christ und Welt,* zu deren Initiatoren neben ihrem ersten Chefredakteur Klaus Mehnert auch der spätere Bundestagspräsident Eugen Gerstenmaier gehörte. Die wohl größte publizistische Bedeutung in der späteren Bundesrepublik erlangten in diesem Bereich jedoch die bereits am 21. Februar 1946 gegründete, von Gerd Bucerius herausgegebene Wochenzeitung *Die Zeit* sowie das nach dem Vorbild der amerikanischen Magazine *Time* und *Newsweek* seit dem 4. Januar 1947 erscheinende Nachrichtenmagazin *Der Spiegel,* dessen Redaktion zunächst in Hannover residierte und später nach Hamburg überwechselte. Unter dem damals erst vierundzwanzigjährigen Rudolf Augstein, der ursprünglich nur einer von mehreren verantwortlichen Herausgebern war, entwickelte *Der Spiegel* bald ein unverwechselbares Gesicht, das die Auflage von anfangs 15 000 Exemplaren schon nach wenigen Jahren enorm ansteigen ließ. Augstein, der schließlich die alleinige Herausgeberschaft übernahm, wurde damit zu einer Schlüsselfigur in der politischen Publizistik der Bundesrepublik.

Wie im Journalismus, so war auch in der Literatur eine nahtlose Anknüpfung an die Tradition vor 1933 unmöglich. Eine neue Generation von Schriftstellern drängte 1945 darauf, sich mit der jüngsten Vergangenheit auseinander zu setzen. Tonangebend waren nicht die Vertreter der »Schönschrift«, sondern jene Autoren, die sich mit Bestandsaufnahmen, Analysen und Aufrufen der »Kahlschlagliteratur« (Wolfgang Weyrauch) verschrieben. Hinter dem Begriff verbarg sich die Vorstellung einer Reinigung der Sprache, die nicht mehr ästhetisierend eine eigene literarische Welt herstellen, sondern die Wirklichkeit reproduzieren und widerspiegeln sollte. Der wohl bekannteste Vertreter dieser Literatur war Wolfgang Borchert, der den Erfolg seines Stückes *Draußen vor der Tür. Ein Stück, das kein Theater spielen und kein Publikum sehen will* allerdings nicht mehr erlebte. Er starb, erst 26 Jahre alt, vom Krieg geschlagen und tödlich erkrankt, einen Tag vor der Uraufführung am 21. November 1947 in Hamburg. Sein Held Beckmann stand für jene Heimkehrer aus dem Krieg, die, psychisch und physisch verletzt, nach Hause kamen und doch nicht nach Hause kommen konnten, weil ihr Platz besetzt oder längst nicht mehr da war.

Den Höhepunkt ihrer Wirkung erreichte die Kahlschlagliteratur 1946/47. Danach ebbte ihre Bedeutung rasch ab. Rückwirkend betrachtet stellte sie eine Phase des Umbruchs und der Neuorientierung dar, wenngleich mit ihr auch erste Ansätze einer neuen, eigenen Dichtung sichtbar wurden, deren Vertreter sich bald darauf unter Hans Werner Richter in der »Gruppe 47« zu sammeln begannen.

Realistische bzw. neorealistische Konzepte kennzeichneten in den Anfangsjahren nach 1945 ebenfalls die Musik und vor allem die bildende Kunst. Während die Zeit nach dem Ersten Weltkrieg von Bewegungen mit avantgardistischem Elan, wie Expressionismus, Dadaismus, Kubismus oder Konstruktivismus, geprägt gewesen war, bot der tiefe politische, soziale und moralische Einschnitt nach dem Ende des Dritten Reiches wenig Anlass zu optimistischer Aufbruchstimmung und künstlerischen Experimenten. Vor allem diejenigen Künstler, die von einem antifaschistischen Impuls geleitet waren, verlangten nach Ausdrucksformen, die von den Menschen verstanden werden konnten. Eine reine Künstler- und Intellektuellenkunst, die sich mit ihren malerisch-abstrakten, musikalisch-atonalen und literarisch-kalligraphischen Formkonzepten in einem avantgardistischen, spielerischen Modernismus verlor, wurde von ihnen ebenso abgelehnt wie symbolistisch oder surrealistisch verschlüsselte Stilmittel, die die Kunst der »wirklichen« Wirklichkeit entrückten und ins Unverständliche tendierten. Allerdings war diese Form der Malerei nicht imstande, sich 1945 so weit zu erneuern, dass sie eine längerfristig Erfolg versprechende Perspektive hätte aufzeigen können. Jüngere Maler, die danach verlangten, sich internationalen Tendenzen anzuschließen, wandten sich nach Jahren der Reglementierung und Unterdrückung zunehmend der abstrakten Kunst zu, die ihnen als Ausdruck einer bisher ungekannten Freiheit erschien.

In der Musik wurden die betont völkischen oder gar nationalsozialistischen Werke, die aus dem Repertoire von Opernhäusern und Orchestern verschwanden, in der Regel nicht durch moderne Stücke, sondern auf konventionelle Weise ersetzt: im Bereich der so genannten »ernsten« Musik durch Werke aus der bildungsbürgerlichen Tradition des Barock, der Klassik und der Romantik; in der »unterhaltenden« Musik durch die Operetten von Franz Lehár, Leo Blech und Robert Stolz oder die Schlager von Gerhard Winckler, dessen legendäre *Capri-Fischer* zum Hit des Jahres 1946 wurden. Linksengagierte oder elitär-modernistische Musik, die von der nationalsozialistischen Kulturbürokratie als »entartet« diffamiert worden war, fand auch nach 1945 kaum Publikum und nur wenige interessierte Dramaturgen und Intendanten. Immerhin wurde der vor 1945 verfemte Paul Hindemith rehabilitiert. Zur Aufführung gelangten ebenfalls die Werke von Carl Orff, Boris Blacher und Werner Egk, die allerdings im Dritten Reich nicht dem Verdikt der »Entartung« verfallen waren, sowie Kompositionen internationaler Klassiker der Moderne, wie Igor Strawinsky und Béla Bartók. Insgesamt wurde der bürgerliche Kulturbetrieb der Vorkriegszeit bzw. des Kaiserreiches und der Weimarer Republik aber weitgehend restauriert. Die Erwartung einer »musikalischen Vergangenheitsbewältigung« blieb zumindest in den Westzonen und der späteren Bundesrepublik unerfüllt. Bekenntnismusik mit ideologischer Prägung, aufrührerischen Melodien und agitierenden Texten, etwa die Vertonungen von Texten Bertolt Brechts durch Hanns Eisler, hatte deshalb nach 1945 zumindest im Westen Deutschlands zunächst keine Chance.

Im Film fehlten nach 1945 anfangs häufig die technischen Voraussetzungen für neue Produktionen. Sobald das Geschäft wieder anlief, war jedoch eine kaum gebrochene Kontinuität zur Zeit vor 1945 festzustellen. Sogar politisch schwer belastete Regisseure wie Veit Harlan oder Alfred Braune, die sich mit Filmen wie *Jud Süß* (1940) und dem Durchhaltedrama *Kolberg* (1945) in den Dienst der nationalsozialistischen Propaganda gestellt hatten, konnten schon bald nicht nur mit anspruchslosen Unterhaltungsstreifen, sondern auch mit Filmen über politische Themen an die Öffentlichkeit treten. Braune erhielt 1957 für seinen Film *Stresemann,* in dem er den Reichskanzler und Außenminister der Weimarer Republik zum großen Europäer und Vorkämpfer der deutsch-französischen Freundschaft stilisierte, sogar den Bundesfilmpreis.

In der Anfangszeit wurde der deutsche Filmmarkt indessen nahezu völlig von alliierten Produktionen beherrscht. So stammten 1945/46 von den 108 Filmen des Verleihangebots nur drei nicht aus den USA, Großbritannien oder Frankreich. Dieses Verhältnis sollte sich in den folgenden Jahren nur geringfügig ändern. Bei den meisten Filmen, die in den wenigen bespielbaren Kinos liefen, handelte es sich um reine Unterhaltungsfilme, vor allem Western, Krimis und Liebesgeschichten. Filme, die sich realistisch mit der Situation nach dem Krieg auseinander setzten, gab es in den westlichen Besatzungszonen dagegen kaum, da eine Produktionsgesellschaft mit politischem Auftrag, wie die im Mai 1946 gegründete ostzonale DEFA (Deutsche Film-AG), hier nicht existierte. Diejenigen Regisseure, die sich in den Westzonen nicht mit bloßen Illusionen zufrieden geben, sondern die Wirklichkeit abbilden wollten, schufen daher das Genre der »Trümmerfilme«, in denen es nicht nur um die

Aufarbeitung der Vergangenheit, sondern um ein breites Spektrum von Themen ging, die man angesichts zerstörter Studios in den Trümmer-»Kulissen« drehte, so dass auch unpolitische Streifen als Trümmerfilme gelten.

Einer 1948 in den drei Westzonen durchgeführten Umfrage zufolge wurde diese Art von »Zeitfilm« jedoch nur von 31,1 Prozent der Bevölkerung bejaht, während 56,2 Prozent im Kino lieber dem tristen Alltag entfliehen wollten, anstatt auch dort noch mit zerlumpten Heimkehrern und Ruinen konfrontiert zu werden. Mit dem beginnenden Wirtschaftswunder, als die materiellen Nöte schwanden und der Wohlstand wuchs, ging die Zahl derer, die »Zeitfilme« sehen wollten, sogar noch weiter zurück. Das Interesse an den Traumfabrik-Produkten Hollywoods und der alten UFA nahm dagegen immer mehr zu.

Der Regisseur Wolfgang Staudte teilte diese Auffassung nicht. Als wohl einziger deutscher Filmregisseur von Rang neben Helmut Käutner suchte er weiterhin jene politischen Dimensionen einzufangen, die im Durchschnittsfilm der damaligen Zeit sonst fehlten. Staudte hatte deshalb gegen Boykott und Verbot zu kämpfen und war innerhalb seiner Zunft alles andere als »repräsentativ« – eine Ausnahmeerscheinung, deren glänzende Verfilmung von Heinrich Manns *Der Untertan* aus dem Jahre 1951 erst 1957 mit erheblichen Schnittauflagen freigegeben wurde, weil sie von der DEFA produziert worden war. Sein früher Streifen *Die Mörder sind unter uns* aus dem Jahre 1946 gelangte in den Westzonen zwar bereits 1948 in die Kinos. Doch auch zu diesem Zeitpunkt erreichte er aufgrund der veränderten Bewusstseinslage der Bevölkerung kaum noch die Zuschauer, für die er zwei Jahre zuvor gedreht worden war.

Nach dem Scheitern der Moskauer Außenministerkonferenz und der Verkündung der Truman-Doktrin am 12. März 1947 wurden nicht nur die Außen- und Wirtschaftspolitik, sondern auch die Innen- und Kulturpolitik einer grundlegenden Revision unterzogen. So gestaltete sich der Erste Deutsche Schriftstellerkongress in Berlin im Oktober 1947 zu einem regelrechten Wendepunkt in den kulturellen Beziehungen zwischen Ost und West, nachdem die Sowjetische Militäradministration (SMAD) in Karlshorst schon im Juli ein Ausreiseverbot für ostzonale Künstler erlassen hatte, dem im

September noch ein Aufführungsverbot für verschiedene amerikanische Dramen in der SBZ gefolgt war. Zwar wurde auf dem Treffen der Schriftsteller, das unter der Ehrenpräsidentschaft von Ricarda Huch stand, in einer Resolution noch die Entschlossenheit der Intellektuellen bekundet, sich jenen Spreng- und Fliehkräften zu widersetzen, »die den Begriff ›Deutschland‹ aus der Geographie und Geschichte auslöschen wollen«. Doch in Wirklichkeit waren die Intellektuellen längst chancenlos, eine vom Geist des Humanismus geprägte Verbindung von Demokratie und Sozialismus, wie sie den meisten damals vorschwebte, in die Tat umzusetzen. Die politische Realität folgte auch in Deutschland den Rahmenbedingungen des Ost-West-Konflikts und trieb unaufhaltsam zur Spaltung. Die Schriftsteller in der SBZ/DDR wurden dadurch mehrheitlich zu Handlangern des kommunistischen Regimes, während die Literaten in den Westzonen und später der Bundesrepublik sich zu Außenseitern und ohnmächtigen Kritikern eines Wiederaufbaus entwickelten, den sie so nicht gewollt hatten.

Anders als die meisten deutschen Schriftsteller, die auf ihrem Kongress im Oktober 1947 noch von einem gesamtdeutschen Sozialismus träumten, griff Melvin J. Lasky, der als amerikanischer Delegierter an dem Treffen teilnahm, die östliche Seite hier bereits scharf an und bezichtigte die anwesenden sowjetischen Autoren, keine eigene Meinung zu haben, sondern nur Werkzeuge ihres Staates zu sein. Lasky setzte damit neue Zeichen, die auf die künftige Konfrontation hindeuteten. Der amerikanische Militärgouverneur Lucius D. Clay forderte am 28. Oktober 1947 sogar einen »Marshall-Plan der Ideen«, um Westdeutschland nicht nur politisch und ökonomisch, sondern auch kulturell in die westliche Gemeinschaft zu integrieren. Mit der Berlin-Krise 1948 spitzte sich diese Auseinandersetzung weiter zu. Auch das deutsche PEN-Zentrum, das 1948 noch im Londoner Exil wieder begründet worden war, wurde nun zum Austragungsort ideologischer Gegensätze, bis es 1951 zerbrach.

Der pragmatische Elan des kapitalistischen Wirtschaftswunders ebenso wie die antikommunistischen Handlungszwänge des Ost-West-Konflikts wurden von den Intellektuellen mehrheitlich als Rückfall in überholt geglaubte Denkmuster gedeutet. Sie reagierten darauf mit Ablehnung und Distanz und empfanden auch die folgende Ära Adenauer als eine Epoche, in der »der Geist lahm, das Klima schlaff, die Moral zweideutig, die Mentalität provinziell geblieben« seien, wie der Schriftsteller Horst Krüger 1979 im Rückblick meinte. Geistig sei dies »eine Epoche schrecklicher Vereinfachungen, Verkürzungen, ja Verödungen« gewesen, ebenso muffig wie abendländisch-hinterwäldlerisch. Zwischen den Repräsentanten von Kultur und Kunst und der Regierung Adenauer habe es dabei so gut wie keine Kommunikation gegeben. Besonders die literarische Intelligenz »stand abseits und nahm übel«, bemerkte Kurt Sontheimer. In einer Republik, in der sich gegenüber den sozialen Normen und Wertvorstellungen der Kaiserzeit und des Dritten Reiches kaum etwas verändert hatte und der Mehltau des Wirtschaftswunders sich mildtätig über alte Wunden legte, sprach nicht nur Walter Dirks von »Restauration«. Auch für Hans Werner Richter vollzog sich in der Bundesrepublik unter Adenauers Führung nicht die notwendige Erneuerung Deutschlands, sondern »die Wiederherstellung des alten«.

Tatsächlich engten das Wirtschaftswunder und der Kalte Krieg die Spielräume für die Verwirklichung von Utopien und Träumen ein und beschworen praktisch das Gegenteil dessen herauf, was die Intellektuellen sich erhofft und erwartet hatten. Dazu gehörte nach der politischen Teilung Deutschlands nicht zuletzt die Spaltung der Kultur. Beides wurde von linksintellektueller Seite weniger dem sowjetischen Expansionismus oder der Person Stalins angelastet als vielmehr der westlichen »Politik der Stärke« und Adenauers entschlossener Durchsetzung der Westintegration. Danach wurde nicht nur die Einbeziehung der Bundesrepublik in das westliche Allianzsystem, sondern vor allem die Wiederbewaffnung als krasser Fehler betrachtet, der eine Wiedervereinigung Deutschlands auf Dauer unmöglich zu machen schien und eine Rückkehr zu den militaristischen Traditionen Preußen-Deutschlands signalisierte. Dazu kamen das mangelnde Interesse an einer Auseinandersetzung mit der Vergangenheit, die personelle Kontinuität vom Dritten Reich zur Bundesrepublik, die Intoleranz eines generalisierenden Antikommunismus und die autoritäre Herrschaft des Bundeskanzlers, der das Parlament oft überspielte und die Opposition seine Verachtung spüren ließ. Die immer noch engen Moralvorstellungen und die Spießigkeit der fünfziger Jahre sowie die Entmündigung und Entpolitisierung der Bevölkerung durch Wohlstand und Konsum taten ein Übriges, um die Intellektuellen der Gesellschaft und dem politischen System, in dem sie lebten, zu entfremden. Diese Bundesrepublik, so glaubten damals viele, sei »weit entfernt davon, eine echte Demokratie zu sein«.

6. Gesellschaft im Kalten Krieg

Vor dem Zweiten Weltkrieg lebten auf dem Gebiet der späteren Bundesrepublik nur etwa 43 Millionen Menschen. Anfang der fünfziger Jahre waren es schon 50 Millionen, 1961 sogar 56 Millionen, 1965 dann 59 Millionen und 1989 schließlich 66 Millionen, unter ihnen etwa fünf Millionen Ausländer. Der Bevölkerungszuwachs betrug allein während der Regierungszeit Adenauers mehr als neun Millionen und war das Ergebnis mehrerer großer Wanderungsströme, die nach 1945 zu einer grundlegenden Veränderung der Bevölkerungszusammensetzung in Westdeutschland führten und die Bundesrepublik vor allem in ihrer Anfangsphase vor schwierige Probleme stellten: Zu Hunderttausenden kehrten die Kriegsteilnehmer aus den Gefangenenlagern in die Heimat zurück, zu Millionen strömten Vertriebene aus den ehemaligen deutschen Ostgebieten jenseits von Oder und Neiße sowie Flüchtlinge aus der DDR nach Westen. Auf dem Territorium der drei Westzonen und dann der Bundesrepublik mussten sie in die noch wenig stabile Nachkriegsgesellschaft integriert werden, beanspruchten Nahrung, Wohnraum und Beschäftigung in einer Zeit großen Mangels und hoher Arbeitslosigkeit, als der Erfolg des »Wirtschaftswunders« noch nicht absehbar war und niemand wusste, wie das weithin zerstörte Land mit den Folgen von Krieg, Niederlage und Teilung fertigwerden sollte.

Diese demographische Dynamik hatte weitreichende soziale und kulturelle Auswirkungen. Die innere Schichtung der Gesellschaft war davon ebenso betroffen wie deren Verhaltensmuster. Neue Orientierungen traten an die Stelle tradierter Normen und Werte, konfessionelle Grenzen verwischten sich, das politisch-historische Selbstverständnis und die ideologische Ausrichtung gewannen eine neue demokratisch-pluralistische Dimension. Zu diesen Veränderungen trugen aber auch die Deklassierungs- und Nivellierungsprozesse bei, die sich während der nationalsozialistischen Herrschaft vollzogen hatten und durch den allgemeinen Zusammenbruch von 1945 sowie die Folgen des Krieges noch verschärft wurden. Mit ihrer Auflockerung tradierter Strukturen verhalfen sie dazu, die Herausbildung einer modernen Industriegesellschaft in der Bundesrepublik zu erleichtern. Die Teilung Deutschlands beendete schließlich nicht nur die quantitative Minderheitslage der Katholiken, sondern auch die Spannung zwischen der ostdeutschen Gutswirtschaft und der west- und süddeutschen Familienwirtschaft. Zwei schwerwiegende politische und wirtschaftliche Strukturdefizite des ehemaligen Deutschen Reiches blieben der Bundesrepublik damit erspart.

Zugleich ging die Bedeutung der Landwirtschaft – also des »primären Sektors« – im Verhältnis zum zweiten Sektor, der industriellen Produktion, und zum »tertiären Sektor« der Dienstleistungen ständig zurück. Dabei handelte es sich allerdings nicht um ein spezielles Phänomen der Bundesrepublik, sondern um ein typisches Merkmal der Entwicklung aller modernen Industriegesellschaften. So lag der Anteil der im Agrarsektor tätigen Menschen an der Gesamtzahl der Beschäftigten in der Bundesrepublik bereits 1950 nur noch bei 22 Prozent; bis 1960 sank er sogar auf 13 Prozent. Die Industrie beschäftigte dagegen schon in den fünfziger Jahren knapp die Hälfte aller Arbeitskräfte, während der tertiäre Sektor, der schließlich sowohl die Landwirtschaft als auch die Industrie überflügeln sollte, zu dieser Zeit noch bei 20 Prozent lag und erst in den sechziger und siebziger Jahren entscheidend an Boden gewann. Der Anteil der selbstständig Beschäftigten nahm im Laufe dieser Entwicklung kontinuierlich ab und lag bereits 1960 unter 20 Prozent – gegenüber immerhin noch 28 Prozent im Jahre 1950. Die moderne kapitalistische Industriegesellschaft, die formal auf dem freien Unternehmertum beruhte, war damit in Wirklichkeit – zumindest in quantitativer Hinsicht – eine vielfältig differenzierte Arbeitnehmergesellschaft, in der es zu einer vorrangigen Aufgabe der Politik wurde, die Rahmenbedingungen für Aufstieg und soziale Sicherung auf allen Ebenen zu schaffen.

Tatsächlich machte nur der rasche wirtschaftliche Aufschwung die relativ reibungslose Integration der Millionen Zuwanderer möglich, die nach 1945 in den Westen Deutschlands strömten. Immerhin waren in der jungen Bundesrepublik 1949 infolge Flucht, Vertreibung und Umsiedlung nicht weniger als 19,3 Prozent der Bevölkerung Vertriebene oder Kinder von Vertriebenen – also nahezu ein Fünftel. Mit Erreichen der Vollbeschäftigung auf dem Arbeitsmarkt im Jahre 1958 konnte die soziale Eingliederung der Flüchtlinge, die der erstarkenden Wirtschaft als ebenso qualifizierte wie motivierte Arbeitskräfte durchaus willkommen waren, im Wesentlichen als vollzogen gelten. Es hatte dazu allerdings eines starken staatlichen Rahmens bedurft, um die Integration praktisch zu verwirklichen. Das wichtigste Instrument hierbei war das Gesetz über den Lastenausgleich (LAG) vom 14. August 1952, nachdem zuvor bereits mehrere Verordnungen zur Eingliederung von Heimatvertriebenen in die Landwirtschaft (10. August 1948), zur Hypothekensicherung (2. September 1948) und zur »Behebung dringender sozialer Notstände« (8. August 1949) erlassen worden waren. Ein Lastenausgleich erschien unbedingt notwendig, weil allein der Verlust an Privatvermögen, den die deutschen Vertriebenen erlitten hatten, auf 299,6 Milliarden DM beziffert wurde. Die Schätzung der Gesamtvermögensverluste – also einschließlich der öffentlichen Vermögensverluste – belief sich sogar auf 355,3 Milliarden DM. Das Lastenausgleichsgesetz sah Vermögens-, Hypotheken- und Kreditgewinnabgaben für diejenigen Schichten der Bevölkerung vor, denen es gelungen war, Vermögen in die neue Zeit hinüberzuretten. Die Besitzenden im Westen sollten also mit einer Vermögensabgabe den Opfern von Kriegssachschäden und Vertreibungsschäden helfen, um eine gleichmäßigere Verteilung der Kriegs- und Kriegsfolgekosten zu erreichen. Dies gelang. Die friedliche Eingliederung der Vertriebenen stellt deshalb eine politische, wirtschaftliche und menschliche Leistung dar, die kaum hoch genug bewertet werden kann. Sie zählt zu den bedeutendsten Beiträgen zur Sicherung des europäischen Friedens nach dem Zweiten Weltkrieg.

Im Bewusstsein der meisten Westdeutschen verklärte sich das »Wirtschaftswunder« der zweiten deutschen Gründerzeit zwischen 1950 und 1958 deshalb zum sinnstiftenden Mythos. Aus einer Situation elementaren Mangels an Lebensmitteln, Wohnraum und Arbeitsplätzen war in weniger als einem Jahrzehnt eine neuartige

Konsumgesellschaft entstanden, deren Mitglieder nicht länger nur damit beschäftigt waren, ihre materiellen Grundbedürfnisse zu sichern, sondern sich nun auch mit Luxusgütern, wie Autos, Fernsehern und Auslandsreisen, vertraut machen durften. Zugleich führten die anhaltende Prosperität sowie die damit einhergehende Modernisierung und nachhaltige Lebensveränderung zu einem politisch-sozialen Strukturwandel, den Josef Mooser als »Abschied von der Proletarität« beschrieben hat. Die traditionelle Enge und Unsicherheit des »proletarischen« Lebenszuschnitts wurden weithin überwunden. Die Vollbeschäftigung sowie die Arbeitszeitverkürzung und Steigerung der Einkommen gaben den vormals nur ungenügend abgesicherten Arbeitern nicht nur soziale Sicherheit, sondern boten ihnen zum ersten Mal auch die Chance zu einer nicht mehr ausschließlich durch Mühsal bestimmten Existenz. Muße und Freizeit, früher nur den höheren Schichten vorbehalten, wurden jetzt allen Menschen zugänglich. Darüber hinaus bewirkte die institutionelle wie materielle Erweiterung der Sozialpolitik, etwa die Dynamisierung der Renten seit 1957, einen fundamentalen Wandel im lebens- und familienzyklischen Einkommensverlauf, durch den ein stärker individuell bestimmtes Privatleben möglich wurde.

Der Soziologe Helmut Schelsky sprach in diesem Zusammenhang bereits 1953 von einer »nivellierten Mittelstandsgesellschaft«, für die ihm der Typ der industriell arbeitenden und konsumorientiert lebenden Kleinfamilie prägend zu sein schien, die bis Mitte der sechziger Jahre für geburtenstarke Jahrgänge sorgte und allgemeine Zufriedenheit mit dem Erreichten der Aufbauzeit bekundete. Die Herausbildung einer kleinbürgerlich-mittelständischen Gesellschaft – »ebenso wenig proletarisch wie bürgerlich« – war für Schelsky zugleich Beweis für die Überwindung der Klassengesellschaft. Der wachsende Wohlstand für viele, wenn auch vielleicht nicht für alle, die Änderung und Angleichung der Lebensgewohnheiten, Routinen, Sitten und Gebräuche im Alltag sowie die bemerkenswerte Zufriedenheit des weit überwiegenden Teils der Bevölkerung mit dem politischen und ökonomischen System der Bundesrepublik bedeuteten zugleich die Widerlegung von Karl Marx. Die Modernisierung des Kapitalismus war offenbar nicht gleichbedeutend mit seiner Radikalisierung. Jedenfalls schien die

Bundesrepublik mit ihrem ökonomischen Aufschwung auf dem Weg, den Kreislauf von Krieg, Not und Revolution zu durchbrechen und eine Gesellschaft zu errichten, die sich nicht nur durch Freiheit, sondern auch durch ein hohes Maß an Gleichheit auszeichnete.

In Wirklichkeit konnte von »Nivellierung« im Sinne Schelskys allerdings kaum die Rede sein. Es erscheint vielmehr angemessen, von einer »Schichtungsgesellschaft« zu sprechen, in der zwar die Klassengesellschaft nicht mehr existierte, wohl aber eine »ungleiche Gesellschaft mit deutlich höher und tiefer stehenden Bevölkerungsteilen«. Zumindest prinzipiell stand darin allen Bürgern die Möglichkeit offen, durch individuelle Leistung in Ausbildung und Beruf einen sozialen Aufstieg anzustreben. Hinzu kam die Angleichung von Lebensstandard, Alltagsgewohnheiten und Freizeitgestaltung. Am meisten profitierten davon die unteren Schichten, die mit der für sie ungewohnten Möglichkeit zur Vermögensbildung kulturell »verbürgerlichten«. Die Erosion traditioneller Identitätsmuster der »Arbeiterklasse« war deshalb hier besonders augenfällig. Die Öffnung des Bildungswesens und die mit dem Produktivitätssprung der Industrie bzw. mit der Ausweitung des Dienstleistungssektors einhergehende Entstehung neuer Berufe machte zudem aus Arbeitern häufig Facharbeiter bzw. qualifizierte Angestellte. Die verbesserten Aufstiegsmöglichkeiten für Arbeiter bewirkten wiederum eine Lockerung ihrer ursprünglichen politischen Bindung an die klassischen Arbeiterparteien und Gewerkschaften. Die Identifikation mit kollektiven Interessenorganisationen trat zugunsten eines eher individuellen Leistungsdenkens bzw. eines stärker familienbezogenen Selbstverständnisses zurück.

Die Dynamik des Wirtschaftswunders und der damit verbundene tiefgreifende soziostrukturelle Wandel führten somit zwar nicht zu einer Nivellierung der Vermögensverhältnisse, wohl aber zu einer Egalisierung der Konsum- und Freizeitorientierung, die letztlich das Erscheinungsbild der Gesellschaft in der Bundesrepublik mindestens ebenso sehr prägte wie die fortbestehende soziale Differenzierung nach Bildung, Beruf oder Einkommen. Ob man die Gesellschaft der Bundesrepublik in den fünfziger Jahren demnach als »nivellierte Mittelstandsgesellschaft«, als eine »Gesellschaft jenseits von Klasse und Stand« oder als »pluraldifferenzierte Wohlstandsgesellschaft« charakterisiert, ist eine Frage, die in erster Linie die Soziologen beschäftigt. Alle diese Kategorien umreißen indessen eine Sozialstruktur, die sich von der überkommenen Klassengesellschaft grundsätzlich unterschied und in der Freizeit und Konsum einen zentralen Stellenwert gewannen. Alte milieudifferenzierende Indikatoren wie Lebensstandard, Arbeit und Umgebung wurden durch neue ausgeklügelte Kriterien, wie Qualität der Bekleidung, Lage und Ausstattung der Wohnung, Besitz oder Nichtbesitz eines Autos sowie die Möglichkeit zu reisen, ergänzt. Schichtenzugehörigkeit bzw. Herkunftsmilieu wurden nicht mehr allein durch Beruf, tatsächliches Einkommen oder den Wohnort bestimmt, sondern immer häufiger auch durch Symbole eines realen oder vermeintlichen Wohlstands dokumentiert.

In seinem Buch über die Entstehung der »Erlebnisgesellschaft« hat Gerhard Schulze 1992 noch einmal auf die Bedeutung dieser Modernisierung für die gesellschaftlichen Milieus in der Bundesrepublik in den fünfziger Jahren hingewiesen: Alte, überlieferte Strukturen wurden zunehmend durch neue Lebens- und Verhaltensmuster überlagert und verdrängt. Zum letzten Mal spielten »Beziehungsvorgaben, das Hineingeborensein in einen sozialen und räumlichen Kontext, eine wichtige Rolle für die Konstitution sozialer Milieus«. Doch schon zeichnete sich »die Auflösung dieser Form der Milieuentstehung durch Mobilisierung, Massenkommunikation und Massenkonsum« ab. Zugleich weist Schulze allerdings darauf hin, dass die Arbeit als Quelle für Selbstwertgefühl und Statuszuweisung in der neuen Erlebnisgesellschaft keineswegs an Bedeutung verlor. So war nach dem Erschrecken über die eigene Geschichte oft sogar ein neuer Arbeitseifer erkennbar, der neben der Befriedigung rein materieller Bedürfnisse auch der Grundlegung einer neuen Lebensphilosophie diente. Arbeit bedeutete nicht mehr nur Gelderwerb, sondern verschaffte Lebenssinn.

Die scheinbare innere Zufriedenheit der Nachkriegsgesellschaft mit den erreichten materiellen Standards und den neuen, noch ungewohnten Realisierungschancen eines unmittelbaren Lebensgenusses stand jedoch in bemerkenswertem Kontrast zu Entwicklungen, die sich hinter der harmoniegetünchten Fassade des Wirtschaftswunders vollzogen. Vor allem die nachwachsende jüngere Generation fühlte offenbar ein instinktives Unbehagen angesichts der Selbstverständlichkeit, mit der die Älteren nach 1945 zur Tagesordnung des Wiederaufbaus und des Geldverdienens übergingen. Politische Zurückhaltung und Distanz mischten sich mit unpolitischem Aufbegehren gegen die provinzielle Enge einer im Wesentlichen großelterlich geprägten Gesellschaft. Mit der »skeptischen Generation« der fünfziger Jahre kündigte sich nach Wirtschaftswunder und sozialer Modernisierung somit eine dritte grundlegende Veränderung in der Bundesrepublik an: ein politisch-geistiger Umbruch, der in den sechziger Jahren nicht nur das Wertesystem revolutionieren, sondern auch zu einer weitgehenden »Umgründung« der Republik in politischer, wirtschaftlicher und sozialer Hinsicht führen sollte.

Noch nie, meinte Richard Kaufmann 1958 in düsterem Grundton in der *Süddeutschen Zeitung*, habe es eine so unglückliche Generation von 14- bis 21-jährigen gegeben wie zu diesem Zeitpunkt – »hungrig trotz der Übersättigung, leer trotz der Fülle des Gebotenen, ratlos, nervös, unzufrieden und erfüllt von einer tiefen Animosität gegen die Erwachsenen, die doch dieses Jugendparadies geschaffen haben«. Erneut fand Helmut Schelsky mit seinem 1957 erschienenen Buch *Die skeptische Generation* nicht nur das passende Schlagwort, das sich in der gesellschaftspolitischen Diskussion gut verwenden ließ, sondern kam im Hinblick auf diese »schweigenden Individualisten« auch zu einem ähnlichen Befund wie Kaufmann. Allerdings meinte er, die nachwachsende Generation sei in ihrem sozialen Bewusstsein und Selbstbewusstsein »kritischer, skeptischer, misstrauischer, glaubens- oder wenigstens illusionsloser als alle Jugendgenerationen vorher«. Aber sie sei auch tolerant, wenn man die Voraussetzung und Hinnahme eigener Schwächen als Toleranz bezeichnen wolle, und sie sei »ohne Pathos, ohne Programme und Parolen«. Diese geistige Ernüchterung mache sie »frei zu einer für die Jugend ungewöhnlichen Lebenstüchtigkeit«.

Schelsky führte die Orientierungs- und Perspektivlosigkeit der neuen Generation direkt auf die Entwicklung der industriell-bürokratischen Gesellschaft zurück. Während die vorwiegend auf einer statischen Klassen- und Schichtenstruktur beruhende bürgerlich-proletarische Gesellschaft in ihrem sozialen Bewusstsein an dem

Bestand und den Daseinsgrundlagen einer hochbürgerlichen Wohlstandsschicht ausgerichtet war, leitete sich die Gesetzlichkeit der sozialen Vorgänge in der neuen industriell-bürokratischen Gesellschaft nach Auffassung von Schelsky aus der »totalen Dynamik eines mit Schichtbegriffen nicht mehr zu erfassenden sozialen Nivellements mit vorwiegend kleinbürgerlich-mittelständischen Verhaltensmustern und Leitbildern« ab. Das bedeute nicht »Vermassung«, wohl aber die Aufhebung einer im soziologischen Sinne prägnanten Klassen- und Schichtenstruktur.

Nüchtern konstatierte Schelsky die Tatsache, dass die beschleunigte Industrialisierung und fortschreitende Verstädterung sowie die politischen und wirtschaftlichen Katastrophen in der ersten Hälfte des 20. Jahrhunderts zahllose Menschen entwurzelt, mobilisiert, individualisiert, desorientiert und gegenüber ihren Mitmenschen isoliert hätten. In diesen disparaten gesellschaftlichen Entwicklungsprozessen bildete seiner Meinung nach die deutsche Nachkriegsfamilie einen »ruhenden Pol«, der zwar einerseits stabilisierende Kräfte entfalten konnte, andererseits aber durch die institutionelle Betonung von Tradition und Familiensolidarität zur Entpolitisierung, Enterotisierung und kleinbürgerlichem Rückzugsverhalten beitrug. Die Jugend wiederum schien sich – bei aller inneren Distanz gegenüber der Elterngeneration – harmonisch in dieses Bild einzufügen: Aus bitterer Erfahrung gegen Ideologien gefeit und abgeneigt gegenüber jeglichem politischen Engagement, war ihr Streben allein auf individuellen Erfolg und sozialen Aufstieg gerichtet. Mit diesem pragmatischen Verhalten unterschied sie sich daher auch grundsätzlich von der illusionärromantischen Jugendbewegung vor dem Ersten Weltkrieg bzw. der politisch radikalisierten Jugend der Zwischenkriegszeit.

Scheinbar im Gegensatz zu Schelskys Befund einer leidenschaftslosen Jugend stand der Mitte der fünfziger Jahre beginnende, ideologisch nicht festgelegte Protest einer gegen die materielle Fixierung des saturierten Bürgertums gerichteten neuen Jugendbewegung. Diese »Halbstarken« bezogen Namen und Inspiration von dem Kinofilm *Der Wilde,* der das Leben eines »Motorradrockers« idealisierte und zu Beginn des Jahres 1955 mit großem Erfolg in der Bundesrepublik angelaufen war. Mitte Oktober demolierten in

Hamburg Jazz-Fans die Inneneinrichtung eines Konzertsaals und lieferten sich eine Straßenschlacht mit der Polizei, weil Louis Armstrong ein Konzert wegen »Unpässlichkeit« vorzeitig beendet hatte. Und als Ende desselben Monats ein genuiner Halbstarkenfilm mit dem Titel *Die Saat der Gewalt* in die Kinos kam, fühlte sich die *Frankfurter Allgemeine Zeitung* bereits genötigt, in einem Kommentar vor den »Halbstarken« zu warnen. Das laute Getöse der meist im Rudel auftretenden zornigen jungen Männer mit Schmalzlocken und schwarzen Lederjacken wirkte beunruhigend. Die braven Bürger, an »Ruhe und Ordnung« gewöhnt und im Wirtschaftswunder gerade frisch eingerichtet, waren irritiert.

Dabei kann das Phänomen der Halbstarken als Paradebeispiel für eine falsch eingeschätzte und in ihrer Brisanz überbewertete soziale Bewegung gelten. Ihre im Allgemeinen friedlichen Zusammenkünfte bei Rock-'n'-Roll-Turnieren und Jazz-Konzerten zogen oft unverhältnismäßige Polizeiaktionen und besorgte Podiumsdiskussionen nach sich. Zwar kam es immer wieder zu teils massiven Auseinandersetzungen zwischen randalierenden Halbwüchsigen und der Staatsgewalt, die vernehmliche Kontrapunkte zur Harmonie der heilen Wirtschaftswunderwelt bildeten. Aber diese Konflikte waren weniger ein Protest gegen das politische und wirtschaftliche System der Bundesrepublik als vielmehr Zeichen einer unpolitischen Sattheitsrebellion gegen ein Korsett moralischer Wertvorstellungen und institutioneller Bindungen der westlichen Gesellschaft, das von vielen als allzu starr und bedrückend empfunden wurde.

Das politische Desinteresse und die ideologische Ungebundenheit der Jugend, die in diesen Entwicklungen zum Ausdruck kamen, waren um so bemerkenswerter, als erste Ansätze einer Jugendforschung nach dem Zweiten Weltkrieg noch mit ganz anderen, politisch eher besorgniserregenden Prognosen hervorgetreten waren. Vor allem Sozialwissenschaftler aus den USA hatten die Wirkungen des Nationalsozialismus auf die deutsche Jugend und ihre Einstellung zum demokratischen Neubeginn untersucht und waren zu Ergebnissen gelangt, die wenig Anlass zum Optimismus boten. Gerade unter den Jüngsten hatte sich ein starkes Verhaftetsein in der nationalsozialistischen Ideologie und große Sympathie für eine Politik der starken Hand gezeigt. So hatte etwa eine im November

1945 in Bad Homburg durchgeführte Studie ergeben, dass 80 Prozent der befragten Jugendlichen zwischen 14 und 18 Jahren der Ansicht waren, Deutschland brauche wieder einen starken Führer.

Nach der Gründung der Bundesrepublik erforschten zunehmend auch deutsche Soziologen die soziale Lage und politische Einstellung der nachwachsenden Generation. Die Volkszählung vom 13. September 1950 ergab, dass allein 1,55 Millionen Jugendliche und junge Erwachsene zwischen 14 und 24 Jahren als Heimatvertriebene oder Flüchtlinge aus Ostmitteleuropa bzw. der DDR in der Bundesrepublik ihren Wohnsitz hatten. Sie waren zumeist notdürftig in Behelfsunterkünften untergebracht und besaßen wenig Grund zur Zuversicht. Viele von ihnen lebten in Ein-Eltern-Familien oder wuchsen gänzlich ohne Eltern auf. Die erste 1952 in Darmstadt durchgeführte deutsche Jugendstudie zeigte, dass insgesamt etwa 20 Prozent der Jugendlichen kriegsbedingt ein oder zwei Elternteile verloren hatten. Zwar war die größte wirtschaftliche Not zu Beginn der fünfziger Jahre, verglichen mit der unmittelbaren Nachkriegszeit, schon vorüber. Aber die Ernährungslage war weiterhin angespannt. Eine Untersuchung in Kiel stellte dazu fest, dass sich 1951 immer noch 13 Prozent der Berufsschüler aufgrund von Mangelernährung in einem schlechten körperlichen Zustand befanden. Überdies verhieß die hohe Arbeitslosigkeit keine guten Perspektiven: In Bayern kamen 1950 auf eine Lehrstelle durchschnittlich 13 Bewerber, in anderen Bundesländern sah es nicht besser aus. Die »Berufsnot der Jugend« war daher in den Studien, die während der ersten Hälfte der fünfziger Jahre durchgeführt wurden, ein zentrales Thema. Das Problem erledigte sich allerdings von allein, als der starke Wirtschaftsaufschwung die Berufschancen der Jugendlichen derart verbesserte, dass schon am Ende des Jahrzehnts nicht mehr alle Lehrstellen besetzt werden konnten. In der öffentlichen Diskussion wurde nun sogar die Frage diskutiert, ob sich Lehre und Berufsausbildung überhaupt noch auszahlten, wenn sich auch den unmittelbaren Schulabgängern gute Verdienstmöglichkeiten böten.

Die anfängliche Reaktion der Jüngeren auf das doppelte Problem einer rein materialistischen Orientierung der Wirtschaftswundergesellschaft bei gleichzeitiger Verdrängung der nationalsozialistischen Vergangenheit war allerdings nicht politische Rebellion, sondern –

ganz im Sinne der von Schelsky beschriebenen »skeptischen Generation« – müde Anpassung. Nach Krieg und kaum weniger strapaziöser, entbehrungsreicher Nachkriegszeit sollten Berufsausbildung oder ein schneller Studienabschluss und danach ein gut bezahlter Job dazu verhelfen, so rasch wie möglich die verdienten Früchte des Friedens zu genießen. Die technisch-industrielle Gesellschaft ließ im übrigen kaum eine Wahl. Sie erforderte die strikte Einpassung ihrer Mitglieder in ein kompliziertes Räderwerk undurchschaubarer, anonymer Systemzusammenhänge. Wer die Einordnung in ein weitgehend fremdbestimmtes, organisiertes, verwaltetes Leben verweigerte, verlor Beruf, Amt und sozialen Status – oder stieg erst gar nicht auf. Soziale Mobilität und Dynamik hatten ihren Preis: Die moderne Gesellschaft verlangte lebenslange Dienstbarkeit, ohne allerdings über die Mechanismen der sozialen Kontrolle ständischer Ordnungen oder die existenziellen Zwänge von Hungergesellschaften zu verfügen. Als das tägliche physische Überleben im Wirtschaftswunder Mitte der fünfziger Jahre garantiert war, schlug die »Anpassungsrebellion« der skeptischen Nachkriegsgeneration daher bald in den unpolitischen »Wohlstandsprotest« der Halbstarken-Generation um. Beide aber waren Vorläufer der politischen Bewegung, die nach 1968 nicht nur zu einem politischen Machtwechsel in Bonn, sondern auch zu einer weitgehenden Erneuerung der gesellschaftlichen Strukturen in der Bundesrepublik führen sollte.

7. Westintegration und Wiederbewaffnung

Der Ost-West-Konflikt, der in der zweiten Hälfte der vierziger Jahre begann, bestimmte auch den Handlungsspielraum der beiden deutschen Teilstaaten, die 1949 vor seinem Hintergrund entstanden. So war die Spaltung Deutschlands für Konrad Adenauer – damals noch Vorsitzender der CDU in der britischen Zone – schon im Frühjahr 1948 nicht länger eine drohende Gefahr, sondern eine feststehende Tatsache. Sie sei vom Osten her vollzogen und müsse durch den Wiederaufbau der deutschen Einheit vom Westen her beseitigt werden, erklärte er in der *Kölnischen Rundschau* am 3. April 1948. Dazu war es seiner Ansicht nach notwendig, den westlichen Teil Deutschlands in die euro-atlantische Staatengemeinschaft einzugliedern, um aus einer Position der Stärke heraus eine Wiedervereinigung anstreben zu können, die ohne gesicherte Westbindung nur um den Preis der Sowjetisierung ganz Deutschlands zu erreichen war.

Der erste Schritt der neuen Bundesrepublik in die Westintegration war der Beitritt zur OEEC am 31. Oktober 1949. Diese Organisation, die am 16. April 1948 in Paris gegründet worden war, hatte die Aufgabe, die Marshall-Plan-Gelder zu verteilen, das gemeinsame Wiederaufbauprogramm zu koordinieren und den Waren- und Zahlungsverkehr zwischen den Mitgliedstaaten zu liberalisieren. Ein deutsch-amerikanisches Abkommen über wirtschaftliche Zusammenarbeit vom 15. Dezember 1949, bei dem es sich um den ersten völkerrechtlichen Vertrag der Bundesrepublik überhaupt handelte, schuf zusätzlich die Voraussetzungen, mit Mitteln des Marshall-Plans ein so genanntes »ERP-Sondervermögen« des Bundes zu bilden, aus dem Kredite für Investitionen vergeben werden konnten.

Dieser hoffnungsvolle außenpolitische Auftakt blieb allerdings nicht lange ungetrübt. Noch während der Kabinettsbildung erhielt die neue deutsche Regierung einen Vorgeschmack ihres begrenzten Handlungsspielraums, als nach einer drastischen Abwertung des britischen Pfundes um 30,5 Prozent auch die Deutsche Mark um 20,6 Prozent abgewertet werden musste, um deutsche Produkte auf den Exportmärkten konkurrenzfähig zu halten. Weitaus spannungsreicher und folgenschwerer waren jedoch die Auseinandersetzungen über die Frage der Demontagen und die Entsendung deutscher Vertreter in die so genannte »Ruhrbehörde«, die vom Herbst 1949 bis zum Frühjahr 1950 die deutsch-alliierten Beziehungen belasteten.

Die interalliierte Ruhrbehörde war ein Instrument zur Steuerung der Wirtschaft an der Ruhr, wo etwa 40 Prozent der westdeutschen Industriegüter produziert wurden. Die drei Westmächte und die Benelux-Staaten hatten die Errichtung der Behörde am 29. Dezember 1948 beschlossen. Das »Ruhrstatut« war wenige Wochen vor dem Grundgesetz am 28. April 1949 unterzeichnet worden. Produktion und Verteilung der Kohlen-, Koks- und Stahlerzeugung an der Ruhr wurden damit internationaler Aufsicht unterstellt. In der Kontrollbehörde besaßen die sechs westlichen Signatarmächte insgesamt zwölf Stimmen, die deutsche Seite dagegen nur drei, so dass sie jederzeit überstimmt werden konnte. Ganze Schlüsselbereiche der deutschen Wirtschaft drohten damit auf Dauer alliierter Steuerung unterworfen zu werden. Schon im Juni 1948, als erste Pläne zur Ruhrkontrolle bekannt geworden waren, hatte es in Deutschland einen Sturm der Entrüstung gegeben. Auch Adenauer meinte, dagegen sei der Versailler Vertrag nur »ein Apfelgarten« gewesen.

Im Herbst 1949 dauerte der Konflikt immer noch an. Die Bundesregierung lehnte die Entsendung deutscher Vertreter ab. Hinzu kamen massive Proteste gegen die Demontagepolitik der Alliierten. Vor allem an den Orten, wo größere Betriebe zur Demontage anstanden, drohte offener Aufruhr. Zwar waren von den ursprünglich 1546 Betrieben, die entsprechend dem Industrieplan vom Frühjahr 1946 abgebaut werden sollten, im letzten Entwurf vom April 1949 nur noch 744 übrig geblieben, darunter vor allem Hüttenwerke, Kugellagerfabriken, Flugzeugwerke, Anlagen der elektronischen und chemischen Industrie sowie Werften. Doch bei den betroffenen Arbeitern stießen auch die reduzierten Demontageabsichten auf wenig Verständnis. Warum, so fragten sie, wurde überhaupt noch demontiert, wenn die Alliierten gleichzeitig den Neuaufbau der deutschen Wirtschaft betrieben? Der Widerspruch war nicht zu übersehen. Auch die Regierung und der Kongress in Washington forderten deshalb im Herbst 1949 ein baldiges Ende der Demontagen, während Frankreich und Großbritannien auf der Erfüllung der ursprünglichen Vereinbarungen bestanden.

Auf einer Außenministerkonferenz der drei Westmächte am 9. und 10. November 1949 in Paris kam das Thema zur Sprache. Die USA setzten sich dabei mit ihrer Forderung durch, nur noch die verbliebenen Rüstungswerke abzubauen. Im Gegenzug müsse die Bundesrepublik aber ihren Widerstand gegen die Entsendung deutscher Vertreter in die Ruhrbehörde aufgeben – ein Kompromiss, dem Bundeskanzler Adenauer und Wirtschaftsminister Erhard glaubten zustimmen zu können. Der SPD-Vorsitzende Kurt Schumacher plädierte dagegen, anders als zahlreiche seiner Parteifreunde, weiterhin für einen harten Konfrontationskurs und warf Adenauer vor, die »Geschäftspolitik des Großbesitzes« zu betreiben, um »durch servile Nachgiebigkeit in internationale Geschäfte zu kommen«. Der außenpolitische Konsens, der bis dahin zwischen Regierung und Opposition bestanden hatte, ging damit verloren. Die in ihrer großen Mehrheit pro-westlichen Sozialdemokraten sahen sich zunehmend in eine anti-westliche Position gedrängt.

Als der amerikanische Außenminister Dean Acheson im Anschluss an die Pariser Konferenz nach Bonn kam, um sich hier mit der neuen politischen Landschaft vertraut zu machen, verlief seine Begegnung mit Schumacher derart stürmisch, dass die Beziehungen zwischen der SPD und der amerikanischen Regierung nachhaltigen Schaden erlitten. Schumacher präsentierte sich als verbissener Ideologe und linker Nationalist, der auch persönlich einen unangenehmen Eindruck hinterließ. Adenauer dagegen bot seinen ganzen Charme auf, um den ersten Spitzenpolitiker der Siegermächte, der die neue Regierung in Bonn besuchte, für sich zu gewinnen. Nüchtern und pragmatisch erläuterte er die Grundzüge seiner Politik, bei der er geschickt die Westintegration Deutschlands und die Beendigung der deutsch-französischen »Erbfeindschaft« in den Vordergrund rückte – Ziele, die auch die USA in ihrer Europapolitik verfolgten. Als Acheson Bonn verließ, hatte Adenauer in ihm einen wichtigen persönlichen Verbündeten gewonnen, der von nun an viel zur Versachlichung der deutsch-alliierten Beziehungen beitrug.

Bei den Verhandlungen, die nach dem Besuch Achesons zwischen den Hohen Kommissaren und Adenauer auf dem Petersberg begannen, ging es nicht nur um Demontagen und Ruhrbehörde, sondern auch um eine generelle Neuordnung des Verhältnisses zwischen der Bundesrepublik und den Westmächten. Das Petersberger Abkommen vom 22. November 1949 sah vor, »die Bundesrepublik als friedliebendes Mitglied in die europäische Gemeinschaft einzugliedern«. Sie sollte »allen in Frage kommenden internationalen Körperschaften und Organisationen beitreten« und damit aktiv an der Integration Europas mitwirken.

Das kurzfristig wichtigste Ergebnis der Petersberger Gespräche war jedoch ein Grundsatzbeschluss über das Ende der Demontagen. Zwar ging der Abbau von Industrieanlagen noch bis Mitte 1951 weiter. Aber wichtige Werke wurden gerettet und die Restriktionen für den deutschen Schiffbau gelockert. Am Ende beliefen sich die Verluste durch westliche Demontagen nach Schätzungen der Interalliierten Reparationskommission in Brüssel zwar auf etwa zwei Milliarden DM. Ihnen standen aber bereits 1949 Investitionen von rund 16 Milliarden gegenüber. 1950 erhöhte sich diese Summe auf 20 Milliarden und 1951 sogar auf 29 Milliarden DM. Der Wiederaufbau wurde also durch die noch vorgenommenen Demontagen nicht wesentlich beeinträchtigt. Der Ersatz veralteter Anlagen durch moderne Maschinen kam sogar der deutschen Wettbewerbsfähigkeit zugute. Adenauer konnte deshalb nach den Verhandlungen auf dem Petersberg vor dem Bundestag befriedigt feststellen, die deutsche Seite habe sich in der Demontagefrage zu 90 Prozent durchgesetzt. Aus Sicht der Bundesregierung gab es nun keinen Grund mehr, die Entsendung deutscher Vertreter in die Internationale Ruhrbehörde zu verweigern.

Schumacher indessen interpretierte die Ergebnisse als »Sieg französischer Hegemonialpolitik«. Er meinte, dass Adenauer unnötig weit nachgegeben habe, und betitelte ihn während der Bundestagsdebatte über das Petersberger Abkommen in einer denkwürdigen Nachtsitzung am 24./25. November 1949 in einem Zwischenruf als

»Bundeskanzler der Alliierten«. Doch der SPD-Vorsitzende stand mit dieser Auffassung weitgehend allein. Selbst Arbeiter und Gewerkschaften teilten seine Position nicht. Für sie war nicht die Teilnahme an der Ruhrbehörde, sondern das Ende der Demontagen entscheidend. So trafen während der Nachtsitzung des Bundestages, bei der die Emotionen hochgingen, immer wieder Danktelegramme von Belegschaften ein, deren Unternehmen von der Demontageliste gestrichen waren. Sogar in einer offiziellen Depesche des Deutschen Gewerkschaftsbundes wurde das von Adenauer erzielte Verhandlungsergebnis begrüßt.

Die Zustimmung fiel den Gewerkschaften um so leichter, als es seit der Währungsreform wirtschaftlich stetig bergauf ging. Zwar kam es im Winter 1949/50 nochmals zu einem konjunkturellen Einbruch. Die Arbeitslosigkeit stieg von 8,8 Prozent im September 1949 auf über 13,5 Prozent im Februar 1950. Aber mit dem großen Boom, der nach Beginn des Korea-Krieges im Juni 1950 die ganze westliche Welt erfasste, gelang es auch der deutschen Wirtschaft, aus der Stagnation herauszukommen. Im Gegensatz zu den schrumpfenden Märkten nach dem New Yorker Börsenkrach 1929, der einen verheerenden Nationalegoismus freigesetzt und die internationale Konjunktur abgewürgt hatte, öffneten die expandierenden Märkte der fünfziger Jahre das Tor für eine Ära der Prosperität und marktwirtschaftlichen Zusammenarbeit, von der besonders die Bundesrepublik profitierte.

Allerdings wäre dieser wirtschaftliche Aufschwung kaum gelungen, wenn Adenauer die junge Bundesrepublik nicht konsequent an die Seite der Westmächte geführt hätte. Vor allem der Ausgleich mit Frankreich war dabei von Bedeutung. Er gestaltete sich indessen als besonders schwierig, weil die Spannungen, die sich seit den napoleonischen Kriegen zu Beginn des 19. Jahrhunderts und der Reichsgründung 1870/71 zwischen Deutschen und Franzosen entwickelt hatten und durch das Trauma der deutschen Besatzung von 1940 bis 1944 noch geschürt worden waren, eine schwere Bürde darstellten. Ein spezielles Hindernis bildete die Saar-Frage, in der ein Kompromiss lange unmöglich schien.

Seit 1947 war das Saarland, in dem eine Million Deutsche, aber kaum Franzosen lebten, mit Frankreich in einer Wirtschafts- und

Währungsunion verbunden. Der französische Franc war gesetzliches Zahlungsmittel. Mit den so genannten »Saar-Konventionen«, die am 3. März 1950 vom französischen Außenminister Robert Schuman und dem saarländischen Ministerpräsidenten Johannes Hoffmann im Uhrensaal des Quai d'Orsay unterzeichnet wurden, übernahm Paris nicht nur die gesamte wirtschaftliche Kontrolle, sondern auch den militärischen Schutz und die diplomatische Vertretung. Die Saar, die als »autonomes Gebiet« seit 1949 dem Europarat angehörte, wurde praktisch zum französischen Protektorat.

Wie nicht anders zu erwarten, reagierte die Öffentlichkeit der Bundesrepublik empört. Auch Adenauer erklärte zunächst, Frankreich habe mit den Saar-Konventionen, die er in zahlreichen internen Gesprächen mit französischen Vertretern bis zuletzt zu verhindern gesucht hatte, eine »Entscheidung gegen Europa« getroffen. Aber der Bundeskanzler beließ es nicht bei der Ablehnung. Zur Verblüffung der Regierung in Paris, die mit schroffem Widerstand gerechnet hatte, schlug er in einem Interview mit dem amerikanischen Journalisten Joseph Kingsbury-Smith am 8. März 1950 »eine vollständige Union zwischen Deutschland und Frankreich mit einem einzigen Parlament« vor, wobei ein Beitritt Großbritanniens und der Benelux-Staaten nicht ausgeschlossen sein sollte. Die deutsch-französische Union könne damit zum »Grundstein der Vereinigten Staaten von Europa« werden und auf diese Weise auch zur Lösung der Saar-Frage beitragen. Unter Bezugnahme auf den Deutschen Zollverein von 1834 regte Adenauer zudem wenig später die Bildung eines »deutsch-französischen Wirtschaftsparlaments« an und forderte Anfang April sogar die Errichtung eines »Europäischen Parlaments«. Ausgangspunkt einer solchen Integration Europas, so betonte er immer wieder, solle eine »organische Verflechtung« im wirtschaftlichen Bereich sein, die von der Vision einer gemeinsamen europäischen Zukunft getragen werden sollte.

Der Beitritt der Bundesrepublik zum Europarat, den Adenauer gegen erhebliche Widerstände, auch aus der eigenen Partei, am 9. Mai 1950 im Kabinett durchsetzte und anschließend im Bundestag vertrat, war für den Bundeskanzler ein wichtiger Schritt in diese Richtung – und zugleich ein weiterer Baustein der von ihm angestrebten europäischen Architektur. Dazu passte es, dass die Regierung in Paris am selben Tag auf Initiative Außenminister Schumans einen Plan zur gemeinsamen Kontrolle der Montanindustrie in Westeuropa verabschiedete. Er basierte auf einem Vorschlag des Bankiers und Regierungsberaters Jean Monnet, der angeregt hatte, »die Gesamtheit der französisch-deutschen Stahl- und Kohleproduktion unter eine internationale Behörde zu stellen, die für die Beteiligung anderer Länder Europas offen ist«. Europa solle auf föderalistischer Grundlage neu organisiert werden – mit dem Ausgangspunkt einer französisch-deutschen Union. Durch die sofortige Beseitigung der Zollbarrieren sollte zudem für die Produkte ein gemeinsamer Markt geschaffen werden – nicht im Sinne eines Kartells, sondern durch Verschmelzung der Märkte und die Ausweitung der Produktion.

Es war genau die Art von Initiative, zu der Adenauer seit Monaten gedrängt hatte, ohne sich mit Details zu beschäftigen. Die Nachricht, dass der »Schuman-Plan« vom französischen Kabinett gebilligt worden war, traf in Bonn ein, als die Bundesregierung gerade über den deutschen Beitritt zum Europarat beriet. Dramatischer hätte man sich den Auftakt der europäischen Einigung und der deutsch-französischen Verständigung kaum vorstellen können. Als der zwischen Frankreich, Italien, der Bundesrepublik und den Benelux-Staaten geschlossene Vertrag über die Europäische Gemeinschaft für Kohle und Stahl (EGKS) zur gemeinsamen Kontrolle der Kohle- und Stahlindustrie am 24./25. Juli 1952 schließlich in Kraft trat, endeten das Ruhrstatut, die Ruhrbehörde sowie die alliierten Kontrollen und Beschränkungen im Montanbereich. Der Weg nach Europa, der für die Bundesrepublik zugleich ein Stück Gleichberechtigung und Souveränität bedeutete, hatte begonnen.

Eine wichtige Rolle bei der Durchsetzung dieser Politik spielte der Korea-Krieg, der am 25. Juni 1950 begann, als Streitkräfte des kommunistischen Nordkorea den 36. Breitengrad überschritten und ihren Angriff auf das von amerikanischen Truppen eben erst geräumte Südkorea eröffneten. Der Ost-West-Konflikt erreichte damit nach der Berliner Blockade 1948/49 einen zweiten Höhepunkt. Der Überfall war für den Westen der geradezu klassische Beweis für die Aggressivität des internationalen Kommunismus und für dessen Absicht, überall dort expansiv vorzugehen, wo westliche

Schwäche dies zuließ. Korea war deshalb kein beliebiger regionaler Konflikt weitab in einem entfernten Winkel der Welt, sondern eine Auseinandersetzung von exemplarischer Bedeutung. Der Westen insgesamt fühlte sich herausgefordert. Von der sowjetischen Expansion im Gefolge des Zweiten Weltkrieges in Osteuropa über die kommunistische Revolution in China 1949 bis zum Korea-Krieg wurde eine direkte Linie gezogen.

Angesichts der konkreten Gefahr, die nun auch in Europa zu bestehen schien, traten politische Bedenken der Westmächte, eine Wiederbewaffnung Deutschlands zu erwägen, um die Verteidigung Westeuropas effektiver als bisher zu organisieren, sogleich in den Hintergrund. Militärische Gründe hatten schon vorher für einen deutschen Wehrbeitrag gesprochen, denn die westlichen Streitkräfte waren der sowjetischen Armee hoffnungslos unterlegen; die am 1. April 1949 gegründete NATO stand bisher praktisch nur auf dem Papier. Die Vereinigten Stabschefs der USA hatten deshalb am 2. Mai 1950 in einer Stellungnahme zur Deutschlandpolitik nochmals darauf gedrängt, »bei den westeuropäischen Staaten, vor allem Frankreich, die Einsicht in die Notwendigkeit herbeizuführen, die gegenwärtige Abrüstungs- und Entmilitarisierungspolitik im Hinblick auf Westdeutschland zu ändern, so dass Westdeutschland wirkungsvoll zur Sicherheit Westeuropas beitragen kann«. Aber politisch war eine deutsche Wiederbewaffnung bis zum Beginn des Korea-Krieges nicht durchsetzbar gewesen. Selbst in den USA, wo man die Angelegenheit eher nüchtern und unvoreingenommen betrachtete, war man in dieser Frage zurückhaltend. Allein die Rücksichtnahme auf Frankreich, das gerade erst mit dem Schuman-Plan einen, wie man in Paris meinte, ausreichenden Beweis für seine Kompromissbereitschaft erbracht hatte, zwang zur Vorsicht. Kaum mehr als fünf Jahre nach der Befreiung von den Truppen der Wehrmacht war die Aufstellung einer neuen deutschen Armee hier einfach noch nicht wieder vorstellbar. Das Gleiche galt für die anderen europäischen Staaten, die während des Zweiten Weltkrieges von den Deutschen besetzt gewesen waren.

Der Ausbruch des Korea-Krieges am 25. Juni 1950 änderte diese Konstellation grundlegend. So forderte US-Außenminister Acheson in einem Bericht an den Nationalen Sicherheitsrat vom 3. Juli,

»Deutschland so schnell wie möglich in eine enge und feste Verbindung mit dem Westen zu bringen und Verhältnisse zu schaffen, unter denen das Potenzial Westdeutschlands endgültig dem Potenzial des Westens hinzugefügt werden kann«. Auf einer für September 1950 nach New York einberufenen Außenministerkonferenz der drei Westmächte sollte das Thema erneut zur Sprache kommen. Bundeskanzler Adenauer wurde deshalb am 24. August vom amerikanischen Hohen Kommissar John J. McCloy um eine Zusammenfassung seiner Auffassungen zur Frage eines deutschen Wehrbeitrages gebeten, damit sie bei der Sitzung in New York offiziell unterbreitet werden konnten. In größter Eile ließ Adenauer deshalb zwei Memoranden anfertigen, die in den frühen Morgenstunden des 30. August per Sonderkurier zum Flugzeug McCloys gebracht wurden, der eben im Begriff war, in die USA zu starten. Die Bereitschaft der Bundesrepublik, »im Fall der Bildung einer internationalen westeuropäischen Armee einen Beitrag in Form eines deutschen Kontingents zu leisten«, wurde darin mit der Forderung verknüpft, als Gegenleistung von den Alliierten die Revision des Besatzungsstatuts und die Aufhebung des Kriegszustandes sowie Gleichberechtigung und Souveränität zu erhalten. Wenn »der deutsche Mensch Opfer jeder Art bringen« solle, so Adenauer, dann müsse »ihm wie allen anderen westeuropäischen Völkern der Weg zur Freiheit offen sein«.

Damit waren die Grundpositionen abgesteckt. Die Tatsache, dass Adenauer keine Zeit mehr fand (oder sie sich nicht nahm), die beiden Memoranden ungeachtet ihrer weitreichenden Bedeutung mit dem Segen eines Kabinettsbeschlusses versehen zu lassen, löste jedoch Irritationen aus. Als die Minister am 31. August vor vollendete Tatsachen gestellt wurden, stimmten sie zwar mit Ausnahme von Innenminister Gustav Heinemann nachträglich zu. Aber der Eklat über die Vorstellung, Adenauer habe durch einen einsamen Entschluss das Angebot deutscher Soldaten unterbreitet, war nicht mehr zu vermeiden. Heinemann schied deshalb aus der Regierung aus, verließ wenig später auch die CDU und avancierte bald zu einem der Wortführer gegen die Wiederbewaffnung.

Am 12. September wurden die deutschen Vorstellungen von den westlichen Außenministern in New York diskutiert. Nicht nur aus amerikanischer, sondern auch aus britischer Sicht erschien ein deutscher Wehrbeitrag unvermeidlich. Doch der französische Außenminister Schuman lehnte kategorisch ab. Auf einer Konferenz der Verteidigungsminister der NATO, die für den 28. Oktober vorgesehen war, sollte deshalb weiter darüber beraten werden. Das Thema war also nur vertagt, wie nicht zuletzt die Franzosen erkennen mussten. Ihnen blieben damit nur sechs Wochen, um mit einem eigenen Vorschlag aufzuwarten, wie die gemeinsame Verteidigung Westeuropas neu organisiert werden konnte.

Die Alternativen waren nicht sehr zahlreich: eine eigenständige deutsche Armee im Rahmen der NATO oder deutsche Streitkräfte im Rahmen einer Europa-Armee. In den USA favorisierten die mit der Verteidigungsplanung befassten militärischen Dienststellen einhellig einen deutschen Beitritt zur NATO. Im Außenministerium hielt man dagegen einen europäischen Weg für politisch sinnvoller. Hier war es vor allem der Direktor des Büros für deutsche Angelegenheiten im State Department, Henry A. Byroade, der im Dialog mit McCloy die Konzeption einer »European Defense Force« entwickelte. In Frankreich dachte der geistige Vater des »Schuman-Plans«, Jean Monnet, der ständig von McCloy über die amerikanischen Überlegungen auf dem Laufenden gehalten wurde, in ähnlicher Richtung: Eine geeinte europäische Armee, gebildet aus Soldaten der verschiedenen europäischen Nationen, sollte »als eine vollständige Vereinigung von Menschen und Material unter einer geeinten politischen und militärischen europäischen Autorität realisiert werden«.

Am 16. Oktober übergab Monnet das Konzept einer Regierungserklärung für eine Europa-Armee an Ministerpräsident René Pleven. Am 21. Oktober wurde darüber noch einmal eingehend und kontrovers im Kabinett beraten, ehe Pleven die bis zuletzt immer wieder leicht abgeänderte Erklärung am 24. Oktober vor der Nationalversammlung verlas. Eine entscheidende Änderung, die auf dem Weg durch den französischen Ministerrat vorgenommen wurde, betraf die zusätzlich eingefügte Feststellung, die Integration der von den Einzelstaaten gestellten Kontingente solle »auf der Basis der kleinstmöglichen Einheit« erfolgen. Da die französische Regierung bald erkennen ließ, dass diese kleinstmögliche Einheit im deutschen Falle das Bataillon sein müsse, bedeutete die Formulierung aus Bonner Sicht eine entscheidende, nicht hinnehmbare Abwertung des Integrationsgedankens: Was Paris als »Europa-Armee« zu verkaufen suche, sei nicht mehr als das Konzept einer »europäisch drapierten Fremdenlegion«. Die Reaktion auf den »Pleven-Plan«, wie der französische Vorschlag künftig meist genannt wurde, war dementsprechend negativ. Zwar stimmte die französische Nationalversammlung dem Plan am 26. Oktober mit der für die Verhältnisse der instabilen IV. Republik erstaunlichen Mehrheit von 349 gegen 235 Stimmen zu. Aber außerhalb Frankreichs gab es fast nur Kritik und Ablehnung. Dem amerikanischen Außenminister Acheson erschienen die Vorschläge »hoffnungslos« – eine Einschätzung, die Verteidigungsminister Marshall und Präsident Truman teilten.

Dennoch führten die komplizierten Verhandlungen über eine »Europäische Verteidigungsgemeinschaft« (EVG), die im Herbst 1950 begannen, schließlich zu einem Kompromiss, bei dem Frankreich seine prinzipiellen Einwände gegen deutsche Streitkräfte fallen ließ und Deutschland die französischen Bedingungen für die Modalitäten eines deutschen Wehrbeitrages akzeptierte. Die Unterzeichnung des Vertrages über die Gründung der Europäischen Gemeinschaft für Kohle und Stahl (EGKS) am 18. April 1951, die eine stillschweigende französische Vorbedingung für die deutsche Wiederbewaffnung darstellte, war dabei besonders hilfreich. Das Tauziehen um die Europa-Armee zog sich jedoch noch bis zum Frühjahr 1952 hin.

Mitten in die Schlussphase der Verhandlungen platzte am 10. März 1952 das Angebot Stalins, »unverzüglich die Frage eines Friedensvertrages mit Deutschland zu erwägen« und diesen »unter unmittelbarer Beteiligung Deutschlands, vertreten durch eine gesamtdeutsche Regierung«, auszuarbeiten. Ohne genaue Kenntnis der Hintergründe und Motive sahen Adenauer und die Westmächte in der sowjetischen Erklärung zwar nur den Versuch, die Unterzeichnung der Westverträge hinauszuzögern, da schon die Terminierung des Vorschlages diesen Schluss nahe legte. Doch die öffentliche Meinung über die »Stalin-Note« war vor allem in der Bundesrepublik tief gespalten: Die Risiken, die sich mit dem Wehrbeitrag für die Einheit Deutschlands verbanden, erschienen vielen

größer als die Furcht vor einem – letztlich doch für unwahrschein-
lich gehaltenen – sowjetischen Einmarsch. Gleichwohl ließen sich
die Bundesregierung und die Westmächte nicht davon abbringen,
die Verhandlungen über die Verträge zu Ende zu führen. Sie gaben
dem öffentlichen Druck nur insoweit nach, als sie in einem Noten-
wechsel mit der Sowjetunion die Absichten Moskaus auszuloten
suchten. Die Unterzeichnung des Deutschlandvertrages (General-
vertrages) am 26. Mai 1952 in Bonn und des EVG-Vertrages am
27. Mai 1952 in Paris blieb davon aber unberührt.

Der Bundestag billigte die Verträge nach einjährigem Ringen, bei
dem sowohl die Opposition als auch die Regierung das Bundesverfassungsgericht angerufen hatten, um feststellen zu lassen, ob ein
deutscher Wehrbeitrag mit dem Grundgesetz vereinbar sei, am
19. März 1953 mit überzeugender Mehrheit. Im Bundesrat wurde
das Vertragswerk am 25. Mai 1953 mit 23 gegen 15 Stimmen verabschiedet. Die Ratifizierung durch den amerikanischen Kongress
und das britische Unterhaus war schon vorher erfolgt. Die anderen
Länder mit Ausnahme Frankreichs folgten rasch nach. Die französische Nationalversammlung jedoch – ohnehin durch die drohende
Niederlage in Indochina und die Saar-Frage belastet und durch häu-
fige Regierungswechsel in ihrer Arbeit behindert – konnte sich
nicht entscheiden. Die Befürworter eines europäischen Kurses gerieten immer stärker in die Defensive. Ein Indiz dafür war bereits
Anfang 1953 der Rücktritt Robert Schumans vom Amt des Außen-
ministers, das er seit 1948 innegehabt hatte.

Schließlich trug auch noch das überraschende Ableben Josef W.
Stalins in der Nacht vom 4. zum 5. März 1953 dazu bei, den Ratifi-
zierungsprozess zu verzögern. An ihm war für viele im Westen
etwas Unberechenbares, geradezu Dämonisches gewesen. Der
Kalte Krieg hatte durch ihn ein Gesicht erhalten. Sein plötzlicher
Tod durch einen Schlaganfall warf deshalb die Frage auf, ob mit seinen Nachfolgern eine Beendigung des Ost-West-Konflikts möglich
sein könne. Insbesondere der britische Premierminister Winston
Churchill meinte, dass man durch ein persönliches Zusammentreffen mit der neuen sowjetischen Führung herausfinden müsse, welche Chancen für eine Entspannung sich jetzt böten. Bereits am
11. März versuchte er in diesem Sinne den neuen amerikanischen

Präsidenten Dwight D. Eisenhower, der im Januar 1953 Harry S. Truman im Weißen Haus abgelöst hatte, von der Dringlichkeit einer baldigen Gipfelkonferenz zu überzeugen. Am 11. Mai erklärte er in einer Rede vor dem Unterhaus, das »ungeheure Problem, die Sicherheit Russlands mit der Freiheit und Sicherheit Westeuropas in Einklang zu bringen«, sei »nicht unlösbar«. Als mögliches Vorbild könne der Locarno-Vertrag von 1925 dienen, der Großbritannien eine Schiedsrichterrolle zugewiesen und damit Frankreich vor Deutschland und Deutschland vor Frankreich geschützt habe. Jetzt gehe es darum, die Sicherheitsinteressen Deutschlands und der Sowjetunion auszubalancieren.

Auch Eisenhower bot der Sowjetunion an, die Beziehungen zwischen Ost und West auf eine neue Grundlage zu stellen. In einer gefühlsbetonten Ansprache vor dem Verband amerikanischer Zeitungsverleger am 16. April 1953 plädierte er dafür, gegenseitiges Vertrauen zu schaffen, gemeinsam für den Frieden zu wirken und die strittigen Probleme zwischen den Blöcken auf kampflosem Wege zu lösen. Ob es zu Gesprächen komme, hänge jedoch von »konkreten Beweisen« für die Ernsthaftigkeit der sowjetischen Friedensabsichten ab. Taten, nicht Worte, seien entscheidend. Churchills Aufforderung zu einem sofortigen Gipfeltreffen lehnte der amerikanische Präsident indessen ab: Er wolle Moskau keine Gelegenheit zu einer »Propagandaschau« geben. Der neue Außenminister John Foster Dulles erklärte darüber hinaus gegenüber dem Leiter der britischen UNO-Delegation in New York, Sir Gladwyn Jebb, es müsse alles vermieden werden, was die Ratifizierung des Vertrages über die EVG verzögern könne.

Dulles war im Übrigen skeptisch, ob sich eine Entspannung mit der Sowjetunion überhaupt verwirklichen lasse, und sah seine Bedenken durch den 17. Juni 1953 in der DDR bestätigt: Welche Bedeutung konnte man der Zäsur des 5. März noch beimessen, wenn bereits drei Monate später die Forderung der ostdeutschen Bevölkerung nach Selbstbestimmung mit dem Einsatz von Panzern und Soldaten beantwortet wurde? Dulles wusste sich dabei mit Bundeskanzler Adenauer einig, der ebenfalls vor übereilten Entspannungsschritten warnte. Besonders eine Fortsetzung der Gipfeldiplomatie, wie sie auf den Kriegskonferenzen der »Großen Drei« in Teheran,

Jalta und Potsdam praktiziert worden war, wurde von Adenauer strikt abgelehnt. Sein Misstrauen in die Fähigkeiten der westlichen Regierungschefs, gegenüber der sowjetischen Führung in direkten Verhandlungen zu bestehen, mischten sich dabei mit einem historischen »Potsdam-Komplex« – der Furcht vor Verhandlungen der Großmächte über Deutschland ohne deutsche Beteiligung.

Am 15. Juli 1953 erging deshalb lediglich eine Einladung der drei Westmächte zu einem Außenministertreffen mit der Sowjetunion, das vom 25. Januar bis 18. Februar 1954 in Berlin stattfand. Der britische Außenminister Anthony Eden präsentierte hier seinen Plan, freie Wahlen in ganz Deutschland abzuhalten, aus denen – in logischer Abfolge – die Nationalversammlung, die Verfassung und schließlich eine gesamtdeutsche Regierung hervorgehen sollten. Sein sowjetischer Amtskollege Molotow brachte einen Gegenvorschlag ein, der die Grundgedanken Edens aufgriff, aber die Reihenfolge der Schritte änderte, um über die Zusammensetzung der Regierung auch weiterhin die Kontrolle über Deutschland auszuüben. Die Verwirklichung des »Eden-Plans« hätte vermutlich zu einem westlich orientierten Gesamtdeutschland geführt, der Vorschlag Molotows mit großer Wahrscheinlichkeit zu einer Ausdehnung des sowjetischen Einflusses bis zum Rhein. Zustimmungsfähig war weder das eine noch das andere. Das Scheitern der Konferenz war damit vorprogrammiert.

Auch der französische Außenminister Georges Bidault fühlte sich dadurch in der Einschätzung bestätigt, dass die sowjetische Führung lediglich aus propagandistischen Gründen von der Wiedervereinigung Deutschlands spreche, in Wirklichkeit aber nur daran interessiert sei, die militärische und politische Kontrolle über Ostdeutschland nicht zu verlieren. Man werde es also auch künftig mit einem geteilten und relativ schwachen Deutschland zu tun haben, so Bidault am 24. Februar 1954 vor dem Außenpolitischen Ausschuss der französischen Nationalversammlung. In einem geteilten Deutschland jedoch sehe er selbst dann keine Gefahr für Frankreich, so Bidault, wenn es – im Rahmen der EVG – wiederbewaffnet sei. Doch es half nichts: Die französische Nationalversammlung lehnte die Ratifizierung des EVG-Vertrages am 30. August 1954 mit 319 zu 264 Stimmen ab. Adenauer sprach von einem

»schwarzen Tag für Europa«, französische Europa-Befürworter gar vom »Verbrechen des 30. August«.

Wiederbewaffnung und Westintegration der Bundesrepublik waren dadurch allerdings nicht mehr aufzuhalten. In der Bonner Ermekeil-Kaserne, wo das 1950 eingerichtete »Amt Blank« mit einer rasch wachsenden Zahl von Beamten und ehemaligen deutschen Offizieren die Vorbereitungen für den deutschen Wehrbeitrag traf, war schon 1953 die Auffassung weit verbreitet, dass das EVG-Projekt zum Scheitern verurteilt sei. Wie selbstverständlich dachte man deshalb parallel an eine Lösung im Rahmen der NATO. Bei der Planung und Aufstellung der deutschen Verbände spielte es ohnehin keine Rolle, in welche Struktur sie letztlich eingegliedert wurden.

In einer anglo-amerikanischen Expertengruppe, die seit dem Frühsommer 1954 im Londoner Außenministerium tagte, ging es auf der Grundlage eines britischen Konzepts vom Dezember 1952 ebenfalls noch vor der französischen Ablehnung der EVG um eine NATO-Lösung für die Bundesrepublik. Der Staatsminister im Foreign Office, Selwyn Lloyd, sprach dazu in einem Schreiben an Premierminister Churchill bereits am 22. Juni 1953 unmissverständlich aus, was öffentlich zu diesem Zeitpunkt noch niemand zu sagen wagte: »Deutschland ist der Schlüssel zum Frieden in Europa. Ein geteiltes Europa bedeutet ein geteiltes Deutschland. Deutschland wiederzuvereinigen, solange Europa geteilt ist, ist – selbst wenn dies machbar wäre – gefahrvoll für uns alle. Deshalb fühlen alle – Dr. Adenauer, die Russen, die Amerikaner, die Franzosen und wir selbst – im Grunde ihres Herzens, dass ein geteiltes Deutschland zur Zeit die sicherste Lösung ist.«

Der Gedanke einer europäischen Integration, der bei dem supranationalen EVG-Projekt im Mittelpunkt stand, spielte dagegen in den britischen Überlegungen keine Rolle. Durch die französische Ablehnung einer Europa-Armee sahen sich die Briten nicht nur in ihrer Haltung bestätigt, sondern auch zum Handeln gedrängt. So informierte der britische Hohe Kommissar Sir Frederick Hoyer Millar am 2. September 1954 den Bundeskanzler in dessen Urlaubsquartier auf der Bühler Höhe über die Londoner Pläne. Außenminister Eden begann am 11. September eine Rundreise durch die Hauptstädte der EVG-Partner, um sich mit den einzelnen Regierungen abzustimmen. Seine Argumente zeigten bald Wirkung: Schon am 18. September 1954 teilte der französische Hohe Kommissar André François-Poncet dem Bundeskanzler mit, dass Ministerpräsident Pierre Mendès-France bereit sei, einem gleichzeitigen Beitritt der Bundesrepublik zum Brüsseler Pakt und zur NATO zuzustimmen.

Auf einer Neun-Mächte-Konferenz, die am 28. September 1954 im Lancaster House im Londoner Westend begann, wurde nochmals über die Vorschläge beraten. Ein Durchbruch bahnte sich an, als Dulles und Eden am Nachmittag des 29. September Erklärungen ihrer Regierungen über die dauerhafte Stationierung amerikanischer und britischer Streitkräfte auf dem europäischen Kontinent abgaben. Die Abschlusskonferenz über den deutschen NATO-Beitritt wurde schließlich für den 23. Oktober 1954 nach Paris anberaumt. Zuvor einigten sich Adenauer und Mendès-France am 22. Oktober in einem Gespräch unter vier Augen noch auf einen Kompromiss in der Saar-Frage: Der französische Ministerpräsident verzichtete auf die endgültige Abtrennung der Saar von Deutschland, während der Bundeskanzler sich mit einer Volksabstimmung über das Saar-Statut einverstanden erklärte. In der Bundesrepublik wurde Adenauer deswegen nicht nur von der Opposition, sondern auch von der FDP und sogar im Parteivorstand der CDU gescholten. Doch am 23. Oktober 1955 lehnte die Bevölkerung des Saargebietes das Saar-Statut mit einer Zweidrittelmehrheit von 67,7 Prozent der Stimmen bei einer Wahlbeteiligung von 97,5 Prozent ab. Das Ergebnis war so eindeutig, dass Frankreich der Angliederung des Saargebietes an die Bundesrepublik zustimmte. Am 1. Januar 1957 erhielt die Saar den Status eines Bundeslandes.

Mit der Einigung über die Saar war der Weg für die Unterzeichnung der »Pariser Verträge« am 23. Oktober 1954 frei. Es handelte sich dabei um insgesamt elf Verträge und Abkommen. Die größte Bedeutung besaßen der Deutschlandvertrag vom 26. Mai 1952 (in der Fassung vom 23. Oktober 1954), das Protokoll über die Beendigung des Besatzungsregimes sowie das Protokoll über den Beitritt der Bundesrepublik zur NATO. Nach Artikel 1 des Deutschlandvertrages erhielt die Bundesrepublik »die volle Macht eines souveränen Staates über ihre inneren und äußeren Angelegenheiten«. Vertragsrecht löste Besatzungsrecht ab. Einschränkungen der Souveränität gab es nur für die »Rechte und Verantwortlichkeiten in bezug auf Berlin und auf Deutschland als Ganzes einschließlich der Wiedervereinigung Deutschlands und einer friedensvertraglichen Regelung« sowie für die Stationierung von Streitkräften. Andererseits bekräftigten die Bundesrepublik und die drei Westmächte ihre Absicht, bis zum Abschluss eines Friedensvertrages zusammenzuwirken, »um mit friedlichen Mitteln ihr gemeinsames Ziel zu verwirklichen: ein wiedervereinigtes Deutschland, das eine freiheitlich-demokratische Verfassung, ähnlich wie die Bundesrepublik, besitzt und das in die europäische Gemeinschaft integriert ist«.

Großen Anteil am Abschluss dieser Verträge hatte nicht nur Anthony Eden, der mit dem Foreign Office die entscheidenden konzeptionellen Vorarbeiten geleistet hatte, sondern auch Pierre Mendès-France, der bei vielen Kritikern lange Zeit nur als Totengräber der EVG galt. Bereits im Dezember 1954 gelang es ihm, das neue Vertragspaket über die parlamentarischen Hürden der Nationalversammlung zu bringen. Die lange Verzögerung im Ratifizierungsverfahren, die das Schicksal des EVG-Vertrages bestimmt hatte, blieb den Pariser Verträgen somit erspart.

Probleme bei der Ratifizierung gab es dagegen in Deutschland. Zwar fanden die Verträge auch in der SPD zahlreiche Befürworter. Doch letztlich setzte sich die starre Ablehnung des Parteivorsitzenden Erich Ollenhauer und seiner Anhänger durch. Eine geschickte Mischung von Drohungen und Lockungen aus dem Kreml sorgte zusätzlich für Irritationen. So warnte die sowjetische Regierung in diplomatischen Noten vom 23. Oktober und 9. Dezember 1954 vor einer Inkraftsetzung der Verträge, durch die eine Wiedervereinigung Deutschlands und sogar Verhandlungen darüber auf unabsehbare Zeit unmöglich gemacht würden. Die Nachrichtenagentur TASS verbreitete am 15. Januar 1955 zusätzlich eine Erklärung, in der es hieß, noch gebe es »ungenutzte Chancen, um ein Abkommen in der Frage der Wiedervereinigung zu erreichen«. Das deutsche Volk müsse nur »durch die Abhaltung allgemeiner freier Wahlen in ganz Deutschland, einschließlich Berlin, die Möglichkeit haben, seinen freien Willen zu äußern, damit ein einheitliches Deutschland als Großmacht (sic!) wiedererwächst und einen würdigen Platz unter den anderen Mächten einnimmt«. Parallelen zum Notenkrieg von 1952 waren unverkennbar. Wieder war es die Frage freier Wahlen, die den Hauptstreitpunkt bildete.

Während sämtliche westlichen Regierungen den sowjetischen Vorstoß als erneutes Stör- und Täuschungsmanöver des Kreml zur Verhinderung der Vertragsratifizierung werteten, bemängelte Ollenhauer in einem Brief an den Bundeskanzler vom 23. Januar 1955, dass noch keineswegs alle Möglichkeiten ausgeschöpft seien, »um vor der Ratifizierung der Pariser Verträge endlich einen ernsthaften Versuch zu unternehmen, auf dem Wege von Viermächteverhandlungen die Einheit Deutschlands in Freiheit wiederherzustellen«. Nachdem man es 1952 versäumt habe, die Ernsthaftigkeit der damaligen Angebote der Sowjetunion zu erproben, dürfe man sich jetzt nicht der gleichen Unterlassung schuldig machen. Die Annahme der Verträge führe nach Überzeugung der SPD »zu einer verhängnisvollen Verhärtung der Spaltung Deutschlands«.

Zugleich ging die SPD dazu über, außerparlamentarische Aktionen gegen die Verträge und besonders gegen die Wiederbewaffnung zu unterstützen. In einem am 29. Januar 1955 von etwa 1000 Teilnehmern einer Veranstaltung in der Frankfurter Paulskirche verabschiedeten »Deutschen Manifest« wurde eindringlich vor der Gefahr gewarnt, »dass durch die Ratifizierung der Pariser Verträge die Tür zu Viermächteverhandlungen über die Wiederherstellung der Einheit Deutschlands in Freiheit zugeschlagen wird«. In zahlreichen öffentlichen Kundgebungen wurde der Bundestag gedrängt, die Ratifizierung abzulehnen. Doch am 27. Februar 1955 wurden die Pariser Verträge und das Saar-Statut nach fast vierzehnstündiger Debatte vom Bundestag gegen die Stimmen der SPD gebilligt. Am 18. März 1955 passierten sie auch den Bundesrat. Nachdem die Ratifikationsurkunden durch alle beteiligten Staaten hinterlegt worden waren, trat der Deutschlandvertrag am 5. Mai 1955 in Kraft. Am 6. Mai wurde die Bundesrepublik Mitglied der WEU und der NATO.

Unbeschwerte Festtagsstimmung wollte dennoch nicht aufkommen. Von wirklicher Souveränität Deutschlands, so meinte Ollenhauer in einer Feierstunde des Bundestages – diesmal mit Zustimmung des ganzes Hauses –, könne wohl »erst die Rede sein, wenn

Deutschland in Freiheit wiedervereinigt« sei. Die Rechnung Adenauers, durch eine vertraglich verankerte Westintegration nicht nur Sicherheit und Beistand gegenüber der Sowjetunion, sondern auch Anerkennung und Akzeptanz unter den westlichen Verbündeten zu erhalten, ging jedoch auf. Die Bundesrepublik wurde zu einem Partner der Westmächte im Ost-West-Konflikt und beim Neuaufbau Europas. Ob eine Wiedervereinigung in Freiheit unter Verzicht auf die Westintegration möglich gewesen wäre – und wenn ja, zu welchen Bedingungen –, ist dagegen auch nach der teilweisen Öffnung der russischen Archive noch immer umstritten.

8. Das Ende der Ära Adenauer

Mit der Durchsetzung der Westverträge hatte Adenauer den Höhepunkt seines Erfolges erreicht. Nach den fundamentalen Weichenstellungen, die mit den Beratungen über das Grundgesetz, der Einführung der sozialen Marktwirtschaft, dem Beitritt zum Europarat und zur Montanunion sowie der Wiedererlangung der Souveränität und der Aufnahme in die NATO erfolgt waren, vermochte der Kanzler in den letzten acht Jahren seiner Amtszeit kaum noch neue Akzente zu setzen. Selbst der Elysée-Vertrag vom 22. Januar 1963 über die deutsch-französische Zusammenarbeit war bereits in der Logik der westeuropäischen Integration seit dem Schuman-Plan angelegt. Mit der Zäsur des Jahres 1955 begann somit ein neuer Abschnitt, in dem im Wesentlichen nur noch die Bewahrung des Erreichten im Vordergrund stand, während neue Wege kaum noch beschritten wurden.

Auch die Großmächte wandten sich nun, da die »deutsche Frage« mit der Westintegration der Bundesrepublik auf der Grundlage des Status quo vorerst geregelt war, anderen Themen zu: der internationalen Rüstungskontrolle und der europäischen Sicherheit. Ziel war eine Entspannung des Kalten Krieges, der von allen Beteiligten zunehmend als Belastung empfunden wurde. Auf einem Gipfeltreffen der Staats- und Regierungschefs der Vier Mächte, das Winston Churchill bereits 1953 gefordert hatte und das schließlich vom 18. bis 23. Juli 1955 in Genf stattfand, kam es geradezu zu einer »Offensive des Lächelns«. Nikolai Bulganin, Nikita Chruschtschow und Verteidigungsminister Schukow, der Eroberer von Berlin, fuhren im offenen Wagen durch die Stadt, »eifrig bemüht um den Applaus der Passanten, denen sie freundlich zuwinkten«, wie Wilhelm G. Grewe, der damals einer kleinen Bonner Delegation angehörte, die die Konferenz beobachtete, sich später erinnerte. Der Gegensatz zum grimmigen Auftreten Molotows in Berlin eineinhalb Jahre zuvor hätte größer nicht sein können. Schon bald machte das Wort vom »Geist von Genf« die Runde, und der französische Ministerpräsident Edgar Faure sprach optimistisch vom »Ende des Kalten Krieges«.

Doch Adenauer, der von seinem Schweizer Feriendomizil in Mürren im Berner Oberland die Entwicklung verfolgte, war gerade wegen so viel Nettigkeit von tiefem Misstrauen erfüllt. Erleichtert stellte er schließlich fest, dass die Konferenz trotz guter Atmosphäre weitgehend ergebnislos verlief. Eine Einigung der Großmächte über die Köpfe der Deutschen hinweg kam nicht zustande. Die Intransigenz der Sowjets in der Deutschlandfrage habe »sogar noch das von den westlichen Experten erwartete Maß übertroffen«, vermerkte Herbert Blankenhorn aus der deutschen Beobachterdelegation dazu in einer Zusammenfassung des Sachstandes für den Kanzler nicht ohne Befriedigung.

Um so bemerkenswerter erschien es, dass Adenauer bereits einige Wochen zuvor, am 7. Juni, von der sowjetischen Führung zu Verhandlungen über die Aufnahme diplomatischer Beziehungen nach Moskau eingeladen worden war. Nachdem der Bewegungsspielraum in der deutschen Frage erschöpft war, dokumentierte die sowjetische Führung damit ihr Interesse an einer Neuregelung des Verhältnisses zu Deutschland auf der Grundlage der Existenz zweier deutscher Staaten. Das Angebot war für Adenauer nicht ohne Risiko: Wenn er sich darauf einließ, trug er vielleicht ungewollt zur Unterstützung der Moskauer Zwei-Staaten-Theorie bei. Reiste er nicht, lief er Gefahr, sich – wie bei der Diskussion um die Stalin-Note 1952 – den Vorwurf einzuhandeln, deutsche Interessen nicht ausreichend vertreten zu haben. Diesmal ging es nicht zuletzt um die Rückkehr der letzten deutschen Kriegsgefangenen aus Russland und damit um eine humanitäre Frage von größter emotionaler Bedeutung. Adenauer war deshalb entschlossen, die Einladung auf jeden Fall anzunehmen. Den Hohen Kommissaren auf dem Petersberg versicherte er dazu, dass er keineswegs die Absicht habe, einen deutsch-sowjetischen Alleingang zu unternehmen. Gleichwohl müsse die Bundesrepublik zu gegebener Zeit das Recht haben, in direkte Gespräche mit der vierten »Vorbehaltsmacht« über die deutsche Frage einzutreten.

Die Verhandlungen im Spiridonowka-Palais dauerten vom 9. bis 13. September und drohten mehrfach zu scheitern. Erst als von der deutschen Delegation zwei Verkehrsmaschinen der Lufthansa nach Moskau beordert wurden, um für eine vorzeitige Abreise gerüstet zu sein, ließ Regierungschef Bulganin den Bundeskanzler bei einem Staatsempfang im St.-Georgs-Saal des Kreml unter vier Augen wissen, dass die UdSSR bereit sei, nach Aufnahme diplomatischer Beziehungen sämtliche deutschen Kriegsgefangenen freizulassen, die sich noch in sowjetischen Lagern befänden. Zu einer schriftlichen Bestätigung war Bulganin zwar nicht bereit. Aber er gab sein Ehrenwort.

Knapp vier Wochen später trafen die ersten Russland-Heimkehrer im Lager Friedland ein. 9626 Kriegsgefangene und etwa 20 000 Zivilisten kehrten nach Deutschland zurück. Mehr als 1,1 Millionen Soldaten und 10 000 der insgesamt über 30 000 namentlich bekannten Zivilpersonen, die in die UdSSR verschleppt worden waren, blieben jedoch verschollen. Eine vollständige Lösung dieses tragischen Problems war offenbar nicht mehr möglich. Was 1955 noch hatte getan werden können, war indessen geschehen. Adenauer wurde deshalb bei seiner Rückkehr aus Moskau als Held gefeiert.

Der Preis für die Entlassung der Kriegsgefangenen war nicht nur die Vereinbarung diplomatischer Beziehungen mit der Sowjetunion, sondern vor allem die indirekte völkerrechtliche Aufwertung der DDR, da die Bundesrepublik nun erstmals offizielle Verbindungen zu einem Land aufnahm, das Beziehungen mit beiden deutschen Staaten unterhielt. Auch danach beharrte Bonn jedoch mit der so genannten »Hallstein-Doktrin« – benannt nach dem Staatssekretär im Auswärtigen Amt, Walter Hallstein – auf ihrem Alleinvertretungsanspruch: Da die Regierung der DDR nicht aus freien Wahlen hervorgegangen sei und daher auch nicht über ein echtes Mandat des Volkes verfüge, sei die Bundesregierung nach wie vor die einzige frei und rechtmäßig gebildete deutsche Regierung, die allein befugt sei, für das ganze Deutschland zu sprechen. Die Aufnahme diplomatischer Beziehungen mit der DDR durch Dritte wurde deshalb von der Bundesregierung als ein »unfreundlicher Akt« angesehen, da sie geeignet sei, die Spaltung Deutschlands zu vertiefen.

Was die Hallstein-Doktrin in der Praxis bedeutete, zeigte sich zum ersten Mal am 18. Oktober 1957, als die diplomatischen Beziehungen zu Jugoslawien abgebrochen wurden, nachdem Belgrad die DDR durch Entsendung eines Botschafters nach Ost-Berlin völkerrechtlich anerkannt hatte. In der Folgezeit geschah dies noch mehrfach, wie im Falle Kubas 1963. Insgesamt erwies sich die mit der Hallstein-Doktrin ausgesprochene Drohung jedoch als wirksam. Vor allem Staaten der Dritten Welt wurden dadurch lange Zeit von einer Anerkennung der DDR abgehalten.

Nach Adenauers Rückkehr aus Moskau richtete sich die Aufmerksamkeit der Bundesregierung in erster Linie auf den raschen Aufbau der Bundeswehr. Bis zum 1. Januar 1959 sollten zwölf Heeresdivisionen mit etwa 400 000 Soldaten voll ausgerüstet und ausgebildet bereitstehen, bis zum 1. Januar 1960 auch die Luftwaffe mit 80 000 und eine Marine mit 20 000 Mann. Doch schon die parlamentarischen Beratungen über die Wehrgesetze zogen sich über ein Jahr hin. Man wollte keinen »Staat im Staate«, wie ihn früher die Reichswehr während der Weimarer Republik dargestellt hatte, sondern wünschte sich »Staatsbürger in Uniform«, die aus innerer Überzeugung für die pluralistische Demokratie eintraten. Dies bedurfte sorgfältiger Beratungen, die erst im März 1956 mit der erforderlichen Zweidrittelmehrheit abgeschlossen wurden. Als Name der neuen Armee wurde vom Bundestag die unverfängliche Bezeichnung »Bundeswehr« gewählt. Nur die FDP hatte sich für den traditionellen Begriff »Wehrmacht« ausgesprochen.

Bereits im Sommer 1956 wurde klar, dass der ursprüngliche Zeitplan nicht mehr einzuhalten war. Kasernen waren von den Alliierten nicht früh genug freigegeben oder nicht rechtzeitig renoviert worden, der Neubau dauerte zu lange, und für die Einberufenen gab es oft keine Uniformen, keine Waffen, keine Verwaltung und keine Infrastruktur. Es fehlte selbst am Nötigsten. Die militärischen Planer zeigten sich ebenso hilflos wie Bundesverteidigungsminister Theodor Blank, der schließlich enttäuscht zurücktrat. Sein Nachfolger Franz Josef Strauß verlangsamte nicht nur das Tempo des Aufbaus, sondern straffte auch die Führungsstruktur der neuen Armee und zögerte die Einführung der allgemeinen Wehrpflicht hinaus, solange die personellen und materiellen Voraussetzungen fehlten. So wurden am 1. April 1957, mit gut einem halben Jahr Verspätung, zunächst nur symbolische 10000 Mann aus einem Jahrgang von 300000 einberufen. Vorrang erhielt die Schaffung eines aus Freiwilligen bestehenden festgefügten militärischen Organisationskörpers mit entsprechender Ausbildungskapazität. Erst nachdem mit den Freiwilligen »eine Art Reichswehrqualität« in der Ausbildung erreicht war, wurden in größerem Umfang Wehrpflichtige eingezogen.

Einen Sturm der Entrüstung entfachte Strauß mit seiner Forderung nach Ausrüstung der Bundeswehr mit atomaren Trägerwaffen. In einem Protesttelegramm an den Kanzler erklärten achtzehn namhafte deutsche Physiker, unter ihnen Carl Friedrich von Weizsäcker sowie die Nobelpreisträger Max von Laue, Otto Hahn, Werner Heisenberg und Max Born, Deutschland diene sich selbst und dem Weltfrieden am besten, wenn es keine atomaren Waffen besitze. In einer äußerst kontrovers geführten Bundestagsdebatte am 10. Mai 1957 forderten Sprecher der SPD nicht nur den Verzicht der Bundeswehr auf taktische Atomwaffen, sondern ein generelles Verbot für die Stationierung atomar gerüsteter Verbände und die Lagerung nuklearer Sprengköpfe auf dem Boden der Bundesrepublik. Die Bundesregierung warf daraufhin der Opposition vor, sie wende sich gegen die geltende Sicherheitsdoktrin der NATO, und betonte, dass es nicht um die nationale Verfügungsgewalt über atomare Waffen, sondern lediglich um die Ausrüstung mit Trägersystemen im Rahmen der nordatlantischen Verteidigungskonzeption gehe.

Die mit großer Schärfe geführte Debatte über die Atombewaffnung der Bundeswehr blieb jedoch Episode, weil die SPD-Politik nicht den gewünschten Erfolg hatte. Trotz des verbreiteten Unbehagens der Öffentlichkeit, das sich auch in der Bewegung »Kampf dem Atomtod« niederschlug, unterstützten die Wähler weiterhin überwiegend die Politik der Regierung. Bei der Bundestagswahl am 15. September 1957 errangen CDU und CSU sogar die absolute Mehrheit. Drei Monate später stimmte der NATO-Rat in Paris der Ausrüstung der Partnerstaaten mit taktischen Atomwaffen unter amerikanischer Kontrolle zu. Die Ausrüstung der Bundeswehr mit atomaren Trägerwaffen begann im Frühjahr 1958, als der Bundestag auf Antrag von Verteidigungsminister Strauß nach dessen Rückkehr von einer Reise in die USA am 25. März über den Erwerb amerikanischer Kurzstreckenraketen vom Typ Matador C entschied.

Die SPD, die in großen Zügen bereits 1954 den Weg der Bundesrepublik in die Westintegration anerkannt hatte, sah sich dadurch schließlich veranlasst, ein Bekenntnis zur NATO und zur westlichen Sicherheitspolitik, einschließlich ihrer nuklearen Komponenten, abzulegen. Herbert Wehner erklärte in diesem Sinne am 30. Juni 1960 in einer programmatischen Rede vor dem Bundestag, die Bundesrepublik sei »ein zuverlässiger Vertragspartner, gleichgültig ob die jetzige Regierung oder die gegenwärtige Opposition als Regierung die Geschäfte führt«.

Ihren wohl größten außenpolitischen Erfolg verbuchte die Bundesregierung in dieser Zeit jedoch nicht in der kontroversen Debatte um den Aufbau der Bundeswehr, sondern auf einem Feld, das damals von der Öffentlichkeit nahezu unbemerkt blieb: in der Europapolitik. Am 25. März 1957 wurden in einem feierlichen Akt im Quirinalspalast auf dem Kapitol in Rom zwischen Frankreich, Italien, Belgien, Luxemburg, den Niederlanden und der Bundesrepublik Deutschland die Verträge über die Europäische Wirtschaftsgemeinschaft (EWG) und die Europäische Atomgemeinschaft (Euratom) unterzeichnet. Während der Euratom-Vertrag gemeinsame Grundlagen für die friedliche Nutzung und Kontrolle der Atomenergie schuf, sollte die Errichtung der EWG »ein europäisches Gebilde mit besonderen organisatorischen Elementen« ins Leben rufen, wie Staatssekretär Hallstein in einer Erklärung vor dem Bundestag am 21. März 1957 im Auftrag der Bundesregierung feststellte. Tragende Elemente waren dabei ein gemeinsamer Markt sowie gemeinsame Organe, wie der Ministerrat, eine aus neun Mitgliedern bestehende supranationale Kommission (gewissermaßen ein europäisches Kabinett), die Europäische Versammlung und der Europäische Gerichtshof.

Die Verhandlungen zu diesen Vereinbarungen, die für den weiteren Weg Europas von grundlegender Bedeutung sein sollten, waren fast unter Ausschluss der Öffentlichkeit geführt worden. Da die SPD, deren Spitzenpolitiker inzwischen unter dem Einfluss von Jean Monnet für den Gedanken der europäischen Integration gewonnen worden waren, das Projekt von Anfang an mittrug, stellte sich auch die parlamentarische Behandlung der Römischen Verträge als überraschend problemlos dar. Nur vier Stunden lang beschäftigte sich der halbleere Bundestag am 5. Juli 1957, am Abend vor der Sommerpause, mit dem Vertragspaket. Zwar versagten FDP und BHE wegen deutschlandpolitischer Bedenken ihre Zustimmung, weil sie befürchteten, die »fortschreitenden kleineuropäischen Integrationsbemühungen« würden der Bundesrepublik nur wenig Energien belassen, ihre Politik auch künftig auf die Wiedervereinigung zu konzentrieren. Aber da CDU/CSU und SPD für die Verträge votierten, passierten diese die parlamentarischen Hürden ohne Komplikationen und mit überwältigender Mehrheit. Die Europapolitik der Bundesrepublik, deren Beginn 1949/50 so umstritten gewesen war, ruhte damit auf einem breiten Fundament.

In der Ratifizierungsdebatte der französischen Nationalversammlung dominierten politische und wirtschaftliche Nutzenerwägungen gemäßigter europäischer Gruppierungen. Die Befürworter der Verträge machten erneut deutlich, dass die Einbindung Deutschlands nicht nur die wirtschaftliche Rivalität entschärfen, sondern auch der politischen Sicherheit dienen werde. Angesichts der Ungewissheit einer deutschen Wiedervereinigung werde der Gemeinsame Markt eine politische Sogkraft entfalten, die eine eindeutig westliche Orientierung der Bundesrepublik garantiere und ein Wiederaufleben der Schaukelpolitik Deutschlands zwischen Ost und West verhindere. Die Integrationisten argumentierten dabei, man müsse »die Bundesrepublik mit tausend konkreten Banden an Europa fesseln«. Das Ergebnis war – anders als beim Scheitern der EVG drei Jahre zuvor – eine stattliche Mehrheit von etwa 100 Stimmen für die Verträge.

Wie knapp es dennoch war, zeigt die Tatsache, dass die IV. Republik bereits kurz nach der Ratifizierung der Verträge vom Strudel des Algerien-Krieges erfasst wurde, der sie schließlich im Mai 1958 in den Abgrund riss. General de Gaulle, der daraufhin im Juni 1958 mit großen Vollmachten zum Ministerpräsidenten gewählt wurde und seine Ideen von der »Grande Nation« und neuer staatlicher Organisation im Rahmen der ganz auf seine Person zugeschnittenen Präsidialverfassung der V. Republik zu verwirklichen suchte, hätte sich vermutlich kaum auf das Unternehmen der EWG eingelassen, wenn es Mitte 1958 nicht bereits in vollem Aufbau begriffen gewesen wäre.

Für die Bundesrepublik öffneten sich durch die europäische Wirtschaftsintegration neue Aufgabenfelder, die nicht nur die politische und wirtschaftliche Dynamik Deutschlands kanalisierten und dadurch immer noch vorhandene Sicherheitsbedenken bei den Nachbarn abbauen halfen, sondern auch dem nationalen Problem eine europäische Perspektive verliehen. Die Befürworter einer »neuen Ostpolitik«, wie Willy Brandt und Egon Bahr, suchten daher das Deutschlandproblem nicht länger im nationalen Rahmen, sondern auf dem Wege der Errichtung einer »europäischen Friedensordnung« zu lösen.

Aus östlicher Sicht bedeuteten die Erfolge der Bundesrepublik bei der Westintegration jedoch eine Herausforderung, die man nicht unbeantwortet lassen konnte, wenn die »Magnet-Theorie«, der zufolge die wachsende Anziehungskraft der Bundesrepublik dazu führen würde, die DDR zu sich herüberzuziehen, sich nicht am Ende als richtig erweisen sollte. Allein der andauernde Strom von Flüchtlingen aus der DDR in die Bundesrepublik (insgesamt 2,7 Millionen von 1949 bis 1961) war ein eindrucksvoller Beweis für die Attraktivität des Westens und ein schwer zu verkraftendes Element der Destabilisierung der DDR. Es galt daher vor allem, das »Schlupfloch« Berlin zu schließen, durch das sich dieser Strom in den Westen hauptsächlich ergoss.

In einer Rede im Moskauer Sportpalast am 10. November 1958 und in einer Note an die Regierungen der Drei Mächte vom 27. November stellte Chruschtschow den Vier-Mächte-Status der Stadt in Frage und forderte die Umwandlung West-Berlins in eine »Freie Stadt«. Zwar folgten seiner Drohung, mit der DDR einen separaten Friedensvertrag zu schließen, wenn die westlichen Regierungen sich einer gemeinsamen Regelung verweigerten, keine Taten. Aber das Thema blieb auf der Tagesordnung, bis die östliche Seite sich unter dem Druck dramatisch ansteigender Flüchtlingszahlen – allein im Juli 1961 flohen über 30000 Menschen – zur Abriegelung der DDR entschloss, die am 13. August 1961 mit dem Bau der Berliner Mauer schließlich erfolgte.

In West-Berlin war man ebenso bestürzt wie zornig – nicht nur

über die Maßnahmen des Ostens, sondern auch über die Taten-
losigkeit des Westens. Bei einer Kundgebung vor dem Rathaus
Schöneberg wurde die Enttäuschung auf Transparenten wie »Vom
Westen verraten?« sichtbar. Doch die Westmächte dachten nicht
daran, mit Gewalt gegen die Mauer vorzugehen. Der amerikanische
Präsident John F. Kennedy und der britische Premierminister Ha-
rold Macmillan waren vielmehr seit Monaten hinter den Kulissen
damit beschäftigt gewesen, einen drohenden Atomkrieg wegen
Berlin zu verhindern. Am 25. Juli 1961 hatte Kennedy in einer Fern-
sehrede deshalb noch einmal die drei »essentials« der amerikanischen Berlin-Politik bekräftigt, die bereits im Herbst 1958 vom
State Department als »unverrückbare Grundsätze« in Reaktion auf
das Chruschtschow-Ultimatum formuliert worden waren:

• Das Recht auf Anwesenheit in Berlin,
• das Recht auf Zugang nach Berlin,
• die Verpflichtung, die Selbstbestimmung der West-Berliner und
  die freie Wahl ihrer Lebensform zu gewährleisten.

Kennedy war also unnachgiebig in der Verteidigung West-Berlins.
Seine Garantien endeten jedoch an der Sektorengrenze. Den Mauerbau konnte er nicht verhindern, wohl aber den Krieg, der deswegen
hätte ausbrechen können. Die Voraussetzung dafür war, dass beide
Seiten die Grenzen der Einflusssphäre des jeweils anderen respek-
tierten. Als die Maßnahmen des 13. August bekannt wurden, war
der amerikanische Präsident nicht besorgt, sondern erleichtert.
Während Brandt mutmaßte, die östlichen Sperrmaßnahmen bildeten nur den Auftakt zu weiteren, noch gefährlicheren Schritten, und
prophezeite, dem Westen werde »das Risiko letzter Entschlossenheit nicht erspart bleiben«, war für Kennedy die Krise mit dem
Mauerbau beendet. Nüchtern bilanzierte er, Chruschtschow habe,
obwohl auf schlimme Art, ein spezifisch deutsches Problem gelöst
und den Westen von einer schweren Sorge befreit. Der Westteil Berlins sei nun sicherer als zuvor. Die Entsendung des Vizepräsidenten
Lyndon B. Johnson nach Berlin und der demonstrative Konvoi
einer alliierten Kampfgruppe auf der Autobahn von Helmstedt nach
Dreilinden waren demgegenüber nicht mehr als propagandistische
Aktionen zur Beruhigung der westlichen Öffentlichkeit, die ihren

Zweck nicht verfehlten. Um kein Risiko einzugehen, stand der Kommandeur der Kampfgruppe während der Fahrt sicherheitshalber in ständiger direkter Funkverbindung mit dem Weißen Haus.

Während die Außen- und Deutschlandpolitik der Bundesrepublik am Ende der fünfziger und zu Beginn der sechziger Jahre somit von der Krise um Berlin überschattet war, herrschte in der Innenpolitik weithin Ruhe. Bei der Bundestagswahl im September 1957 erreichte die Union im Parlament die absolute Mehrheit der Sitze. Adenauers Position war unangefochten und vorerst auch unanfechtbar – so schien es wenigstens. Allerdings war er mit 81 Jahren nicht mehr der jüngste. Schon im Herbst 1955, als er erstmals über einen Monat lang an einer Lungenentzündung erkrankt war, hatte es Spekulationen über seine Nachfolge gegeben. Im Frühjahr 1959 brachte er sich selbst als Nachfolger von Theodor Heuss im Amt des Bundespräsidenten ins Gespräch und löste damit eine Diskussion aus, die ihn bis zu seinem Rücktritt im Herbst 1963 nicht mehr loslassen sollte. Sein Rückzug von der Macht zog sich jedoch über mehr als vier Jahre hin, da er mit immer neuen Hinweisen auf Gefahren der inneren und äußeren Politik, die abzuwenden er nur sich selbst zutraute, an seinem Kanzlersessel festhielt. In erster Linie war er dabei bestrebt, Ludwig Erhard als seinen Nachfolger zu verhindern. Der erfolgreiche Wirtschaftsminister erschien ihm als Kanzler nicht hart genug und vor allem nicht geeignet für die Außenpolitik.

Das außenpolitische Argument gegen Erhard wog um so schwerer, als sich hier eine ganz neue Konstellation abzeichnete. Neben der Berlin-Krise war es vor allem der Tod von John Foster Dulles im Mai 1959, der Adenauer politisch wie persönlich sorgenvoll stimmte. Der amerikanische Außenminister, der für den Kanzler seit 1953 eine unentbehrliche Stütze seiner Politik gegenüber den Partnern im Westen wie gegenüber der Sowjetunion gewesen war, hatte seit längerem an einer schweren, unheilbaren Krebserkrankung gelitten, sein Amt jedoch erst am 15. April 1959 endgültig aufgegeben. Sein Nachfolger Christian Herter war nach Meinung Adenauers kein gleichwertiger Ersatz. »Keine starken Ellenbogen, kein Stehvermögen«, so das Verdikt des Kanzlers über ihn. Auch Präsident Eisenhower wurde nun von Adenauer kritischer gesehen als früher. Er sei »zwar ein anständiger Mensch«, erklärte er im Januar 1960, »aber kein großer Politiker«. Nach dem Wahlsieg John F. Kennedys bei den Präsidentschaftswahlen im November 1960 trat in den USA schließlich eine ganz neue Generation ins Rampenlicht der Macht. Gegenüber dem jugendlichen, unverbrauchten Kennedy wirkte Adenauer wie ein Fossil aus einer versunkenen Zeit.

Doch die äußeren Attribute waren nur Vorboten einer tiefgreifenden politischen Veränderung, die mit Kennedy im Weißen Haus Einzug hielt. Die Entschlossenheit Kennedys, durch eine Friedenspolitik den Rüstungswettlauf einzudämmen, um einen drohenden Atomkrieg abzuwenden, setzte die Stabilisierung des Status quo in Europa und damit die Anerkennung der deutschen Teilung voraus. Die amerikanisch-sowjetische Annäherung wurde durch die Berlin-Krise vom Sommer 1961 und die Kuba-Krise vom Herbst 1962 zwar verzögert, aber nicht aufgehalten. Kennedys politischer Neuanlauf berührte damit auch die amerikanische Deutschlandpolitik im Kern. Adenauer näherte sich deshalb de Gaulle und Frankreich an, um möglichen amerikanischen Konzessionen an die Sowjetunion von vornherein zu begegnen. Der Elysée-Vertrag vom 22. Januar 1963 begründete eine neue Partnerschaft mit Frankreich, die das Bündnis mit den USA nicht völlig ablöste, aber in wichtigen Punkten relativierte. Das deutsch-amerikanische Sonderverhältnis, das in den späten vierziger Jahren entstanden war und in der Ära Dulles seine Blüte erlebt hatte, wurde durch das zunehmende Gewicht Frankreichs ergänzt. Kennedys Unterstaatssekretär George Ball bewertete den deutsch-französischen Vertrag daher prompt als Teil einer deutsch-französischen Verschwörung. Dean Acheson erklärte, die Unterzeichnung sei für ihn – gerade weil er sich zu den »zuverlässigsten Freunden Deutschlands« rechne – »einer der schwärzesten Tage der Nachkriegszeit« gewesen. Präsident Kennedy ließ am 4. Februar 1963 durch Botschafter Dowling ausrichten, die Stimmung in der amerikanischen Öffentlichkeit könnte die USA zum Rückzug aus Europa veranlassen.

Tatsächlich hatten die USA Deutschland keineswegs preisgegeben. Sogar die Wiedervereinigung wurde von ihnen nach wie vor im Grundsatz unterstützt. Aber das Gebot eines Ausgleichs mit der Sowjetunion hatte die deutsche Frage auf der Prioritätenskala der amerikanischen Politik in den Hintergrund treten lassen. Für Ade-

nauer war diese Wende zu radikal, als dass er sie noch hätte mit-
vollziehen können. Er besaß jedoch auch nicht mehr die Kraft, sich
ihr wirkungsvoll zu widersetzen. Sein Rücktritt im Herbst 1963, der
bereits während der Koalitionsverhandlungen mit der FDP nach
der Bundestagswahl 1961 angekündigt und während der *Spiegel*-
Affäre vom Oktober und November 1962 noch einmal bekräftigt
worden war, eröffnete seinen Nachfolgern die Chance, nicht nur
den deutsch-französischen Vertrag mit Leben zu erfüllen, sondern
auch im deutsch-amerikanischen Verhältnis nach Wiederannäherung zu streben. Schließlich sollten die Deutschen nicht, wie Adenauer befürchtete und der Vorsitzende der CDU/CSU-Bundestags-
fraktion Heinrich Krone in seinem Tagebuch notierte, »das Opfer
der amerikanischen Entspannungspolitik« werden.

Am 15. Oktober 1963 wurde Konrad Adenauer in einer Feierstunde des Deutschen Bundestages als Bundeskanzler verabschiedet, am Tage darauf Ludwig Erhard zu seinem Nachfolger gewählt.
In seinen Abschiedsworten vor dem Parlament verknüpfte Adenauer die zentralen Themen seiner Kanzlerschaft – Wiederaufbau
und Westbindung – und bemerkte: »Wir Deutschen dürfen unser
Haupt wieder aufrecht tragen, denn wir sind eingetreten in den
Bund der freien Nationen.« Dennoch, so bekannte er gegenüber
dem Journalisten Walter Henkels, mit dem er oft beim Tee zusam-
mengesessen und in seinem bevorzugten Urlaubsort Cadenabbia
Boccia gespielt hatte, gehe er »nicht frohen Herzens«.

Diese Bemerkung bezog sich keineswegs nur auf Erhard, sondern
auch auf den hedonistischen Materialismus, der mit der Marktwirtschaft unvermeidlich verbunden war, vor allem jedoch auf den nach
Adenauers Meinung überall voranschreitenden Liberalismus und
die Zurückdrängung des Christlichen. Er hielt daher vorerst auch
noch am Parteivorsitz fest, obwohl er die Geschäftsführung bereits
1962 an Josef Hermann Dufhues übergeben hatte. Erst im Sommer
1965, ein halbes Jahr vor seinem 90. Geburtstag, eröffnete er seinen
engsten Mitarbeitern im Parteivorstand, dass er allmählich beginne,
sich Sorgen zu machen: »Ich bin ja der Vorsitzende der Partei. Aber
vergessen Se nicht, meine Herren, ich bin schließlich keine achtzig
mehr.«

9. Die Kanzlerschaft Erhards

Als Ludwig Erhard am 16. Oktober 1963 das Amt des Bundeskanzlers übernahm, wurde ein Mann Regierungschef, der wie kein
anderer den deutschen Wiederaufstieg nach dem Zweiten Weltkrieg
symbolisierte. Seine rundliche Figur, die unvermeidliche Zigarre
und der optimistische Glaube an den Erfolg der sozialen Marktwirtschaft waren zu Markenzeichen des wirtschaftlichen »Wun-
ders« geworden, das sich mit seinem Namen verband. Allerdings
war er kein *homo politicus* wie Adenauer, dem Politik Lebenselexier
bedeutete. Bereits als Wirtschaftsminister sah sich Erhard mehr als
väterlicher Fürsorger und Anwalt des »einfachen Mannes«. Auch
im Palais Schaumburg wollte er kein Abbild des »Alten«, sondern
ein »Volkskanzler« sein. Dem Kabinett verhieß er bereits in der ersten Sitzung nach seiner Ernennung zum neuen Regierungschef
Führung, Autorität und Anteilnahme an allen politischen Dingen,
aber auch – im Vergleich zu dem, was man bisher gewohnt gewesen
sei – bessere Unterrichtung, größere Freiheit der Meinung und des
Wortes sowie mehr Kollegialität und Harmonie.

Mit den einsamen, nur im engsten persönlichen Umfeld Adenauers diskret vorbereiteten Entschlüssen, von denen auch Regierungs-
mitglieder erst aus der Zeitung erfuhren, war es nun vorbei. Bereits
im Dezember 1963 konnte der FDP-Vorsitzende Erich Mende dem
Bundesvorstand seiner Partei die erfreuliche Mitteilung machen,
»dass sich seit dem Kanzlerwechsel eine wesentliche Verbesserung
in der Zusammenarbeit der Koalitionspartner ergeben« habe. Ob
das demokratisch-populistische »Volkskanzlertum« erfolgreicher
sein würde als die autoritäre »Kanzlerdemokratie«, war jedoch eine
offene Frage. Auf jeden Fall weckte Erhard damit Hoffnungen und
Erwartungen, die nur schwer zu erfüllen waren.

So präsentierte sich Erhard in der Regierungserklärung, die er am
18. Oktober 1963 im Bundestag abgab, mehr als entrückter Philo-

soph denn als praktischer Politiker. Mit warmer, weicher Stimme wandte er sich in hochfliegenden und allgemeinen Wendungen gegen Gefälligkeitsdemokratie, Gruppeninteressen und die Niederungen des Materialismus und plädierte für mehr Gemeinsinn, eine positive Staatsgesinnung und die höheren Werte des Seins. Erwartungsgemäß erschien er »als Mann der Mitte und ehrlicher Makler voll guten Willens«, wie sein Biograph Volker Hentschel später schrieb. Als »starke Führungspersönlichkeit mit einem klaren Programm und scharf umrissenen Absichten«, als die er sich selbst ebenfalls gerne gesehen hätte, erschien er nicht. Die Aussprache über die Regierungserklärung, die ursprünglich auf zwei Tage angesetzt war, wurde auf einen Tag verkürzt, da es kaum etwas zu diskutieren gab.

Immerhin griff Fritz Erler als Sprecher der SPD das Bekenntnis Erhards, Kanzler des ganzen Volkes sein zu wollen, nicht nur auf, sondern hob seinerseits emphatisch hervor, dass die Bundesrepublik »nicht der Staat einer Partei oder einer Koalition, sondern der aller Parteien und Schichten« sei. Im Vergleich zu den oft erbitterten Auseinandersetzungen, die über weite Strecken der Adenauer-Ära das Verhältnis zwischen Regierung und Opposition belastet hatten, kündigte sich damit ein neuer Stil an. Die Jahre der Konfrontation gingen zu Ende. Möglichkeiten einer Verständigung und ungewohnte Formen der Harmonie deuteten sich an, die sogar für neue Koalitionen taugten, wie Herbert Wehner fand, der bereits 1962 gemeinsam mit dem christdemokratischen Innenminister Paul Lücke vergeblich für eine große Koalition eingetreten war.

Doch wie Adenauer richtig vorhergesehen hatte, wurde die Kanzlerschaft seines Nachfolgers nicht durch die Innen-, sondern durch die Außenpolitik bestimmt. Nachdem die Berlin- und Kuba-Krise überwunden waren, setzten beide Weltmächte auf Entspannung, und die USA drängten schon bald immer energischer auf eine deutsche Beteiligung. Da es praktisch keine Aussicht auf weitere Verhandlungen der Vier Mächte über die deutsche Frage mehr gab, erschien es nur logisch, wenn sich auch die Deutschen – zumal nach dem Mauerbau, der die Situation weiter verfestigt hatte – mit den Realitäten abfanden. Als Erhard am 24. Juli 1965 gegenüber dem amerikanischen Sonderbotschafter Averell Harriman darum bat, bei den Verhandlungen in Genf über einen Nichtverbreitungsvertrag für Kernwaffen (non-proliferation) die deutsche Frage wieder mit ins Gespräch zu bringen, beschied ihm Harriman kurz, dass dies »kein amerikanischer Gesichtspunkt« sei. Bereits ein Jahr zuvor, im Mai 1964, hatte der neue Präsident Lyndon B. Johnson, der das Amt nach der Ermordung John F. Kennedys im November 1963 übernommen hatte, den Deutschen in einem Interview mit der Illustrierten *Quick* empfohlen, im Hinblick auf das deutsch-sowjetische Verhältnis mit den »Füßen ja nicht im Beton« stehen zu bleiben. Die USA sähen es gern, wenn »die Deutschen an die Spitze bei den Ost-West-Gesprächen treten würden«.

Außenminister Gerhard Schröder, der dieses Amt 1961 unter Adenauer übernommen und es nach dem Wechsel zu Erhard behalten hatte, betrachtete Entspannung jedoch nur dann als sinnvoll, wenn sie »zu einer positiven Veränderung des Status quo« führte. Der Kanzler andererseits tat sich schwer, etwas zu unternehmen, was als »Aufwertung« der DDR ausgelegt werden konnte. Am 15. Oktober 1964 erklärte er dazu vor dem Bundestag, man dürfe »das Heute nicht mit dem Morgen bezahlen und nicht für Erleichterungen eines Augenblicks die Zukunft aufs Spiel setzen«. Schröder konzentrierte sich daher in seinen Aktivitäten von vornherein weniger auf die deutsche Frage im engeren Sinne als vielmehr auf die Verbesserung der Beziehungen zu den Staaten Osteuropas. Bereits 1963 wurden Handelsverträge mit Polen, Rumänien und Ungarn abgeschlossen. Im März 1964 folgte die Unterzeichnung eines langfristigen Abkommens über den Waren- und Zahlungsverkehr mit Bulgarien, an das sich gleichfalls der Austausch von Handelsvertretungen anschließen sollte. Lediglich mit der Tschechoslowakei verliefen die Gespräche schleppend, weil die Regierung in Prag sich zunächst weigerte, die Bonner Forderung nach Einbeziehung Berlins in den Vertrag zu erfüllen. Insgesamt bildeten die Handelsmissionen in Warschau, Bukarest, Budapest und Sofia einen Kompromiss zwischen diplomatischen Beziehungen, die einige osteuropäische Regierungen wünschten, und der strengen Einhaltung der Hallstein-Doktrin, die in weiten Kreisen der CDU/CSU, aber auch von einem Teil der deutschen Presse für nötig gehalten wurde. Unterstützung für seine Politik fand Schröder beim liberalen Flügel der Union, der FDP und SPD sowie einigen Presseorganen wie der *Zeit* und dem *Stern.*

Letztlich war auch Schröders Politik auf das Ziel der nationalen Wiedervereinigung ausgerichtet. Aber aus praktischen Erwägungen sah er keine andere Möglichkeit, als den Umweg über Osteuropa zu gehen. Er wollte die DDR durch Intensivierung von Handelskontakten mit den Satelliten Moskaus in Ostmittel- und Südosteuropa isolieren und damit »Ostdeutschland auf der Landkarte Europas zu einem politischen Anachronismus« werden lassen, der für die Sowjetunion auf die Dauer untragbar sein würde. Nicht ohne Grund sprach Walter Ulbricht deshalb am 11. Mai 1964 in Budapest von der westdeutschen Wirtschaft als einem »Trojanischen Pferd«, und die Sowjetunion machte bald ihren ganzen Einfluss als Hegemonialmacht geltend, um die osteuropäischen Staaten davon abzuhalten, ihre Beziehungen zur Bundesrepublik zu intensivieren. Erst wenn die DDR in diesen Prozess einbezogen würde, ließe sich darüber wieder reden. Die Bonner Politik geriet somit in eine Sackgasse, aus der sie bis zum Ende der Ära Erhard nicht mehr herausfand.

Anders, aber nicht weniger groß als in der Ostpolitik, waren die Schwierigkeiten Erhards und Schröders im Westen. Nachdem Präsident Kennedy und der britische Premierminister Macmillan am 21. Dezember 1962 in Nassau auf den Bahamas vereinbart hatten, die atomare Verteidigung Großbritanniens an diejenige der USA zu binden, hatte der französische Staatspräsident de Gaulle sogleich zornig gemutmaßt, dass die USA keine eigene Rolle Europas – und das hieß für de Gaulle: Frankreichs – in der Weltpolitik zulassen wollten. Schlimmer noch, Großbritannien hatte sich durch die Wiederbelebung der traditionellen »special relationship« mit Amerika offen auf dessen Seite geschlagen. De Gaulle setzte daher im Januar 1963 dem Ersuchen Großbritanniens um einen Beitritt zur EWG ein schroffes Nein entgegen und unterzeichnete unmittelbar darauf mit Adenauer den Vertrag über die deutsch-französische Zusammenarbeit. Die westliche Allianz wurde dadurch in tiefe Verwirrung gestürzt.

Für die Bundesrepublik ergab sich aus dieser spannungsvollen Konstellation, die sich am Ende der Ära Adenauer überraschend und ohne größere Vorwarnungen entwickelt hatte, die schwierige

Lage, anscheinend zwischen der »gaullistischen« und der »atlantischen« Option wählen zu müssen. Während Adenauer nach den vorangegangenen Schwierigkeiten mit der Kennedy-Administration den Schulterschluss mit de Gaulle suchte und dessen anti-britische Haltung in Kauf nahm, waren Erhard und Schröder der Meinung, dass den Beziehungen zu den Vereinigten Staaten absoluter Vorrang zukomme, weil die Bundesrepublik im Krisenfall nur mit Hilfe der USA zu überleben vermöge. Sie unterstützten daher auch die von den USA vorgeschlagene Errichtung einer Multilateralen Atomstreitmacht (MLF), mit der die amerikanische Regierung die Krise im Atlantischen Bündnis, die durch das Nassau-Abkommen entstanden war, zu lösen versuchte. U-Boote und Überwasserschiffe der NATO sollten dabei mit Mittelstreckenraketen ausgerüstet werden, um »die Vereinigten Staaten und Europa durch ein unauflösbares nukleares Band« miteinander zu verbinden, wie der amerikanische Außenminister Dean Rusk am 27. Oktober 1963 in Frankfurt erklärte: »Eine solche multilaterale Raketenflotte wäre von militärischer Wirksamkeit. Ihre zielsicheren und wohlgeschützten Raketen wären Teil des Gesamtpotenzials westlicher Abschreckungsmacht ... Die Raketen und Sprengköpfe wären gemeinsamer Besitz und stünden unter gemeinsamer Kontrolle; sie könnten nicht einseitig abgezogen werden. Die MLF würde ferner den europäischen Zusammenhalt stärken, indem sie den gegenwärtig nicht-nuklearen Mächten die Gelegenheit böte, sich an dem Besitz, dem Personal und der Kontrolle einer schlagkräftigen Atomstreitmacht auf derselben Grundlage wie andere Mitglieder dieser Streitmacht zu beteiligen.«

In der Bundesrepublik wurde die MLF zu einem zentralen Gegenstand in der Debatte zwischen »Atlantikern« und »Gaullisten«, die sich im Sommer und Herbst 1964 öffentlich und schonungslos befehdeten. Dabei wurde das MLF-Projekt von »Atlantikern« wie Erhard und Schröder als politisches Zugeständnis der USA gedeutet, während die »Gaullisten«, zu denen unter anderem Adenauer und Strauß zählten, es durchweg ablehnten. Außer in Deutschland fanden die USA jedoch inzwischen kaum noch Unterstützung für ihr Vorhaben. Die europäischen Verbündeten beteiligten sich zwar an den langen Diskussionen über die technische Ausgestaltung.

Aber als es ernst wurde, zogen sie sich mehr und mehr zurück. Selbst die Briten, derentwegen man die ganze Sache auf sich genommen hatte, zögerten. Am Ende war außer der Bundesrepublik und den USA niemand bereit, einen substanziellen Beitrag zur Finanzierung zu leisten. Als Schröder zur Jahreswende 1964/65 erkannte, dass die MLF die Probleme, die aus der nuklearen Hegemonie der USA im Bündnis resultierten, nicht lösen konnte, kehrte er sie deshalb stillschweigend unter den Tisch. Die MLF verschwand in der Versenkung, ohne dass es je einen formellen Beschluss zu ihrer Ablehnung gegeben hätte.

Bei der Suche nach einer neuen, positiven Idee nach dem Scheitern der MLF griff die Bundesregierung in erster Linie den Gedanken einer »politischen Union« in Europa wieder auf. Die dazu unterbreiteten Vorschläge vom 4. November 1964 sahen neben Maßnahmen zur wirtschaftlichen Integration vor allem eine »europäische politische Zusammenarbeit« im Bereich der Außen-, Verteidigungs- und Kulturpolitik vor. Ziel war ein »föderatives, politisch und wirtschaftlich geeintes, demokratisches Europa«. Bei den deutsch-französischen Konsultationen Mitte Januar 1965 auf Schloss Rambouillet wurden die Vorschläge zu einer Neubelebung des Gedankens einer politischen Union zur Sprache gebracht. Am 20. Januar verkündeten Erhard und de Gaulle, dass nunmehr Kontakte zu den übrigen Regierungen der EWG-Staaten aufgenommen werden sollten, um die Außenminister zu beauftragen, eine Zusammenkunft der Regierungschefs vorzubereiten. Doch als Außenminister Schröder sich danach um die Vereinbarung eines genauen Datums bemühte und vier Regierungen sofort zusagten, zögerte Frankreich erneut. Außenminister Maurice Couve de Murville bejahte zwar am 29. März in Rom die Zweckmäßigkeit einer solchen Konferenz, ließ aber den Termin wegen noch bestehender sachlicher Gegensätze auf unbestimmte Zeit verschieben. Unklar war aus französischer Sicht nicht nur das Verhältnis der politischen Union zu den bereits bestehenden europäischen Institutionen, sondern auch die künftige Funktion Großbritanniens im europäischen Gefüge sowie das europäisch-amerikanische Verhältnis.

Die Situation spitzte sich sogar noch zu, als die provisorische Agrarmarktfinanzierung, die im Januar 1962 vom Minsterrat der

EWG verabschiedet worden war und spätestens am 30. Juni 1965 durch eine endgültige Regelung ersetzt werden sollte, auslief, ohne dass man sich auf eine Neuordnung verständigt hatte. Das französische Kabinett beschloss daraufhin, »an weiteren, den Gemeinsamen Markt betreffenden Verhandlungen in Brüssel vorerst nicht mehr teilzunehmen«. Die französischen Vertreter, darunter auch der Botschafter bei der EWG, wurden abberufen, der Ministerrat und alle Gremien, die mit Planungen für den weiteren Aufbau der Gemeinschaft betraut waren, boykottiert. Nur Routineangelegenheiten wurden von einer kleinen französischen Restdelegation noch erledigt. De Gaulles »Politik des leeren Stuhls« hatte begonnen. Die Europa-Initiative der Regierung Erhard war ebenso gescheitert wie zuvor der Neuanlauf in der Ostpolitik und das MLF-Projekt. Offenbar hatten der Kanzler und sein Außenminister weder ausreichendes Geschick noch die nötige Fortüne besessen, die angestrebten Ziele zu erreichen. Abträgliche Urteile über die vermeintliche Entschlusslosigkeit und Führungsschwäche des Kanzlers machten in Bonn die Runde. Auch die jahrelang von Adenauer betriebene Demontage des »Kronprinzen« zeitigte späte Folgen. Nicht selten waren es gerade diejenigen, die vorher den autoritären Stil Adenauers kritisiert hatten, die nun das kleinmütige Zaudern Erhards beklagten.

Doch in der Bevölkerung blieb Erhard allen Problemen zum Trotz populär. Bei der Bundestagswahl 1965 konnte er sogar einen Stimmenzuwachs von 45,3 auf 47,6 Prozent gegenüber 39,3 Prozent für die SPD und 9,5 Prozent für die FDP verbuchen. Die Regierung verfügte damit im Bundestag über eine komfortable Mehrheit von 301 zu 217 Sitzen und schien für die zweite Amtszeit gut gerüstet. Erhards Wahlsieg konnte allerdings nicht darüber hinwegtäuschen, dass er für das Kanzleramt tatsächlich ungeeignet war. Beobachter vermuteten bereits damals, dass er sich über die hohen Anforderungen, die das Amt an ihn stellte, selbst nicht im Klaren war. Jedenfalls wurde er ihnen weder mit der erforderlichen Energie noch mit dem nötigen Fleiß gerecht. Politik als zähe Arbeit am Detail, die umfassende und präzise Kenntnisse verlangte, lag Erhard nicht. »Er präpariert sich nicht, so weiß er eben nichts«, notierte Heinrich Krone schon 1964 resigniert. Auch für viele Besucher brachte Erhard kein wirkliches Interesse auf. In Gesprächen mit ausländischen Gästen, sofern es nicht gerade die Botschafter der großen Mächte waren, ging oft schon nach wenigen Minuten der Gesprächsstoff aus, und die Unterhaltung wurde vorzeitig beendet. Andererseits dauerten Kabinettssitzungen mangels Konzentration und Führung meistens unendlich lange. Selbst »Freunde« und »Vertraute« wandten sich von ihm ab.

Um so bemerkenswerter war es, dass Erhard sich Anfang 1966 noch einmal in einer wichtigen Frage gegen die Kritiker in den eigenen Reihen durchsetzen konnte: Am 23. März 1966 ließ er sich auf dem 14. Bundesparteitag der CDU zum Parteivorsitzenden wählen. Sein schärfster Konkurrent, Rainer Barzel, wollte es auf eine Kampfabstimmung nicht ankommen lassen und verzichtete auf eine Kandidatur. Die Zeit für eine Ablösung war noch nicht reif. Dennoch herrschte Anfang 1966 in allen politischen Lagern das unbestimmte Gefühl, dass es so wie bisher nicht weitergehen könne. Vor allem in der Außen- und Deutschlandpolitik waren die Defizite bei der Anpassung an die neuen Realitäten im Ost-West-Verhältnis mit den Händen zu greifen.

Um der Gefahr einer völligen außenpolitischen Isolierung zu entgehen, bereitete das Auswärtige Amt deshalb unter maßgeblicher Beteiligung der sozialdemokratischen Opposition, insbesondere Herbert Wehners, eine »Note der Bundesregierung zur Abrüstung und Sicherung des Friedens« vor. Sie wurde am 25. März 1966 nicht nur denjenigen Staaten überreicht, mit denen die Bundesrepublik diplomatische Beziehungen unterhielt, sondern auch den arabischen Staaten und den Ländern des Ostblocks – wiederum mit Ausnahme der DDR. Diese bald als »Friedensnote« apostrophierte Initiative, die maßgeblich aus der Feder eines der damaligen Ostreferenten im Auswärtigen Amt, Erwin Wickert, stammte, bezeichnete das Ziel der Wiedervereinigung Deutschlands weiterhin als die vorrangige Aufgabe der Bonner Politik und lehnte jede Form der Anerkennung der DDR ab. Zugleich kam sie jedoch dem tatsächlichen oder vermeintlichen Sicherheitsbedürfnis der osteuropäischen Staaten entgegen, indem sie Vereinbarungen über einen Gewaltverzicht und über die Nichtverbreitung von Kernwaffen anbot. Zudem gab die Bundesregierung ihre Forderung auf, dass Fortschritte in der Entspannungspolitik von Fortschritten in der deutschen Frage abhängig seien.

Den Kern der Note bildete allerdings das Angebot eines Gewaltverzichts. Der Staatssekretär im Auswärtigen Amt, Karl Carstens, hatte darüber nach dem Wahlsieg Erhards 1965 auf einer Reise in die Sowjetunion mit Außenminister Wassilij Kusnezow und seinem Stellvertreter Wladimir Semjonow gesprochen, wobei das sowjetische Interesse an »beiderseitigen Nichtangriffserklärungen«, wie es im damaligen Sprachgebrauch hieß, erkennbar geworden war. Die Note stellte somit den Beginn eines Meinungsaustausches dar, der schließlich zu mehr Bewegung im Verhältnis zwischen der Bundesrepublik und den osteuropäischen Staaten führen sollte. Die Tatsache, dass die Bundesregierung dabei an den entscheidenden rechtlichen Vorbehalten ihrer bisherigen Außen- und Deutschlandpolitik festhielt und ausgerechnet den Staat, der von den Bonner Ansprüchen am meisten bedroht war, von dem Angebot ausschloss, auf Gewalt zu verzichten, machte eine negative Reaktion des Ostens im aktuellen Fall indessen unvermeidlich.

Das Unbehagen über die außenpolitische Unsicherheit der Regierung Erhard weitete sich Mitte des Jahres 1966 ein weiteres Mal auch auf die deutsch-amerikanischen Beziehungen aus. Nachdem der Fraktionsführer der Demokratischen Partei im amerikanischen Senat, Mike Mansfield, Ende August eine nach ihm benannte Resolution eingebracht hatte, in der eine drastische Kürzung der amerikanischen Truppenstärke in Europa empfohlen wurde, falls es nicht zu einer gerechteren Lastenteilung im Bündnis kam, fürchtete man in Bonn, das amerikanische Engagement könne sich verringern, ohne dass auf östlicher Seite gleichwertige Reduzierungen erfolgten. Obwohl es Präsident Johnson zunächst gelang, eine Abstimmung über die Mansfield-Resolution im Senat zu verhindern, blieb das Gefühl der Beunruhigung, die USA könnten unter dem Druck des Vietnamkrieges ihre europäischen Verpflichtungen einschränken und dadurch die bisherige Sicherheitspolitik des Westens in Frage stellen. Diese Sorge wurde noch verstärkt, als die britische Regierung ebenfalls ankündigte, ihre Streitkräfte in Deutschland zu vermindern, wenn die Deutschen nicht zu einem vollen »Devisenausgleich« für die Kosten der britischen Truppenstationierung bereit seien. Mit Paris wurde zu dieser Zeit bereits verhandelt, um den Verbleib der in Deutschland befindlichen französischen Einheiten, die seit dem 1. Juli 1966 nicht mehr der NATO unterstanden, zu sichern, ohne dass ein Ergebnis abzusehen war. Auch hier ging es vor allem um Geld, das von der Bundesregierung gezahlt werden sollte, wenn sie ihren militärischen Schutz nicht verlieren wollte.

Das Gefühl der Unsicherheit, das daraus in der Bundesrepublik im Herbst 1966 entstand, wurde allerdings weniger den Verbündeten angelastet, von denen die Forderungen nach Lastenteilung und Devisenausgleich ausgingen, als der Bundesregierung, die keine genaue Vorstellung zu haben schien, wie man ihnen begegnen könne. Tatsächlich waren die Forderungen der Alliierten durchaus berechtigt. So hatte die Bundesregierung bereits seit 1961 mit den USA so genannte »Offset-Abkommen« geschlossen, bei denen es nicht um eine Entschädigung für die Anwesenheit der amerikanischen Truppen – also um »Sold für fremde Legionäre« –, sondern nur um einen Ausgleich für die Devisenverluste ging, die den USA durch die Stationierung ihrer Soldaten und deren Angehörige in Deutschland entstanden. Bei diesen Abkommen – das letzte datierte aus dem Jahre 1964 – hatten die Deutschen offenbar nicht bedacht, dass sie wirtschaftlich einmal in Schwierigkeiten geraten könnten und dass sie überdies nicht ständig große Mengen an militärischem Material benötigten, mit dessen Kauf in den USA sie den Devisenausgleich zunächst bestritten. So klaffte im Sommer 1966 eine Zahlungslücke von zwei Milliarden Dollar, auf deren termingerechter Schließung bis zum 30. Juni 1967 die USA bestanden.

Das eigentliche Problem entwickelte sich nun daraus, dass sich auf deutscher Seite inzwischen ebenfalls erste wirtschaftliche Krisenzeichen zeigten, die eine pünktliche Zahlung erschwerten, während Präsident Johnson – mitten in den Vorbereitungen für die Kongresswahlen – unter dem Druck des Senats und des Repräsentantenhauses hemdsärmelig und kompromisslos auf der Regulierung des Devisenausgleichs beharrte. Als Erhard Ende September 1966 in Begleitung von Außenminister Schröder und Verteidigungsminister Kai-Uwe von Hassel in die USA reiste, um einen Zahlungsaufschub zu erreichen, konnte er sich über das, was für ihn jetzt auf dem Spiel stand, keinen Illusionen hingeben. Die deutsche Presse hatte landauf, landab keinen Zweifel daran gelassen, dass seine Zeit abgelaufen sei, wenn er mit leeren Händen aus Washington zurückkehre. Doch so begrenzt der Spielraum für den Kanzler war, so eng war er auch für den amerikanischen Präsidenten. Tief in den Vietnamkrieg verstrickt und mit großen Problemen seiner Zahlungsbilanz behaftet, konnte Washington seine Leistungen in Europa ohne substanzielle deutsche Beiträge nicht ungekürzt aufrechterhalten. Immer mehr Stimmen in den USA verlangten sogar, dass die durch Amerikas Schutz reich gewordenen Europäer nun auch die Lasten der Eindämmung des asiatischen Kommunismus mittragen sollten. Außerdem war der Termin für die Kongresswahlen (im November 1966) nicht mehr fern. So konnte Johnson wenig für Erhard tun, selbst wenn er es gewollt hätte.

Nach seinen Gesprächen im Weißen Haus war Erhard schwer getroffen und tief enttäuscht. Mit finsterer Miene absolvierte er das restliche Besuchsprogramm, das ihn noch – gemeinsam mit Johnson – nach Cape Canaveral in Florida führte, wo er sich das amerikanische Raumfahrtprogramm erläutern ließ. Die Fotos von dort offenbaren einen geschlagenen Mann, der sich über seine Zukunft als Bundeskanzler keine Illusionen mehr machte, zumal inzwischen auch die Wirtschafts- und Finanzpolitik zu Hause – seine ureigene Domäne – in den Strudel allgemeiner Unsicherheit und Orientierungslosigkeit geraten war.

Bereits kurz nach der Regierungsbildung 1965 hatte das Wort von der »wirtschaftlichen Rezession« die Runde gemacht. Zwar gab es auch im September 1966, wenige Wochen vor Erhards Rücktritt, noch nicht mehr als 100 000 Arbeitslose bei 600 000 offenen Stellen und 1,4 Millionen »Gastarbeitern«. Aber sektorale Schwierigkeiten, vor allem bei Kohle und Stahl, und wirtschaftliche Abflachungen, die im internationalen Vergleich als harmlos, ja normal erschienen, wurden von der Bevölkerung, die sich an den scheinbar unaufhaltsamen Aufschwung des »Wirtschaftswunders« gewöhnt hatte, schon als bedrohlich empfunden. Hinzu kamen die offensichtliche Führungsschwäche des Kanzlers und ein diffuses, aber stetig um sich greifendes Bewusstsein einer tiefgreifenden »Krise«. In einem Land, in dem die innere Ordnung mehr als anderswo auf ökonomischer Stabilität beruhte, das selbst keinen wirtschaftlichen Einbruch kannte, sich aber noch lebhaft an die ökonomischen Katastrophen der zwanziger und vierziger Jahre erinnerte, gab allein schon die Furcht vor einer Krise Anlass zu Befürchtungen. Sinkende Wachstumsraten, Zechenstilllegungen, schwarze Fahnen demonstrierender Bergbauarbeiter an der Ruhr und das Wiederaufleben des Rechtsradikalismus schufen eine Krisenstimmung, die – wenn auch weit übertrieben – an den Niedergang der Weimarer Republik gemahnte. Die Bundesregierung selbst hatte diese Situation maßgeblich mitverschuldet: Statt durch öffentlich finanzierte Investitionsprogramme einen neuen Aufschwung herbeizuführen, hatte sie mit dem Hinweis auf Stabilitätserfordernisse versucht, der Krise durch Sparmaßnahmen zu begegnen, und damit die Rezession noch künstlich verschärft, so dass bald auch die Steuereinnahmen zu schrumpfen begannen.

Da Erhard sich als unfähig erwies, das Problem zu meistern, wurden Mitte August 1966 erstmals Forderungen der sozialdemokratischen Opposition laut, Erhard müsse zurücktreten. Auch aus der Fraktionsspitze der FDP war nun zu hören, dass sein Verbleiben im Amt »Deutschland zum Nachteil gereiche«. Die erste Sitzung des Fraktionsvorstandes der CDU/CSU nach der Sommerpause am 8. September wurde deshalb von Barzel mit der Bemerkung eingeleitet, dies sei »die bisher schwerste Situation für die Union«. Anschließend hielt Strauß dem Kanzler in einer langen Rede schonungslos seine Versäumnisse in der Außen- und Wirtschaftspolitik vor. Die Angriffe gegen Erhard und die Kritik an seiner Regierung nahmen nun von Tag zu Tag zu. Der Sturz des Regierungschefs war nur noch eine Frage der Zeit.

Als Erhard am 28. September aus den USA nach Deutschland zurückkehrte, war seine Reise hier bereits von den Medien als ein einziges Debakel dargestellt worden. Der Besuch bei Johnson, der dem Kanzler zu einer Festigung seiner Position hatte verhelfen sollen, besiegelte nun dessen politisches Schicksal. Am Ende waren es gegensätzliche Auffassungen über die Notwendigkeit von Steuererhöhungen zum Ausgleich des Haushalts 1967, die am 27. Oktober 1966 für die vier FDP-Minister Erich Mende, Rolf Dahlgrün, Ewald Bucher und Walter Scheel den Anlass boten, auf Druck ihrer Frak-

tion zurückzutreten, weil sie – wie ihre Partei offiziell bekannt gab
– zu der Überzeugung gekommen seien, »dass unter den gegenwärtigen politischen Umständen eine der langfristigen Stabilität dien-
ende Haushaltsentscheidung nicht erwartet werden« könne. Mende
fügte später hinzu, dass mit dem Rücktrittsgesuch der Minister auch
die Koalition gekündigt sei.

Erhard nahm den Rücktritt der vier FDP-Minister noch am gleichen Tage an und war damit nur noch Chef einer Minderheitsregie-
rung. Die SPD forderte ihn deshalb auf, gemäß Artikel 68 GG im
Bundestag die Vertrauensfrage zu stellen. Der bayerische Ministerpräsident Alfons Goppel ersuchte ihn auf einer Wahlkundgebung
der CSU, einem neuen Mann Platz zu machen. Auch verschiedene
Landesorganisationen der CDU legten ihm den Rücktritt nahe.
Doch nichts geschah. Erhard zögerte, wie so oft vorher. Er tat
nichts, um seinen Abstieg aufzuhalten, trat aber auch nicht zurück,
weil er meinte, dass man ihn nicht ohne weiteres gegen seinen Willen stürzen könne. »Er kämpft nicht und er geht nicht«, sagte man
damals allgemein über ihn – und bedrängte ihn von allen Seiten,
endlich seinen Platz für einen anderen zu räumen. So musste die
Entscheidung von anderen als ihm getroffen werden. Aus dem möglichen Rücktritt wurde ein Sturz.

Im CDU-Parteivorstand am Nachmittag des 8. November, in
dem zunächst wiederum lange um klare Schlussfolgerungen her-
umgeredet wurde, war es schließlich der erst 36-jährige rheinland-
pfälzische Landesvorsitzende Helmut Kohl, der dem Spuk mit un-
bekümmerter Direktheit ein Ende bereitete. »Jeder weiß, um was es
geht«, erklärte er zur Erleichterung beinahe aller Anwesenden. Das
Parteivolk erwarte, dass der Vorstand Klarheit schaffe: »Deswegen
meine ich, wir sollten jetzt schlicht und einfach die Namen auf den
Tisch bringen.« Dann nannte Kohl – in alphabetischer Reihenfolge
– die Namen, von denen jeder wusste, dass es die Kandidaten für die
Nachfolge Erhards waren: Barzel, Gerstenmaier, Kiesinger und
Schröder. Zwei Tage danach wurde in einer fraktionsinternen Abstimmung Kurt Georg Kiesinger als neuer Kanzlerkandidat der
CDU/CSU nominiert. Da er seit 1958 als Ministerpräsident von Baden-Württemberg amtierte und in Stuttgart der Bonner Szenerie
weit entrückt war, hatte er in der Fraktion zwar kaum Anhänger,

aber noch weniger Feinde. Für Barzel, Gerstenmaier und Schröder galt genau das Gegenteil.

»Niemand, der um historische Gerechtigkeit bemüht ist, wird Ludwig Erhard in erster Linie an seiner Kanzlerschaft messen.« So lautete 1984 das Fazit des Bonner Historikers Klaus Hildebrand in seiner umfangreichen Studie zur Geschichte der sechziger Jahre über die Zeit Erhards als Regierungschef. Da Erhard seine Grenzen nicht kannte, wusste er auch nicht, wann er aufzuhören hatte. Gemeinsam mit Adenauer abzutreten, war ihm nicht möglich – ohne ihn weiterzumachen, sein größter Fehler. Die Leistungen, die er vorzuweisen hatte, lagen in den eineinhalb Jahrzehnten vor der Kanzlerschaft und bleiben unvergänglich. Als Kanzler verließ ihn danach die glückliche Hand, die er als Wirtschaftsminister stets besessen hatte.

10. Die Große Koalition

Als Erhards Kanzlerschaft am 10. November 1966 endete (formal dauerte sie noch bis zur Aushändigung der Entlassungsurkunde durch den Bundespräsidenten am 30. November), waren Vorhersagen über die weitere Entwicklung schwierig. Die FDP hatte mit dem Rücktritt ihrer vier Minister die Regierungskrise ausgelöst, aber kaum damit gerechnet, für längere Zeit in die Opposition verbannt zu werden. So war der FDP-Vorsitzende Erich Mende bereits am 19. Oktober 1966 in einem Fernsehinterview vor die Öffentlichkeit getreten, um die Bereitschaft seiner Partei zu erklären, mit den Sozialdemokraten eine Koalition einzugehen. Umgekehrt befürwortete auch Willy Brandt, der 1964 den SPD-Vorsitz von Erich Ollenhauer übernommen hatte, aufgrund seiner Berliner Erfahrungen und weitgehender sachlicher Übereinstimmung – vornehmlich in der Ost- und Deutschlandpolitik – ein Bündnis mit der FDP. Angesichts der knappen Mehrheitsverhältnisse im Bundestag (die CDU/CSU verfügte über 245 Sitze, die SPD über 202 und die FDP über 49) erschien eine solche »Mini-Koalition« mit einer hauchdünnen Mehrheit von nur sechs Sitzen allerdings als ein großes Wagnis – zumal es ein offenes Geheimnis war, dass nur ein Drittel der liberalen Bundestagsabgeordneten ein Zusammengehen mit den Sozialdemokraten wirklich wünschte; ein weiteres Drittel plädierte für eine Erneuerung des Bündnisses mit der CDU/CSU, das letzte Drittel war für den Weg in die Opposition. Mende konnte deshalb schon bei der Kanzlerwahl, bei der es nur einen Spielraum von zwei Stimmen gab, für nichts garantieren.

Dennoch hätte Brandt es vielleicht gewagt, wenn nicht innerhalb der SPD »wichtige Parteifreunde« auf die »große Lösung« – eine Große Koalition mit der CDU/CSU – fixiert gewesen wären. Insbesondere Herbert Wehner, der inzwischen als Nachfolger von Fritz Erler Fraktionsvorsitzender der SPD geworden war, erschien eine Kleinstkoalition, die nicht mehr als eine »Prothesenregierung« hervorzubringen vermöge, ein zu großes Wagnis: Wenn eine solche Regierung mit einem sozialdemokratischen Kanzler schon nach kurzer Amtszeit scheiterte, war die SPD auf Jahre hinaus blamiert. Alle hätten sich dann in ihrem Vorurteil bestätigt gefühlt, die Sozialdemokraten taugten nicht zum Regieren. Wehner hielt es deshalb für besser, als kräftiger Juniorpartner an der Seite der Union zunächst Regierungserfahrung zu sammeln, um sich auf diese Weise für den Machtwechsel zu qualifizieren. Überdies fühlte er sich durch die Ereignisse im Umfeld des Sturzes von Erhard in der Einschätzung bestätigt, dass man auf die FDP nicht mehr zählen könne. Sie gleiche, meinte er, eher einem »lockeren Bund rivalisierender Einzelkämpfer« als einer schlagkräftigen Organisation, die die Liberalen in ihrer langen Geschichte ohnehin noch nie zustande gebracht hätten.

Ähnlich sah es Helmut Schmidt, der frühere Hamburger Innensenator und jetzige stellvertretende Fraktionsvorsitzende der SPD im Bundestag. Als die Fraktion am 26. November 1966 in einer zehnstündigen, äußerst kontroversen Debatte über die Bildung einer Großen Koalition mit der CDU/CSU beriet, erklärte er, ihm erscheine die FDP wie »ein parlamentarischer Club ... auf der inneren Integrationsstufe der parlamentarischen Clubs des Paulskirchenparlaments«. Annemarie Renger, die ehemalige Privatsekretärin Kurt Schumachers, die seit 1953 für die SPD im Bundestag saß und seit 1961 zugleich Mitglied des Vorstandes und des Präsidiums war, bemerkte, für sie sei die FDP »ein reiner Interessenklüngel, auf den wir uns nicht verlassen und mit dem wir nicht zusammenarbeiten können«. Die Gegner einer Großen Koalition kämpften dagegen auf verlorenem Posten.

Am folgenden Tag wurde in Verhandlungen zwischen Vertretern der CDU/CSU und der SPD die Bildung einer gemeinsamen Koalition beschlossen. Am 1. Dezember wurde Kurt Georg Kiesinger zum neuen Bundeskanzler der Bundesrepublik Deutschland gewählt. Seinem Kabinett gehörten neben Willy Brandt – als Vizekanzler und Außenminister – acht weitere Minister der SPD, sieben der CDU und drei der CSU an, darunter Franz Josef Strauß als Finanzminister. Der FDP (mit nur 49 Abgeordneten gegenüber 446 der Regierungsparteien) verblieb die Rolle einer scheinbar wirkungslosen Mini-Opposition.

Die neue Regierung hätte gegensätzlicher kaum sein können. Schon gegen den neuen Kanzler bestanden erhebliche Bedenken, weil er bereits im März 1933 in die NSDAP eingetreten war, von der er sich einen Aufschwung für das Vaterland versprach. Zwar hatte er sich ein Jahr später nach dem »Röhm-Putsch« weitgehend auf die formale Mitgliedschaft beschränkt und sich als freier Rechtsanwalt niedergelassen, ehe man ihn während des Krieges für die Presseabteilung des Auswärtigen Amtes dienstverpflichtet hatte. Aber er war das, was man damals einen »Mitläufer« nannte. Nach dem Krieg hatte er als Mitglied des Bundestages und des Europarates sowie als Ministerpräsident seines Landes Baden-Württemberg dennoch erneut Karriere gemacht. Seine Verstrickung im Dritten Reich war ihm nicht zum Verhängnis geworden. Doch bei der Kanzlerwahl verweigerten ihm zahlreiche Abgeordnete, vornehmlich der SPD, ihre Stimme. Von den 447 Volksvertretern, die zur Großen Koalition gehörten, sprachen sich nur 340 für ihn aus. Auch sonst hielt sich die Begeisterung für die »Elefantenhochzeit« bei der SPD in Grenzen. Noch im März 1968, auf dem Nürnberger Parteitag, hatten die führenden Sozialdemokraten erhebliche Mühe, nachträglich eine Bestätigung für ihre Entscheidungen vom Herbst 1966 zu erhalten. Mit 173 zu 129 Stimmen fiel die Mehrheit für die Billigung der Großen Koalition für sozialdemokratische Verhältnisse bemerkenswert knapp aus. Die Bedenken richteten sich nicht nur gegen Kiesinger, sondern ebenso gegen Strauß, den »Atomminister« der fünfziger Jahre und Verantwortlichen der *Spiegel*-Affäre von 1962. Seine Aufnahme ins Kabinett wurde allerdings durch die Ernennung von Conrad Ahlers zum stellvertretenden Leiter des Bundespresseamtes und damit zum Regierungssprecher »kompensiert«, der als einer der Hauptbetroffenen der *Spiegel*-Affäre bei vielen als das persönliche Opfer von Strauß galt.

Willy Brandt hatte bei seinen Vorgesprächen mit Kiesinger und Wehner zunächst erwogen, neben der Vizekanzlerschaft das Forschungsministerium zu übernehmen oder sogar ganz auf einen Kabinettsposten zu verzichten und sich – sein Berliner Amt als Regierender Bürgermeister behaltend – auf den Parteivorsitz zu konzentrieren. Im Vorstand und im Präsidium der SPD bestand man jedoch darauf, dass Brandt aus Gründen des Prestiges und der politischen Optik den Vizekanzlerposten und das Außenministerium besetzen müsse. Da die Union danach das Verteidigungsministerium beanspruchte, das sie für Gerhard Schröder reservierte, entschied sich Helmut Schmidt, auf einen Platz im Kabinett zu verzichten und der Fraktionsführung den Vorzug zu geben. Mit Rainer Barzel, der diese Aufgabe schon seit längerem in der CDU/CSU erfüllte, besaß er dort einen adäquaten Partner, der ihm in Temperament und Arbeitsweise ebenbürtig war. Der parlamentarische Erfolg der Großen Koalition war nicht zuletzt der sachlichen und weitgehend reibungslosen Zusammenarbeit der beiden Fraktionsführer zu verdanken.

Herbert Wehner übernahm den Posten des Gesamtdeutschen Ministers. Das Ministeramt war für ihn so etwas wie eine bürgerliche Ehrenerklärung. Als ehemaliger Kommunist und Mitglied des Politbüros der Exil-KPD in Moskau war er häufig als Agent verleumdet und geschmäht worden. Nun leistete er am 1. Dezember 1966 den Amtseid auf das Grundgesetz und verzichtete dabei auch nicht auf den christlichen Zusatz »So wahr mir Gott helfe«. Wehner war nicht nur Brandts Stellvertreter in der SPD, sondern zugleich der Wortführer seiner Partei im Kabinett – eine Rolle, die ihm von Brandt nie streitig gemacht wurde. Außerdem verband ihn mit Kiesinger seit vielen Jahren ein persönliches, von Respekt und Freundschaft getragenes Verhältnis.

Kiesingers Verhältnis zu Brandt blieb dagegen förmlich und distanziert. Der SPD-Vorsitzende, der nun sein Außenminister wurde, kam ihm »seltsam leer« vor. Er schien abhängig von Strömungen und Einflüssen, die er nur schwer verarbeiten konnte. Vor allem Egon Bahr, der ungeduldig auf die Verwirklichung einer neuen Ost- und Deutschlandpolitik drängte und den vorsichtigen Kurs der Großen Koalition lieber heute als morgen aufgeben wollte, setzte dem sensiblen Brandt offenbar hart zu. In dieser Konstellation bot Wehner nach Meinung Kiesingers, wie er am 22. November 1966 seiner Fraktion eindringlich darlegte, die beste Gewähr dafür, dass der Koalitionspartner nicht gleich wieder abhanden kam. Diese starke Position Wehners sowie das ausgeprägte Gefühl Brandts für persönliche Selbstständigkeit, der Abhängigkeit nur aus Loyalität gegenüber seinen Mitarbeitern und der eigenen Partei empfand, führten auch zu einer Änderung des Regierungsstils. Aus der »Kanzlerdemokratie« Adenauers und der »Volksdemokratie« Erhards wurde eine *government by discussion,* in der Kiesinger, wie Conrad Ahlers es einmal umschrieb, sich wie ein »wandelnder Vermittlungsausschuss« verhielt.

Die Regierungserklärung, die Kurt Georg Kiesinger am 13. Dezember 1966 vor dem Bundestag abgab, begann nicht mit der Außenpolitik, in der der neue Kanzler eigentlich zu Hause war, sondern – mehr als eine halbe Stunde lang – mit Finanz- und Wirtschaftsfragen. Zum Unwillen der Union und zur Genugtuung der SPD beschrieb Kiesinger »eine lange schwelende Krise«, die seiner Regierungsbildung vorausgegangen sei, und kündigte drastische Maßnahmen zur Behebung der Misere an. Dazu gehörten die Forderung nach einem Haushaltsausgleich für 1967, die Schließung der voraussichtlich noch bestehenden Deckungslücke von 3,3 Milliarden DM sowie eine Neuverteilung des Steueraufkommens zwischen Bund, Ländern und Gemeinden und Verhandlungen mit der Bundesbank über eine Senkung des Diskontsatzes zur Ankurbelung von Investitionen. Wichtiger als diese Einzelthemen waren jedoch der Stil und die Sprache des Kanzlers, die gänzlich den Einfluss des neuen Wirtschaftsministers Karl Schiller erkennen ließen und eine Mischung der Freiburger ordoliberalen Schule und der antizyklischen Konjunkturlehre von John Maynard Keynes bildeten. Zwar blieb das Zauberwort der »sozialen Marktwirtschaft« erhalten. Aber andere Formeln mit frischem Vokabular traten hinzu, die im Gegensatz zu den zuletzt abgegriffenen Standardfloskeln Ludwig Erhards neue Zuversicht vermittelten.

Solcher Optimismus war auch dringend nötig. Die Rezession, in der sich die deutsche Wirtschaft zur Jahreswende 1966/67 befand, ließ zwar einen Vergleich mit der »Großen Depression« von 1929, der selbst von Unternehmern und Gewerkschaftlern schon gezogen wurde, noch stark übertrieben erscheinen. Aber die Zahl von 673 000 Arbeitslosen und ein ständig wachsendes Milliardenloch im Bundeshaushalt aufgrund sinkender Steuereinnahmen zeigten an, dass es Probleme gab, die möglichst rasch einer Lösung bedurften.

Die Schwerpunktsetzung des neuen Kanzlers am Beginn seiner Regierungserklärung war also berechtigt. Auch Wirtschaftsminister Schiller und Finanzminister Strauß verloren keine Zeit, die erforderlichen Maßnahmen einzuleiten. Bereits am 21. Dezember 1966, eine Woche nach der Regierungserklärung, erzielten Bund und Länder einen Kompromiss über die Neuverteilung der Einkommen- und Körperschaftssteuer, die lange strittig gewesen war. Nur zwei Tage später, am 23. Dezember, traten das Finanzplanungsgesetz und das Steueränderungsgesetz 1966 zur Überleitung der Haushaltswirtschaft des Bundes in eine mehrjährige Finanzplanung in Kraft.

Auch die Verhandlungen mit der Bundesbank über eine Senkung des Diskontsatzes, die von Bundeskanzler Kiesinger in seiner Regierungserklärung gefordert worden war, führten überraschend schnell zum Erfolg. Nachdem die Regierung Erhard die Neigung der obersten Währungshüter, die Geldwertstabilität in den Mittelpunkt aller Überlegungen zu stellen, noch verstärkt und dadurch den möglichen Bonus von Investitionsanreizen durch Kreditverbilligung verschenkt hatte, zeigte sich Bundesbankpräsident Karl Blessing den Argumenten von Strauß durchaus zugänglich. Schon am 5. Januar 1967 ließ er den Zentralbankrat eine Senkung des Diskontsatzes beschließen. Nur eine Woche darauf, am 14. Januar, konnte auch der Bundeshaushalt 1967 verabschiedet werden. Die Haushaltslücke, die inzwischen auf 4,6 Milliarden DM angewachsen war, wurde durch den Abbau von Steuervergünstigungen und Ausgabenkürzungen in den Bereichen Landwirtschaft, Verteidigung, Entwicklungshilfe und Soziales ausgeglichen.

Allerdings wurden auch die Investitionen nicht vernachlässigt. So schuf die Bundesregierung durch das am 23. Februar 1967 im Bundestag verabschiedete »Kreditfinanzierungsgesetz« die Basis für ein Konjunkturprogramm, in dessen Rahmen Mittel in Höhe von 2,5 Milliarden DM für Investitionen bei Bahn und Post, im Verkehrswesen sowie in Bildung und Forschung auf dem Kreditweg bereitgestellt wurden. Dem gleichen Zweck diente die Entscheidung, eine 10-prozentige Sonderabschreibung für Investitionen in der Wirtschaft zu gewähren. Alle diese Maßnahmen trugen dazu bei, das Vertrauen bei Produzenten und Verbrauchern binnen kurzer Zeit wiederherzustellen. Die Überwindung der Rezession 1966/67 bedeutete nicht nur eine Trendwende in der Wirtschaft, sondern auch eine Zäsur im Verständnis der Wirtschaftspolitik.

Eines der wichtigsten Instrumente der neuen Politik war die »Konzertierte Aktion«. Angeregt von Bundeswirtschaftsminister Schiller, handelte es sich dabei um eine Gesprächsrunde von Vertretern des Staates, der Wissenschaft und der Sozialpartner – d. h. der Gewerkschaften und der Arbeitgeber – mit dem Ziel, die Wirtschafts-, Finanz- und Sozialpolitik gegenseitig abzustimmen sowie das Handeln der Tarifparteien mit den konjunkturellen Möglichkeiten zu vereinbaren. Die Teilnehmer der Konzertierten Aktion trafen sich erstmalig am 14. Februar 1967 und danach, in unregelmäßigen Abständen, zehn Jahre lang, ehe die Gewerkschaften wegen der Verfassungsbeschwerde der Arbeitgeber vom 29. Juni 1977 gegen das Mitbestimmungsgesetz eine weitere Teilnahme an der Gesprächsrunde absagten.

Neben der Konzertierten Aktion zählte das »Gesetz zur Förderung der Stabilität und des Wachstums der Wirtschaft«, das am 14. Juni 1967 in Kraft trat, zu den Kernelementen der ökonomischen Steuerung. Die Bundesregierung erhielt damit ein konjunkturpolitisches Instrumentarium in die Hand, das es ihr ermöglichen sollte, im Rahmen der von allen Verantwortlichen der Konzertierten Aktion überraschend schnell akzeptierten »Globalsteuerung« – auch dies ein von Schiller in die Diskussion eingeführter Begriff – die gesamtwirtschaftlichen Ziele zu vereinheitlichen. Zwar ließen sich dadurch nicht automatisch alle Probleme lösen. Aber die Menschen hatten nicht länger das Gefühl, den anonymen Mächten der Ökonomie hilflos ausgeliefert zu sein. Vielmehr wurde ihnen suggeriert, Wirtschaft und Konjunktur seien weitgehend beherrschbar. Zumindest kurzfristig führte dies dazu, dass der Optimismus zurückkehrte und die Wirtschaft wieder Tritt fasste.

Als Bundeskanzler Kiesinger seinem Nachfolger Brandt 1969 die Regierungsverantwortung übergab, konnte die Große Koalition – trotz Schuldentilgung in Höhe von 1,8 Milliarden DM allein in den ersten neun Monaten des Jahres 1969 – einen Haushaltsüberschuss von 1,5 Milliarden DM vorweisen. Das Bruttosozialprodukt, das 1967 noch stagniert hatte, war 1968 und 1969 wieder real um 7,3 Prozent bzw. 8,2 Prozent gestiegen. Die Inflationsrate, die zwischen

1966 und 1968 von 3,5 auf 1,5 Prozent gesunken war, lag 1969 trotz des allgemeinen Wachstums immer noch bei mäßigen 2,7 Prozent. Dafür hatte sich die Zahl der Arbeitslosen, die Anfang 1967 noch etwa 600 000 betragen hatte, bis zum Frühjahr 1969 auf 243 000 vermindert. Bei gleichzeitig 720 000 offenen Stellen bedeutete dies nicht nur Vollbeschäftigung, sondern sogar Arbeitskräftemangel, der sich nur durch die Anwerbung weiterer Gastarbeiter (zusätzlich zu den bereits vorhandenen 1,2 Millionen) decken ließ. Die wirtschafts- und finanzpolitische Bilanz der Großen Koalition konnte sich also sehen lassen. Die Reformpolitik der sozialliberalen Koalition begann im Herbst 1969 auf solider ökonomischer Grundlage.

Im Gegensatz zu den wirtschaftlichen Erfolgen der Großen Koalition, die in der Öffentlichkeit beinahe uneingeschränkte Anerkennung fanden, zählt die Verabschiedung der Notstandsverfassung durch den Bundestag im Mai 1968 zu den umstrittensten Kapiteln der Regierung Kiesinger. Die so genannten »Notstandsgesetze«, die am 28. Juni 1968 in Kraft traten und die alliierten Vorbehaltsrechte gemäß Art. 5 Abs. 2 des Deutschlandvertrages vom 26. Mai 1952 in der Fassung vom 23. Oktober 1954 ablösten, dienen dazu, die Versorgung der Bevölkerung und der Streitkräfte im Verteidigungsfall sicherzustellen und die Abwehr von Gefahren zu ermöglichen, die der demokratischen Verfassungsordnung der Bundesrepublik von innen drohen. Außerdem schaffen sie eine Rechtsgrundlage für die Zusammenfassung aller Hilfsmittel von Bund und Ländern bei Naturkatastrophen und schweren Unglücksfällen. Inzwischen wurden diese Gesetze weithin akzeptiert, da sie sich als unproblematisch erwiesen. In den sechziger Jahren waren sie jedoch heftig umstritten, weil viele in ihnen eine Ermächtigung des Staates zur Beseitigung der Demokratie sahen.

Der Erlass einer Notstandsverfassung war notwendig, weil die USA, Großbritannien und Frankreich bis zum Vorliegen solcher Gesetze für sich das Recht reklamierten, im Falle einer Gefährdung ihrer in Deutschland stationierten Streitkräfte selbst tätig zu werden und die entsprechenden Maßnahmen zu ergreifen. Vorsorge für den Fall eines inneren oder äußeren Notstandes zu treffen, war bei den europäischen Nachbarn der Bundesrepublik, etwa in Frankreich, Italien, den Niederlanden, Norwegen und Schweden, die

längst entsprechende Gesetze erlassen hatten, etwas ganz Selbstver-
ständliches. In den USA, Kanada, Großbritannien und Belgien galt
die Gewohnheit, der Exekutive im Falle eines Notstandes durch
höchstrichterliche Entscheidung zur notwendigen Handlungsfähigkeit zu verhelfen. Aber in Deutschland verwiesen die Gegner
der Notstandsgesetze auf das warnende Beispiel der Weimarer
Republik und die Gefahr eines Missbrauchs durch eine erneute
Diktatur von rechts. Sie waren eher bereit, sich auf die Alliierten zu
verlassen, als einer deutschen Regierung ein Instrument in die Hand
zu geben, mit dem – eine entsprechende politische Konstellation
vorausgesetzt – die Demokratie ein zweites Mal beseitigt werden
konnte.

Seit der ersten Vorlage eines Gesetzentwurfs zur Notstandsverfassung im Bundestag am 20. April 1960 durch Bundesinnenminister Schröder erblickten die Gegner darin also eine ernst zu neh-
mende Gefahr. Manche von ihnen scheuten sich auch nicht, für
Notstandsgesetze die diffamierende Abkürzung »NS-Gesetze« zu
verwenden. Ungeachtet aller Proteste wurde die Notstandsverfassung jedoch am 30. Mai 1968 in dritter Lesung mit 384 gegen 100
Stimmen und 1 Enthaltung vom Bundestag verabschiedet. Der Bundesrat stimmte ihr am 14. Juni 1968 einmütig zu. Zwar kam es während der Schlussberatungen in Bundestag und Bundesrat noch einmal in mehreren Städten – so in Berlin, Frankfurt, Freiburg,
Hamburg, Göttingen und München – zu Demonstrationen. Danach
legte sich die Aufregung jedoch erstaunlich schnell, wie Justizminis-
ter Gustav Heinemann bereits nüchtern vorausgesagt hatte. Die Gefahr für die Demokratie, die viele damals von der Notstandsgesetz-
gebung ausgehen sahen, bestätigte sich nicht.

Probleme gab es dagegen weiterhin in der Außenpolitik. Schon
das Jahr 1966 hatte mit großer Eindringlichkeit enthüllt, wie gering
der außenpolitische Spielraum der Bundesrepublik inzwischen geworden war. Nun rächte es sich, dass es seit den grundlegenden
Weichenstellungen zur Westintegration, die in den fünfziger Jahren
im Einklang mit der Entwicklung der Weltpolitik erfolgt waren,
keine Anpassung an die Veränderungen der internationalen Ordnung mehr gegeben hatte. Das Bündnis mit den USA, die Militär-
allianz der NATO, die Europäische Wirtschaftsgemeinschaft und

die Aussöhnung mit Frankreich waren Eckpfeiler einer Politik, deren Ursprünge ausnahmslos in der Adenauer-Ära wurzelten. Die prägenden außenpolitischen Elemente der Gegenwart – die amerikanisch-sowjetischen Bemühungen um Entspannung und Rüstungskontrolle, das britische Drängen auf Fortschritte in der europäischen Sicherheit und das nationale, aber europäisch orientierte Unabhängigkeitsstreben Frankreichs unter Staatspräsident de Gaulle – wurden dagegen nicht als verheißungsvolle neue Impulse begrüßt, die man für die eigene Politik nutzen konnte, sondern als kontraproduktive und gefährliche Störfaktoren betrachtet, die es abzuwehren und zu beseitigen galt.

Die fällige Anpassung der deutschen Außenpolitik an die veränderte weltpolitische Situation stand somit noch aus, als die Große Koalition mit ihrer Regierungsarbeit begann. Wie dringlich sie war, hatte wenige Monate zuvor erneut der amerikanische Präsident Johnson deutlich gemacht, als er in einer programmatischen Rede zur Europapolitik der USA am 7. Oktober 1966 zwar einerseits Befürchtungen zerstreute, die Verstrickung seines Landes in Vietnam könne zu einer Minderung des amerikanischen Interesses an Europa führen, andererseits jedoch den Wunsch nach einer »Wiedervereinigung Europas« äußerte, die mit der Herstellung eines stabilen Gleichgewichts zwischen Amerika und der Sowjetunion verknüpft sein sollte. »Ein großes Ziel eines geeinten Westens besteht darin«, so hatte Johnson dabei wörtlich erklärt, »den Schnitt durch Europa zu heilen, der heute den Bruder vom Bruder trennt ... Unsere Aufgabe ist es, eine Aussöhnung mit dem Osten zu erreichen – einen Übergang von der engen Konzeption der Koexistenz zu der großen Vision des friedlichen Engagements.« Die deutsche Wiedervereinigung sei in diese große Versöhnung eingebettet. Dies bedeute aber nicht, dass damit die DDR sofort verschwände. Nur die Einfügung der deutschen Belange in die allgemeine Ost-West-Verständigung, so Johnson, könne eine Chance zur Verbesserung der Verhältnisse in der Mitte Europas eröffnen und langfristig eine Perspektive zur Überwindung der deutschen Spaltung bieten.

Vor allem die SPD sah sich dadurch bestätigt. Schon auf dem Karlsruher Parteitag im November 1964 hatte Brandt die neue Rangordnung in der Ostpolitik auf die einfache Formel gebracht:

»Was gut ist für die Menschen im geteilten Land, das ist auch gut für die Nation.« Im Verlaufe des Jahres 1966 entwickelte sich daraus die Denkrichtung, von der sich alle späteren Bundesregierungen bis 1989 leiten ließen: dass eine staatliche Einheit nur in historischen Zeiträumen zu verwirklichen sei und dass es deshalb die Aufgabe der Politik sein müsse, wie Brandt betonte, »die Substanz der Nation zu erhalten, um die unmenschlichsten Auswirkungen der Teilung zu beseitigen, um Ansatzpunkte zu ihrer Überwindung zu suchen«.

In der Regierungserklärung Kiesingers vom 13. Dezember 1966 wurden diese neuen Ansätze in der Ostpolitik gleichfalls aufgenommen. Ein neuer Ton und eine neue Philosophie bestimmten die Ausführungen des Kanzlers, der unter den Aspekten der Friedenserhaltung und der Entspannung – unter Zurückstellung der Wiedervereinigung – ausdrücklich eine Anpassung der Ziele und Mittel der Bonner Außenpolitik an die Bedingungen der internationalen Lage forderte. Im Einzelnen widmete Kiesinger vor allem dem Verhältnis zur Sowjetunion breiten Raum, bot abermals den Austausch von Gewaltverzichtserklärungen an und bezog dabei auch das bislang ausgesparte Problem der deutschen Teilung ein. Überdies betonte der Kanzler das »lebhafte Verlangen des deutschen Volkes nach Aussöhnung mit Polen«, dessen »Bedürfnis nach gesicherten Grenzen« von der Bundesrepublik anerkannt werde.

Eine besondere Note erhielt die Regierungserklärung jedoch erst durch die Passagen zur DDR. Dabei wurde weiterhin das Recht der Deutschen auf Selbstbestimmung betont, zugleich aber auch der Wunsch nach Frieden und Verständigung im innerdeutschen Verkehr hervorgehoben. Kiesinger erneuerte den moralisch gemeinten Anspruch, die einzig frei gewählte deutsche Regierung zu sein, fügte aber hinzu, dass man damit keineswegs beabsichtige, die »Landsleute jenseits der Elbe« zu bevormunden. Man wolle vielmehr »entkrampfen und nicht verhärten, Gräben überwinden und nicht vertiefen« und zu diesem Zweck »die menschlichen, wirtschaftlichen und geistigen Beziehungen mit unseren Landsleuten im anderen Teil Deutschlands mit allen Kräften fördern«. Kiesinger bot sogar direkte Kontakte zu den Behörden der DDR an, ohne damit allerdings eine völkerrechtliche Anerkennung bzw. eine Abkehr von bisherigen Rechtsstandpunkten der Bundesregierung zu verbinden.

Das Echo auf diese Ankündigungen war weithin positiv. Die Weichen im Sinne einer vernünftigen Anpassung an die Tendenzen der internationalen Entwicklung schienen gestellt. Alles hing nun davon ab, ob auch die Umsetzung dieser Politik gelang. Tatsächlich sondierte das Bonner Außenministerium – nicht der neue Außenminister Brandt persönlich – schon Ende Januar 1967 in Budapest und Bukarest, ob ein Botschafteraustausch möglich sei. Die Vorbereitungen dazu waren bereits unter Außenminister Schröder getroffen worden. Jetzt ging es nur noch darum, die Beziehungen zu formalisieren. Die Rumänen, schon vorher lebhaft interessiert, griffen sofort zu, noch ehe der Warschauer Pakt einschreiten oder Außenminister Brandt einen Vorbehalt anbringen konnte. Bukarest »überrannte« gewissermaßen »die Bundesregierung mit deren eigenem Angebot«. Am 31. Januar 1967 wurde die Aufnahme diplomatischer Beziehungen zwischen der Bundesrepublik und Rumänien vereinbart. Ungarn und Bulgarien standen bereit, dem rumänischen Beispiel zu folgen.

Aus östlicher Sicht ergab sich daraus das Dilemma, dass die einerseits durchaus gewünschte Annäherung andererseits wieder – wie schon zu Zeiten Erhards und Schröders – zur Isolierung der DDR führen konnte. Diese Gefahr wurde noch dadurch größer, dass Politiker der Bundesrepublik den Eindruck erweckten, als könne man nun die Front im Osten »aufrollen« und den Bonner Alleinvertretungsanspruch in ganz Osteuropa durchsetzen, wie der FDP-Abgeordnete Wolfgang Mischnick erklärte, oder gar, wie der Fraktionsvorsitzende der CDU/CSU im Bundestag, Rainer Barzel, meinte, »die Kommunisten in aller Welt« gegen »das System Ulbricht, eine sowjetrussische Fremdherrschaft auf deutschem Boden«, mobilisieren.

Außenminister Brandt äußerte sich zwar zurückhaltender, aber nicht weniger unvorsichtig, als er seine Zuversicht ausdrückte, dass »andere unserer östlichen Nachbarn nun denselben Weg gehen werden«. Tatsächlich legte die Sowjetunion schon im Falle Ungarns und Bulgariens unverzüglich ein Veto ein, und nur eine Woche später, auf einem Außenministertreffen des Warschauer Paktes vom 8. bis

10. Februar 1967 in Warschau, wurde die »Ulbricht-Doktrin« beschlossen, derzufolge es von nun an keinem Staat des Ostblocks mehr erlaubt war, sein Verhältnis zu Bonn zu normalisieren, solange nicht entsprechende Beziehungen zwischen der Bundesrepublik und der DDR existierten. Mit anderen Worten: Ohne eine – wie auch immer formalisierte – Anerkennung des zweiten deutschen Staates war keine weitere Ostpolitik mehr möglich. Überdies wurde einen weiteren Monat später, am 15. und 17. März 1967, durch Verträge der DDR mit Polen und der Tschechoslowakei über Freundschaft und gegenseitigen Beistand das »Eiserne Dreieck« geschmiedet, dem im Laufe des Jahres gleichartige Verträge der DDR mit Ungarn und Bulgarien folgten. Die DDR, die bis dahin nur durch einen Freundschaftsvertrag mit der Sowjetunion verbunden gewesen war, wurde dadurch fest in das Vertragsnetz des Ostblocks einbezogen. Sie stieg damit zum gleichberechtigten und gleichgesicherten Mitglied der östlichen Staatengemeinschaft auf und verpflichtete seine Verbündeten nunmehr auch in vertraglicher Form, den Ost-Berliner Standpunkt in der Deutschland- und Berlin-Frage zu unterstützen.

Mit der übereilten Aufnahme diplomatischer Beziehungen zu Rumänien ohne vorherige gründliche Konsultationen in Moskau und Ost-Berlin hatte die Große Koalition damit nicht Auflockerung, sondern die Abriegelung des Ostblocks bewirkt. Was immer an ostpolitischen Initiativen noch möglich gewesen wäre, hätte zunächst eine Verständigung mit der Sowjetunion über eine Anerkennung der DDR vorausgesetzt. Dazu aber war der weit überwiegende Teil der CDU/CSU – im Gegensatz zur SPD – noch nicht bereit. Erneut kam es zu einer Verzögerung, bis die Bildung der sozialliberalen Koalition unter Bundeskanzler Willy Brandt im Herbst 1969 einen ostpolitischen »Neuanfang« erlaubte.

Ähnlich mühevoll wie die Ostpolitik gestaltete sich auch die Politik gegenüber Westeuropa und den USA. Die in der Regierungserklärung Kiesingers vom 13. Dezember 1966 geäußerte Absicht, die »atlantischen Bande wieder zu festigen« und zugleich den deutsch-französischen Beziehungen stärkeres Gewicht zu verleihen, wurde bereits im Frühjahr 1967 durch den Konflikt um den Nichtverbreitungsvertrag für Kernwaffen – den so genannten »Atomsperrvertrag« – überschattet. Die Auseinandersetzungen um den Vertrag, der zu einer Begrenzung und Kontrolle nuklearer Waffen führen sollte und schließlich am 1. Juli 1968 von den drei Nuklearmächten USA, Großbritannien und Sowjetunion sowie mehr als fünfzig weiteren Staaten, unter ihnen die Bundesrepublik, unterzeichnet wurde, belasteten das deutsch-amerikanische Verhältnis schwer.

Hintergrund der Krise war die Tatsache, dass die USA und die Sowjetunion, die beide ein Interesse daran hatten, die Kernwaffen zu »oligopolisieren« und sie nicht unkontrolliert über den Globus ausstreuen zu lassen, sich in geheimen Sondierungen im Herbst 1966 bereits über die Eckpunkte des Nichtverbreitungsvertrages geeinigt hatten, ohne dass die Verbündeten in die Gespräche einbezogen oder auch nur informiert worden wären. Die Verständigung lief auf eine Zweiteilung der Welt in Kernwaffenmächte und atomare Habenichtse hinaus. Der Vertrag, dessen vollständiger Entwurf Bundeskanzler Kiesinger und Außenminister Brandt am 20. Dezember 1966 vom amerikanischen Botschafter George McGhee übergeben wurde, schrieb somit den bestehenden technologischen, militärischen und machtpolitischen Zustand fest und schloss den weit überwiegenden Teil der Staaten von einer Entwicklung aus, deren Zukunftsträchtigkeit sich bisher höchstens erahnen ließ.

Natürlich zählte die Bundesrepublik zu den nuklearen Habenichtsen. Daran wollte im Prinzip auch niemand etwas ändern. Die Erregung ergab sich lediglich daraus, dass der Eindruck entstand, als ob die deutsche Seite zur Unterschrift unter ein Dokument gedrängt werden sollte, über dessen Vorgeschichte man nur stückweise und verspätet informiert worden war und dessen Konsequenzen unklar blieben. Die schärfste Kritik kam dabei von Adenauer und Strauß. Adenauer sprach während einer Spanien-Reise im Februar 1967 in Madrid von einer »verteufelten Neuauflage des Morgenthau-Plans« und erklärte, die Bundesrepublik werde nicht bereit sein, ihr »eigenes Todesurteil« zu unterschreiben. Strauß warf den Großmächten »nuklearen Kolonialismus« vor und prognostizierte »ein neues Versailles … von kosmischen Ausmaßen«. Die Beunruhigung wurde noch dadurch verstärkt, dass – praktisch schon seit dem Treffen zwischen Eisenhower und Chruschtschow in Camp David, aber in noch weit höherem Maße seit der Kennedy-Administration – in Bonn der Verdacht herrschte, die USA könnten ihr »Kondominium« mit der Sowjetunion über die Erfordernisse der westlichen Allianz stellen.

So wurde die innerdeutsche Debatte über den Nichtverbreitungsvertrag auch zu einem Testfall für die in Bonn miteinander im Streit liegenden Meinungen über Chancen und Risiken einer Entspannungspolitik zwischen Ost und West. Knapp drei Monate nach Bildung der Regierung Kiesinger war die neue außenpolitische Spaltung in Bonn jedenfalls nicht mehr zu übersehen, die eine Art Neuauflage des Streits zwischen Atlantikern und Gaullisten bedeutete und bei der es am Beispiel des Atomsperrvertrags im Grunde um die Koexistenzbereitschaft der Bundesrepublik in Mitteleuropa ging.

Tatsächlich führte das deutsche Verhalten in dieser Frage bereits Ende Februar 1967 dazu, dass der amerikanische Botschafter in Bonn beunruhigt an Außenminister Dean Rusk telegrafierte, dass »wir uns in unseren Beziehungen mit der Bundesrepublik in einem schwierigen Stadium befinden, in dem Befürchtungen amerikanischen Desinteresses und Verzichts beängstigende Ausmaße angenommen haben«. General de Gaulle dagegen, dem die neuerliche deutsch-amerikanische Verstimmung nicht verborgen geblieben war, ermunterte die Deutschen, an ihrer Position festzuhalten, und riet ihnen – obwohl er ebenso wenig wie die USA eine deutsche nukleare Parität ins Auge gefasst hatte – von der Unterschrift unter den Atomsperrvertrag nachdrücklich ab. Wie berechtigt andererseits die Einschätzung Botschafter McGhees war, zeigte sich nur zwei Tage später, als Bundeskanzler Kiesinger am 27. Februar 1967 vor dem Verein der Union-Presse in der Bonner Beethovenhalle erklärte, jenseits des Ost-West-Gegensatzes, in dem sich die deutschen und amerikanischen Interessen deckten, habe sich zwischen den USA und der Sowjetunion »eine Form des atomaren Komplizentums« gebildet, die zu größten Befürchtungen Anlass gebe.

Auch wenn Kiesinger seinen Vorwurf wenige Tage später durch Regierungssprecher Ahlers abschwächen ließ, war die Wirkung beträchtlich. Der Bundeskanzler wurde nun erst recht – anders als sein Außenminister – zu den schärfsten Kritikern der amerikanischen Atomsperrpolitik gerechnet und geriet überdies in den Verdacht, eine Kurskorrektur der Bonner Politik zugunsten de Gaulles vornehmen zu wollen. Andererseits hatte Kiesinger seinen Standpunkt gegenüber den USA in einer Deutlichkeit vertreten, die man dort seit Adenauer nicht mehr gewohnt gewesen war. Dies führte zwar zu neuen Spannungen im deutsch-amerikanischen Verhältnis, bewog aber zugleich Präsident Johnson zu einem stärkeren Eingehen auf die deutschen Wünsche. So entsandte er Anfang März den früheren amerikanischen Hohen Kommissar McCloy, der in der Bundesrepublik immer noch großes Ansehen genoss, zu einer Sondermission nach Bonn, um in der Frage der Truppenstationierung und des Devisenausgleichs, die wenige Monate zuvor Erhard die Kanzlerschaft gekostet hatte, wichtige Zugeständnisse zu überbringen. Kiesinger hatte an Prestige gewonnen und konnte zufrieden sein. Der Schatten des Atomsperrvertrages hatte sich am Ende noch zu einem Gewinn für die Außenpolitik der Großen Koalition entwickelt und der Bundesrepublik nicht nur zu größerem Ansehen, sondern auch zu neuem Spielraum verholfen.

Die Hoffnung, diese neue Flexibilität für die Europapolitik nutzen zu können, erwies sich jedoch bald als trügerisch. De Gaulle legte im Dezember 1967 ein weiteres Mal sein Veto gegen einen Beitritt Großbritanniens zur EWG ein und sorgte zudem durch den bereits im Juli 1966 erfolgten Austritt Frankreichs aus der militärischen Integration der NATO sowie durch die parallele Intensivierung der französisch-sowjetischen Beziehungen für neue Irritationen im westlichen Bündnis. Zwar bemühte sich Kiesinger weiterhin um ein gutes Verhältnis zu Frankreich und um eine »ausbalancierte Maklerrolle« zwischen Paris und London. Aber Fortschritte in der Europapolitik waren unter diesen Bedingungen kaum zu erwarten. Allerdings lag dies weniger am mangelnden guten Willen der Bundesregierung, als vielmehr an den starren und eigenwilligen Positionen des französischen Staatspräsidenten. Erst mit dem Rücktritt de Gaulles im April 1969 änderte sich die Ausgangslage. Zu diesem Zeitpunkt befanden sich die Parteien der Großen Koalition jedoch bereits gegeneinander im Wahlkampf, so dass nun in der Bundesrepublik die innenpolitischen Voraussetzungen für außenpolitische Initiativen fehlten.

11. »1968«

Die Ereignisse, auf die sich der spätere Mythos von »1968« gründe-
te, erreichten mit dem »Prager Frühling«, den Pariser Mai-Unruhen
und den studentischen Protesten in der Bundesrepublik im Frühjahr 1968 ihren Höhepunkt. Im Mittelpunkt stand dabei das Auftreten einer »Neuen Linken«, die im Gegensatz zu den orthodoxen
kommunistischen Parteien in der Sowjetunion, Osteuropa und
China, aber auch in Westeuropa und in vielen Entwicklungsländern
die überkommene sozialistische Dogmatik aufbrechen und durch
eine antiinstitutionelle Orientierung ersetzen wollte. Herbert Marcuse, Professor für Philosophie an der University of California in
San Diego und einer der geistigen Wegbereiter der Protestbewegung, bemerkte hierzu, die Neue Linke sei »nicht klassenmäßig
definiert« – etwa als revolutionäre Avantgarde des Proletariats –,
sondern bestehe hauptsächlich aus Intellektuellen, Gruppen der
Bürgerrechtsbewegung und radikalen Jugendlichen, die auf den
ersten Blick gar nicht politisch erschienen: Hippies, Kommunarden
und anderen Aussteigern (*drop outs*), die sich auf der Suche nach
neuen Lebensformen befänden. Im übrigen sei die Neue Linke vor
allem durch »ein tiefes Misstrauen gegen alle Ideologie« gekennzeichnet, von der man sich »irgendwie verraten« glaube und enttäuscht sei.

Marcuses Charakterisierung war zwar hauptsächlich auf die Situation in den USA bezogen, wo in Kalifornien wesentliche Ursprünge der Protestbewegung lagen. In ihrem Kern traf sie jedoch
auch auf Westeuropa zu. So waren in der Bundesrepublik im Juni
und Juli 1968 zwar 53 Prozent der Studenten, aber nur 5 Prozent der
nichtakademischen Jugend an Demonstrationen beteiligt. Wenn
man darüber hinaus bedenkt, dass 1968 erst rund 300 000 Studenten
– etwa 10 Prozent der entsprechenden Altersgruppen – an wissenschaftlichen Hochschulen der Bundesrepublik eingeschrieben wa-

ren, wird das relativ geringe quantitative Ausmaß der Protestbewegung deutlich. Auch die Tatsache, dass sich mit zunehmender Dauer der Proteste eine größere Zahl von Schülern an den Demonstrationen beteiligte, änderte das Bild nur unwesentlich. Andererseits standen Umfragen zufolge 1968 nahezu zwei Drittel der Gymnasiasten und Studenten im Alter von 17 bis 25 Jahren dem Parteiensystem der Bundesrepublik mit Misstrauen gegenüber, während etwa ein Drittel von ihnen mit marxistischen und kommunistischen Ideen sympathisierte.

Bei der Protestbewegung der sechziger Jahre handelte es sich somit nicht um eine Rebellion aus Armut oder sozialer Benachteiligung, sondern um das Aufbegehren von Angehörigen des Bildungsbürgertums bzw. der Mittelschicht, die sich in ihren Aktionen weniger von unmittelbaren materiellen und ökonomischen Interessen als von relativ autonomen »moralischen und ideologischen Betrachtungen« leiten ließen. Dabei erfolgte der Ausbruch der Revolte durchaus überraschend. Noch 1965 schrieb der Soziologe Ludwig von Friedeburg zum Thema Jugend: »Überall erscheint die Welt ohne Alternativen, passt man sich den jeweiligen Gegebenheiten an, ohne sich zu engagieren, und sucht sein persönliches Glück in Familienleben und Berufskarriere. In der modernen Gesellschaft bilden Studenten kaum mehr ein Ferment produktiver Unruhe. Es geht nicht mehr darum, sein Leben oder gar die Welt zu verändern, sondern deren Angebote bereitwillig aufzunehmen und sich in ihr, so wie sie nun einmal ist, angemessen und distanziert einzurichten.«

In den USA, aber ebenso in einigen westeuropäischen Ländern, wie Großbritannien und den Niederlanden, deutete allerdings bereits vieles auf ein wachsendes Unruhepotenzial unter der jungen Generation hin. So fand der Protest gegen die Langeweile und spießbürgerliche Routine der Konsumgesellschaft in den USA längst seinen Ausdruck im Rock'n'Roll, der nach Ansicht der meisten Beobachter den »Beginn der Revolution« markierte. Spätestens seit 1964 gehörten Hippies – als Repräsentanten von Ungebundenheit, Freiheit, Euphorie, Ekstase und Rausch – und so genannte »Gammler« auch zum alltäglichen Bild der europäischen Metropolen.

In der Bundesrepublik setzten die Beat- und Rock-Musik sowie die Einführung der »Pille« zur Empfängnisverhütung Mitte der sechziger Jahre ebenfalls eine kulturelle und sexuelle Revolution in Gang, bei der sich die traditionellen Geschlechterrollen verwischten und der Kampf um lange Haare sowie um Jeans- und Gammel-Look sich zum »Vehikel der Emanzipation von autoritärer Kontrolle in Familie, Schule, Betrieb und Öffentlichkeit« entwickelte.

Insgesamt schien es jedoch zunächst, als sei das Protestpotenzial in der Bundesrepublik geringer als in anderen westlichen Ländern. Die deutschen Tugenden von Ordnung, Sauberkeit und Fleiß, überliefertes Obrigkeitsdenken, die Enge des geistigen und räumlichen Milieus sowie nicht zuletzt die starke antikommunistische Grundstimmung, die aufgrund der deutschen Sonderrolle im Ost-West-Konflikt besonders ausgeprägt war, machten die zurückhaltende Einschätzung von Friedeburgs verständlich. Unterbrochen wurde die Ruhe nur durch die »Schwabinger Krawalle« von 1962, die ein frühes Signal für den subkulturellen Protest gegen die Erstarrung der bestehenden Ordnung setzten. Die in München aus den künstlerisch-anarchistischen Kreisen der »Subversiven Aktion« um Dieter Kunzelmann ausgelösten Unruhen, die unter dem Einfluss der niederländischen Provos noch auf einem ästhetisierten, spontaneistischen Politikverständnis basierten, das Politik vor allem als symbolische Provokation sowie als Happening zur Versinnbildlichung gesellschaftlicher Widersprüche begriff, wurden damit zu Vorboten jener Auflehnung gegen das politische System der Bundesrepublik, die bald zum herausragenden Merkmal der Bewegung von »1968« werden sollte.

Wie in den USA, so stellten auch in Westeuropa und der Bundesrepublik jene sozialen Randgruppen, die sich durch ihre Musik, ihre Kleidung, ihr Aussehen und ihr Auftreten vom leistungsorientierten Normen- und Wertesystem der Mittelstandsgesellschaft distanzierten, den Nährboden für die antiautoritäre Protestbewegung der sechziger Jahre dar. In den USA vollzog sich die Politisierung des gegenkulturellen Protestes unter dem Einfluss des Kampfes gegen die Rassendiskriminierung und den Vietnam-Krieg lediglich früher und radikaler als in Westeuropa. In beiden Fällen waren die Träger des politischen Protestes mit den *drop out*-Gruppen der späten fünfziger und frühen sechziger Jahre jedoch nicht mehr unbedingt identisch. Vielmehr verlagerte sich die Bewegung nun auf den Campus der Universitäten, wo sie nicht nur viel von ihrer spielerischen Spontaneität verlor, sondern auch an politischer Bedeutung und Dynamik gewann.

In der Bundesrepublik war die Entwicklung von Rudi Dutschke und Bernd Rabehl – beide zunächst Mitglieder der »Subversiven Aktion« in Berlin, ehe sie im Januar 1965 der Berliner Sektion des Sozialistischen Deutschen Studentenbundes (SDS) beitraten – beispielhaft für die Veränderung des Protestes. Im Vergleich zu Dieter Kunzelmann, der nicht nur in seiner Münchner Zeit, sondern auch danach als Mitglied der Kommune I in Berlin an seinem ästhetisierten, individualistischen Politikverständnis festhielt, repräsentierten sie eine Richtung innerhalb der antiautoritären Protestbewegung, die auf die Veränderung der Gesellschaft durch politische Analyse und Massenmobilisierung abzielte. Zwar blieben sie auch weiterhin stark von den niederländischen Provos und deren Happenings als Methode zur Bloßstellung des Establishments beeinflusst. Zugleich nahmen sie jedoch Elemente traditioneller linker Ideologien auf, die sie zu einer neuen politischen Strategie verarbeiteten und mit Unterstützung der Studentenschaft – als revolutionäre »Massenbasis« anstelle des nicht zur Verfügung stehenden Proletariats – in die Wirklichkeit umzusetzen suchten. Erst mit Dutschke und Rabehl wurde der SDS zum organisatorischen und inhaltlichen Motor des Protestes.

Dabei war der SDS bis in zweite Hälfte der fünfziger Jahre hinein in erster Linie ein akademisches Trittbrett für sozialdemokratische Parteikarrieren gewesen. Auch Helmut Schmidt zählte zu seinen ehemaligen Bundesvorsitzenden. Obwohl formal unabhängig, hatte der SDS sich damit im Integrationsfeld der Sozialdemokratie befunden und umgekehrt der SPD viele Sympathien unter der Studentenschaft eingebracht. Zur Kollision war es erst 1958/59 im Vorfeld der Diskussionen um das Godesberger Programm gekommen. Danach hatte die SPD-Führung den Eindruck gewonnen, dass der SDS sich nunmehr »auf den wohl überlegten Plan einer organisatorischen Zersetzung der SPD mit dem erklärten Ziel einer Parteispaltung konzentrierte«, wie es in einer Presseverlautbarung hieß. Logische Folge dieser Entwicklung war ein Beschluss des SPD-Parteivorstandes vom 6. November 1961, der die Unvereinbarkeit einer gleichzeitigen Mitgliedschaft in beiden Organisationen feststellte. Danach stand der SDS tatsächlich allein, zumal bereits im Mai 1960 mit dem Sozialdemokratischen Hochschulbund (SHB) eine konkurrierende Einrichtung gegründet worden war, die das sozialdemokratische Potenzial an den Hochschulen weitgehend ausschöpfte.

Unmittelbar nach der Trennung von der SPD begann der SDS an fast allen Universitäten damit, autonome sozialistische Arbeitskreise aufzubauen, in denen Studenten die Gelegenheit erhielten, sich systematisch die Texte des Marxismus und der Kritischen Theorie anzueignen. Anknüpfend an die sozialistischen Klassiker sollte ein neues, der aktuellen Situation angemessenes Verhältnis sozialistischer Theorie und Praxis entwickelt werden. Dabei wurde auf Distanz sowohl zu traditionalistischen KPD-Positionen als auch zur pragmatischen Haltung der SPD geachtet. Mit der Theorie des »autoritären Staates« (Max Horkheimer) und der »eindimensionalen Gesellschaft« (Herbert Marcuse) meinte man, das ideologische und begriffliche Instrumentarium gefunden zu haben, um die Entwicklung einer sich »formierenden«, etatistisch integrierten spätkapitalistischen Gesellschaft zu beschreiben. Als »revolutionäre Subjekte« wurden vor allem Randgruppen der Gesellschaft, aber auch die Befreiungsbewegungen der Dritten Welt benannt, während die »sozialistische Intelligenz« – also die linke Studentenschaft – sich selbst als revolutionäre Avantgarde betrachtete.

Der Berliner Politikwissenschaftler Richard Löwenthal, der in den zwanziger und dreißiger Jahren Mitglied einer sozialistischen Studentengruppe gewesen und während des Dritten Reiches nach einigen Jahren im Untergrund zur Emigration nach Großbritannien gezwungen gewesen war, sah darin einen »romantischen Rückfall« hinter die »Errungenschaften der ersten Nachkriegsgeneration – das individuelle Verantwortungsbewusstsein, die nüchterne Selbstbemühtheit, die Toleranz und den Respekt vor der Person«. Mit der erneuten Anfälligkeit für geschichtsphilosophische Gesamtlösungen, so warnte Löwenthal, trete »eine neue Intoleranz auf, ein Mangel an Bereitschaft, die eigenen Thesen in freier Diskussion zu überprüfen«. Damit verbunden sei zugleich »eine erneute Ablehnung der wesentlichen Institutionen des Westens, des liberalen Staates, der repräsentativen Demokratie«. Positiver wurde die Entwicklung von Ulrich Lohmar eingeschätzt, wie Löwenthal ebenfalls einer der ideologischen »Vordenker« der SPD, der 1968 schrieb, die »Neue Linke« fordere »zu einer kritischen Überprüfung unserer Vorstellungen von der Industriegesellschaft, der Demokratie und der Wissenschaft heraus«.

Weder die spätere Radikalisierung der Aktionen noch deren politische Implikationen waren zu dieser Zeit allerdings bereits absehbar. Auch die Rolle des SDS, der seit 1961 an den Universitäten eher ein Rand- und Schattendasein geführt hatte, lag noch weitgehend im Dunkeln. So verliefen die ersten politischen Demonstrationen im Dezember 1964 gegen den Besuch des kongolesischen Präsidenten Moise Tschombé in West-Berlin und im März 1965 gegen eine Werbewoche der Republik Südafrika durchaus diszipliniert und unspektakulär. Die universitären Proteste selbst begannen am 7. Mai 1965 mit einer Demonstration von einigen hundert Studenten an der Freien Universität Berlin, wo Rektor Hans-Joachim Lieber zuvor ein Hausverbot gegen den Publizisten Erich Kuby verhängt hatte, um dessen Teilnahme an einer Podiumsdiskussion des AStA aus Anlass des 20. Jahrestages der Niederlage des Nationalsozialismus zu verhindern. Kuby hatte nach Meinung Liebers 1958 die FU verunglimpft, als er deren Namensgebung »Freie Universität« mit der Bemerkung kritisiert hatte, die »innere antithetische Bindung an die andere, an die unfreie Universität jenseits des Brandenburger Tores« sei »mit den wissenschaftlichen und pädagogischen Aufgaben einer Universität schlechthin unvereinbar«.

Zum ersten Mal wurden nun neue Demonstrationstechniken, wie »Sit-ins«, »Go-ins« und das Prinzip der »begrenzten Regelverletzung«, erprobt, die sich an entsprechende Vorbilder bei den Studentenunruhen im kalifornischen Berkeley seit Ende 1964 anlehnten. Doch erst als der Vietnam-Krieg, an dem sich in den USA schon seit langem die Geister schieden, Ende 1965 auch in der Bundesrepublik in das Zentrum der studentischen Proteste rückte, gewann die Bewegung an Auftrieb. So kam es am 5. Februar 1966 ungeachtet aller Solidaritätsbekundungen von offizieller und privater Seite zu einer ersten großen Demonstration gegen die amerikanische Beteiligung am Vietnam-Krieg, bei der die Teilnehmer durch einen Sitzstreik auf dem Kurfürstendamm in Berlin den Verkehr für zwanzig Minuten blockierten und Eier gegen die Fassade des Amerika-Hauses am Bahnhof Zoo schleuderten. »Beschämend! Undenkbar!«, »Die Narren von West-Berlin«, »... eine Schande für unser Berlin« – so oder ähnlich lauteten am folgenden Tag die Schlagzeilen der Berliner Presse. In der »Frontstadt Berlin«, wo die Identifikation mit der »Schutzmacht USA« größer war als an anderen Orten, erschien die Verurteilung des amerikanischen Verhaltens in Vietnam besonders unangemessen. Irritierend wirkten nicht nur die Proteste an sich, sondern auch die Tatsache, dass sie mit einer unkritischen Glorifizierung des chinesischen und vietnamesischen Kommunismus und ihrer Führer Mao Tse-tung und Ho Tschi-minh sowie einer beinahe kultischen Verehrung Ernesto Che Guevaras als Symbolfigur des Guerillakampfes in der Dritten Welt einhergingen.

Eine mobilisierende Funktion für den studentischen Protest hatten aber auch Forderungen nach einer Hochschulreform. Sie erhielten erheblichen Auftrieb, als der Pädagoge Georg Picht 1964 in einer viel beachteten Artikelserie vor einer »deutschen Bildungskatastrophe« warnte und damit eine republikweite Diskussion auslöste, die zu einer Sensibilisierung gegenüber den Problemen im deutschen Bildungswesen führte. Nachdem sich die Fraktionsvorsitzenden der im Bundestag vertretenen Parteien am 21. Mai 1965 über eine Grundgesetzänderung zum Notstandsrecht geeinigt hatten und die Vorbereitung einer gemeinsamen Gesetzesinitiative in ein konkretes Stadium trat, kam mit dem Kampf gegen die Notstandsgesetze ein weiteres zentrales Thema hinzu, das mehr als drei Jahre lang – bis zur Verabschiedung der Gesetze am 30. Mai 1968 – die Aktionen der Studentenbewegung prägen sollte. Nach der Bildung der Großen Koalition in Bonn am 1. Dezember 1966 schienen zudem durch die Dezimierung der Opposition im Bundestag die Spielregeln der parlamentarischen Demokratie außer Kraft gesetzt, so dass viele eine »Außerparlamentarische Opposition« (APO) für notwendig hielten, um die Regierung wenigstens von außen zu kontrollieren. Da überdies, wie allgemein bekannt war, der neue Bundeskanzler Kurt Georg Kiesinger der NSDAP angehört hatte, Bundespräsident Heinrich Lübke angeblich als Architekt beim Bau von Konzentrationslagern mitgewirkt hatte und schließlich die rechtsradikale Nationaldemokratische Partei Deutschlands (NPD) 1966 in die Landtage von Hessen und Bayern einzog, schienen sich die Analysen der linken Studenten – insbesondere des SDS – über einen neuen deutschen »Faschismus« zu bestätigen. Die Forderungen nach einer demokratischen Hochschulreform und der Widerstand gegen den Vietnam-Krieg sowie die Notstandsgesetze verschmolzen nun mit der Kritik an der nationalsozialistischen Vergangenheit der Elterngeneration und der Auflehnung gegen ein Wiederaufleben totalitärer Bestrebungen.

Beispiele für die Parallelität der Aktionen gegen den Vietnam-Krieg und die Notstandsgesetze waren der in verschiedenen Arbeitskreisen des SDS lange vorbereitete Kongress »Vietnam – Analyse eines Exempels« im Mai 1966 in der Frankfurter Universität sowie der am 30. Oktober 1966 ebenfalls in Frankfurt abgehaltene Kongress »Notstand der Demokratie«. Beim Vietnam-Kongress hielt Herbert Marcuse vor über 2000 ausgewählten Studenten, Professoren und Gewerkschaftlern aus ganz Europa das Hauptreferat. Beim Notstands-Kongress, der von der IG-Metall finanziert und vom Bundesvorsitzenden des SDS, Helmut Schauer, organisiert wurde, diskutierten in sechs Foren mehr als 5000 Gewerkschaftler, SPD-Mitglieder, Studenten, Assistenten und Professoren über die Notstandsgesetze und die Demokratie in der Bundesrepublik. Die Politisierung, aber auch die begriffliche Präzisierung der Aktionen wurden hier entscheidend vorangetrieben. Erst jetzt wurde aus der gegenkulturellen, antiautoritären Protestbewegung der frühen sechziger Jahre eine politisch-ideologische Kraft, die unmittelbar die Entwicklung von Staat und Gesellschaft beeinflussen wollte.

Vor diesem Hintergrund verwunderte es auch nicht, dass die Mitglieder der am 1. Januar 1967 gegründeten Kommune I, wie Fritz Teufel, Rainer Langhans und Dieter Kunzelmann, die mit ihren Aktionsformen der Happenings und phantastischen Verkleidungen bei gleichzeitiger Vermeidung physischer Gewalt zeitweilig erheblichen Einfluss auf den Berliner SDS gewonnen hatten, am 3. Mai 1967 wegen »falscher Unmittelbarkeit« (Dieter Kunzelmann: »Was geht mich Vietnam an – ich habe Orgasmusschwierigkeiten«) und eines die Hochschularbeit des SDS unterminierenden anarchistischen Aktionismus aus dem Berliner Landesverband und dem Bundesverband des SDS ausgeschlossen wurden. Der Ulk als Mittel der Politik hatte ausgedient oder erschien zumindest nicht mehr angemessen.

Wie ernst es inzwischen tatsächlich geworden war, zeigte sich am 2. Juni 1967, als während einer Demonstration gegen den Besuch des Schahs von Persien vor der Deutschen Oper in Berlin der Student Benno Ohnesorg von einem Polizisten erschossen wurde. Danach eskalierten die Proteste in der ganzen Bundesrepublik auf eine vorher nicht gekannte Weise. Der Regierende Bürgermeister von Berlin, Heinrich Albertz, und Polizeichef Duensing wurden zum Rücktritt gezwungen. Rudi Dutschke rief zu einer »Anti-Springer-Kampagne« auf, weil die Presse des Axel Springer Verlages, zu dem unter anderem die *Bild*-Zeitung, die *BZ* und die *Berliner Morgenpost* gehörten, seiner Meinung nach entscheidend zur Aufheizung des politischen Klimas in der Stadt beigetragen hatte. Und in der FU wurde am 1. November 1967 die »Kritische Universität« gegründet, um eine »Gegenmacht« zum herrschenden Wissenschaftsbetrieb aufzubauen. Die dadurch erzeugte Atmosphäre ist heute kaum noch nachvollziehbar. Tatsächlich dachten beide Seiten – die Studenten auf der einen, die Berliner Öffentlichkeit, der Senat und die Presse auf der anderen – gar nicht daran, nachzugeben oder auch nur zur Mäßigung zu mahnen. So fand am 17./18. Februar 1968 ein weiterer »Internationaler Vietnam-Kongress« statt, bei dessen Abschlussdemonstration etwa 10 000 Teilnehmer unter Mao-, Ho Tschiminh- und Che Guevara-Plakaten durch die Berliner Innenstadt marschierten. Nur drei Tage später antwortete der Senat mit einer Gegenkundgebung unter dem Motto »Berlin darf nicht Saigon werden«. Sie richtete sich nicht nur sachlich gegen die Kritik an der amerikanischen Vietnam-Politik, sondern ließ in Verbindung mit der Presseberichterstattung die Wogen der Erregung so sehr hochgehen, dass der Gelegenheitsarbeiter Josef Bachmann schließlich am Gründonnerstag, den 11. April 1968, zur Waffe griff und Rudi Dutschke mitten auf dem Kurfürstendamm niederschoss.

Danach erlebte die Bundesrepublik die bis dahin schwersten Straßenschlachten ihrer Geschichte. Nach Angaben von Bundesinnenminister Ernst Benda fanden allein in den fünf Tagen von Gründonnerstag bis Ostermontag in 27 Städten Demonstrationen statt, die in etwa einem Fünftel der Fälle mit Ausschreitungen, Gewaltakten und »schwerwiegenden Rechtsverletzungen« verbunden gewesen seien. Die »Aktionen mit Gewaltanwendung«, so Benda, hätten sich im Wesentlichen gegen »Einrichtungen des Verlagshauses Springer« gerichtet. Bei den Demonstrationen seien jeweils zwischen 5000 und 18000 Personen beteiligt gewesen. An Demonstrationen mit Ausschreitungen hätten sich jeweils 4000 bis 11000 Personen beteiligt. Gegen 827 Beschuldigte, zumeist Studenten, aber auch Schüler, Angestellte und Arbeiter, wurden polizeiliche Ermittlungsverfahren eingeleitet. Bei den Unruhen in München kamen wiederum zwei Menschen ums Leben.

Die erhebliche Radikalisierung der Proteste, die sich in diesen Zahlen widerspiegelt, zielte vor allem gegen die Springer-Presse und die Große Koalition. Aber auch Vorlesungsstörungen missliebiger Professoren, die mehr und mehr zur Zielscheibe radikaler Kritik wurden, waren nun an der Tagesordnung. Von Seiten der studentischen Linken wurde das Attentat auf Dutschke nicht als Tat eines verwirrten Einzelgängers, sondern als Ergebnis manipulativer Beeinflussung vor allem durch die Berichterstattung in den Medien des Springer-Konzerns gesehen. Dutschke sei, so hieß es vielfach, nach dem 2. Juni 1967 durch die *Bild*-Zeitung und andere Boulevardblätter zum »Volksfeind Nr. 1« gestempelt worden, so dass es »nur geringer Anstöße durch die staatlichen Autoritäten« bedurft hätte, »die produzierte Volkswut gegen Einzelne sich entladen zu lassen«. Der »*Bild*-Leser Josef Bachmann« habe sich deshalb als Vollstrecker eines Volkswillens gesehen, weil er mit Recht habe hoffen können, »dass ihn die Ermordung des verhassten Kommunisten Dutschke beliebt und hoffähig machen würde«. Auch von Seiten des SDS wurde Gewaltanwendung nun offen legitimiert, wobei kaum noch – wie in der Anfangsphase der Protestbewegung – zwischen »Gewalt gegen Sachen« und »Gewalt gegen Personen« unterschieden wurde.

In der Rückschau ist der Eindruck nicht von der Hand zu weisen, dass blinder Aktionismus wenig Raum für eine nüchterne Analyse ließ. Die »revolutionäre Bewegung«, die sich nicht nur von der angeblich manipulierten Bevölkerung missverstanden fühlte, sondern in ihrem Drang zur revolutionären Tat auch selbst immer mehr die Fähigkeit zu reflektierender Betrachtung verlor, verfing sich nun gänzlich in den selbst gelegten Schlingen einer Veränderungserwartung, für die es weder eine gesellschaftliche Grundlage noch eine politische oder ökonomische Notwendigkeit gab. Die Bundesrepublik von 1968 war – trotz Großer Koalition, Verabschiedung der Notstandsgesetze und genereller Unterstützung für die Außenpolitik der USA – weder mit dem Russland von 1917 noch mit dem Deutschen Reich nach 1933 vergleichbar. Richard Löwenthal hatte daher sicher Recht, wenn er der studentischen Protestbewegung in dieser Phase die Fähigkeit zu rationaler Analyse, Toleranz und Selbstkritik bestritt. Tatsächlich fand er damit viel Unterstützung bei nachdenklichen Kollegen, die entweder zu besonnenen Reformen aufriefen oder – wie Jürgen Habermas, der sich selbst zur »Neuen Linken« zählte – sogar umgekehrt den Vorwurf eines »linken Faschismus« erhoben.

Die Irrealität der Bewegung zeigte sich nicht zuletzt am Beispiel des Kampfes gegen die Notstandsgesetze. Abgesehen von der instrumentellen Nützlichkeit dieser Kampagne zur Verbreiterung der Massenbasis, war die politische Argumentation in dieser Frage kaum nachvollziehbar. Weder bedeuteten die Notstandsgesetze das Ende der Demokratie in der Bundesrepublik, noch war ihr Missbrauch von der Großen Koalition, die sie verabschiedete, in irgendeiner Form beabsichtigt. Dennoch wurden gerade die Notstandsgesetze zum innenpolitischen Kristallisationspunkt des Protestes, der auch den Vorwürfen gegen Bundeskanzler Kiesinger wegen seiner nationalsozialistischen Vergangenheit neue Nahrung gab. Der Verdacht keimte auf, dass der Kanzler, der bereits 1933 der NSDAP beigetreten war, die Gelegenheit nutzen könne, die Demokratie zu beseitigen. Günter Grass hatte deshalb vorausschauend bereits am Tage vor der Wahl Kiesingers zum Regierungschef am 30. November 1966 in einem offenen Brief »noch einmal, in letzter Minute, empörten Einspruch« erhoben. Das Amt des Bundeskanzlers dürfe »niemals von einem Mann wahrgenommen werden …, der schon einmal wider alle Vernunft handelte und dem Verbrechen diente«. Doch Kiesinger war mit den Stimmen von CDU/CSU und SPD zum Bundeskanzler gewählt worden, und die Große Koalition hatte mit ihrer – in der Sache durchaus erfolgreichen – Arbeit begonnen. Bei den Auseinandersetzungen um die Notstandsgesetze schienen sich nun jedoch die schlimmsten Befürchtungen zu bestätigen.

Ihre überhöhte Bedeutung für die Protestbewegung gewannen diese Gesetze allerdings erst dadurch, dass sie ausgerechnet in den Wochen, in denen die politische Atmosphäre durch das Dutschke-Attentat und die Osterunruhen ohnehin stark aufgeheizt war, zur Beratung auf dem Terminplan des Bundestages standen. So fanden der vom Kuratorium »Notstand der Demokratie« organisierte Sternmarsch auf Bonn am 11. Mai 1968, der Aufruf zu einem politischen Generalstreik in den Betrieben und Universitäten am 27. Mai sowie eine Vielzahl lokaler Aktionen, wie Theaterbesetzungen, in den Tagen vor der Verabschiedung der Notstandsgesetze am 30. Mai eine sehr viel größere Aufmerksamkeit, als es unter normalen Umständen wohl der Fall gewesen wäre. Die »treibhausartige Mobilisierung der kritischen Studentenschaft und der außeruniversitären Opposition« auf dieses Thema hin konnte das Inkrafttreten der Gesetze indessen nicht verhindern und erwies sich deshalb letztlich als kontraproduktiv, weil die totale Fixierung auf einen Gegenstand, der diese Aufmerksamkeit von der Sache her nicht verdiente, zur Frustration der Demonstranten führen musste. Tatsächlich bedeutete das Scheitern des Kampfes gegen die Notstandsgesetze den Anfang vom Ende der Protestbewegung. Hier bewahrheitete sich, was Rudi Dutschke seit langem behauptet hatte: Wer in der Politik etwas durchsetzen wollte, durfte nicht nur – als außerparlamentarische Opposition – in der Kritik verharren, sondern musste sich an den Entscheidungsprozessen selbst beteiligen und den »Marsch durch die Institutionen« antreten.

Zur Ernüchterung der Protestbewegung trugen jedoch auch Entwicklungen außerhalb Deutschlands bei. So war das Auflodern der Proteste im »Pariser Mai« nur von kurzer Dauer. Der »Prager Frühling« wurde durch den Einmarsch von Truppen aus fünf Warschauer-Pakt-Staaten am 21. August 1968 jäh beendet, wobei die demonstrative Parteinahme der im September 1968 neu gegründeten Deutschen Kommunistischen Partei (DKP) für die gewaltsame Zerschlagung des tschechoslowakischen Reformmodells den ideologi-

schen Minimalkonsens der linken Gruppierungen in der Bundesrepublik endgültig zerbrechen ließ. Und der mit dem Versprechen
errungene Sieg Richard M. Nixons bei den amerikanischen Präsidentschaftswahlen im November 1968, die USA aus dem Vietnam-
Krieg zurückzuziehen, nahm sogar diesem Thema seine Brisanz,
obwohl der Krieg in Indochina selbst noch bis 1975 andauerte. Die
weit überwiegende Zahl der Studenten kehrte nun in die Hörsäle,
Seminarräume und Bibliotheken zurück, während sich der SDS –
nicht zuletzt in der Gewaltfrage, etwa bei Springer-Blockaden – zunehmend radikalisierte und immer weiter von der gesellschaftlichen
Realität entfernte.

Auf der Osterkundgebung der »Kampagne für Demokratie und
Abrüstung« 1969 in Frankfurt kam es zum Eklat, als Vertreter der
Kampagne dem SDS »blinden Aktionismus«, »masochistische Prü-
geleien mit der Polizei« und einen unberechtigten »Alleinvertretungsanspruch für politischen Widerstand« vorwarfen. Der SDS
seinerseits rief zu »direkten Aktionen« gegen die Politik und die
Institutionen »repressiver Macht« auf und plädierte dafür, den
Kapitalismus in Gegenmodellen »direkter Demokratie« physisch
anzugreifen. Nach dem Muster der Guerilla sollte eine Politik der
»befreiten Gebiete« Inseln rätedemokratischer Gegenmacht schaffen, um von der Phase der »Doppelherrschaft« zur Abschaffung
jeder Herrschaft überzuleiten. Da das Bewusstsein für eine solche
Revolution bei der Bevölkerung noch nicht vorhanden war, sollten
Provokationen den »latenten Faschismus« in »manifesten Faschismus« umschlagen lassen, um ihn so für die Massen durchschaubar
zu machen und damit die Manipulation des spätkapitalistischen
Systems zu beenden. Allerdings trugen solche Forderungen nur zur
weiteren Isolierung des SDS innerhalb der Studentenschaft und
zum Abgleiten von Teilen der Protestbewegung in den konspirati-
ven Terrorismus bei. Erste linksterroristische Aktionen, wie Bom-
benanschläge auf Einrichtungen der US-Armee, hatte es bereits
1968 gegeben. Diese Aktivitäten nahmen nun – nicht zuletzt als Zeichen politischer Frustration und Resignation – weiter zu.

Auch der von den Protestgruppen für 1969 angekündigte »heiße
Sommer« war unter den neuen Bedingungen nicht mehr zu realisie-
ren. Die vorbereiteten Kampagnen fanden kaum noch Resonanz

und verliefen für die Außerparlamentarische Opposition enttäuschend. Der organisierte Protest zerfiel. Sektiererische Gruppen der Neuen Linken, wie die Roten Zellen und Marxisten-Leninisten, die eine zentralistische Parteibildung betrieben, oder wie der Marxistische Studentenbund (MSB) Spartakus, der sich an die DKP anlehnte, traten an die Stelle der gemeinsamen Bewegung. Der SDS löste sich am 21. März 1970 in Frankfurt selbst auf, nachdem er schon lange vorher aufgehört hatte, als Organisation zu funktionieren. Ein Bericht des Bundesinnenministeriums zählte 1971 nicht weniger als 250 linksradikale Gruppen mit etwa 84 300 Mitgliedern, von denen allein 81 000 in 130 orthodox-kommunistischen Gruppen, die der DKP nahe standen, organisiert waren. Von einer nennenswerten eigenständigen linken Bewegung außerhalb der DKP konnte also bereits zu diesem Zeitpunkt keine Rede mehr sein.

Tatsächlich ließ sich ab Herbst 1968 eine Dreispaltung der Außerparlamentarischen Opposition beobachten, die logischerweise ihr Ende als politisch erwähnenswerte Kraft bedeutete: Eine kleine, wenn auch nicht unmaßgebliche Minderheit verschrieb sich dem Terrorismus und dessen sympathisierendem Umfeld, um den Kampf aus dem Untergrund fortzusetzen. Ein wesentlich größerer Teil bemühte sich um die Verwirklichung eigener Lebensformen innerhalb der »neuen sozialen Bewegungen«. Die weit überwiegende Mehrheit jedoch wandte sich nicht nur wieder dem Studium und der eigenen Karriere zu, sondern unterstützte auch den »Machtwechsel« von 1969 und die Reformpolitik der sozialliberalen Bundesregierung unter Bundeskanzler Willy Brandt. Nicht wenige dieser reformorientierten Angehörigen der APO-Generation traten der SPD bei und bildeten innerhalb der Sozialdemokratie – vor allem der Jungsozialisten – ein kritisches Potenzial, mit dem das traditionelle politische Establishment fortan rechnen musste.

Die Ideen von »1968« verschwanden also nicht gänzlich von der politischen Bildfläche, sondern fanden Eingang in die Diskussionen der Parteien, insbesondere der SPD. Die Vorstellung, die sozialliberale Koalition wäre aus der Protestbewegung der sechziger Jahre hervorgegangen oder hätte auf ihr basiert, ist jedoch unzutreffend. Die SPD hatte im Bundestagswahlkampf 1969 viel Mühe, sich von der bei der Bevölkerung äußerst unpopulären APO zu distanzieren, und bei der anschließenden Regierungsbildung bedurfte man nicht der Unterstützung radikaler Studenten, sondern der Zusammenarbeit mit konservativen Liberalen, die erst noch davon zu überzeugen waren, dass ihre Interessen in einer Koalition mit der Sozialdemokratie besser aufgehoben waren als in einem Bündnis mit der CDU/CSU. Der Machtwechsel von 1969 erfolgte also nicht wegen, sondern trotz der Studentenbewegung und der APO, und die Reformpolitik der sozialliberalen Koalition war weniger vom Impetus wirklichkeitsfremder kommunistischer Utopien als vom Pragmatismus sozialdemokratischer Sozialtechnologien und den Erfordernissen einer komplizierten Abstimmungsarithmetik angesichts knapper Mehrheiten und eines ideologisch gespaltenen, aber durchaus selbstbewussten Koalitionspartners getragen.

12. »Mehr Demokratie wagen«

Der Übergang von der Unionsherrschaft zur Bildung der SPD/ FDP-Koalition nach der Bundestagswahl am 28. September 1969 bedeutete einen Einschnitt in der Geschichte der Bundesrepublik, der bereits von den Zeitgenossen als wichtige Zäsur wahrgenommen wurde. Zwanzig Jahre nach ihrer Gründung hatte die zweite deutsche Republik die entscheidende Bewährungsprobe einer parlamentarischen Demokratie bestanden: den friedlichen »Machtwechsel« zwischen Regierung und Opposition. Zum ersten Mal seit 1949 waren die Unionsparteien nicht mehr an der Regierung beteiligt; erstmals seit dem Rücktritt von Reichskanzler Hermann Müller im Jahre 1930 stellten die Sozialdemokraten wieder den deutschen Kanzler.

Zudem ließ das politische, soziale und geistige Umfeld, in dem Willy Brandt das Amt des Regierungschefs übernahm, den Wechsel nicht nur als routinemäßigen institutionellen Vorgang, sondern als Auftakt einer weitreichenden Erneuerung von Politik, Wirtschaft und Gesellschaft erscheinen. Die Studentenbewegung, eine allgemeine Werterevolution, vor allem aber das verbreitete Empfinden, dass die Ära Adenauer erst jetzt wirklich zu Ende ging, vermittelten den Eindruck eines umfassenden Neubeginns. Brandt selbst verlieh diesem Gefühl Ausdruck, als er in seiner Regierungserklärung vom 28. Oktober 1969 selbstbewusst verkündete: »Wir stehen nicht am Ende unserer Demokratie, wir fangen erst richtig an.«

Dabei war dieser Machtwechsel alles andere als selbstverständlich gewesen. Die politische Konstellation, die 1969 zwischen den im Bundestag vertretenen Parteien bestand, ließ alle Möglichkeiten offen. Eine Fortsetzung der Großen Koalition war ebenso denkbar wie eine Rückkehr zu einer CDU/CSU-FDP-Regierung oder das auf Bundesebene neue Experiment eines sozialliberalen Bündnisses zwischen SPD und FDP. In welche Richtung das Koalitionspendel letztlich ausschlagen würde, hing also vom Wahlergebnis ab. Theoretisch war auch eine Situation denkbar, in der alle drei Optionen offen blieben. Für diesen Fall neigten sowohl Herbert Wehner als auch Helmut Schmidt dazu, die sachlich erfolgreiche Arbeit mit der Union weiterzuführen, während Willy Brandt, der als Außenminister der Regierung Kiesinger mit seinen ostpolitischen Neuansätzen schon früh gescheitert war, eher zu einer Koalition mit den Liberalen tendierte. Bei der CDU/CSU sah dagegen kaum jemand eine Notwendigkeit, die Zusammenarbeit mit der SPD aufzukündigen, die sich auch in den schwierigen Augenblicken des Kampfes um die Verabschiedung der Notstandsgesetze bewährt hatte.

Bei der Bildung der sozialliberalen Koalition von einer historischen Zwangsläufigkeit zu sprechen, wäre daher sicher übertrieben. Als die Stimmen am Wahlabend des 28. September ausgezählt waren, hatte die CDU/CSU mit 46,1 Prozent ihre Position als stärkste Fraktion überzeugend behauptet, und Bundeskanzler Kiesinger konnte sich, wie er erklärte, eine Regierungsbildung gegen die Union nicht vorstellen. Die ersten Hochrechnungen über den Wahlausgang hatten sogar eine absolute Mehrheit für die Union ergeben, die diese am Ende nur knapp verfehlte. Auch die SPD durfte zufrieden sein: Mit 42,7 Prozent und einem Zugewinn von 3,4 Prozent hatte sie die Erwartungen erfüllt. Dennoch herrschte bei den Sozialdemokraten keine Euphorie. Grund dafür war das schlechte Abschneiden der FDP. Mit 5,8 Prozent hatten die Liberalen gegenüber 1965 beinahe zwei Fünftel – fast 40 Prozent – ihrer Stimmen eingebüßt. Ein Machtwechsel schien unter diesen Umständen unmöglich.

Bundeskanzler Kiesinger dagegen triumphierte. Er hielt sich nicht nur selbst für den Wahlsieger, sondern wurde darin auch durch Glückwunschtelegramme aus aller Welt – darunter vom amerikanischen Präsidenten Richard Nixon – bestärkt. Eine Koalition zwischen SPD und FDP sei »zwar rechnerisch, aber nicht politisch« möglich, meinte Kiesinger noch in der Wahlnacht. Wahrscheinlicher war die Fortsetzung der Großen Koalition, deren Politik von den Wählern offenbar honoriert worden war. Tatsächlich war in diesen Tagen jedoch nicht Kiesinger, sondern Brandt die entscheidende Figur. Er riss – ungeachtet des schlechten Abschneidens der

FDP – noch in der Wahlnacht das Gesetz des Handelns an sich und konfrontierte neben der CDU/CSU und Bundeskanzler Kiesinger auch die Führungsspitze der SPD mit seiner Entschlossenheit, eine Koalition mit der FDP anzustreben. In seinen Erinnerungen berichtete er dazu später, er sei entschieden gewesen, »das Risiko einzugehen, selbst wenn die ›kleine‹ Koalition aus SPD und FDP nicht die ganze Legislaturperiode durchhalten würde«.

Diese Entschlussfreudigkeit war um so wirkungsvoller, als sie für Freund und Feind überraschend kam. Denn der SPD-Vorsitzende galt unter denjenigen, die ihn näher kannten, als zögerlich und phlegmatisch. Seine plötzliche Risikobereitschaft am Wahlabend erschien deshalb geradezu unheimlich. Wehner und Schmidt waren wie paralysiert. Doch Brandts Führungsanspruch wurde nicht nur von wichtigen Parteigenossen, wie Karl Schiller, Alex Möller und dem nordrhein-westfälischen Ministerpräsidenten Heinz Kühn, sondern auch von der Parteibasis unterstützt. Zudem hatte sich die Bildung der sozialliberalen Koalition seit langem angebahnt. Schon bei den Gesprächen, die im November 1966 der Bildung der Großen Koalition vorangegangen waren, hatte bei vielen Sozialdemokraten die Neigung bestanden, »ein Regierungsbündnis mit der FDP zu erproben«, wie Brandt es nannte. Er selbst hatte in Berlin mit dem SPD/FDP-Modell gute Erfahrungen gemacht und konnte sich auch in Bonn eine Koalition mit den Liberalen gut vorstellen. Doch aufgrund der Absicht Wehners, den Machtwechsel in Etappen zu betreiben, um die Gefahr des Scheiterns zu minimieren, hatte sich auch Brandt im Laute der Verhandlungen im Herbst 1966 für die Koalition mit der CDU/CSU erwärmen lassen.

Inzwischen hatten die Studentenbewegung und die außerparlamentarische Opposition sowie die Wahl Gustav Heinemanns zum Bundespräsidenten das politische Klima in der Bundesrepublik verändert und einen allgemeinen Linkstrend bewirkt, dem die Entwicklung der FDP zu einer linksliberalen Partei entsprach. Das reformfreudige Image der neuen FDP, die zahlreichen sachlichen Gemeinsamkeiten und nicht zuletzt die persönlichen Verabredungen, die Willy Brandt und Walter Scheel nach der Heinemann-Wahl getroffen hatten, ließen eine Koalition zwischen SPD und FDP als naheliegend erscheinen. Bereits am Abend des 3. Oktober unterrichteten Brandt und Scheel den Bundespräsidenten von ihrer Absicht, »zusammen regieren zu wollen«. Kiesinger sah sich dadurch unerwartet in die Rolle eines Zuschauers versetzt. Voller Rachegefühle erklärte er im Blick auf die 1970 bevorstehenden sechs Landtagswahlen, dass es der Union gelingen könne, die FDP, die sich jetzt »als Schlüsselfigur der Bundesrepublik« betätige, aus zumindest vier Landtagen »herauszukatapultieren«. Die Beziehungen der Union zur FDP waren danach für lange Zeit vergiftet.

Koalitionsverhandlungen im eigentlichen Sinne des Wortes hatten bis zu diesem Zeitpunkt allerdings noch gar nicht stattgefunden. Beim Koalitionspapier, das den SPD- und FDP-Führungsgremien als Beschlussgrundlage am 3. Oktober zugeleitet wurde, handelte es sich lediglich um eine schriftliche Vereinbarung, dass die beiden Parteien beabsichtigten, eine Koalition miteinander einzugehen. Über Einzelfragen der gemeinsamen Regierungspolitik sollte erst nach der politischen Grundsatzentscheidung beraten werden. Tatsächlich kam ein förmlicher Koalitionsvertrag, wie er etwa 1961 zwischen der CDU/CSU und der FDP geschlossen worden war, nie zustande.

Bei der Kanzlerwahl im Bundestag am 21. Oktober 1969 erhielt Brandt 251 von 495 abgegebenen Stimmen – nur zwei mehr, als er zur Kanzlermehrheit benötigte. Mindestens drei der 254 geschlossen anwesenden Abgeordneten der Regierungskoalition hatten nicht für ihn votiert: Erich Mende hatte seine Ankündigung wahrgemacht, er werde diesen Kanzler nicht wählen; seine Fraktionskollegen Siegfried Zoglmann und Heinz Starke waren seinem Beispiel gefolgt. Zwar scherzte Brandt hinterher unter Anspielung auf die legendäre Ein-Stimmen-Mehrheit Adenauers bei dessen Kanzlerwahl 1949, er sei »mit einer 200-prozentigen Mehrheit« gewählt worden. Doch in Wirklichkeit deutete das Ergebnis bereits auf die Gefahren hin, die sich aus einer Erosion der sozialliberalen Machtbasis ergeben konnten: sechs Dissidenten in den eigenen Reihen, und die Regierung würde blockiert; ein siebenter, und sie wäre vor ihrem Sturz nicht mehr sicher. Um so wichtiger war das Tempo, mit dem die neue Regierung ihre Arbeit aufnahm. Wenn der Grundsatz, dass Demokratie »kontrollierte Macht auf Zeit« bedeutet, wie Bundespräsident Heinemann den neuen Ministern bei der Überreichung ihrer Ernennungsurkunden noch einmal in Erinnerung rief, für parlamentarische Regierungssysteme ganz allgemein gilt, so besaß dieses Prinzip für die sozialliberale Koalition eine besondere Bedeutung: Die zahlreichen Gegner im eigenen Lager und die 1970 bevorstehenden Landtagswahlen in Nordrhein-Westfalen, Niedersachsen, dem Saarland, Hamburg, Hessen und Bayern konnten das politische Gefüge in der Bundesrepublik schon bald wieder verschieben und schneller als gewöhnlich eine erneute Veränderung in Bonn heraufbeschwören.

Gespannt wartete man deshalb auf die Regierungserklärung, die Willy Brandt für den 28. Oktober 1969 – eine Woche nach seiner Kanzlerwahl – angekündigt hatte. Da die Koalition sich nicht auf einen detaillierten Koalitionsvertrag verständigt hatte, musste die Regierungserklärung nicht nur über das beabsichtigte Reformtempo, sondern auch über die inhaltlichen Schwerpunkte der künftigen Politik Aufschluss geben. Die Sachgespräche dazu wurden am 15. Oktober abgeschlossen. Drei Tage später übergab Conrad Ahlers im Auftrag Brandts den ersten Entwurf der Erklärung an Walter Scheel, dessen Fraktion noch auf einige Modifizierungen drängte, ehe Brandt den Text, der in der Substanz unverändert blieb, im Bundestag vortragen konnte. Es war »die anspruchsvollste und hochfliegendste Regierungserklärung in der Geschichte der Bundesrepublik« (Wolfgang Jäger). Zwar bekundete Brandt darin zu Beginn seinen Respekt vor »dem, was in den vergangenen Jahren geleistet worden ist«, und nannte die Namen Konrad Adenauer, Theodor Heuss und Kurt Schumacher »stellvertretend für viele andere, mit denen die Bundesrepublik Deutschland einen Weg zurückgelegt« habe, auf den sie stolz sein könne. Aber zugleich betonte er bereits in den ersten Sätzen, die Politik seiner Regierung werde nicht nur »im Zeichen der Kontinuität«, sondern auch »im Zeichen der Erneuerung« stehen. Bewusst knüpfte er an den von ihm bewunderten John F. Kennedy an, der zu Beginn der sechziger Jahre für die USA einen Aufbruch zu neuen Ufern und zu »neuen Grenzen« aufgezeigt hatte, und verkündete: »Wir wollen mehr Demokratie wagen ... Mitbestimmung, Mitverantwortung in den verschiedenen Bereichen unserer Gesellschaft werden eine bewegende Kraft der kommenden Jahre sein. Wir können nicht die perfekte Demokratie schaffen. Wir wollen eine Gesellschaft, die mehr Freiheit bietet und mehr Mitverantwortung fordert. Diese Regierung sucht das Gespräch.«

Um diese Forderungen zu verwirklichen und insbesondere die kritische junge Generation in die Verpflichtungen gegenüber Staat und Gesellschaft einzubeziehen, sollte zuallererst das aktive Wahlalter von 21 auf 18, das passive von 25 auf 21 Jahre herabgesetzt werden. Danach ging Brandt auf die Deutschlandpolitik ein, zu der er erklärte, dass es gelte, »über ein geregeltes Nebeneinander zu einem Miteinander zu kommen«. Eine völkerrechtliche Anerkennung der DDR durch die Bundesregierung sei allerdings ausgeschlossen: »Auch wenn zwei Staaten in Deutschland existieren«, so Brandt wörtlich, »sind sie doch füreinander nicht Ausland; ihre Beziehungen zueinander können nur von besonderer Art sein.« Das damit verbundene Gesprächsangebot an die DDR wurde durch die Ankündigung ergänzt, die neue Bundesregierung werde ein im September 1969 eingegangenes sowjetisches Aide-Mémoire zum Thema Gewaltverzicht beantworten und einen Termin für die von der Sowjetunion angeregten Verhandlungen in Moskau vorschlagen.

In weiteren Passagen ging Brandt ausführlich auf die geplanten »inneren Reformen« ein, an deren Spitze er den Bereich Bildung und Ausbildung sowie Wissenschaft und Forschung nannte. Die Große Koalition hatte mit der Verabschiedung des Artikels 91 b GG eine verfassungsrechtliche Grundlage für ein Engagement des Bundes in diesem Bereich geschaffen. Jetzt kündigte Brandt einen langfristigen Bildungsplan »für die nächsten 15 bis 20 Jahre« an, der die Entwicklung von Schule, Hochschule, Berufsbildung und Erwachsenenbildung umfassend berücksichtigen sollte. Darüber hinaus sollte die Vermögensbildung in breiten Schichten – vor allem in Arbeitnehmerhand – gefördert werden. Eine Steuerreform sollte »ein gerechtes, einfaches und überschaubares Steuerrecht« schaffen. Die von der Großen Koalition begonnene Rechtsreform sollte fortgesetzt werden.

Umfangreiche Passagen galten ebenfalls der wirtschaftlichen Entwicklung sowie dem Ausbau des Sozialstaates, der Reform des Betriebsverfassungsgesetzes und der Förderung der Gleichberechtigung der Frau. Tatsächlich gab es kaum ein Thema, in dem nicht umfassende Reformen in Aussicht gestellt wurden – bis zur Verabschiedung eines »Bundesraumordnungsprogramms«, in dem Maßnahmen der Strukturpolitik, der regionalen Wirtschaftsförderung und des Städte- und Wohnungsbaus fixiert werden sollten. Zu diesem Zweck sollte auch der Staat selbst umgebaut werden. Denn, so Brandt, die Regierung müsse »bei sich selbst anfangen, wenn von Reformen die Rede ist« – durch eine »Flurbereinigung der Ressortzuständigkeiten«, die Modernisierung des Bundeskanzleramtes und der Ministerien, die Einsetzung eines Gremiums zur Beratung über die »Fortentwicklung der bundesstaatlichen Struktur«, eine Länderneugliederung, eine Verwaltungsreform und die Reform des öffentlichen Dienstes.

Mit dem Begriffsarsenal der modernen Sozialwissenschaften, das zum ersten Mal Eingang in die Regierungserklärung eines Bundeskanzlers fand, wurde somit der Eindruck einer weitgehenden Machbarkeit technokratischer Zukunftsgestaltung vermittelt. Optimistisch entwarf Brandt die Vision eines Neubeginns auf allen Gebieten. Manche Schwierigkeiten, denen sich die sozialliberale Regierung in späteren Jahren unter dem Druck knapper Ressourcen gegenübersah, hatten in den damit geweckten Hoffnungen ihre Ursache. Andererseits entsprach der Ton der Erklärung den Erwartungen, die insbesondere die jüngere Generation mit dem Machtwechsel verband. Deren Wunsch nach umfassenden Reformen wurde Brandt mehr als gerecht. Er selbst deutete seinen Amtsantritt allerdings auch in anderer Hinsicht als wichtige Zäsur: Er verstehe sich, erklärte er gegenüber ausländischen Journalisten, »als Kanzler nicht eines besiegten, sondern eines befreiten Deutschland«. Erst jetzt habe Hitler »den Krieg endgültig verloren«. Der Freiburger Politikwissenschaftler Wilhelm Hennis sprach deshalb vom »Mythos der ›zweiten Stunde Null‹ von 1969 nach der ›Notgründung von 1945‹«. Die Erwartungen, die sich mit dieser legitimatorischen Überhöhung des Regierungswechsels und dem Pathos des Neuanfangs verbanden – gewissermaßen einer »Umgründung« der Bundesrepublik –, sollten in den folgenden Jahren viel zur innenpolitischen Polarisierung beitragen.

Zunächst jedoch wurde der optimistische Glaube an die Möglichkeit zur umfassenden Gestaltung der eigenen Zukunft, der die

Regierungserklärung Brandts wie ein roter Faden durchzog, zur treibenden Kraft bei der Ausgestaltung der Reformpolitik. Langfristige Planung und die Schaffung entsprechender Planungseinrichtungen sollten die Arbeit aller Ressorts bestimmen, um Politik und Gesellschaft den Zufällen der Tagesaktualität zu entziehen und die Rationalität des Regierungshandelns zu erhöhen. Die Rezession von 1966/67 galt in diesem Zusammenhang als warnendes Beispiel individuellen Versagens Bundeskanzler Erhards, ihre Überwindung dagegen als ebenso eindrucksvolle Demonstration der Möglichkeiten moderner Konjunktur- und Wirtschaftssteuerung unter Wirtschaftsminister Schiller und Finanzminister Strauß.

Überhaupt knüpfte man gern an die neuen Regierungstechniken der Großen Koalition an. Vor allem die Instrumentarien, die im Bemühen um wirtschaftliche Globalsteuerung und eine mittelfristige Finanzplanung zur Verwirklichung der Ziele des 1967 verabschiedeten Gesetzes zur Förderung der Stabilität und des Wachstums der Wirtschaft (Stabilitätsgesetz) geschaffen worden waren, dienten als Vorbild. Der »Finanzplanungsrat« und der »Konjunkturrat für die öffentliche Hand«, mit denen die Wirtschafts- und Finanzpolitik von Bund, Ländern und Gemeinden koordiniert werden sollte, sowie die von Wirtschaftsminister Schiller initiierte »Konzertierte Aktion« als Koordinationsgremium für das Verhalten der Tarifpartner hatten die Nützlichkeit einer effektiven Planung im Spannungsfeld von Politik, Wirtschaft und Gesellschaft bewiesen. Aber auch das Verteidigungs- und das Verkehrsministerium, die seit jeher zu langfristiger Planung gezwungen gewesen waren, hatten unter Gerhard Schröder und Georg Leber neue zukunftsorientierte Entscheidungsinstrumentarien geschaffen.

Im Zentrum stand jedoch weiterhin die mittelfristige Finanzplanung. Dazu sah das Stabilitätsgesetz die Aufstellung einer fünfjährigen Finanzplanung vor, die als gleitende Planung jährlich der Entwicklung anzupassen und fortzuschreiben war. Zu diesem Zweck erschien es notwendig, das Kanzleramt stärker als bisher in die Koordinierung der Planung einzubeziehen, ja sogar ein zusätzliches Planungssystem zu schaffen, dessen Kern das Bundeskanzleramt bilden sollte. Den Auftrag dazu erhielt Horst Ehmke, der nach Brandts Wunsch als neuer Kanzleramtsminister »mit seiner zupackenden Art aus dem Kanzleramt eine moderne Behörde machen und sich um die Planung der Regierungsarbeit« kümmern sollte. Grundlegende Empfehlungen einer »Projektgruppe für die Regierungs- und Verwaltungsreform«, die 1968 eingesetzt worden war und wenige Tage vor der Bundestagswahl ihren ersten Bericht vorgelegt hatte, wurden nun von Ehmke verwirklicht. Dazu gehörte die Aufstockung des Personals im Kanzleramt von 250 auf über 400 Beschäftigte sowie die Ernennung von Planungsbeauftragten in allen Ministerien, die unter dem Vorsitz des Leiters der Planungsabteilung im Bundeskanzleramt einen ressortübergreifenden Verbund bildeten. Wichtigste Neuerung war die Einführung eines »Vorhaben-Erfassungssystems«, das die Grundvoraussetzung für alle Aufgabenplanungen, deren Frühkoordinierung und Ablaufsteuerung sein sollte.

Durch dieses Informationssystem erhielten die Ressorts zum ersten Mal eine Übersicht über die Gesamtaktivitäten der Regierung und manchmal auch erstmals eine genaue Vorstellung von den Aktivitäten des eigenen Hauses. Der damit beabsichtigte Schritt zur Entwicklung mittelfristiger und langfristiger Arbeitsprogramme erwies sich jedoch als schwierig und letztlich unmöglich. Dem Zeitgeist entsprechend, tauften die Ressorts praktisch alle ihre Vorhaben in »Reformen« um, die sich bald zu Hunderten addierten. »Drei pro Woche«, verkündete selbst der nüchterne Bundesgeschäftsführer der SPD, Hans-Jürgen Wischnewski, freudestrahlend. Doch mit dieser »Reform«-Inflation, so Ehmke im Rückblick, sei »die Reformpolitik lächerlich gemacht« worden. Zwar beschloss das Kabinett im Oktober 1970 auf der Grundlage der verfügbaren Daten aus den einzelnen Politikfeldern ein internes »Reformschwerpunkteprogramm« und legte dem Bundestag im März 1971 zudem eine »Übersicht über das Arbeitsprogramm der Bundesregierung zu den inneren Reformen in der sechsten Legislaturperiode« vor. Über dieses Arbeitsprogramm und erste Zwischenberichte der dafür eingesetzten Arbeitsgruppen hinaus blieb das Vorhaben einer langfristigen Programm- und Ressourcenplanung jedoch in den Anfängen stecken. Es wurde mit dem vorzeitigen Ende der Legislaturperiode 1972 abgebrochen und danach nicht wieder aufgenommen. Schuld daran waren nicht nur die äußeren Einwirkungen der Ölkrise des

Jahres 1973, sondern auch die inneren Grenzen der ökonomischen Belastbarkeit, die sich schon 1971 unangenehm bemerkbar machten.

Parallel zu den Bemühungen um eine intensivere Politikplanung im Kanzleramt setzten in der SPD nun auch die Theoriediskussionen wieder ein, die nach der Verabschiedung des Godesberger Programms 1959 ein Jahrzehnt lang in den Hintergrund gerückt waren. Die »neuen Linken«, die aus der Studentenbewegung und der APO in großer Zahl in die SPD hineinströmten, aber auch die traditionelle Linke der Sozialdemokratie, die bei den Diskussionen um das Godesberger Programm eine Niederlage erlitten hatte und in den sechziger Jahren dem Pragmatismus Herbert Wehners – bis zum Eintritt in die Große Koalition – nur widerwillig gefolgt war, wollten sich mit einer taktischen Verengung der politisch-ideologischen Rolle der SPD nicht länger zufrieden geben. Zwar hatte Wehners Strategie der Partei zur Kanzlerschaft verholfen. Aber wie diese Macht zu nutzen sei, darüber gingen die Auffassungen bald weit auseinander.

Das Erstarken des linken Flügels der SPD hing jedoch weniger mit der Regierungsübernahme in Bonn als mit strukturellen Veränderungen der Mitgliedschaft seit Mitte der sechziger Jahre zusammen. Auf dem Parteitag in Hannover im April 1973 wies Brandt darauf hin, dass von den 650000 Mitgliedern der Partei seit seiner Übernahme des Parteivorsitzes im Jahre 1964 mehr als 350000 »nicht mehr dabei« seien; der Tod habe »gewaltige Lücken gerissen«. Grund dafür war die nach dem Zweiten Weltkrieg lange Zeit bestehende Überalterung der Partei. Wenn damals liebevoll von der »alten Tante SPD« die Rede war, so hatte dies eine ganz eigene, ursprünglich nicht beabsichtigte, inzwischen aber durchaus berechtigte Bedeutung gewonnen. Um so einschneidender wirkte sich der folgende Generationswechsel aus, der nach »1968« überdies mit einer starken Mobilisierung und Politisierung der Mitgliedschaft einherging. So stieg die Zahl der Mitglieder bis 1973 auf fast eine Million an, von denen etwa 700000 der Partei erst in den Jahren zwischen 1964 bis 1973 beitraten. Unter den Neumitgliedern spielten Arbeiter, die 1960 mit 55,7 Prozent gegenüber 21,2 Prozent Angestellten und Beamten eindeutig in der Mehrheit gewesen waren, kaum noch eine Rolle. Ihr Anteil betrug 1972 nur noch 27,6 Prozent, während 34 Prozent zur Gruppe der Angestellten und Beamten sowie 15,9 Prozent zu den Schülern und Studenten zählten, die von der Parteistatistik zum ersten Mal getrennt erfasst wurden. Dieser Wandel der Berufsstruktur – mit einem starken Anwachsen des neuen Mittelstandes und der gleichzeitigen Akademisierung – war zudem von einer ausgeprägten Verjüngung der Mitgliedschaft begleitet. So stieg der Anteil der unter 40-jährigen Neumitglieder von 55,3 Prozent im Jahre 1960 auf 75,2 Prozent im Jahre 1972, von denen 19,7 Prozent sogar unter 21 Jahre alt waren.

Durch diesen starken Mitgliederzulauf – insbesondere von jungen Akademikern und Studenten – gewann die »Arbeitsgemeinschaft der Jungsozialisten« in der SPD eine Bedeutung, die sie zuvor nie besessen hatte. Neue Fragestellungen und theoretische Ansätze aus der Studentenbewegung und der Außerparlamentarischen Opposition wurden in die Partei hineingetragen. Die Parteiführung sah sich dadurch gezwungen, einen erheblichen Teil ihrer Zeit und Arbeitskraft auf die Auseinandersetzung mit den Positionen der Nachwuchsorganisation zu verwenden. Eine wichtige Signalwirkung ging dabei vom Bundeskongress der Jungsozialisten im Dezember 1969 in München aus. Wenige Monate nach der Bundestagswahl diskutierten die »Jusos« hier über die bestehende »kapitalistische Klassengesellschaft« sowie über Mittel und Wege zu ihrer Überwindung. Sie bemängelten den »halbherzigen Reformismus der SPD« und beklagten die »mangelnde innerparteiliche Demokratie«. Vor allem jedoch stellten sie mit ihrem neuen Versuch einer marxistischen Analyse der Gesellschaft und ihren Forderungen zur Wirtschafts-, Sozial- und Bildungspolitik das Godesberger Programm grundsätzlich in Frage. Auf weiteren Bundeskongressen 1970 in Bremen und 1971 in Hannover strebten die Jusos sogar ganz offen die »Vergesellschaftung der Produktionsmittel« an, wobei sie vor allem an die Verstaatlichung der Banken, Investitionskontrollen und den Ausbau der Mitbestimmung dachten, die »nicht ein Ziel an sich«, sondern ein Mittel »zur Erringung von mehr Macht für die Arbeitnehmer« sein sollte, »um die Voraussetzungen für den Übergang zum Sozialismus zu schaffen«. Dabei vertrat die Mehrheit unter der Führung des Bundesvorsitzenden Karsten Voigt allerdings eine Doppelstrategie, wonach zwar die »Basis« mobilisiert, »die parlamentarisch-institutionelle Absicherung von Positionen der Arbeiterklasse« – also die Position der SPD in den Volksvertretungen von Bund, Ländern und Gemeinden – aber nicht gefährdet werden sollte. Der »antirevisionistische Flügel« wollte sich dagegen allein auf die Tätigkeit außerhalb der Partei konzentrieren, um die Jusos zum Träger der »sozialistischen Revolution« zu machen. Eine zahlenmäßig kleine, aber inhaltlich keineswegs bedeutungslose »Stamokap-Fraktion«, die den Staat bereits in der Hand »kapitalistischer Monopole« sah, propagierte sogar eine »antimonopolistische Bündnisstrategie«, um im Bündnis mit den Kommunisten die politische Macht im Staat zu erobern.

Die Parteiführung steuerte indessen auch weiterhin einen behutsameren Kurs. Dies galt nicht zuletzt im Verhältnis zu den Jungsozialisten. Bemühungen um Integration wechselten mit Zurechtweisungen und harter Auseinandersetzung. Offenbar war man in der Parteispitze bemüht, den Einfluss auf die Jugendorganisation nicht ganz zu verlieren, nachdem man 1961 bereits die Brücken zum SDS abgebrochen hatte – mit weitreichenden Folgen für die studentische Protestbewegung. Vor allem Willy Brandt und Herbert Wehner plädierten dafür, dass man »weiter miteinander reden und notfalls ringen« müsse. Die administrativen Maßnahmen in der Partei, wie Parteiordnungsverfahren und Versammlungsverbote, hielten sich demzufolge in Grenzen, obwohl die Jusos nach Meinung des Parteivorstandes nicht mehr auf dem Boden des Godesberger Programms standen. Helmut Schmidt, dem die Abgrenzung gegenüber der innerparteilichen Linken offenbar nicht weit genug ging, mahnte deshalb in einer Rede vor dem Parteirat am 26. Februar 1971, Wahlen würden »in der Mitte entschieden«. Wenn die SPD in den achtziger Jahren »eine bloße Partei von Akademikern werden würde«, werde sie sich »sehr bald in die hoffnungslose Minderheit einer sozialistischen Sekte zurückversetzt finden«.

Angesichts der inzwischen erreichten Stärke der innerparteilichen Linken war es für administrative Maßnahmen allerdings ohnehin schon zu spät, um das »Problem« – wie es von der traditionellen Parteispitze wahrgenommen wurde – zu lösen. Auch die Gründung der »Arbeitsgemeinschaft für Arbeitnehmerfragen«

(AfA), die vom Parteivorstand 1971 als ein Instrument der Gegen-steuerung gedacht war, bewirkte nur wenig. Sie sollte die Interessen der sozialdemokratischen Arbeitnehmer, insbesondere der Betrie-be, in der Partei besser zur Geltung bringen und – wie ihr Vorsit-zender Helmut Rohde auf der ersten AfA-Bundeskonferenz 1973 erklärte – gegen »intellektuelle Glasperlenspiele«, Sozialismusbe-wältigung »vom akademischen Campus her« und den Missbrauch von Arbeitnehmerproblemen auf »ideologischen Schlachtfeldern« antreten. Die AfA war allerdings zu keinem Zeitpunkt in der Lage, ein nennenswertes Gegengewicht zum wachsenden Einfluss der Jungsozialisten in der SPD aufzubieten. Die Veränderung der Mit-gliederstruktur erwies sich – zumal in Verbindung mit dem allge-mein herrschenden »Zeitgeist« – als ein übermächtiger Faktor, der die Sozialdemokratie trotz Regierungsbeteiligung und starker Ge-genkräfte in der Parteispitze um Helmut Schmidt und Hans Apel immer weiter nach links rücken ließ.

Vor allem bei den Diskussionen um die Steuerreform und das Langzeitprogramm wurden diese Richtungskämpfe zwischen den Flügeln der Partei offen ausgetragen. Zu einem ersten schweren Konflikt kam es vom 18. bis 20. November 1971, als die von Erhard Eppler geleitete Steuerreformkommission einem außerordentlichen Parteitag ihre Empfehlungen unterbreitete, bei denen es nicht nur um Ressourcen und soziale Gerechtigkeit als zentrale Bestandteile der inneren Reformen ging, sondern auch um die Frage, ob die Steu-ergesetze als Hebel und erste Stufe zur gesellschaftlichen »System-überwindung« dienen sollten. In einer eindringlichen »Zwischenbi-lanz«, die wenige Wochen vor dem Parteitag veröffentlicht wurde, warnte Helmut Schmidt vor »Reformhochstimmung« und unrealis-tischen Erwartungen und ermahnte die Genossen, den Staat nicht zu einem »Selbstbedienungsladen« umzufunktionieren. Auf dem Parteitag selbst kam es dann vor allem zu Auseinandersetzungen zwischen Wirtschaftsminister Karl Schiller und Jochen Steffen. Während Schiller in der Frage des Steuergeheimnisses den Dele-gierten riet, »bitte die Tassen im Schrank« zu lassen, forderte Stef-fen sie zu weit reichenden Beschlüssen auf und erklärte, man müs-se in einem Staat den Mut haben, »die Grenzen der Belastbarkeit zu erproben«.

Nicht nur Schiller sah sich daher auf dem Parteitag, wie er fand, einer Koalition von kommunalpolitischen Pragmatikern, die die öffentliche Finanzmasse im eigenen Interesse zu erweitern trachteten, und linken »Systemüberwindern« gegenüber, die ihn zu dem Ausruf veranlassten: »Was die wollen, ist ja 'ne ganz andere Republik.« Auch Willy Brandt nahm angesichts der Diskussion über ein »imperatives Mandat« – also der Forderung, Parteitagsbeschlüsse sollten für die Regierung verbindlich sein – kein Blatt vor den Mund, als er der Parteilinken schroff entgegnete: »Ich habe einen hohen Respekt vor dem höchsten Beschlussorgan der Partei. Aber jeder muss auch wissen: So wie es aufgrund unserer Satzung dieses höchste Beschlussorgan der Partei gibt, so gibt es eine Verfassung der Bundesrepublik Deutschland, und diese heißt Grundgesetz ... Das heißt, dass niemand – weder ein Einzelner noch eine Gruppe noch ein ganzer Parteitag – einem sozialdemokratischen Bundeskanzler seine Pflicht und Verantwortung nach dem Grundgesetz der Bundesrepublik Deutschland abnehmen kann.«

Diese Auseinandersetzung, die mit dem Machtwort des Kanzlers und Parteivorsitzenden keineswegs zu Ende war, fand anschließend ihre Fortsetzung in den Diskussionen um das Langzeitprogramm, dessen erster Entwurf am 2. Juni 1972 vorgelegt wurde. Er firmierte jetzt – um falsche Erwartungen zu vermeiden – unter der Überschrift »Erster Entwurf eines ökonomisch-politischen Orientierungsrahmens für die Jahre 1973 bis 1985«. Ohne Pathos und Visionen wurde darin der nüchterne Versuch unternommen, »die politischen Sachaussagen der Partei seit 1959 nach Prioritäten zu ordnen, in Zahlen zu gießen und die Verwendung der ›wahrscheinlich nutzbaren Ressourcen‹ bis 1985 aufzuweisen«. Die Handschrift des Kommissionsvorsitzenden Helmut Schmidt war unverkennbar. Zwar sah der Entwurf eine »schrittweise Steigerung« des »Anteils der Staatsverwendung am Bruttosozialprodukt« von 27,9 Prozent 1970 auf immerhin 34 Prozent 1985 sowie die deutlich stärkere Steigerung der »Dienstleistungen und Investitionen des Staates« im Verhältnis zum privaten Konsum vor. Da man gleichzeitig von hohen wirtschaftlichen Wachstumsraten von jährlich vier bis sechs Prozent ausging, wurde darin jedoch kein Problem gesehen, weil die Umverteilung aus dem wirtschaftlichen Zuwachs erfolgen sollte. Wörtlich hieß es dazu in dem Entwurf: »Bei befriedigendem Wirtschaftswachstum insgesamt lassen sich die notwendigen Änderungen durch verschiedene Zuwachsraten der einzelnen wirtschaftlichen Größen erreichen. Niemandem wird dadurch etwas weggenommen.«

Den Parteilinken gingen diese Vorstellungen jedoch nicht weit genug. So bemängelte Jochen Steffen auf einem Landesparteitag der Bremer SPD 1972, dass die »Probleme des Umweltschutzes« und das Thema »Lebensqualität« in dem Entwurf ebenso ausgespart seien wie die Einschätzung der »zu erwartenden politischen Macht- und Interessenkonflikte« sowie die Erörterung der »Werturteile und politischen Grundsatzpositionen«, zu denen das Godesberger Programm nicht ausreiche. Ähnliche Kritik wurde auch von anderen Personen und Gruppierungen innerhalb der Sozialdemokratie geäußert. Die Diskussion darüber nahm bald die Form eines neuen Prinzipienstreits an, den viele bereits 1959 für abgeschlossen gehalten hatten. Angesichts der politisch-ideologischen Herausforderung von »1968« und ihrer strukturellen Auswirkungen auf die Mitgliedschaft der SPD war diese Diskussion allerdings kaum vermeidbar. Die daraus resultierenden Auseinandersetzungen und Spannungen belasteten zwar die Partei und auch die Koalition. Aber die Integrationsleistung, die die SPD mit ihrer Öffnung gegenüber der »Neuen Linken« für die politisch-soziale Stabilität der Bundesrepublik erbrachte, ist nicht zu verkennen. Der Parteiführung um Brandt, Wehner und Schmidt gebührt dabei das doppelte Verdienst, einerseits den Theoriebedarf der Linken mit den 1970 in Saarbrücken eingesetzten Kommissionen zur Steuerreform und zum Langzeitprogramm kanalisiert und andererseits den in der Regierungserklärung vom Oktober 1969 formulierten Kurs ungeachtet aller immer wieder entstehenden Konflikte fortgesetzt zu haben.

13. Neue Ostpolitik und Entspannung

Der Bau der Berliner Mauer am 13. August 1961 gehört zu den einschneidendsten Zäsuren der deutschen Nachkriegspolitik. Willy Brandt bemerkte dazu später, man habe damals »einen Vorhang weggezogen, um uns eine leere Bühne zu zeigen«. Illusionen seien abhanden gekommen, die das Ende der hinter ihnen stehenden Hoffnungen überlebt hatten – »Illusionen, die sich an etwas klammerten, das in Wahrheit nicht mehr existierte«. Seine außen- und deutschlandpolitischen Überlegungen, so Brandt, seien »durch die Erfahrung dieses Tages« wesentlich mitbestimmt worden: »Was man meine Ostpolitik genannt hat, wurde vor diesem Hintergrund geformt.« Auch für Egon Bahr, den eigentlichen Architekten der »neuen Ostpolitik«, bündelten sich an diesem Tag verschiedene Handlungsstränge wie in einem großen Drama: »Eine neue Entwicklung begann, eine neue Rechnung musste aufgemacht werden.«

Mit dem Mauerbau wurde die Hoffnung auf baldige Wiedervereinigung zu einer Schimäre. Danach war ein Zusammenbruch des SED-Regimes, den Adenauer mit seiner Politik der Stärke angestrebt hatte, kaum noch zu erwarten. Eine neue Ost- und Deutschlandpolitik musste pragmatische Wege für ein friedliches Nebeneinander der beiden deutschen Staaten aufzeigen, ohne mit dem Wiedervereinigungsgebot des Grundgesetzes in Konflikt zu geraten. Für den Regierenden Bürgermeister Berlins waren solche Perspektiven 1961 allerdings noch nicht erkennbar. Die Ursprünge seiner späteren neuen Ostpolitik liegen daher weniger in der theoretischen Durchdringung eines komplexen geschichtlichen Sachverhalts, als vielmehr in der Tatsache der physischen und politischen Nähe zum Problem. So entstand die neue Ostpolitik nicht in Bonn – weder in der Bundesregierung um Adenauer noch in der SPD um Wehner –, sondern in Berlin, wo Brandt und seine Mitarbeiter in den fünfziger Jahren zu den »Kalten Kriegern« und energischen Befürwortern einer nationalstaatlichen Wiedervereinigung gehört hatten und wo sie nun aus dem unmittelbaren Erleben der Spaltung zu Vorreitern einer Neuorientierung wurden, die auf eine undogmatische Verbesserung der Lebensbedingungen der Menschen im geteilten Europa abzielte.

Nicht zufällig berief sich Brandt bei der Begründung seines ostpolitischen Neuanlaufs wiederholt auf Präsident Kennedy und dessen Rede vom 4. Juli 1962, in der Kennedy »das Prinzip der nationalen Unabhängigkeit mit der Anerkennung gegenseitiger Abhängigkeit« verbunden und zu »internationaler Zusammenarbeit mit dem Angebot aktiver Partnerschaft und konkreter weltweiter Solidarität« aufgerufen hatte. Es sei die »Pflicht der Europäer«, so Brandt, »hierauf eine ebenbürtige Antwort zu geben«. Dabei durfte man sich nicht allein auf die Alliierten oder die Bundesregierung verlassen. Vielmehr musste man selbst etwas unternehmen – und zwar unter Einbeziehung der DDR. Seit Dezember 1961 ging es daher zunächst um Passierscheine, durch die ein Minimum an innerstädtischem Besuchsverkehr – wenigstens von West nach Ost – wiederhergestellt werden sollte, sowie um die Regelung humanitärer Fragen, wie Familienzusammenführungen, in die schließlich auch das Gesamtdeutsche Ministerium in Bonn einbezogen wurde. Die Erfolge waren bescheiden, aber spürbar. Allein 790 000 West-Berliner nutzten die Passierscheinregelung von Weihnachten bis Neujahr 1963, um Verwandte im Ostteil der Stadt zu besuchen. Die Wirkung reichte weit über Berlin hinaus: Das Passierschein-Abkommen war ein Beweis für die Möglichkeit, allen ideologischen Unterschieden zum Trotz und ungeachtet divergierender Rechtsauffassungen zu praktischen Lösungen mit den östlichen Verhandlungspartnern zu kommen.

Doch Brandt und seinen Mitarbeitern ging es um mehr als nur punktuelle menschliche Erleichterungen im Schatten der Mauer. Was sie anstrebten, war eine grundsätzliche Neugestaltung des Verhältnisses zwischen Ost und West – zumindest in Deutschland und Europa. Es galt, das Verhältnis zum Osten zu entideologisieren und auf eine pragmatische Grundlage zu stellen. Der Pressesprecher Brandts, Egon Bahr, formulierte dafür im Juli 1963 in der Evangeli-

schen Akademie Tutzing zum ersten Mal das Motto: »Wandel durch
Annäherung«. Aber noch in der Großen Koalition stieß dieser
Pragmatismus, für den Brandt – inzwischen Außenminister – und
Bahr im Ausland, etwa in den USA und Großbritannien, viel Verständnis und Beifall fanden, an enge Grenzen. Während Brandt
drängte, den Schritt zur Anerkennung der DDR zu wagen, um aus
dem Dilemma der bisherigen Ost- und Deutschlandpolitik auszu-
brechen, zog sich Bundeskanzler Kiesinger nach dem Rückschlag
vom Februar 1967 zunehmend auf Positionen zurück, die er erst
drei Monate zuvor verlassen hatte. Im Sommer 1969 war diese Resignation vollkommen, als er feststellte, solange die Sowjetunion
sich nicht bereit zeige, die deutsche Frage im Wege der Verständigung zu lösen, »können wir zunächst nur die verbliebenen deutschen Positionen verteidigen«. Eine Erfolg versprechende neue
Ostpolitik war danach in Brandts Augen nicht mehr mit der
CDU/CSU, sondern nur noch gegen sie zu verwirklichen. Nicht
zuletzt aus ostpolitischen Gründen arbeitete er deshalb – zum Leidwesen von Schmidt und Wehner – frühzeitig auf einen Machtwechsel in Bonn hin, der auch einen Politikwechsel in Deutschland ermöglichen sollte. Zugleich gab er Egon Bahr im Auswärtigen Amt
die Gelegenheit, als Leiter des Politischen Planungsstabs die »neue
Ostpolitik« im Detail vorzubereiten. Mit der Bildung der soziall-
beralen Koalition aus SPD und FDP nach der Bundestagswahl vom
28. September 1969 wurde der Wechsel schließlich vollzogen, der
für die Verwirklichung der Brandtschen Ostpolitik die unabdingbare Voraussetzung darstellte.

Die Bundesrepublik stand inzwischen unter erhöhtem Druck,
weil immer mehr Regierungen zu erkennen gaben, dass sie im Zuge
der beginnenden Normalisierung des Ost-West-Verhältnisses erwogen, die DDR völkerrechtlich anzuerkennen. Sogar die NATO
hatte sich in ihrem Harmel-Bericht vom 14. Dezember 1967 über
die künftigen Aufgaben der Allianz zu einer politischen Entspannung zwischen Ost und West bekannt, in deren Rahmen ein Gesamtkonzept angemessener Rüstungsvorkehrungen und beiderseitiger, ausgewogener Rüstungskontrolle und Abrüstung entwickelt
werden sollte (»Zwei-Pfeiler-Doktrin«). Wenn Bonn nicht in Gefahr geraten wollte, sich außenpolitisch zu isolieren, musste es sich

also in den Entspannungsprozess einfügen. Umgekehrt profitierte die Bundesrepublik aber auch von der allgemeinen Ost-West-Entspannung, weil der Abbau des Kalten Krieges und die Verbesserung des politischen Klimas zwischen den Blöcken die Bereitschaft und die Fähigkeit zum Entgegenkommen auf beiden Seiten förderten und somit günstige Voraussetzungen für Verhandlungen im Rahmen der neuen Ostpolitik schufen.

Bereits im Sommer und Herbst 1969 – also noch vor dem Machtwechsel in Bonn – wurde diese Veränderung sichtbar. Verschiedenen diplomatischen Signalen aus Moskau folgte am 22. September 1969 ein Gespräch zwischen dem sowjetischen Außenminister Gromyko und seinem deutschen Amtskollegen Brandt – damals immer noch Außenminister der Großen Koalition – in New York, bei dem die beiderseitige Bereitschaft geäußert wurde, über »praktische Fragen« zu sprechen. Nach Bildung der sozialliberalen Koalition empfing der neue Bundesaußenminister Walter Scheel am 30. Oktober den sowjetischen Botschafter in Bonn, um – wie von Moskau schon am 12. September in einer diplomatischen Note vorgeschlagen – die Gespräche zum Thema Gewaltverzicht wieder aufzunehmen.

So trafen Gromyko und der deutsche Botschafter in Moskau, Helmut Allardt, bereits am 8. Dezember und erneut am 11. und 23. Dezember zu offiziellen Gesprächen zusammen, bei denen es um die Anerkennung der bestehenden Grenzen in Europa und um einen Gewaltverzicht ging. Im Vorfeld dieser Gespräche hatte die neue Bundesregierung – gewissermaßen als Zeichen guten Willens – am 28. November den Atomsperrvertrag unterzeichnet, der zehn Jahre lang die deutsche Außenpolitik und die deutsch-sowjetischen Beziehungen belastet hatte. Dennoch boten Allardts Gespräche wenig Anlass zum Optimismus, weil die sowjetische Regierung auf ihren Maximalforderungen beharrte: Anerkennung des territorialen Status quo im Sinne der Unveränderlichkeit der bestehenden Grenzen, völkerrechtliche Anerkennung der DDR, Verzicht auf den deutschen Anspruch auf Wiedervereinigung sowie die Trennung West-Berlins vom Bund und Ungültigkeitserklärung des Münchner Abkommens von Anfang an. Als sich daran bis Jahresende nichts geändert hatte, beschloss Brandt, Egon Bahr nach Moskau zu entsenden, der ihm aus dem Auswärtigen Amt ins Kanzleramt gefolgt war und dort nun als sein Staatssekretär fungierte.

Das Ergebnis der Gespräche, die Bahr im Januar und Februar sowie im März und Mai 1970 in drei Runden (insgesamt fast 55 Stunden lang) mit Gromyko in Moskau führte, brachte den Durchbruch. Zwar gelangten immer wieder vertrauliche Arbeitspapiere, wie im Juni 1970 das so genannte »Bahr-Papier«, durch gezielte Indiskretionen an die Öffentlichkeit. Doch der Kern der Verhandlungen wurde dadurch nicht berührt. Im Wesentlichen ging es um drei Punkte: einen allgemeinen Gewaltverzicht, die Anerkennung der bestehenden Grenzen in Europa sowie die Aussage, dass die Bestimmungen des Moskauer Vertrages als Grundlage für entsprechende Vereinbarungen der Bundesrepublik Deutschland mit anderen osteuropäischen Staaten und der DDR dienen sollten.

Der Teufel steckte, wie stets bei diplomatischen Verhandlungen, allerdings auch diesmal im Detail. So bedeutete die Formulierung, Streitfragen seien »ausschließlich mit friedlichen Mitteln zu lösen«, ein erhebliches Zugeständnis Gromykos, der zunächst darauf beharrt hatte, dass Moskau aufgrund der Feindstaatenartikel 53 und 107 der UN-Charta auch künftig ein Interventionsrecht in der Bundesrepublik besitze. Mit der neuen Formel wurde dieser sowjetische Anspruch durch eine höherrangige Vereinbarung überlagert. Zweitens wurde zwar der territorialpolitische Status quo in Europa anerkannt. Dies schloss jedoch nicht nur die DDR und die Oder-Neiße-Grenze, sondern auch die Realität von West-Berlin ein. Darüber hatten im März 1970 Vier-Mächte-Verhandlungen begonnen, um eine praktikable Regelung für den Zugang und die Lebensfähigkeit der Stadt zu finden. Drittens bedeutete die Anerkennung der bestehenden Grenzen als Grundlage für eine Normalisierung der politischen Verhältnisse in Europa keinen Verzicht auf die Wiedervereinigung Deutschlands. Dieser wäre ohnehin nicht mit dem Grundgesetz vereinbar gewesen, so dass ein entsprechender Vertrag, selbst wenn Bahr sich mit Gromyko darauf verständigt hätte, spätestens am Einspruch des Bundesverfassungsgerichts gescheitert wäre. Im Bahr-Papier – wie später im Moskauer Vertrag – wurde deshalb nur davon gesprochen, dass die Grenzen in Europa »unverletzlich«, nicht aber, dass sie »unverrückbar« seien, wie Gromyko ursprünglich vorgeschlagen hatte. Änderungen oder gar die Aufhebung von Grenzen blieben demnach möglich, sofern sie in gegenseitigem Einvernehmen der Beteiligten erfolgten; eine Wiedervereinigung Deutschlands oder der Zusammenschluss Westeuropas zu einem Bundesstaat wurden einem rechtlichen Veto Moskaus entzogen. Mehr noch: Auch wenn Gromyko sich gegen den deutschen Wunsch, das Recht auf Einheit in den Vertrag aufzunehmen, unnachgiebig zeigte, akzeptierte er schließlich den Vorschlag Bahrs, einen entsprechenden »Brief zur deutschen Einheit« als Nebenabrede formell zur Kenntnis zu nehmen. Tatsächlich wurde der von Außenminister Scheel an Gromyko geschriebene Brief später bei der Ratifizierung des Moskauer Vertrages durch den Obersten Sowjet berücksichtigt. Die Sowjetunion konnte danach die Wiedervereinigungsbemühungen der Bundesrepublik nicht mehr als unzulässig bezeichnen.

Mit diesen Absprachen war nicht nur das künftige Verhältnis zwischen der Bundesrepublik und der Sowjetunion in allen wesentlichen Punkten bestimmt, sondern auch die Basis für alle folgenden Vereinbarungen im Rahmen der neuen Bonner Ostpolitik geschaffen. Für Außenminister Scheel, der Ende Juli 1970 zusammen mit Bahr nach Moskau fuhr, um die »eigentlichen« Verhandlungen zu führen, blieb danach nicht mehr viel zu tun übrig. Immerhin setzte er noch die Verknüpfung von Artikel 3 über die Grenzanerkennung »mit den vorstehenden Zielen und Prinzipien« in Artikel 1 und 2 über Entspannung, Frieden und Gewaltverzicht durch, so dass nach Auffassung des Auswärtigen Amtes künftige Bemühungen um eine friedliche Grenzänderung bzw. -aufhebung im Rahmen einer Wiedervereinigung erleichtert wurden. Außerdem brachte Scheel das von ihm schon zuvor in Bonn formulierte Junktim in die Verhandlungen ein, wonach der Moskauer Vertrag erst dann vom Bundestag ratifiziert werden würde, wenn ein befriedigendes Ergebnis für Berlin erreicht sei. Im »Brief zur deutschen Einheit«, den er nun ebenfalls überreichte, stellte er zudem fest, »dass dieser Vertrag nicht im Widerspruch zu dem politischen Ziel der Bundesrepublik Deutschland steht, auf einen Zustand des Friedens in Europa hinzuwirken, in dem das deutsche Volk in freier Selbstbestimmung seine Einheit wiedererlangt«. Der Moskauer Vertrag wurde danach am

7. August von Scheel und Gromyko paraphiert und am 12. August von Bundeskanzler Brandt und Ministerpräsident Kossygin zusammen mit den Außenministern und in Anwesenheit von Generalsekretär Leonid Breschnew unterzeichnet.

Nur wenige Monate später, am 7. Dezember 1970, folgte die Unterzeichnung des deutsch-polnischen Vertrages durch die Regierungschefs und Außenminister der beiden Staaten im Namiestnikowski-Palais in Warschau, dessen Kern in Artikel 1 die Anerkennung der Oder-Neiße-Grenze als polnische Westgrenze bildete. Wie in der Formulierung der allgemeinen Grenzanerkennung bei den Moskauer Gesprächen Bahrs, so war die Bundesregierung auch bei den Warschauer Verhandlungen nicht in der Lage, einer späteren friedensvertraglichen Regelung bzw. der Entscheidung einer gesamtdeutschen Regierung vorzugreifen, sondern konnte – wie sie in Noten an die Westmächte erklärte – »nur im Namen der Bundesrepublik Deutschland handeln«, so dass die Rechte und Verantwortlichkeiten der Vier Mächte für Deutschland als Ganzes und Berlin nicht berührt wurden.

Der Warschauer Vertrag war also nur der erste Schritt zu einer Aussöhnung mit Polen. Insofern ist auch weniger die Unterzeichnung des Vertrages in Erinnerung als vielmehr der Kniefall von Bundeskanzler Brandt bei der Kranzniederlegung vor dem Denkmal für die Gefallenen des Warschauer Ghettos. Der »Kniefall von Warschau« symbolisierte – mehr als jeder Vertrag und alle Worte – den politisch-moralischen Versuch einer Vergangenheitsbewältigung und eines Neuanfangs. Das Bild ging um die Welt. Brandt selbst schrieb darüber später: »Unter der Last der jüngsten deutschen Geschichte tat ich, was Menschen tun, wenn die Worte versagen; so gedachte ich der Millionen Ermordeter. Aber ich dachte auch daran, dass Fanatismus und Unterdrückung der Menschenrechte – trotz Auschwitz – kein Ende gefunden haben. Wer mich verstehen wollte, konnte mich verstehen; und viele in Deutschland und anderswo haben mich verstanden.«

Aus Bonner Sicht ergaben der Moskauer und der Warschauer Vertrag als Auftakt einer neuen Ostpolitik allerdings nur dann einen Sinn, wenn sie von einer befriedigenden Regelung des Berlin-Problems begleitet waren. Nirgendwo hatte die Sowjetunion seit 1945 so leichtes Spiel gehabt, die Spannungsschraube des Kalten Krieges nach eigenem Gutdünken anzudrehen oder zu lösen, nirgendwo waren die geographischen, politischen und wirtschaftlichen Ausgangsbedingungen für den Westen so schwierig wie in Berlin. Die Bundesregierung ließ deshalb keinen Zweifel daran, dass sie Berlin als Testfall für die Entspannung betrachtete. So betonte sie bereits am 7. Juni 1970, dass ohne eine Sicherung der engen Verbindungen zwischen der Bundesrepublik und West-Berlin und des ungehinderten Zugangs nach West-Berlin der künftige Vertrag mit Moskau nicht in Kraft treten könne – ein klares Junktim. Dennoch zogen sich die Berlin-Verhandlungen noch bis September 1971 hin. Insgesamt 33 offizielle Sitzungen und 152 Konferenzstunden, dazu Erörterungen auf Expertenebene, zahllose »private« Begegnungen und in der Schlussphase die Bildung eines informellen geheimen Triumvirats zwischen US-Botschafter Kenneth Rush, dem sowjetischen Botschafter in Bonn, Valentin Falin, und Egon Bahr waren nötig, um ein Werk zustande zu bringen, das nicht einfach einen Vertrag darstellte, sondern ein kompliziertes Geflecht von Haupt-, Unter- und Ergänzungsvereinbarungen, für die das Viermächte-Abkommen vom 3. September 1971 die Grundlage bildete – ein »Seminarstück für Juristen und Diplomaten«.

Nach dem erfolgreichen Abschluss der Berlin-Verhandlungen gab es keinen Grund mehr, die parlamentarische Beratung der Ostverträge noch länger hinauszuzögern. Anders als Adenauer, der sich in den fünfziger Jahren beim Kampf um die Durchsetzung der Westpolitik auf eine ausreichende Mehrheit im Bundestag hatte stützen können, verfügte die sozialliberale Koalition allerdings nur über einen knappen Vorsprung vor der Opposition, der zudem noch durch Parteiübertritte und Fraktionswechsel einzelner Abgeordneter ständig weiter bröckelte. Die ursprüngliche Mehrheitsdecke von 12 Stimmen (254 zu 242) bei der Bundestagswahl 1969, die von Wehner und Schmidt schon für bedenklich dünn gehalten worden war, gehörte daher zu Beginn des Jahres 1972 längst der Vergangenheit an.

Diese Schrumpfung der Koalition war keineswegs nur auf den Widerstand gegen die neue Ostpolitik zurückzuführen. Eine Reihe von FDP-Abgeordneten hatte sich von vornherein gegen das Bünd-

nis mit der SPD gewandt, so dass Brandt bei der Kanzlerwahl nur
251 der 254 Stimmen der Koalitionsparteien erhalten hatte. Die
Mehrheit war also in Wirklichkeit noch geringer, als es das Wahlergebnis aussagte. Die Opposition hatte deshalb von Anfang an die
Taktik verfolgt, einzelne Abgeordnete aus der Koalition »abzuwer-
ben«, um die Regierung ihrer Mehrheit im Parlament zu berauben
und sie damit zum vorzeitigen Rücktritt zu zwingen. Obwohl es
sowohl in der FDP als auch in der SPD mehrere Abgeordnete gab,
denen man einen Parteiwechsel zutrauen konnte, hatten Brandt und
Scheel sowie die Fraktionsvorsitzenden Wehner und Mischnick es
jedoch lange verstanden, die Zahl der Übertritte in Grenzen zu halten. Die Stunde der Opposition schlug daher erst, als am 23. Februar 1972 die Ratifizierungsdebatte über die Ostverträge begann. Die
Mehrheit der Koalition war in diesem entscheidenden Augenblick,
in dem die gesamte Ostpolitik der Regierung auf dem Spiel stand,
auf zwei Stimmen (250 zu 246) zusammengeschmolzen. Wenn nur
noch zwei weitere Mandate verloren gingen, war die Koalition ihrer
Regierungsfähigkeit beraubt. Noch schlimmer erschien allerdings
die Tatsache, dass die Namen dafür bereits offen gehandelt wurden:
Gerhard Kienbaum und Knut von Kühlmann-Stumm – beide vom
konservativen Flügel der FDP –, deren Austritt seit langem nur als
eine Frage der Zeit galt. Andere, denen dergleichen ebenfalls zuzu-
trauen war, saßen auf den Hinterbänken des Parlaments – politische
Randfiguren, deren Namen man kaum jemals gehört hatte, denen
aber jetzt, da es auf jede Stimme ankam, eine Bedeutung zuwuchs,
die sie unter normalen Umständen niemals erhalten hätten. Für
manche ging es dabei nicht nur ums politische Überleben – etwa bei
einer vorzeitigen Auflösung des Bundestages –, sondern auch um
die finanzielle Zukunft, um Haus und Hof, Einkommen und
Alterssicherung.

Als nach der Landtagswahl in Baden-Württemberg am 23. April
1972, bei der die CDU unter Hans Filbinger die absolute Mehrheit
errang, der FDP-Bundestagsabgeordnete Wilhelm Helms seine
Fraktion verließ, zur CDU überwechselte und damit das Stimmen-
verhältnis zwischen Koalition und Opposition auf 249 zu 247
schrumpfen ließ, entschloss sich der CDU-Vorsitzende Barzel zum
Handeln. Da er sich zumindest der Unterstützung von Kienbaum

und Kühlmann-Stumm sicher sein konnte – von einigen anderen konnte er diese wenigstens erhoffen –, sollte Brandt am Donnerstag, den 27. April, durch ein konstruktives Misstrauensvotum gestürzt und er, Barzel, zum neuen Kanzler der Bundesrepublik Deutschland gewählt werden. Die Euphorie der Union wurde noch dadurch geschürt, dass SPD und FDP durch den Sieg der CDU in Baden-Württemberg auch ihre Mehrheit im Bundesrat verloren hatten, wo die unionsgeführten Länder nunmehr über einen Vorsprung von einer Stimme verfügten. Die Ratifizierung der Ostverträge, die der Zustimmung des Bundesrates bedurften, erschien dadurch in völlig neuem Licht. Gegen die bisherige Opposition, die nun wohl bald selbst die Regierung stellen würde, lief – so oder so – nichts mehr.

Um so überraschender war das Ergebnis der Abstimmung beim Misstrauensvotum: Barzel erhielt nur 247 Stimmen – zwei weniger als erforderlich. Zehn Abgeordnete stimmten mit Nein, drei enthielten sich der Stimme, der Rest – fast alle Abgeordneten der Koalition – blieben der Abstimmung fern. Da Kienbaum und Kühlmann-Stumm und vermutlich auch der SPD-Abgeordnete Günther Müller, der seit 1970 mit seiner Partei in der nach links abgerutschten Münchner SPD in Fehde lag und bereits Kontakte zur CSU unterhielt, für Barzel gestimmt hatten, mussten also mindestens zwei, vielleicht sogar drei CDU/CSU-Abgeordnete ihm ihre Stimme vorenthalten haben. Tatsächlich war es – von allen Seiten – nicht immer mit rechten Dingen zugegangen. »Manipulative Abwerbungen« mit einem sicheren Mandat nach der nächsten Wahl, so genannte »Beraterverträge« und auch Bargeld hatten den politischen Überzeugungen im einen oder anderen Fall auf die Sprünge geholfen. Sogar das Ministerium für Staatssicherheit der DDR war mit im Spiel, als der CDU-Abgeordnete Julius Steiner nach eigenem Eingeständnis vom Geschäftsführer der SPD-Fraktion, Karl Wienand, 50 000 DM für die Bereitschaft erhielt, Barzel seine Stimme zu verweigern.

Wie immer man diese Hintergründe politisch und moralisch bewerten mochte: Das konstruktive Misstrauensvotum war gescheitert. Zum Schaden des Misserfolgs für Barzel kam der Spott über die mangelnde Solidarität in den eigenen Reihen. Abwerbungen und

Verrat, so sahen es weite Teile der Öffentlichkeit, hatten sich nicht ausgezahlt. Willy Brandt war dem Königsmord entgangen. Zum Triumph des Friedensnobelpreises, der ihm für seine »Versöhnungspolitik zwischen alten Feindländern« am 20. Oktober 1971 vom Nobelkomitee des norwegischen Parlaments zuerkannt worden war, gesellte sich der Nimbus des edlen Helden im Sieg über seine hinterhältigen und an Zahl überlegenen Feinde.

Die Abstimmung am 27. April hatte allerdings auch gezeigt, dass die Koalition ebenfalls keine Mehrheit mehr besaß. Vorzeitige Neuwahlen boten deshalb den einzigen Ausweg aus dem Patt im Bundestag. Sie wurden schließlich für den 19. November 1972 anberaumt. Mit der Ratifizierung der Ostverträge, die den Auslöser für die innenpolitische Zuspitzung gebildet hatte, wollten jedoch weder die Regierung noch die Opposition bis nach den Wahlen warten: Brandt lag daran, die Verträge zu retten, um zu verhindern, dass die Bundesrepublik in eine »Vereinsamung« geriet, »in der es eiskalt werden könnte«. Barzel wollte seine Partei, die möglicherweise nach den Wahlen im November selbst wieder die Regierung stellen würde, vor Schuldzuweisungen bewahren und zugleich durch eine eindeutige Interpretation des Vertragswerks die künftige Politik im Sinne eines Modus vivendi festlegen. Er suchte deshalb nach Wegen, die Verträge auch für die Union zustimmungsfähig zu machen.

Nach dem Misstrauensvotum und dem Patt im Bundestag verständigte sich Barzel deshalb am 3. Mai mit Brandt darauf, eine Interpretation der Verträge im Sinne der Union zu erreichen. Das Mittel dazu war eine Bundestagsresolution aller Parteien, wobei der Kanzler aufgefordert wurde, die sowjetische Regierung zu veranlassen, »in gehöriger Form die gemeinsame Willensäußerung verbindlich zu machen«. Die Entschließung wurde in drei interfraktionellen Kommissionen vorbereitet und schließlich von einem Redaktionskomitee, dem Horst Ehmke für die SPD, Hans-Dietrich Genscher für die FDP, Werner Marx für die CDU und Franz Josef Strauß für die CSU angehörten, am 9. Mai fertiggestellt und vom Bundestag bei nur fünf Enthaltungen angenommen. Barzels Hoffnung, damit auch die CDU/CSU-Fraktion geschlossen zu einem Ja zu den Verträgen bewegen zu können, erwies sich jedoch als Illusion. Nicht nur einflussreiche CDU-Politiker wie Walter Hallstein, Kurt Birrenbach, Bruno Heck und Gerhard Schröder argumentierten gegen ein positives Votum, sondern auch Franz Josef Strauß, der die Entschließung selbst mit ausgearbeitet hatte. Um die Geschlossenheit der Fraktion zu wahren, plädierte Barzel nun für Stimmenthaltung. Aber auch dieses Ziel wurde nicht erreicht: 10 Abgeordnete der Union stimmten gegen den Moskauer Vertrag, sogar 17 gegen den Warschauer Vertrag.

Barzels Taktik war – zum zweiten Mal innerhalb weniger Wochen – nicht aufgegangen. Als er danach auch bei der Bundestagswahl gegen Brandt unterlag, waren seine Tage als Fraktionsvorsitzender und Bundesvorsitzender der CDU gezählt. Im Mai 1973 verlor er zunächst den Fraktionsvorsitz an Karl Carstens, kurz darauf, im Juni, auch den Bundesvorsitz der CDU, den er an Helmut Kohl übergab. Die Tatsache, dass die Diskussion um die Gemeinsame Entschließung nicht nur dazu geführt hatte, die Verträge im Bundestag vor einem möglichen Scheitern zu bewahren, sondern auch eine interfraktionelle Vertragsauslegung zuwege brachte, die geeignet war, die Kontinuität der neuen Ostpolitik über die Ära der sozialliberalen Koalition hinaus zu gewährleisten, wurde erst im Nachhinein verstanden und gewürdigt. Für Barzel selbst kam diese Anerkennung zu spät.

Der letzte Akt der neuen Ostpolitik betraf schließlich die Regelung des Verhältnisses zur DDR. Brandt hatte dazu am 22. Januar 1970 dem Ministerratsvorsitzenden der DDR, Willi Stoph, Verhandlungen über einen Gewaltverzicht und Abkommen zur praktischen Zusammenarbeit angeboten. Im Rahmen dieser Verhandlungen sollte ein breiter Meinungsaustausch stattfinden, in dem unter anderem auch über die Frage »gleichberechtigter Beziehungen« gesprochen werden könne. In der Sache ging es Brandt darum, wie er in seiner Regierungserklärung vom 28. Oktober 1969 erklärt hatte, dass man »20 Jahre nach Gründung der Bundesrepublik Deutschland und der DDR ... ein weiteres Auseinanderleben der deutschen Nation verhindern« müsse. Es gelte daher, »über ein geregeltes Nebeneinander zu einem Miteinander zu kommen«.

Die Bundesregierung hatte es jedoch nicht eilig. Tatsächlich wollte man zunächst den Ausgang der Verhandlungen mit Moskau abwarten, ehe man sich auf konkrete Schritte mit Ost-Berlin einließ. Im Bahr-Papier vom Frühjahr 1970 wurde in diesem Zusammenhang sogar ausdrücklich festgestellt, dass die zu vereinbarenden Abkommen und Verträge der Bundesrepublik mit der Sowjetunion, Polen, der DDR und der Tschechoslowakei »ein einheitliches Ganzes bilden« sollten. Ende November 1970 begannen Egon Bahr und der Staatssekretär beim Ministerrat der DDR, Michael Kohl, einen »Meinungsaustausch«, bei dem vor allem Fragen des Berlin-Verkehrs behandelt wurden, so dass die beiden deutschen Staaten nach der Unterzeichnung des Viermächte-Abkommens über Berlin am 3. September 1971 in der Lage waren, innerhalb von nur dreieinhalb Monaten, am 17. Dezember 1971, das geforderte deutsch-deutsche Abkommen über den Transitverkehr vorzulegen. Danach konzentrierten sich Bahr und Kohl auf den Verkehrsvertrag zwischen den beiden deutschen Staaten, der am 12. Mai 1972, also noch vor der Entscheidung des Bundestages über die Verträge von Moskau und Warschau, paraphiert und sogleich veröffentlicht wurde. Da die Unterzeichnung des Verkehrsvertrages vom Schicksal der Ostverträge abhing, sollte jeder sehen können, was verloren zu gehen drohte, wenn die Regierung Brandt scheiterte.

Die politische Bedeutung des Verkehrsvertrages bestand darin, dass er als erster Staatsvertrag die politische Gleichberechtigung der DDR mit der Bundesrepublik anerkannte und somit der Ost-Berliner Position entgegenkam, während für die Bundesregierung vor allem die Reiseerleichterungen zählten, die die DDR in einem zum Vertrag gehörenden Brief von Staatssekretär Kohl zusagte. Die Regelungen bedeuteten einen so großen Fortschritt gegenüber den früheren Bedingungen im innerdeutschen Reiseverkehr, dass der Verkehrsvertrag im Bundestag und Bundesrat nicht nur mit den Stimmen der Regierungsparteien, sondern auch mit Zustimmung der Opposition angenommen und am 17. Oktober 1972 in Kraft gesetzt wurde. Binnen eines Jahres stieg danach die Zahl der DDR-Reisen von Bundesbürgern von 1,4 auf 2,3 Millionen. Immerhin 52 000 DDR-Bürger konnten 1973 in dringenden Familienangelegenheiten in die Bundesrepublik Deutschland reisen.

Nach der Ratifizierung des Moskauer und Warschauer Vertrages am 12. Mai setzten sich Bahr und Kohl bereits am 15. Juni wieder zusammen, um nunmehr in einen Meinungsaustausch über die »Grundfragen des Verhältnisses zwischen beiden deutschen Staaten« einzutreten. Da hierbei auch Rechte der Alliierten tangiert wurden, mussten die Gespräche allerdings auf verschiedenen Ebenen mit der DDR, der Sowjetunion und den Westmächten gleichzeitig geführt werden. Sie erhielten dadurch einen ähnlichen Schwierigkeitsgrad wie die Berlin-Verhandlungen. Der entscheidende Durchbruch erfolgte am 10. Oktober 1972 in einem vierstündigen persönlichen Gespräch Bahrs mit dem Generalsekretär der KPdSU, Breschnew, der einen raschen Abschluss der Verhandlungen noch vor der Bundestagswahl am 19. November wünschte, weil die Sowjetunion an einer Fortsetzung der sozialliberalen Koalition interessiert war.

Tatsächlich lag der »Vertrag über die Grundlagen der Beziehungen zwischen der Bundesrepublik Deutschland und der Deutschen Demokratischen Republik« am 6. November 1972 vor. Nach Zustimmung des Bundeskabinetts wurde er am 8. November in Bonn paraphiert und unmittelbar danach veröffentlicht, so dass er noch in der heißen Phase des Wahlkampfes für die politische Argumentation verwendet werden konnte. Einen Monat nach der Wahl, am 21. Dezember 1971, wurde er in Ost-Berlin unterzeichnet. In einem Brief zur Deutschen Einheit, der analog zum Verfahren beim Moskauer Vertrag vor der Unterzeichnung des Vertrages von der DDR entgegengenommen und quittiert wurde, stellte die Bundesrepublik fest, dass auch der Grundlagenvertrag nicht im Widerspruch zu ihrem politischen Ziel stehe, die Einheit Deutschlands in freier Selbstbestimmung wiederzuerlangen.

Der Vertrag stellte einen wichtigen Baustein im Gesamtwerk der Grenz- und Gewaltverzichtsabkommen dar, die die Bundesregierung seit 1970 geschlossen hatte. Er brachte der DDR nicht nur die politische Gleichberechtigung, sondern fügte sie auch in das von Brandt anvisierte europäische Netzwerk der Entspannung ein, das wenig später mit der Konferenz über Sicherheit und Zusammenarbeit in Europa (KSZE) und den Gesprächen über beiderseitige, ausgewogene Truppenreduzierungen in Mitteleuropa (MBFR) auf multilateraler Ebene geknüpft wurde. Die Beziehungen zwischen den beiden deutschen Staaten sollten nach den Grundsätzen des

Völkerrechts geregelt werden. Allerdings sah der Vertrag keine volle völkerrechtliche Anerkennung vor, wie nicht zuletzt die Bezeichnung »Ständige Vertretungen« statt »Botschaften« in Ost-Berlin und Bonn deutlich machte. Auch Fragen der Staatsangehörigkeit wurden ausdrücklich ausgeklammert, um das deutsch-deutsche Sonderverhältnis zu betonen. Andererseits gab der Grundlagenvertrag förmlich den Zugang der DDR zu internationalen Organisationen frei. Dazu gehörte ebenfalls der Beitritt der beiden deutschen Staaten zur UNO, der nun eingeleitet wurde, ohne dass durch »diese Mitgliedschaft die Rechte und Verantwortlichkeiten der Vier Mächte und die entsprechenden diesbezüglichen Vier-Mächte-Vereinbarungen, -Beschlüsse und -Praktiken … berührt« wurden, wie es in einer gemeinsamen Erklärung der Botschafter der Vier Mächte vom 5. November 1972 hieß.

Neben den formalen Festlegungen waren es aber vor allem die Vereinbarungen zu praktischen und humanitären Fragen, die den Wert des Grundlagenvertrages ausmachten: Erleichterungen im Reiseverkehr und bei der Familienzusammenführung, die Verbesserung der Arbeitsmöglichkeiten für Journalisten sowie Regelungen zu einer verstärkten Zusammenarbeit in den Bereichen Wirtschaft, Wissenschaft, Technologie, Kultur, Sport und Umweltschutz – um nur diese Beispiele zu nennen. Der Vertrag wurde damit zum Ausgangspunkt für eine dynamische Entwicklung in den innerdeutschen Beziehungen, die entscheidend dazu beitrug, die während des Kalten Krieges in Gefahr geratene »nationale Substanz« zu wahren. Die Erkenntnis, dass der Grundlagenvertrag kein Teilungsvertrag war, wie die Gegner der neuen Ostpolitik hartnäckig behaupteten, sondern mit der Verpflichtung des Grundgesetzes, auf die Wiederherstellung der staatlichen Einheit Deutschlands hinzuwirken, durchaus im Einklang stand, wurde im Übrigen durch ein Urteil des Bundesverfassungsgerichts vom 31. Juli 1973 bestätigt.

Die Bundestagswahl vom 19. November 1972, die nach dem konstruktiven Misstrauensvotum und den Auseinandersetzungen um die Ostverträge beinahe zwangsläufig zum Plebiszit über die Ostpolitik der sozialliberalen Koalition geriet, trug dieser positiven Bewertung frühzeitig Rechnung. Da die Mehrheit der Bevölkerung dieser Politik inzwischen zustimmte, konnte die SPD ihren Stimmenanteil bei einer Rekordwahlbeteiligung von 91,1 Prozent (der höchsten Beteiligung, die es bei freien Wahlen in Deutschland jemals gab) auf 45,8 Prozent verbessern. Die FDP erreichte 8,4 Prozent, die CDU/CSU nur noch 44,9 Prozent. Die Kanzlermehrheit der Koalition wuchs dadurch auf 271 Stimmen gegenüber 230 der Opposition. SPD und FDP konnten der neuen Legislaturperiode mit Zuversicht entgegenblicken.

14. Tendenzwende

Wer nach dem Triumph der sozialliberalen Koalition bei der Wahl am 19. November 1972 einen strahlenden Auftakt der zweiten Amtszeit Brandts erwartet hatte, sah sich indessen bald getäuscht. Die Regierungsbildung verlief schleppend und litt unter der allgemeinen Erschöpfung nach dem Sieg. Der Kanzler selbst erkrankte und musste am Kehlkopf operiert werden. Er fürchtete, Krebs zu haben, und ließ die Dinge treiben. Andere als er stellten die Weichen für die Zusammensetzung des Kabinetts. »Meine Abwesenheit«, räumte er später ein, »wurde da und dort als Schwäche gesehen und genutzt.«

Entscheidend für den Einbruch der Regierung Brandt waren jedoch weniger persönliche Unzulänglichkeiten oder Fehler als vielmehr Veränderungen der Rahmenbedingungen politischen Handelns. Die siebziger Jahre hatten mit dem Versprechen politischer Entspannung und wirtschaftlicher Sicherheit begonnen und endeten in einer von Grund auf gewandelten Weltsituation mit enttäuschten Erwartungen, einer Wirtschaftskrise globalen Ausmaßes und zunehmenden politischen Spannungen, die nach dem Einmarsch sowjetischer Truppen in Afghanistan im Dezember 1979 sogar einen Rückfall in den Kalten Krieg befürchten ließen. Die hoffnungsvollen Perspektiven der »Ära der Verhandlungen« und umfassender Strukturreformen in Staat, Wirtschaft und Gesellschaft wichen einer desillusionierten Einsicht in die Begrenztheit menschlicher und materieller Ressourcen, von der auch die Bundesrepublik nicht verschont blieb. Die internationalen Entwicklungen wurden dabei durch innere Probleme, wie eine beginnende Wirtschaftskrise und die Zunahme des Terrorismus, noch verstärkt. Zusammen bewirkten sie eine »Tendenzwende«, bei der der Elan der frühen siebziger Jahre rasch erlahmte.

Bereits Bundeskanzler Brandt wurde im Krisenjahr 1973 mit der neuen Konstellation konfrontiert. Erst recht galt dies für Helmut Schmidt, der in seiner ersten Regierungserklärung vom 17. Mai 1974 – einen Tag, nachdem er Brandt als Regierungschef abgelöst hatte – erklärte, angesichts der bestehenden und noch zu erwartenden Schwierigkeiten müsse man mit seinen Kräften haushalten, sie »auf das Wesentliche konzentrieren«. Die Leitworte seiner Regierung lauteten somit »Kontinuität und Konzentration«. Vor allem die inneren Reformen gerieten dabei unter die Räder. Die erste sozialliberale Regierung habe »viele einzelne Reformvorhaben verwirklicht«, bilanzierte selbst Horst Ehmke, der im Kanzleramt für die Koordinierung der Reformpolitik zuständig gewesen war, in seinen Erinnerungen, aber das Ganze sei »Stückwerk« geblieben.

Verantwortlich dafür war nicht zuletzt die Konzentration auf die Ostpolitik, die der Koalition in ihrer ersten Legislaturperiode zu ihrem großen Erfolg verholfen hatte, aber zu Lasten der inneren Reformen gegangen war. Der mit der Regierungserklärung vom 28. Oktober 1969 erweckte Eindruck, das sozialliberale Bündnis werde sich vor allem Themen der Innen-, Wirtschafts- und Gesellschaftspolitik zuwenden, erwies sich als falsch. Von den wichtigsten Eckpunkten des Reformprogramms – dem Ausbau der sozialen Sicherheit, Reformen der Betriebsverfassung und der Mitbestimmung, der Änderung des Paragraphen 218, einem neuen Ehe- und Familienrecht sowie einer umfassenden Bildungsreform – wurde am Ende nur wenig in die Tat umgesetzt. So bestand etwa der Ausbau der sozialen Sicherung vorrangig darin, Leistungsverbesserungen zu beschließen. Dies betraf besonders die Einführung der flexiblen Altersgrenze bei Renten und Änderungen in der gesetzlichen Krankenversicherung, durch die Vorsorgeuntersuchungen, Rehabilitation, Ansprüche auf Haushaltshilfen sowie die Versicherung von Landwirten und Studenten in den Leistungskatalog aufgenommen wurden. Die Sozialausgaben stiegen danach von 174,7 Milliarden DM 1970 auf 334,1 Milliarden DM 1975. Die Sozialquote – d. h. der Anteil der Sozialausgaben am Bruttosozialprodukt – erhöhte sich von 25,5 Prozent 1970 auf 32,1 Prozent 1975. Bereits 1974/75 war angesichts der steigenden Belastungen von einem »Loch« in der Rentenfinanzierung und von einer »Kostenexplosion im Gesundheitswesen« die Rede. Die »Reformen« zur sozialen Sicherung hatten sich also auf Ausgabensteigerungen beschränkt und dabei inhaltliche Überlegungen für sinnvolle Strukturänderungen vermissen lassen.

Anderen Reformvorhaben erging es kaum besser. Die Wünsche der Gewerkschaften nach einer neuen Betriebsverfassung und einer erweiterten Mitbestimmung wurden unter dem Einfluss der FDP und nach heftigen Auseinandersetzungen mit der Opposition im Bundestag nur sehr eingeschränkt erfüllt. Die Vorstellungen der Bundesregierung zur Reform des § 218 im Sinne einer Fristenregelung scheiterten zunächst am Einspruch des Bundesrates und danach am Bundesverfassungsgericht, das am 25. Februar 1975 abschließend feststellte, die Fristenregelung werde der sich aus Artikel 2 Abs. 2 des Grundgesetzes ergebenden Verpflichtung, »das werdende Leben wirksam zu schützen, nicht in dem gebotenen Umfang gerecht«. Beim Ehe- und Familienrecht wurden zwar große Pläne geschmiedet, um die im Grundgesetz verankerte Gleichberechtigung von Mann und Frau zu verwirklichen, den Begriff der »elterlichen Gewalt« durch den der »elterlichen Sorge« zu ersetzen und die gewachsene Selbstständigkeit und Eigenverantwortlichkeit von Jugendlichen und Heranwachsenden durch eine rechtliche Neuregelung ihres Verhältnisses zu den Eltern und ihrer Stellung in der Gesellschaft stärker zu berücksichtigen. Verwirklicht wurde davon bis zur Bundestagswahl 1972 aber nur die Herabsetzung des Alters für das aktive Wahlrecht von 21 auf 18 und für das passive Wahlrecht von 25 auf 21 Jahre.

Das krasseste Beispiel einer gescheiterten Reform bot jedoch die Bildungspolitik. Sie erschien 1969 besonders dringlich, um der Unruhe an den Universitäten zu begegnen und eine deutsche »Bildungskatastrophe«, für die Georg Picht 1964 das Stichwort geliefert hatte, abzuwenden. Bereits im Juni 1970 legte die Bundesregierung deshalb ihren »Bildungsbericht '70« vor, in dem ein demokratisches, leistungs- und wandlungsfähiges Bildungssystem als Ziel bezeichnet wurde, das Chancengleichheit und individuelle Förderung gewährleisten sollte. Eine Bund-Länder-Kommission für Bildungsplanung, die ebenfalls noch im Juni 1970 eingesetzt wurde, sollte über die notwendigen Schritte beraten. Als Sofortmaßnahme wurde die bisher auf Studenten begrenzte Ausbildungsförderung auf

Schüler der weiterführenden allgemeinbildenden Schulen ab Klasse 11, der Fachoberschulen, der Ausbildungsstätten des Zweiten Bildungsweges, der Berufsfachschulen und Fachschulen sowie auf Praktikanten ausgedehnt, bevor am 1. September 1971 ein neues Berufsausbildungsförderungsgesetz (BAFöG) die individuelle Förderung der Ausbildung im Förderungsbereich und im Umfang nochmals ergänzte.

Zugleich wurde mit großem Aufwand und erheblichen finanziellen Mitteln der Ausbau der Hochschulen in Angriff genommen. Ein am 19. Juli 1971 von Bund und Ländern verabschiedeter Rahmenplan für die Jahre 1972 bis 1975 ging von einem Anstieg der Studentenzahlen von 1969 bis 1975 um 45 Prozent auf 665 000 aus und sah zur Bereitstellung der hierfür erforderlichen Studienplätze Ausgaben von über 16 Milliarden DM vor, die je zur Hälfte vom Bund und von den Ländern aufzubringen waren. Da der Bund aufgrund fehlender Zuständigkeit kaum Möglichkeiten besaß, auf die praktische Verwirklichung der Bildungsreform Einfluss zu nehmen, blieb es jedoch den Ländern überlassen, über die Entwicklung ihrer Bildungseinrichtungen selbstständig und unabhängig voneinander zu entscheiden. Die Bildungsreform wurde damit zum Zankapfel zwischen SPD- und Union-geführten Ländern. Symptomatisch waren die Auseinandersetzungen um die Einführung der Gesamtschule und die Diskussion um die hessischen Rahmenrichtlinien für die Fächer Deutsch und Gesellschaftslehre 1972/73. Außerdem ließen ökonomische Zwänge immer weniger Spielraum für kostspielige Vorhaben. Das ehrgeizige Projekt der Bildungsreform öffnete zwar die Bildungseinrichtungen für eine immer größere Zahl von Schülern und Studenten, trug jedoch wenig dazu bei, den Folgen dieser Expansion zu entsprechen. Die Bildungspolitik galt daher schon bald als Musterbeispiel einer gescheiterten Reform.

Als die sozialliberale Koalition 1969 die Macht übernahm, befand sich die Bundesrepublik in einer glänzenden wirtschaftlichen Lage. Die im Stabilitätsgesetz festgelegten vier Ziele – Preisstabilität, hoher Beschäftigungsgrad, außenwirtschaftliches Gleichgewicht und befriedigendes wirtschaftliches Wachstum – waren in nahezu idealer Weise verwirklicht. Mit 7,5 Prozent erzielte die deutsche Wirtschaft ihr höchstes Wachstum seit zehn Jahren, das Vertrauen in die politische Lenkbarkeit der Volkswirtschaft war unbegrenzt, und die vorausschauende Konjunkturpolitik mit den Instrumenten der Globalsteuerung schien auch für die Zukunft eine positive Gesamtentwicklung zu versprechen. Doch schon zu Beginn der siebziger Jahre kehrte sich der Trend um, ohne dass die Instrumente griffen. Schuld daran waren in erster Linie die Länder und Gemeinden, die ihre Investitionen während der Rezession 1967 gesenkt hatten und jetzt durch ein maßloses Ausgabengebaren den Anschein erweckten, als wären sie dem Druck der Reformerwartungen hilflos ausgeliefert. Insbesondere die Länder, die durch das konjunkturbedingt hohe Steueraufkommen und die am 21. Dezember 1966, also während der Großen Koalition, beschlossene Neuverteilung der Einkommens- und Körperschaftssteuer finanziell gut ausgestattet waren, glaubten, sich beinahe alles leisten zu können. Leichtfertig schlugen sie dabei die Warnungen des Finanzplanungsrates, der im Interesse der gesamtwirtschaftlichen Stabilität zur Zurückhaltung mahnte, in den Wind. Ähnlich »prozyklisch« – d. h. konjunkturverschärfend – verhielten sich auch die Gewerkschaften, die sich 1968/69 mit Lohnforderungen zurückgehalten hatten, jetzt aber übermäßig hohe Einkommenszuwächse durchsetzten, um die »soziale Symmetrie« wiederherzustellen.

Die Zuwachsrate des Bundeshaushalts lag dagegen 1970 noch deutlich unter der Zunahme des Bruttosozialprodukts. Aber auch die Bundesregierung hatte es zunehmend schwer, sich in ihrer Haushaltspolitik diszipliniert und stabilitätsgerecht zu verhalten. Reformpolitik und Stabilitätspolitik standen sich im Wege. Reformeuphorie und das Vertrauen in die Beherrschbarkeit der wirtschaftlichen Probleme, insbesondere der Glaube an ein stetiges Wirtschaftswachstum, führten zu einem Verhalten, bei dem der vorsichtige, auf eine solide Finanzpolitik drängende Finanzminister Alex Möller bald als »schwarzseherische Kassandra« galt. Im Frühjahr 1971, als die einzelnen Minister nach Abschluss ihrer Planungen meinten, mit ihrer finanzintensiven Reformpolitik endlich ernst machen zu können, geriet Möller dadurch in eine schwierige Lage. Seit Februar 1971, berichtete er nach seinem Rücktritt, habe er die Kollegen gebeten, ihre Haushaltsforderungen für 1972 zu reduzieren. Selbst ein unterstützendes Schreiben des Bundeskanzlers habe jedoch nichts genützt. Die Forderungen, so Möller, »sind nicht reduziert worden, die Forderungen wurden immer höher, jeden Tag bekam ich neue Wünsche, zum Teil auch für das Jahr 1971 auf den Tisch gelegt, so dass es für mich ausweglos war, hier nun Lösungen zu finden, die vom gesamten Kabinett hätten getragen werden können«.

Die Befürchtung Möllers, dass ein zu stark überdehnter Haushalt die Inflation anfachen könnte, wurde noch dadurch verschärft, dass man angesichts der konjunkturellen Abflachung, die für das Jahr 1972 geringere Steuereinnahmen erwarten ließ, zusätzlich mit einer Verschuldung des Staatshaushaltes rechnen musste. Die Opposition im Bundestag warf Möller deshalb bereits im Herbst 1970 eine unsolide Haushaltsführung vor. Wie erbittert die Auseinandersetzungen geführt wurden, zeigt die Behauptung der Union vom 23. September 1970 während der Diskussion des Haushaltsgesetzes 1971, Möller sei mit seiner Politik im Begriff, »die dritte deutsche Inflation« zu verursachen. Als Möller daraufhin erregt entgegnete, diejenigen, die die beiden Weltkriege und die darauf folgenden Inflationen zu verantworten hätten, stünden der CDU/CSU »geistig näher als der SPD«, verließ die Opposition unter »Pfui-Rufen« protestierend den Plenarsaal. Doch sogar im Kabinett sah sich Möller Anfeindungen ausgesetzt. Vor allem mit Helmut Schmidt, der immer hart für sein Ressort focht, und Karl Schiller, der als Wirtschaftsminister für die Stabilitätspolitik zuständig war, gab es zahlreiche Konflikte. Empfindliche Persönlichkeitsstrukturen dreier Primadonnen mit Staralüren mögen dabei eine Rolle gespielt haben. Hauptsächlich waren es jedoch die unterschiedlichen Perspektiven des Finanzministers einerseits und der Ressortchefs und des Wirtschaftsministers andererseits, die zu sachlichen Differenzen führten, die ohne ein Machtwort des Kanzlers nicht zu überbrücken waren.

Möller sah sich in erster Linie als Haushaltsminister, der das staatliche Handeln vor allem unter fiskalischen Aspekten betrachtete, Schiller dagegen verstand sich als Konjunkturminister, für den die finanzwirtschaftlichen Tugenden der Sparsamkeit und eines ausgeglichenen Haushalts keine Ziele an sich, sondern nur Teil des wirtschaftspolitischen Instrumentariums waren. Möller hätte in diesem

Konflikt – einer gegen alle – seine verfassungsrechtlich starke Stellung, die ihm ein Veto bei ausgabenwirksamen Beschlüssen einräumte, politisch nur dann durchstehen können, wenn er die Unterstützung des Kanzlers erhalten hätte. Doch Brandt, den seit seiner Berliner Zeit ein besonderes Vertrauensverhältnis mit Schiller verband, setzte ganz auf den Wirtschaftsminister, der seine überragenden Fähigkeiten bei der Bewältigung der Rezession 1966/67 erneut unter Beweis gestellt hatte. Da Brandt in wirtschaftlichen Fragen kein Fachmann war und sich auch kaum dafür interessierte, ließ er sich bei seiner Parteinahme für Schiller weitgehend von seinem persönlichen Vertrauen leiten.

In dieser Weise auf sich allein gestellt und vom Kanzler allein gelassen, meinte Möller sich nur noch durch seinen Rücktritt helfen zu können, den er Brandt am 12. Mai 1971 anbot und den dieser ohne Zögern annahm. Welche Wertschätzung Brandt für Schiller empfand, bewies danach seine Entscheidung, das Wirtschafts- und Finanzministerium zusammenzulegen und das neue »Superministerium« Schiller anzuvertrauen, der sich in seiner Eitelkeit geschmeichelt fühlte und über die sachlichen Probleme, die diese Ressortverbindung mit sich bringen musste, hinwegsah. Tatsächlich gelang es Schiller, einen Haushaltsentwurf für 1972 vorzulegen, der auch den Beifall des zurückgetretenen Finanzministers fand. Doch schon auf dem – an anderer Stelle bereits erwähnten – Steuerparteitag der SPD im November 1971 musste er erfahren, dass er gegen den innerparteilichen Strom schwamm. Bei der Präsentation seiner Vorstellungen einer modernen Marktwirtschaft sah er sich einer Mauer »eisiger Ablehnung« gegenüber. Die dominierende Figur des Parteitages war der von der Parteilinken unterstützte Vorsitzende der Steuerreformkommission, Entwicklungsminister Erhard Eppler, der Steuerreformen vor allem als Hebel zur gesellschaftlichen »Systemüberwindung« begriff.

Zu den Zweifeln, die Schiller seither hinsichtlich seiner eigenen Partei hegte, kam im Frühjahr 1972 schließlich der unvermeidliche Zusammenstoß mit Helmut Schmidt. Ausgangspunkt waren große Deckungslücken, die sich Anfang 1972 für das schon laufende Haushaltsjahr abzeichneten und in der mittelfristigen Finanzplanung unvertretbare Ausmaße anzunehmen drohten. Schiller, der inzwischen in die Rolle des »Haushaltshüters« geschlüpft war, die zuvor Möller gespielt hatte, forderte daraufhin am 16. Mai das Kabinett auf, entweder die Steuern zu erhöhen oder den Haushalt nachträglich zu kürzen. Doch Schmidt, wie auch andere Minister, hielten seinen Vorstoß vor allem zeitlich für verfehlt. Inmitten der existenziellen Auseinandersetzungen mit der Opposition, nach dem Verlust der Regierungsmehrheit und angesichts der zu erwartenden Neuwahlen, erschienen seine Vorschläge nicht opportun. Schiller sah sich daher »disziplinlosen Attacken« ausgesetzt, bei denen Schmidt der Wortführer war. Erbost über seine uneinsichtigen Kollegen, arbeitete Schiller daraufhin eine Kabinettsvorlage aus, der zufolge der Haushalt 1972 um 2,5 Milliarden DM gekürzt werden müsse, wobei allein 800 Millionen im Verteidigungsetat Schmidts gestrichen werden sollten. Um diesen Forderungen mehr Gewicht zu verleihen, ließ er seine Vorlage auch gleich in 131 Exemplaren umlaufen, was praktisch einer Veröffentlichung gleichkam und der Opposition willkommene Munition für ihre Angriffe gegen die Regierung bot. Schmidt drängte daraufhin Brandt, Schiller zu entlassen. Doch Brandt mochte dem Rat angesichts des bevorstehenden Wahlkampfes nicht folgen, und Schiller setzte sich durch. Am 9. Juni wurde sein Haushaltsentwurf mit den von ihm geforderten Minderausgaben beschlossen, so dass die Nettoneuverschuldung von 7,3 auf 6 Milliarden DM reduziert wurde.

Die Probleme, die Schiller sich mit der Übernahme des Doppelministeriums aufgeladen hatte, waren damit jedoch keineswegs gelöst. So kam es bereits drei Wochen nach der Haushaltskrise zu einem weiteren Konflikt, als das Kabinett am 28./29. Juni über die Frage diskutierte, wie man angesichts der Schwäche anderer europäischer Währungen unliebsame Devisenzuflüsse, die die Stabilität der D-Mark gefährdeten, eindämmen könne. Schiller schlug dazu vor, die Wechselkurse einfach freizugeben – also ein »Floating« der europäischen Währungen einzuführen –, um ein marktkonformes Mittel gegen die inflationsfördernde Aufblähung der Geldmenge durch Devisenzuflüsse zu erhalten. Bundesbankpräsident Karl Klasen riet dagegen ohne vorherige Absprache mit Schiller zu Devisenkontrollen und versprach damit »Ruhe an der Währungsfront bis zur Bundestagswahl«. Das Kabinett folgte nicht

Schiller, sondern Klasen. Der Wirtschafts- und Finanzminister unterlag dem einstimmigen Votum seiner Kollegen, bei denen offenbar, wie Regierungssprecher Conrad Ahlers hinterher resümierte, die »Aufwertungsmüdigkeit« ebenso groß gewesen sei wie die »Schillermüdigkeit«. Schiller kündigte daraufhin für den 7. Juli seinen Rücktritt an, ließ in einem zusätzlichen Schreiben jedoch erkennen, dass er bei bestimmten Zusicherungen für die Regierungsbildung nach der Bundestagswahl seinen Entschluss noch einmal überdenken könnte. Doch Brandt nahm das Rücktrittsgesuch – auf Drängen der eigenen Parteispitze – an, obwohl er, ebenso wie die FDP, Schiller gerne weiter im Amt gesehen hätte. Vor allem Horst Ehmke redete ihm diesmal zu. »So billig werden wir Karl niemals mehr los«, hatte Ehmke die Lage bereits am Abend des 28. Juni in aller Kürze zusammengefasst.

Regierungssprecher Ahlers erschien Schillers Rücktritt deshalb im Nachhinein »wie ein unabwendbarer Vorgang«. Auch in diesem Fall hatte die persönliche Rivalität mit Schmidt, dem nicht nur Schillers Stabilitätspolitik, sondern auch dessen herausgehobene Position in der Regierung missfiel, zu der Demission beigetragen. Aber neben dieser persönlichen Seite hatte der Rücktritt, wie bei Möller, vor allem sachliche Gründe. Schiller hatte seit dem Steuerparteitag nicht nur das Vertrauen in die innere Entwicklung der SPD verloren, sondern sah auch – wie Möller – keine Möglichkeit mehr, die Ansprüche der Ressorts mit den Erfordernissen einer soliden Wirtschafts- und Finanzpolitik in Einklang zu bringen. Übertriebene Zuversicht in die Planbarkeit und Belastbarkeit der Wirtschaft war zur Quelle unverantwortlicher Forderungen geworden, die im Bund, aber auch bei den Ländern und Gemeinden sowie den Tarifpartnern um nahezu jeden Preis durchgesetzt wurden. Die wirtschaftliche Basis für die Reformpolitik, die noch 1969 so breit und verlässlich erschienen war, drohte binnen weniger Jahre ihre Tragfähigkeit zu verlieren. Tatsächlich sollte sich dieser von Möller wie von Schiller prognostizierte Trend, dem sie durch ihren Rücktritt entgegenzuwirken suchten, schon bald bestätigen: Die Inflationsrate, die 1969 2,0 Prozent betragen hatte, stieg bis zum Ende der Ära Brandt 1974 auf 6,9 Prozent, das wirtschaftliche Wachstum ging von 7,5 Prozent auf 0,5 Prozent zurück, und die Zahl der Arbeitslosen nahm von knapp 200000 auf fast 600000 zu. Von Reformspielräumen konnte danach keine Rede mehr sein.

Die ökonomischen Probleme der Reformpolitik, die in den Rücktritten von Möller und Schiller zum Ausdruck gekommen waren, erreichten jedoch erst 1973 ihren dramatischen Höhepunkt. Zwar trat Mitte März eine gewisse Beruhigung an der Währungsfront ein, als die Bundesrepublik und fünf weitere Staaten der Europäischen Gemeinschaft beschlossen, den Wechselkurs gegenüber dem Dollar freizugeben, wie Karl Schiller es bereits im Juni 1972 gefordert hatte. Aber ein Stabilitätsprogramm der Bundesregierung vom 9. Mai 1973 zur Senkung der Inflation führte lediglich zu einer Abbremsung der Konjunktur, nicht jedoch, wie man es sich gewünscht hätte, zu mehr Stabilität. Das Ergebnis war vielmehr »Stagflation« – d. h. Rückgang des Wachstums und zunehmende Arbeitslosigkeit bei weiter steigenden Preisen. Die einst so hochgelobten wirtschaftspolitischen Instrumente der Globalsteuerung erwiesen sich damit erneut als trügerisch. Die bis dahin schärfste Rezession in der Geschichte der Bundesrepublik bahnte sich an.

Ein Grund für diese Entwicklung war das Versagen der »Konzertierten Aktion«. Vor allem die Gewerkschaften waren nicht länger bereit, sich den gesamtwirtschaftlichen Erfordernissen unterzuordnen. Sie hatten seit der Krise von 1966/67 große Lohndisziplin bewiesen und damit viel zum Erfolg der sozialdemokratisch geführten Wirtschaftspolitik unter Karl Schiller beigetragen. Die hohen Preissteigerungen, die 1973 in manchen Sektoren bereits die Marke von 8 Prozent überschritten, ließen solche Zurückhaltung nun aber nicht mehr zu, zumal die Unternehmen in einer überhitzten Konjunktur hohe Gewinne erzielten. Wilde Streiks in der Stahlindustrie im Frühjahr 1973 und eine zweite Welle spontaner Arbeitsniederlegungen im Sommer 1973 waren ein unmissverständliches Signal für den Unmut an der Basis. So stiegen die Lohnforderungen schließlich auf über 10 Prozent. Warnungen der Regierung vor den stabilitätspolitischen Folgen wurden durch Stellungnahmen der Jungsozialisten konterkariert, die die wilden Streiks begrüßten und niedrigere Lohnabschlüsse als »Lohnraub« bezeichneten. Am Ende des Jahres 1973 wurde eine durchschnittliche nominale Erhöhung der Einkommen aus unselbstständiger Arbeit von 13,5 Prozent errechnet. Man musste kein Experte sein, um zu begreifen, was dies für die wirtschaftliche Stabilität der Bundesrepublik bedeutete.

Die Diskussion über das Für und Wider hoher Lohnabschlüsse war noch in vollem Gange, als im Oktober 1973 – zum jüdischen Yom Kippur – im Nahen Osten ein neuer Krieg zwischen Israel und seinen arabischen Nachbarn ausbrach. Als der arabische Angriff nicht zu dem erwarteten und von der eigenen Propaganda versprochenen raschen Sieg führte, sondern Israel nach schweren Verlusten allmählich militärisch die Oberhand gewann, fassten mehrere Erdöl exportierende arabische Länder den Beschluss, Öl als Waffe einzusetzen: Mit einem Lieferboykott gegen die USA und die Niederlande, der schrittweise auch auf andere westliche Staaten ausgedehnt wurde, sowie der Drosselung der Ölförderung um 25 Prozent sollte Druck auf das Ausland ausgeübt werden, damit es seine Unterstützung für Israel einstellte, um auf diese Weise den arabischen Erfolg vielleicht doch noch zu sichern. Zugleich wurde die Mengenverknappung des Erdöls auf dem Weltmarkt genutzt, um gemeinsam mit den anderen in der Organisation Erdöl exportierender Länder (OPEC) zusammengeschlossenen Staaten eine Vervierfachung der Rohölpreise bis zum Frühjahr 1974 durchzusetzen.

Eine solche Preisexplosion bei gleichzeitiger Verknappung des Angebots ließ sich auch von den relativ reichen Industrienationen wie der Bundesrepublik, die hochgradig von Öleinfuhren abhängig waren, nicht ohne weiteres verkraften. Der Deutsche Bundestag beschloss deshalb schon am 9. November 1973 einstimmig ein Energiesicherungsgesetz, das die rechtlichen Grundlagen schuf, um bei Gefährdungen oder Störungen der Energieversorgung Verbrauchsbeschränkungen bei Mineralöl und Erdgas einführen zu können. Eine daraufhin am 19. November vom Bundeswirtschaftsminister erlassene Verordnung zur Einsparung von Energie sah unter anderem ein allgemeines Fahrverbot an vier Sonntagen im November und Dezember 1973 vor. Die leeren, verödeten Straßen und Autobahnen und die plötzliche Stille in den Dörfern und Städten bedeuteten einen Schock. Der buchstäbliche Stillstand der sonst so mobilen Gesellschaft sowie das sprunghafte Ansteigen der Benzin- und Heizölkosten demonstrierten die Verwundbarkeit der Wirtschaft und die Störanfälligkeit der modernen Zivilisation. Erstmals wurde auch der breiten Öffentlichkeit bewusst, dass die sichere Versorgung mit billiger Energie keineswegs eine Selbstverständlichkeit war. Die von vielen für übertrieben gehaltenen Warnungen des *Club of Rome* vor den »Grenzen des Wachstums« nur ein Jahr zuvor hatten sich überraschend schnell und überaus eindrucksvoll bestätigt.

Schon 1974 musste die Bundesrepublik 17 Milliarden DM mehr für ihre Öleinfuhren bezahlen als 1973, obwohl die Menge des eingeführten Erdöls um sechs Prozent gesunken war. Die durch hausgemachte Probleme ohnehin im Ansteigen begriffene Zahl der Arbeitslosen näherte sich dadurch 1975 fast der Ein-Millionengrenze, weil die plötzliche Verteuerung der Energiepreise weltweit – vor allem in den wirtschaftsschwachen Ländern der Dritten Welt – einen Konjunktureinbruch nach sich zog. Die stark exportabhängige Bundesrepublik konnte sich von diesem Verfall der Weltkonjunktur nicht abkoppeln, sondern wurde bald in den Strudel hineingezogen. Bereits in der Kabinettssitzung vom 22. November 1973 bemerkte Wirtschafts- und Finanzminister Schmidt daher, »zum Zwecke der Sicherung bzw. der Schaffung von Arbeitsplätzen« müssten die »öffentlichen Hände wahrscheinlich in einigen Bereichen mehr ausgeben« als bisher – Geld, das nun für kostspielige Reformen fehlte: Riesensummen. Noch unter Willy Brandt, berichtete später Egon Bahr, seien deshalb bereits im Herbst 1973 alle Reformgedanken stillschweigend aufgegeben worden.

Der Verlust an Zuversicht, der schon den Beginn der zweiten Amtszeit Willy Brandts in den Wochen nach dem Sieg vom November 1972 gekennzeichnet hatte, wurde durch die wirtschaftlichen Krisen des Jahres 1973 noch verschärft. Der Kanzler verlor zunehmend die Kontrolle über die Entwicklung. Verantwortlich dafür war nicht nur seine physisch weiterhin eingeschränkte Leistungskraft, sondern auch die Tatsache, dass er nach dem von Wehner und Schmidt bei der Regierungsbildung durchgesetzten Ausscheiden von Horst Ehmke aus dem Kanzleramt nicht mehr über ein leistungsfähiges Umfeld verfügte, das ihm zuarbeitete und seine Schwächen kompensierte. Viele, die sich früher über Ehmkes – vielleicht übertriebene – Planungsvorstellungen beschwert und sich über seinen nicht zu bremsenden Elan und Tatendrang lustig gemacht hatten, trauerten ihm jetzt nach. Seine Bedeutung für Brandt und die Regierung war ungleich größer gewesen, als manche es zu seinen Amtszeiten hatten wahrhaben wollen. Sein Nachfolger, der frühere Chef der Berliner Senatskanzlei und Bundessenator Horst Grabert, von Hause aus Bauingenieur, galt als zuverlässig und verwaltungstechnisch versiert, war bisher aber vor allem durch seine lautlose Art aufgefallen – also eigentlich gar nicht. Egon Bahr, der ihn vorgeschlagen hatte, musste später zugeben, dass er als Chef des Kanzleramtes vielleicht nicht die glücklichste Wahl gewesen sei. Die Pannen häuften sich.

Brandt selbst verschärfte das Problem, indem er einen engen Kreis von Vertrauten um sich scharte, denen er bald immer mehr ausgeliefert war, darunter vor allem Egon Bahr, Klaus Harpprecht und Günter Gaus. Persönliche Animositäten und Eifersüchteleien, wie sie in einem »Hofstaat«, den die Presse schon im Dezember 1972 konstatierte, beinahe unvermeidlich sind, verschlechterten das Arbeitsklima. Ehmkes starke, ordnende Hand wurde immer schmerzlicher vermisst. Politisch ergab sich daraus eine »merkwürdige Abgeschlossenheit« des Palais Schaumburg, in dem Realität »nur noch in wohldosierten Portionen genossen« wurde. Selbst Günter Grass kritisierte ein Jahr nach Brandts Wahl öffentlich, dieser lasse sich »Abschirmung durch übereifrige Berater« gefallen.

Der Abkapselung Brandts im Kanzleramt entsprach seine Führungsschwäche im Kabinett. Der Eindruck entstand, Brandt habe den Boden der Tatsachen unter den Füßen verloren. »Willy Wolke« wurde zum geflügelten Wort für einen Mann, bei dem Verdienste und Schwächen so nahe beieinander lagen, dass man sie oft kaum zu trennen vermochte. Karikaturisten zeichneten ihn bereits auf Wolken schwebend oder als Denkmal mit bröckelndem Fundament, den Kopf wiederum in den Wolken verschwindend. So milde, nachsichtig oder gar liebevoll die persönliche Beurteilung dabei ausfallen mochte – die politische Kritik war fast immer unnachsichtig und mitleidlos. Ende September 1973 beteiligte sich daran auch Herbert Wehner, der lange verbissen geschwiegen hatte. Während einer Reise mit einer Delegation des Deutschen Bundestages in der UdSSR erklärte der Fraktionsvorsitzende vor deutschen Journalisten in Moskau, also auf sowjetischem Boden, die »Nummer eins« sei »entrückt« und »abgeschlafft«, der Kanzler bade »gern lau – so in einem

Schaumbad«. Als der *Spiegel* in seiner Ausgabe vom 8. Oktober in großer Aufmachung über die Wehner-Äußerungen berichtete, prägte sich besonders das Zitat ein, mit dem der Beitrag überschrieben war: »Was der Regierung fehlt, ist ein Kopf.« Wehner behauptete später zwar, den Ausspruch so nicht getan zu haben, dementierte aber nicht, dass es von ihm so gemeint gewesen sei.

Brandt erfuhr von der *Spiegel*-Veröffentlichung während einer USA-Reise in Aspen im Bundesstaat Colorado, am Rande der Rocky Mountains, wo er gerade einen Preis erhalten hatte und als großer Staatsmann gefeiert worden war. Nun holte ihn die harte Realität wieder ein. Früher als geplant kehrte er deshalb nach Bonn zurück – entschlossen, endlich Konsequenzen zu ziehen: Wehner sollte als Fraktionsvorsitzender zurücktreten. Doch im Präsidium und in der Bundestagsfraktion der SPD musste Brandt erkennen, dass die Partei nicht ohne weiteres bereit war, Wehner fallen zu lassen. Dessen Moskauer Kritik wurde von vielen geteilt, und der Parteivorstand schloss sich ihr sogar mit 12 zu 11 Stimmen an. Brandt zog es daher vor, die innerparteiliche Vertrauensfrage nicht zu stellen, und ließ die Angelegenheit im Sande verlaufen – allerdings mit der Folge, dass nicht Wehner, sondern er verloren hatte. In seinen Memoiren merkte er dazu selbstkritisch an: »Wer sich in der politischen Führung nicht rechtzeitig zu wehren weiß, kommt unter die Räder.«

Wie sehr ihm die Zügel tatsächlich bereits entglitten waren, zeigte sich erneut zur Jahreswende 1973/74, als der mächtige Chef der Gewerkschaft Öffentliche Dienste, Transport und Verkehr (ÖTV), Heinz Kluncker, die Bundesregierung mit Forderungen konfrontierte, die man nur als maßlos bezeichnen konnte: Eine 15-prozentige Lohnerhöhung, mindestens aber 185 DM und 300 DM Urlaubsgeld waren in einem Bereich, in dem es praktisch kein Arbeitsplatzrisiko gab, eine glatte Unverschämtheit. Doch Kluncker schätzte die Schwäche Brandts richtig ein. Wie schon zuvor bei einem als »Dienst nach Vorschrift« getarnten Bummelstreik der Fluglotsen während der Hauptreisezeit von Mai bis November 1973, bei dem eine kleine Elite von 1600 Technikern im Streit um eine bessere Bezahlung ungestraft den gesamten Luftverkehr in der Bundesrepublik nachhaltig gestört hatte, zeichnete sich das Verhalten der Bundesregierung auch jetzt wieder durch Hilflosigkeit aus. Der bullige und unnachgiebige Kluncker, der ebenfalls vor einem bundesweiten Streik nicht zurückschreckte, setzte sich durch. Am 13. Februar 1974 wurden zweistellige Einkommensverbesserungen für den Öffentlichen Dienst vereinbart. »Der Verlust an Staatsautorität«, kommentierte Rolf Zundel danach in der *Zeit*, »lässt sich auf keine Weise rechtfertigen. Und er wiegt noch schwerer als das ramponierte Ansehen der gegenwärtigen Regierung.« Bei der Suche nach den Verantwortlichen konzentrierte sich der Unmut jedoch nicht auf den Verhandlungsführer der Bundesregierung, Innenminister Hans-Dietrich Genscher, sondern auf den Kanzler.

Die Quittung für die offensichtliche Führungsschwäche der Regierung erhielt die SPD bereits wenige Wochen nach der ÖTV-Entscheidung bei der Hamburger Bürgerschaftswahl am 3. März 1974. Die Sozialdemokraten verloren erdrutschartig 10,4 Prozent, während die Christdemokraten 7,8 Prozent und die Liberalen 3,8 Prozent hinzugewannen. In einer Sitzung des SPD-Parteivorstandes, fünf Tage nach der Hamburger Wahl, trug Helmut Schmidt daraufhin eine Analyse vor, die an Deutlichkeit nichts zu wünschen übrig ließ und in der er dem Kanzler riet, die Regierung umzubilden. Zwei Tage zuvor, am 6. März, hatte er im Fernsehen sogar gemeint, es müsse »schon ein bisschen tiefer gehen, als ein paar Personen auszuwechseln«. In der Umgebung Brandts war dies als Aufforderung zum Kanzlersturz interpretiert worden, bei dem Schmidt – der »Schattenkanzler« – als Nachfolger schon bereitzustehen schien. Doch zum Königsmord war in der SPD niemand bereit – noch nicht. Allein der Gedanke, das Denkmal zum Einsturz zu bringen, war unvorstellbar. Selbst Wehner signalisierte unter dem Druck der drohenden Gefahr neue Bereitschaft zum Schulterschluss mit Brandt.

So war ein möglicher Rücktritt Brandts wieder in weite Ferne gerückt, als er am 24. April 1974 bei der Rückkehr von einer Reise nach Ägypten auf dem Bonner Flughafen von Staatssekretär Grabert unterrichtet wurde, dass sein persönlicher Referent, Günther Guillaume, unter Spionageverdacht verhaftet worden sei und sich bereits als »Offizier der NVA«, der Nationalen Volksarmee der DDR, zu erkennen gegeben habe. Tatsächlich waren Guillaume und seine Frau Christel schon im Frühjahr 1973 enttarnt worden. Das Bundesamt für Verfassungsschutz (BfV) unter seinem Präsidenten Günther Nollau hatte jedoch in Abstimmung mit Innenminister Genscher und seinem Bürochef Klaus Kinkel entschieden, Guillaume an seinem Platz zu belassen und das Ehepaar lediglich zu observieren, um gerichtsverwertbare Beweise zu erhalten. Auch Brandt war am 29. Mai 1973 von Genscher über die Verdachtsmomente gegen Guillaume informiert worden. Aber danach geschah lange nichts, zumal sich die Untersuchungsergebnisse als äußerst mager erwiesen. Erst am 1. März 1974 entschieden Brandt und Genscher auf Vorschlag Nollaus trotz der dürftigen Observationsergebnisse, das Material dem Generalbundesanwalt zu übergeben, der schließlich die Vernehmung Guillaumes und die Durchsuchung seiner Wohnung einleitete. Zur großen Erleichterung der Untersuchungsbehörden gestand Guillaume sofort.

Für Brandt war der Fall unangenehm, da es sich um eine Person aus seiner unmittelbaren Umgebung handelte. Außerdem war es ärgerlich, dass der DDR-Geheimdienst es offenbar für angebracht gehalten hatte, ausgerechnet im Büro des Kanzlers der neuen Ostpolitik einen Spion zu platzieren. Aber Brandt dachte deswegen nicht an Rücktritt. Erst als ihm am 1. Mai in Hamburg, wohin er zu einer DGB-Kundgebung gereist war, ein mehrseitiger Vermerk von Horst Herold, dem Präsidenten des Bundeskriminalamtes (BKA), vorgelegt wurde, wonach die Ermittlungsbeamten bei ihren Nachforschungen ebenfalls Dinge aus Brandts Privatleben, insbesondere Beziehungen zu jüngeren Journalistinnen während seiner Wahlkampfreisen durch die Bundesrepublik, zu Tage gefördert hatten, nahm der Fall eine neue Wendung. Auch Günther Nollau, der am 3. Mai von Herold unterrichtet wurde, bemerkte sofort die Gefahr: »Wenn Guillaume diese pikanten Details in der Hauptverhandlung auftischt«, erklärte er dem Chef des BKA, »sind Bundesregierung und Bundesrepublik blamiert bis auf die Knochen. Sagt er aber nichts, dann hat die Regierung der DDR, der Guillaume natürlich auch das berichtet hat, ein Mittel, jedes Kabinett Brandt und die SPD zu demütigen.«

Vierzig Minuten nach dem Gespräch mit Herold saß Nollau bereits Herbert Wehner in dessen Wohnung gegenüber, um ihm über die Enthüllungen zu berichten. Seit dem ersten Verdacht gegen die Guillaumes im Frühjahr 1973 hatte er den SPD-Fraktionsvorsitzenden, dem er bei seinem Aufstieg im Amt viel verdankte, regelmäßig über die Observierungsergebnisse auf dem Laufenden gehalten. Die jetzige Entwicklung des Falles stellte jedoch alles bisher Dagewesene in den Schatten. Am nächsten Tag, dem 4. Mai, als die engere Parteiführung sich zu einem seit langem anberaumten internen Meinungsaustausch »mit einigen Freunden aus den Gewerkschaften« in der Tagungsstätte der Friedrich-Ebert-Stiftung in Münstereifel versammelte, brachte Wehner das Thema beim Abendessen im Zimmer Brandts zur Sprache. Vermutungen, der Fraktionsvorsitzende habe Brandt dabei unter vier Augen zum Rücktritt geraten, lassen sich allerdings nicht bestätigen. Vielmehr besteht der Eindruck eines »an Ratschlägen enthaltsamen, hintersinnig taktierenden und nur vordergründig loyalen Wehner«. Aber er drängte Brandt zu einer Entscheidung. Innerhalb von 24 Stunden müsse er sich entschließen, ob er durchhalten wolle oder nicht.

Am nächsten Tag, noch in Münstereifel, gab Brandt im engsten Kreis der SPD-Führung seinen Entschluss zum Rücktritt bekannt und schlug Helmut Schmidt als seinen Nachfolger vor. Nach Hause auf den Venusberg zurückgekehrt, schrieb er, noch am gleichen Abend, aber unter dem Datum des 6. Mai, an den Bundespräsidenten, er »übernehme die politische Verantwortung für Fahrlässigkeiten im Zusammenhang mit der Agentenaffäre Guillaume« und erkläre seinen Rücktritt. Tatsächlich war die Guillaume-Affäre aber nur der Anlass, nicht die Ursache für diesen Schritt. Dessen Gründe waren vielschichtig und reichten weit zurück. Nicht zuletzt dürfte dabei auch das unbestimmte, durch zahlreiche Vorgänge in den vorangegangenen Monaten genährte Gefühl eine Rolle gespielt haben, den neuen politischen Aufgaben, die sich durch die hauptsächlich wirtschaftlichen Herausforderungen seit der Ölkrise ergeben hatten, nicht mehr gewachsen zu sein. Die Tatsache, dass mit Helmut Schmidt ein Kandidat als Nachfolger bereitstand, dessen Kompetenz gerade im ökonomischen Bereich unbestreitbar war, machte die Entscheidung nur um so leichter.

15. Neue soziale Bewegungen

Die Umgründung der Bundesrepublik im Gefolge von 1968 ermöglichte nicht nur den politischen Machtwechsel von 1969, sondern führte auch zur Herausbildung »neuer sozialer Bewegungen«, deren Entstehung nicht zuletzt mit dem Übergang zu einer postindustriellen Gesellschaft zusammenhing, der einen Wertewandel in Richtung postmaterieller Orientierungen förderte und die Sensibilität gegenüber Sinnproblemen und Fragen der Lebensqualität erhöhte. Zu den neuen sozialen Bewegungen zählten vor allem die Alternativbewegung, die Bürgerinitiativ- und Ökologiebewegung, die neue Frauenbewegung und die neue Friedensbewegung sowie spezifische Formen des Jugendprotestes und der Jugendrevolte, aber auch Spontis, Autonome, Hausbesetzer und Undogmatische.

Sie alle verstanden sich zwar als Teil der Linken, wollten sich jedoch mit keiner bestehenden sozialistischen Gesellschaftsordnung identifizieren, in deren politischen Systemen sie ähnliche Tendenzen festzustellen meinten wie in »kapitalistischen« Ordnungen. In einem postmaterialistischen Sinne ging es ihnen vielmehr um die Veränderung des persönlichen Alltags sowie um die Entwicklung eines konsumkritischen und als intensiv empfundenen Lebensstils. Marxistisches und anarchistisches Gedankengut stand dabei neben kulturkritischen Momenten, lebensphilosophischen und existenzialistischen Ansätzen sowie einer simplizistischen, auf »Einfachheit« ausgerichteten Wunsch- und Bedürfnisideologie. Die meisten Angehörigen der neuen sozialen Bewegungen vermochten allerdings mit theoretischen Modellen und Denkstrukturen wenig anzufangen. Sie zogen die praktische Erfahrung der theoretischen Spekulation vor, die ein so zentrales Merkmal der Generation von 1968 gewesen war.

Der Zusammenhang zwischen dem Wertewandel und der Entwicklung der postindustriellen Gesellschaft wurde in den siebziger

Jahren vor allem von dem amerikanischen Soziologen Ronald Inglehart untersucht. Inglehart kam dabei zu der Erkenntnis, dass in
einer Gesellschaft, in der Fragen der materiellen und physischen
Sicherheit weitgehend geklärt sind und daher nicht mehr im Vordergrund stehen, »postmaterialistische« Werthaltungen eine immer
größere Bedeutung gewinnen. Die hohe materielle Versorgung der
Bevölkerung, die Anhebung des Bildungsniveaus, die Ausbreitung
der Massenkommunikation und die gestiegene Mobilität seien Faktoren einer »stillen Revolution« von der Präferenz materieller zu
postmateriellen Wertprioritäten. In der Bundesrepublik wurde
diese Tendenz in den siebziger und achtziger Jahren oft ebenfalls
mit den ideologischen Wirkungen der Studentenbewegung von
1968 in Verbindung gebracht. Nach Inglehart ist eine solche Entwicklung jedoch ein Kennzeichen aller westlichen Überflussgesell-
schaften.

Tatsächlich waren die strukturellen Voraussetzungen für eine
stärkere Gewichtung postmaterieller Werte Anfang der siebziger
Jahre auch in der Bundesrepublik gegeben. Die Zunahme des
Dienstleistungssektors, die alle Schichten der Bevölkerung erfas-
sende Ausbreitung eines relativ hohen Wohlstandsniveaus, die
wachsende Bedeutung der Freizeit durch Verkürzung der Wochenarbeitszeit und Verlängerung des Urlaubs sowie ein längeres Ver-
weilen im Bildungssystem führten zu einer individuelleren Lebens-
gestaltung und zur Pluralisierung und Liberalisierung der
Lebensstile bei gleichzeitig geringerer Prägekraft sozialer Institutionen wie Parteien, Gewerkschaften oder Kirchen. Elisabeth Noel-
le-Neumann stellte aufgrund von Erhebungen des Instituts für
Demoskopie Allensbach sogar fest, dass vor diesem Hintergrund
ein dramatisches Absinken der »bürgerlichen Werte«, ja sogar eine
regelrechte Werterevolution stattgefunden habe.

Die Auffassung, in der Überflussgesellschaft sei Arbeit weniger
wichtig und das Leistungsprinzip überholt, wurde im Übergang
von den sechziger zu den siebziger Jahren immer häufiger vertreten.
Die Ablehnung von Eliten und die zunehmend verbreitete Auffassung, es schade nichts, wenn die »individuelle Leistungsmotivation
für Höchstleistungen erlahme« (Iring Fetscher), korrespondierte
mit einer Veränderung der Ordnungsvorstellungen sowie einem

Hedonismus, der sich vor dem Hintergrund geringer gewordener materieller Probleme entfaltete. Dazu passte schließlich auch, dass eine immer geringere Zahl von Deutschen es noch für wichtig hielt, sich »in eine Ordnung einzufügen, sich anzupassen«. Der Wertewandel, der in den siebziger und achtziger Jahren stattfand, lässt sich in wenigen Punkten zusammenfassen:

- Die traditionelle Pflichtorientierung, die Akzeptanz gesellschaftlicher Normen und damit auch die Leistungsbereitschaft traten gegenüber dem Streben nach persönlicher Freiheit und Selbstentfaltung in allen Lebensbereichen immer mehr in den Hintergrund.
- In dem Maße, in dem traditionelle Orientierungen an Bedeutung verloren, ging auch die Risikobereitschaft zurück, während zugleich die Überzeugung wuchs, der Staat habe für die Sicherheit und das Wohlergehen seiner Bürger zu sorgen.
- In Bildung und Erziehung wurden direkte, »repressive«, d. h. auch mit Mitteln von »Strafe« versehene Methoden abgelehnt, während das Ziel, Kinder so früh wie möglich zur Selbstständigkeit anzuhalten, in den Vordergrund rückte.
- Im Verhältnis der Geschlechter wurde die traditionelle Rollenverteilung mehr und mehr aufgegeben, so dass Frauen zunehmend auch in »männliche« Berufe eindrangen, während Männer Aufgaben im Haushalt und bei der Kindererziehung übernahmen.
- Im politisch-gesellschaftlichen Rahmen erhielten Fragen der Umwelt einen höheren und qualitativ anderen Stellenwert, wobei sich in einigen Kreisen der Bevölkerung zugleich eine starke antitechnische Grundstimmung bemerkbar machte.

Der Wertewandel verlief allerdings nicht einheitlich. Nach wie vor blieb ein großer Teil, wenn nicht sogar die Mehrheit der Bevölkerung an traditionellen Werten orientiert. Dies galt besonders für die älteren Generationen, aber auch für viele Jugendliche. Dennoch trug die Tendenz zu postmateriellen Werten maßgeblich zur Ausprägung einer Alternativkultur bei, die sich in zahlreichen neuen sozialen Bewegungen unterschiedlich artikulierte.

Ein zweiter Grund für die Entstehung der neuen sozialen Bewegungen war die zunehmende Diskrepanz zwischen Wunsch und Wirklichkeit der Reformeuphorie der sozialliberalen Koalition. Spätestens 1973 wich der programmatische Eifer im Zuge der »Tendenzwende« einer pragmatischen Ernüchterung, die im Wechsel von Brandt zu Schmidt auch personell zum Ausdruck kam. Obwohl die Bundesregierung für die Ursachen der Entwicklung, die zur explosionsartigen Verteuerung von Energien und Rohstoffen führte und damit die finanzielle Basis für Reformen beseitigte, keine direkte Verantwortung trug, wurde das politisch-administrative System der Bundesrepublik für die Folgen haftbar gemacht. Nachdem die Regierung sich mit der wirtschaftlichen Globalsteuerung 1966/67 und der Planungseuphorie zu Beginn der sozialliberalen Koalition freiwillig in die Position einer allzuständigen Regulationsinstanz begeben hatte, konnte sie sich den selbst formulierten Erwartungen nicht mehr entziehen. Das Vertrauen der Bürger in die Möglichkeit einer umfassenden Erneuerung der Gesellschaft »von oben« schwand. Die apokalyptischen Warnungen des *Club of Rome* vor den »Grenzen des Wachstums« schienen sich überraschend schnell zu bestätigen.

Parallel mit den Warnungen des *Club of Rome* stellte deshalb der Psychologe und Publizist Frederic Vester 1972 dem Wachstumsgedanken ein »Überlebensprogramm« gegenüber, welches das Wachstum nicht länger als alleingültigen Maßstab des Fortschritts sah, sondern in ihm den Ausgangspunkt einer fundamentalen Bedrohung erkannte. Weitere wachstumskritische Schriften erschienen in dichter Folge. 1975 meldeten sich auch Politiker beider großen Parteien – Erhard Eppler von der SPD und Herbert Gruhl von der CDU – mit viel beachteten Büchern zu Wort, deren Titel *Ende oder Wende?* und *Ein Planet wird geplündert* bald als Slogans der Wachstumsdiskussion in den allgemeinen Sprachschatz übergingen.

Die Besetzung des Bauplatzes für das geplante Atomkraftwerk im badischen Wyhl gab 1975 schließlich das Signal für die Verschärfung der energiepolitischen Auseinandersetzung in der Bundesrepublik. Mit der Gründung des »Oberrheinischen Aktionskomitees gegen Umweltgefährdung durch Kernkraftwerke« war bereits 1972 der Aufbruch zu einer außerparlamentarischen Bewegung vollzogen worden, die nicht nur eine sehr viel breitere Zustimmung und Unterstützung erfuhr als die Studentenbewegung einige Jahre zuvor, sondern sich auch langfristig als politische Kraft etablierte und mit der Partei »Die Grünen« schließlich den Schritt zur Parlamentarisierung wagte.

Die ersten Bürgerinitiativen waren schon 1966/67 entstanden. Doch erst jetzt kam darin eine neue Lebensform zum Vorschein, bei der sich auf der Grundlage einer weitgehenden Sättigung primärer materieller Bedürfnisse die »Sensibilität für qualitative Fragen jenseits der Maximierung des Bruttosozialprodukts und der Konsumchancen« mit einem basisorientierten, partizipatorischen Demokratieverständnis verband. Die Bürgerinitiativen knüpften auf lokaler Ebene an konkret erfahrbare Probleme an und vertrauten – anders als die Studentenbewegung, die eine Maximallösung mit dem Umsturz der bestehenden kapitalistischen Gesellschaft postuliert hatte – auf die Reformfähigkeit des Sozialstaates. Schon vom Status und Verhaltensstil waren ihre Mitglieder von den studentischen Aktivisten weit entfernt. Darüber hinaus verstanden sich die Gruppen – zumindest am Anfang – auch in ihrer inhaltlichen Problemorientierung als Vorreiter einer staatlichen Reformpolitik, zu der sie meist in einem komplementären und nicht in einem oppositionellen Verhältnis standen. Häufig ging es um Fragen von Erziehung und Bildung oder um Verkehr, Stadtentwicklung und Umweltschutz. Eine gemeinschaftliche Strategie oder organisatorische Verbindung gab es selten, weil die Gruppen sich auf so genannte »Ein-Punkt-Aktionen« beschränkten und von vornherein nicht beabsichtigten, sich als Teil einer größeren Bewegung zu betrachten oder sich in deren Zwänge einzuordnen.

Die meisten Initiativen wurden von jüngeren Angehörigen der Mittelschichten mit hoher Bildungsqualifikation getragen. Dies betraf Personen in der Ausbildungsphase (Gymnasiasten und Studenten) ebenso wie Vertreter aus dem Humandienstleistungsbereich (Lehrer, Sozialarbeiter und Mediziner), freien Berufen (Architekten, Rechtsanwälte, Kaufleute) und generell Angestellte und Beamte. Aber auch Mitglieder der Jugendorganisationen von SPD und FDP – vor allem die Jungsozialisten – spielten darin oft eine wichtige Rolle. Im Rahmen einer »Doppelstrategie« suchten sie ihr all-

gemeines Engagement in der Partei mit themenspezifischer Basis-
arbeit vor Ort zu verknüpfen, um damit der gesamtpolitischen
Reform den Weg zu weisen. Andere Teile der Neuen Linken, insbesondere die Radikalen unter den Studenten, die jedem »Reformismus« fernstanden, wandten sich dagegen verstärkt der Stadtteil-
und Randgruppenarbeit sowie den psychosozialen Initiativen zu,
während orthodoxe K-Gruppen sich nach ihren vergeblichen
Bemühungen, das Proletariat zu agitieren, ersatzweise mit den Befreiungsbewegungen in der Dritten Welt solidarisierten.

Die Bürgerinitiativen entstanden hauptsächlich in der »Unwirt-
lichkeit der Städte« (Alexander Mitscherlich), wo Kahlschlagsanie-
rungen, Schneisen für Ring- und Schnellstraßen, die Verdrängung
sozial Schwächerer durch Bodenspekulation und Mietpreiserhö-
hungen sowie einzelne Großprojekte eine breite Betroffenheit
schufen und die Skepsis gegenüber technokratisch-funktionalisti-
schen Planungskonzepten wachsen ließen. Da Lärm und Luftver-
schmutzung immer mehr zunahmen, wurden Forderungen nach
»mehr Lebensqualität« laut. Auch soziale Bedürfnisse rückten wieder stärker in den Vordergrund, die nicht nur abstrakt formuliert
wurden, sondern sich konkret in der Interessenvertretung unterpri-
vilegierter Gruppen, wie Behinderten, psychisch Kranken, Gastarbeitern, Mietern oder Obdachlosen, und in konstruktiven Selbst-
hilfeaktionen, wie dem Bau von Spielplätzen, der Einrichtung von
Kinderläden oder der Gründung von selbstverwalteten Jugendzen-
tren, äußerten.

Hinzu kam seit 1972/73 eine Anti-Atomkraftbewegung, die
ihren ersten größeren Erfolg bei der Bauplatzbesetzung des Atom-
kraftwerks Wyhl 1975 erzielte, der nicht zuletzt durch die regiona-
le Verankerung des Widerstandes – insbesondere bei Bauern und
Winzern – ermöglicht wurde. Die anschließenden Verhandlungen
mit der Landesregierung machten auch anderen Initiativen Mut.
Doch erst mit den massiven Konflikten und Großdemonstrationen
in und um Brokdorf 1976/77 wurde das ganze Potenzial der Anti-
Atomkraftbewegung sichtbar. Die einzelnen Gruppen, wie die
1973/74 gegründete »Bürgerinitiative Umweltschutz Unterelbe« in
Brokdorf, die 1974 entstandene »Bürgeraktion Küste« zur Abwehr
des geplanten Reaktors bei Esensham an der Unterweser und die

zahlreichen Anti-Atomkraft-Gruppen, die sich inzwischen in den Großstädten konstituiert hatten, begannen sich als Teil einer Bewegung zu verstehen. 1977 wurden die ersten Bundeskonferenzen organisiert, die auch die Breite des politischen Spektrums deutlich machten. Die atompolitische Kontroverse war damit nicht nur zum Fixpunkt der allgemeinen Umweltdebatte, sondern auch Ausdruck eines sich ausweitenden ökologischen Bewusstseins geworden, welches das moderne Industriesystem in seiner heutigen Ausprägung grundsätzlich in Frage stellte.

In der zweiten Hälfte der siebziger Jahre trat an die Stelle der Selbstbezeichnung »Bürgerinitiativbewegung« häufig der Begriff »Ökologiebewegung«. Für die sozialen Träger wohl unbewusst, kam darin ein Bewusstseinswandel zum Ausdruck, der den Übergang von der Betonung basisdemokratischer Organisationsformen zu einem inhaltlichen Prinzip bedeutete. »Ökologie« wurde zum »Ausgangspunkt einer neuen Denkweise, eines gesamtgesellschaftlichen Gestaltungsprinzips und schließlich eines lebenspraktischen Verhaltens« (Karl-Werner Brand). Die relative Unbestimmtheit des Begriffs erwies sich dabei für den ideologischen Zusammenhalt der Bewegung keineswegs als hinderlich, da sie einen weiten Interpretationsspielraum ließ und damit einer Vielzahl von Personen und Projekten einen unverbindlichen Rahmen gab. Die Faszinationskraft des Begriffs und die Idee der Ökologie reichten sogar beträchtlich über ökologische Aktivistengruppen in Form von Bürgerinitiativen hinaus und erfassten nicht nur sich überlappende soziale Bewegungen, sondern auch einzelne Wissenschaftler sowie private Institutionen und Verbände, die sich als »ökologisch« verstanden und sich in einem weiten Sinne der Ökologiebewegung zurechneten.

Die seit 1974/75 zu beobachtende Konzentration und Verengung der Bürgerinitiativ- und Ökologiebewegung auf die atomare Kontroverse erwies sich jedoch bald als zweischneidiges Schwert. Zum einen erfuhr die Bewegung dadurch eine Zentrierung und Dynamisierung. Zum anderen formierten sich jedoch auch starke Gegenkräfte. Nachdem die Bürgerinitiativen anfänglich bei den etablierten Parteien auf viel Wohlwollen und Verständnis gestoßen waren, schlug die Stimmung um, als es nicht mehr um begrenzte Vorhaben ging, sondern mit der Kernenergie ein zentrales Thema gefunden wurde, das überdies gesamtwirtschaftliche Bedeutung besaß. Besonders die SPD geriet dadurch in eine Zerreißprobe, weil sie den Versuch unternehmen musste, konfligierende Flügel durch Kompromissformeln zu befrieden. »Mit Schmidt und Eppler für und gegen Kernenergie«, brachten interne SPD-Kritiker den Kurs der Parteiführung ironisch auf den Begriff.

Weniger moderat und verständnisvoll verhielten sich die Gewerkschaften. Gleichsam im Schulterschluss mit der Energiewirtschaft und den Unternehmerverbänden machten sie ab 1976/77 massiv Front gegen die Bürgerinitiativ- und Anti-Atomkraftbewegung. Scharf grenzten sie sich dabei von Wachstumskritikern und Umweltinitiativen ab und organisierten mit Unterstützung einzelner Unternehmensleitungen Großkundgebungen in Bonn und Dortmund, um »für Kohle und Kernenergie« zu plädieren. Sie verwiesen vor allem auf das Arbeitsplatzargument und stellten Ökonomie und Ökologie als Alternativen dar, bei denen man zwischen Arbeitsplätzen und Umweltschutz wählen müsse. Trotz differenzierterer Stellungnahmen von Einzelgewerkschaften und Einzelpersonen sahen sich die Bürgerinitiativen dadurch spätestens ab Herbst 1977 mit einer äußerst wirksamen Formation von Gegenkräften konfrontiert.

Die Ökologiebewegung wurde auf diese Weise gezwungen, über ihre eigene Zukunft genauer nachzudenken. Bereits nach den Schlachten zwischen Demonstranten und staatlichen Sicherungsorganen an den Bauzäunen von Brokdorf, Grohnde und Malville in Frankreich im Sommer 1977 war den meisten Bürgerinitiativen klar geworden, dass paramilitärische Auseinandersetzungen mit einem hochgerüsteten und taktisch flexiblen Polizeiapparat nicht nur aussichtslos waren, sondern auch das eigene Anliegen in der breiten Öffentlichkeit diskreditierten. Der »deutsche Herbst« 1977, der durch zahlreiche Terroranschläge der »Rote Armee Fraktion« (RAF) und eine erfolgreiche Gegenwehr des Sicherheitsapparates gekennzeichnet war, tat ein Übriges, um bei den Bürgerinitiativen die Diskussion über »politische Gewalt« weiter anzufachen.

Der atomare Protest verlor nun an Bedeutung, obwohl in den folgenden Jahren noch immer große Massendemonstrationen – etwa im März 1979 in Hannover, im November 1979 in Bonn und im Januar 1981 in Brokdorf – stattfanden. Der Widerstand gegen die Nutzung der Kernenergie blieb dabei der kleinste gemeinsame Nenner, auf den sich das Gros der Bürgerinitiativbewegung einigen konnte. Daneben führten die internen Strategiediskussionen zu Überlegungen, nicht nur auf der außerparlamentarischen Bühne zu agieren, sondern auch in die Parlamente vorzudringen. Zahlreiche »Grüne Listen«, Parteien und Wahlbündnisse entstanden, aus denen schließlich die Bundespartei »Die Grünen« hervorging. Diese politischen Gruppierungen verstanden sich als »parlamentarischer Arm einer außerparlamentarischen Bewegung« und blieben den ökologischen Forderungen als zentralem – nicht selten sogar einzigem – Programmpunkt treu.

Aus denselben sozialen Trägergruppen wie die übrigen neuen sozialen Bewegungen rekrutierte sich im Übergang von den sechziger zu den siebziger Jahren auch die »neue Frauenbewegung«. Einer – allerdings nicht repräsentativen – Leserumfrage der für die Bewegung kennzeichnenden Zeitschrift *Emma* zufolge waren drei Viertel ihrer Mitglieder zwischen 20 und 39 Jahre alt, 55 Prozent besaßen Abitur oder einen Hochschulabschluss, jede zehnte stufte sich als aktives Mitglied der Frauenbewegung ein, jede vierte bezeichnete sich uneingeschränkt als »Feministin«. 70 Prozent der wahlberechtigten Befragten hatten bei der letzten Bundestagswahl die SPD gewählt. 98 Prozent wollten jedoch allen Parteien den Kampf ansagen und betrachteten diese insgesamt als »frauenfeindlich«.

Ausgangspunkt der neuen Frauenbewegung war die Studentenbewegung in der zweiten Hälfte der sechziger Jahre. Ziel der zunächst ausschließlich studentischen Frauengruppen war eine sozialistische Transformation der Gesellschaft als Voraussetzung einer gesamtgesellschaftlichen Emanzipation. Der Beginn der neuen Frauenbewegung stand damit in einem deutlichen Kontrast zu ihrer Vorläuferin im 19. Jahrhundert, die aus dem bürgerlichen Emanzipationsdenken des Vormärz – dem deutschen Liberalismus vor der Revolution von 1848 – hervorgegangen war und allgemein um *Die Teilnahme der weiblichen Welt am Staatsleben* gekämpft hatte, wie es im Titel eines 1847 veröffentlichten Aufsatzes von Louise Otto hieß, der wohl bekanntesten Frauenrechtlerin ihrer Zeit.

Nach anfänglicher Isolation innerhalb des studentischen Milieus öffnete sich die neue Frauenbewegung 1971 mit ihrer Kampagne gegen den »Abtreibungsparagraphen« 218 einem breiteren Publikum. Was die Atomfrage für die Bürgerinitiativen- und Ökologiebewegung bedeutete, stellte der § 218 für die Frauenbewegung dar. Erst jetzt konnte man überhaupt von einer »Bewegung« sprechen. Sie sprach zwar weiterhin hauptsächlich Frauen aus dem intellektuellen Milieu und aus den Mittelschichten an, erreichte aber auch betroffene Frauen aus anderen Schichten. Die sozialliberale Koalition, die bereits 1969 eine Reform der Abtreibungsregelung in Aussicht genommen hatte, geriet nun in dieser Frage durch Tribunale, Straßenfeste, Demonstrationen, Beteiligung an Anhörungsverfahren, öffentlich angekündigte Fahrten zu ausländischen Abtreibungskliniken sowie die Herausgabe von Handbüchern zur Abtreibung unter Druck. Die Novellierung, die 1974 von der SPD/FDP-Mehrheit des Bundestages schließlich verabschiedet wurde und eine so genannte »Fristenlösung« vorsah, wurde jedoch am 28. Februar 1975 vom Bundesverfassungsgericht für nichtig erklärt. Es war ein Rückschlag nicht nur für die Befürworter einer liberalen Abtreibungsregelung, sondern auch für die Frauenbewegung, die danach nie wieder die Aktionsbreite und Massenwirkung erreichte wie zur Zeit der Kampagne gegen den § 218.

In der öffentlichen Aufmerksamkeit überwog nun die konstruktive, praktische Arbeit der Frauenbewegung, die sich ab Mitte der siebziger Jahre in zahlreichen Projekten niederschlug, wie der Einrichtung von Frauenbuchläden (1975 in München und Berlin, später in zahlreichen anderen Städten), der Gründung von Frauenverlagen (zuerst die »Frauenoffensive« 1975 in München), der Abhaltung der jährlichen Frauensommeruniversität in Berlin (ab 1976) und der Einrichtung von Frauenhäusern (das erste im November 1976 in Berlin, kurz darauf in Bremen und Köln). Vor allem die Frauenhäuser, die einen Zufluchtsort für geschlagene und misshandelte Frauen boten und dazu beitrugen, das Ausmaß der alltäglichen Gewalt in Ehen und Zweierbeziehungen öffentlich bekannt zu machen, waren ein bedeutender Erfolg, wie nicht zuletzt die große »Nachfrage« bewies, die Anklage und Zeugnis zugleich war.

Alle diese Aktivitäten wurden allmählich zu einer Art »Netz-

werk« verknüpft, obwohl es auch in der Folgezeit nicht zu einer repräsentativen nationalen Organisation kam. Eine gewisse koordi-
nierende Funktion übernahmen aber die beiden großen überregionalen Zeitschriften *Courage* und *Emma*. Ihr gemeinsames Ziel war
die Umsetzung der »Theorie der feministischen Revolution«, wie
Herrad Schenk sie formulierte: »Abschaffung der geschlechtsspezi-
fischen Arbeitsteilung in der Familie, Abbau der auf ihr basierenden
psychischen Geschlechtsrollendifferenzierung und Feminisierung
des gesamtgesellschaftlichen Normen- und Wertesystems« – also
eine »Feminisierung der Gesellschaft«, die der französische Philosoph Roger Garaudy im Untertitel eines seiner Bücher sogar als
»den letzten Ausweg« pries.

An den Hochschulen war die Situation um die Mitte der siebziger Jahre nach dem Bedeutungsverlust der politischen Studentenbewegung vor allem durch undogmatische Gruppen gekennzeichnet,
die sich selbst als »Spontis« bezeichneten und von den marxistisch-
leninistischen Konzeptionen, die bis dahin beinahe überall domi-
niert hatten, strikt abgrenzten. Die Spontis traten für Autonomie
und Selbstorganisation der »Unterdrückten« sowie für größtmögli-
che Spontaneität eigener Gefühlsäußerungen und Aktionen ein. Sie
wollten nicht geplant und kalkuliert, sondern spontan – »mehr aus
dem Bauch heraus« – leben, fühlen und handeln. Ihr Protest richtete sich ebenso gegen die Nüchternheit der materialistischen Gesellschaft wie gegen das rationale Polit-Kalkül der eigenen Kommilito-
nen. Mit provozierend-witzigen Sprüchen (»Kommt Zeit, kommt
Rat, kommt Attentat« – »Legal, illegal, scheißegal« – »Lieber In-
standbesetzen als Kaputtbesitzen« – »Was lange gärt, wird endlich
Wut« – »Wir sind die Leute, vor denen uns unsere Eltern immer gewarnt haben«), an Hauswände gesprüht oder in Sponti-Zeitungen
gedruckt, fanden die unkonventionell auftretenden Spontis auch
Sympathie bei denen, die ihre Grundüberzeugungen nicht teilten.
In den Studentenparlamenten der Hochschulen und Universitäten
waren sie bald etwa gleichstark wie die Hochschulgruppen der
Jungsozialisten. Im Verband Deutscher Studentenschaften (VDS)
stellten sie die stärkste Einzelfraktion und waren jahrelang im Vorstand repräsentiert. 1979 hatte die Bewegung ihren Höhepunkt allerdings überschritten, ihre Initiativen zerfielen, und die Spontis

wurden zu Wegbereitern der ab 1980 beginnenden Hausbesetzer-
bewegung und der »Alternativen« im weitesten Sinne.

Die »Alternativszene« hatte ihre historischen Vorläufer in den
sub- und gegenkulturellen Strömungen der fünfziger und sechziger
Jahre, zu denen etwa die »Beatniks«, Gammler, Hippies und sogar
die Punks gehörten. Aber auch die frühsozialistischen, genossen-
schaftlich organisierten Produktions- und Lebensgemeinschaften
des 19. Jahrhunderts sowie die religiös geprägten Modelle kommunitären Lebens, die Lebensreformbewegung und die Boheme, die
sich als »antimodernistische« Reaktion auf den industriellen Mo-
dernisierungsprozess verstanden, zählten zu ihren Vorbildern. Im
Gegensatz zur politischen Neuen Linken der »68er« ging es der Alternativbewegung nicht um Theorie und Parteiaufbau, sondern um
die praktische und sofortige Veränderung der eigenen Lebenssituation, die weniger einer allgemeinen Protesthaltung als dem Bedürfnis nach Identitätsfindung der neuen Generation entsprach. So bildete sich bald eine ganz eigenständige, neue Alternativkultur
heraus: mit einer eigenen Infrastruktur, Ärztekollektiven, Rechts-
anwaltskollektiven, Frauenhäusern, Frauen- und Männergruppen,
linken Kunstausstellungen und linkem Theater. Kreativität, Emo-
tionalität und Spontaneität spielten dabei eine herausragende Rolle.
Verbindungen zur Sponti-Szene – wie auch zu den anderen neuen
sozialen Bewegungen – waren unübersehbar.

Eines der wichtigsten Kennzeichen der Alternativbewegung waren die Kommunen und Wohngemeinschaften. Sie speisten sich als
»konkrete Utopie einer kommunitären Praxis« sowohl aus der Kritik an der traditionellen Kleinfamilie als auch aus dem »Einklagen
des Lustgewinns«, den die Kommerzialisierung der Sexualität und
die Lockerung der rigiden Sexualnormen versprach. Insgesamt war
die »Alternativbewegung« somit weit mehr als die Addition der
verschiedenen neuen sozialen Bewegungen. In ihr verbanden sich
postmaterialistische Wertvorstellungen mit dem Bedürfnis nach
einer neuen Identität zu einer Lebensperspektive, die weniger auf
die Formulierung allgemeiner politischer Forderungen als auf konkrete Veränderungen im Alltag abzielte. Zwar existierten enge Verbindungen und auch personelle Verflechtungen zu den Bürgerinitiativen und zur Ökologiebewegung ebenso wie zur neuen

Frauenbewegung und später zur neuen Friedensbewegung. Aber die Suche nach alternativen Lebensformen besaß ihr eigenes Gewicht, weil sie nicht auf einem »Ein-Punkt-Programm« (nur Ökologie, nur Frauen, nur Frieden) beruhte, sondern das menschliche Dasein in seiner ganzen Vielfalt zu erfassen und zu verändern suchte. Die soziale Ordnung der Bundesrepublik wurde davon zumindest partiell beeinflusst, weil die Alternativkultur sich für viele Gruppen als attraktives Gegenmodell zur industriellen Leistungsgesellschaft erwies.

Mit der Friedensbewegung, die im Sommer 1980 entstand und ihren ersten Höhepunkt in einer Großdemonstration in Bonn am 10. Oktober 1981 erreichte, an der nach Schätzungen zwischen 200 000 und 300 000 Menschen teilnahmen, gewannen die neuen sozialen Bewegungen eine qualitativ andere Dimension. Bürger unterschiedlichster Herkunft und politischer Präferenz beteiligten sich am Kampf gegen die Stationierung neuer Atomraketen in Mitteleuropa und schlossen sich so der allgemeinen Protestbewegung an, die damit ihren Charakter veränderte. Im Gegensatz zu ihren Vorläufern in den fünfziger und sechziger Jahren war die neue Friedensbewegung nicht ausschließlich militärpolitisch motiviert und besaß deshalb eine sehr viel größere Anziehungskraft. Zwar spielte vordergründig der NATO-Doppelbeschluss vom 12. Dezember 1979, der die Aufstellung neuer Raketensysteme vorsah, falls gleichzeitig geforderte Ost-West-Verhandlungen über eine beiderseitige Rüstungsbegrenzung scheiterten, eine Auslöserrolle. Aber die psychologischen Gründe lagen tiefer: Sie wurzelten zum einen in der rapiden Verschlechterung der weltpolitischen Lage an der Wende von den siebziger zu den achtziger Jahren, die Kriegsfurcht auslöste und ein »Bedrohungspanorama« schuf, in das sich die NATO-Entscheidung lediglich einfügte. Zum anderen war der Boden für die Friedensbewegung durch die anderen sozialen Bewegungen schon bereitet, bevor sie begann. Die Kritik an den Kehrseiten des technischen Fortschritts und vor allem der Kampf gegen die zivile Nutzung der Kernenergie hatten die Menschen sensibilisiert. Vom Selbstverständnis der Ökologiebewegung als »Lebensbewegung« zur Friedensbewegung als »Überlebensbewegung« war es nur ein kleiner Schritt.

Formaler Ausgangspunkt der neuen Friedensbewegung war der von der Deutschen Kommunistischen Partei (DKP) initiierte »Krefelder Appell« vom 16. November 1980, zu dessen Erstunterzeichnern unter anderem Martin Niemöller, die Grünen-Politikerin Petra Kelly und der Bundeswehr-General Gert Bastian gehörten. Ungeachtet der Tatsache, dass die neue Friedensbewegung damit zumindest in bezug auf ihre Entstehung kommunistisch beeinflusst war, scheint es jedoch übertrieben, von einer generellen Steuerung der Bewegung durch kommunistische Kräfte zu sprechen. Nicht nur die Millionen von Menschen, die an den Demonstrationen, Menschenketten und zahllosen Versammlungen und Diskussionen in Kirchen, Schulen und Universitäten teilnahmen, sondern auch die weit überwiegende Mehrzahl der Organisatoren sorgten dafür, dass es sich um eine »weitgehend autonome, überparteiliche und außerparlamentarische Basis- und Massenbewegung« handelte, die sich nicht nur aus institutionalisierten überregionalen Komitees und Einrichtungen, sondern auch aus vielen kleinen lokalen Initiativen zusammensetzte. Der »Aufstand gegen den Rüstungswahn« lässt sich daher »als Spitze eines Eisberges von postmaterialistischen, gegenkulturellen und antitechnokratischen Strömungen in der jüngeren Generation« beschreiben, mit der über die Verhinderung der Stationierung bestimmter Atomraketen hinaus die qualitative Forderung nach einer neuen solidarischeren, friedfertigeren und ökologisch angepassteren Lebensweise erhoben wurde (Karl-Werner Brand).

Nach der ersten Großdemonstration in Bonn im Oktober 1981 folgte am 10. Juni 1982 noch einmal eine ähnliche Veranstaltung mit etwa 300000 Teilnehmern, die sich gegen ein Gipfeltreffen der NATO und den Besuch des amerikanischen Präsidenten Reagan am 9./10. Juni 1982 in der Bundesrepublik richtete. Doch als sich nach dem Regierungswechsel in Bonn im Oktober 1982 die Durchführung des NATO-Doppelbeschlusses nicht mehr verhindern ließ und die angekündigte Stationierung der amerikanischen Raketen im November 1983 begann, war es mit dem Elan der Bewegung bald vorbei.

Eines der nachhaltigsten Ergebnisse des Aufbruchs von 1968 und der neuen sozialen Bewegungen war in den siebziger Jahren die Entwicklung der »Grünen«, die sich am 13. Januar 1980 in Karlsruhe als Bundespartei konstituierten und denen am 6. März 1983 erstmals der Sprung in den Deutschen Bundestag gelang. Das Potenzial, das sich den Grünen bot, lässt sich ermessen, wenn man bedenkt, dass bereits 1977 allein im »Bundesverband Bürgerinitiativen, Umweltschutz« (BBU) etwa 1000 Bürgerinitiativen mit über 300 000 Einzelmitgliedern zusammengeschlossen waren. 1980 hatten sich nach Angaben des Umweltbundesamtes über fünf Millionen Bürger in 11 238 regionalen und 130 überregionalen Umweltschutz-Gruppierungen organisiert.

Auf Bundesebene begann die parteipolitische Formierung der Grünen im März 1979, als die so genannte »Sonstige Politische Vereinigung (SVP), Die Grünen« gegründet wurde. Bei ihrer ersten Beteiligung an einem bundesweiten Urnengang erzielte sie anlässlich der Wahl zum Europäischen Parlament im Juni 1979 auf Anhieb 3,2 Prozent. Nachdem es bei der Bundestagswahl am 4. Oktober 1980 für die Grünen nur zu enttäuschenden 1,5 Prozent der Stimmen gereicht hatte, erhielten sie bei der vorgezogenen Bundestagswahl am 6. März 1983 5,6 Prozent und 28 Sitze. Ende des Jahres 1983 waren die Grünen bereits in sechs Landtagen und im Bundestag vertreten. Die Partei war nicht nur ein Produkt der neuen sozialen Bewegungen im Zuge der Entwicklung zur postindustriellen Gesellschaft, sondern sie entsprach auch dem gewandelten Zeitgeist, der ihr – allen anfänglichen Schwierigkeiten der innerparteilichen Meinungsbildung zum Trotz – eine politische Perspektive und solide Wahlchancen in Bund und Ländern bot. Die Regierungsbeteiligung auf Bundesebene 1998 war demzufolge nur das logische Ergebnis eines langfristigen sozialen Wandels, der die Gesellschaft ebenso wie das Parteiensystem der Bundesrepublik seit den späten sechziger und frühen siebziger Jahren erfasst hatte.

Die »konservative Wende«, die sich bereits abzeichnete, lange bevor die sozialliberale Koalition 1982 immer stärker unter Druck geriet und schließlich durch die CDU/CSU-FDP-Regierung unter Bundeskanzler Helmut Kohl abgelöst wurde, hätte die Vermutung aufkommen lassen können, dass mit dem erneuten politischen Machtwechsel in Bonn auch eine soziale Wende verbunden sein würde. Doch schon der Einzug der Grünen in den Bundestag, denen zunächst weithin »Politikunfähigkeit« und »Unwählbarkeit« attestiert worden war, deutete darauf hin, dass sich die Erneuerung der politischen und sozialen Landschaft in der Bundesrepublik fortsetzte. Tatsächlich waren die Entwicklungen der siebziger Jahre durch die konservative Gegenströmung nicht mehr rückgängig zu machen, weil sie einerseits auf kaum zu beeinflussenden Veränderungen in den ökonomischen Grundlagen der Gesellschaft beruhten und andererseits mit den neuen sozialen Bewegungen zu Ausdrucksformen gefunden hatten, die in ihrem gegenkulturellen Kern ein hohes Maß an innerer Stabilität aufwiesen.

16. Kultur zwischen Engagement und Selbstbezogenheit

Der kulturelle Umschwung, der sich schon im Vorfeld von 1968 vollzog, stand in seiner Bedeutung den Wirkungen der Studentenproteste und der Herausbildung der neuen sozialen Bewegungen in nichts nach. Die dynamischen und intensiven Veränderungen der städtischen und ländlichen Gesellschaft, der Wandel der Lebensbedingungen sowie die Fluktuationen des individuellen und kollektiven Daseinsgefühls erfassten keineswegs nur den wirtschaftlich-technischen Bereich, sondern ebenso den Bereich der Kultur. Der kulturrevolutionäre Protest von 1968 – mit der Auflockerung starrer Strukturen und Veränderungen vor allem im Erziehungswesen (besonders an den Hochschulen), in Politik und Bürokratie, aber auch im künstlerischen Bereich – folgte dem materiellen Wandel und wäre ohne diesen kaum vorstellbar gewesen. Doch erst zusammengenommen bewirkten beide die Lösung der westdeutschen Gesellschaft von der autoritären und totalitären Vergangenheit vor 1945 und die »Umgründung« der Bundesrepublik, von der bereits in anderen Bezügen die Rede war.

In der modernen Kunst und Literatur dominierte nach 1965 zunächst jene Avantgarde, die sich schon seit den frühen fünfziger Jahren im Umgang mit dem »Material« der Farben, Linien, Formen und Klänge als subjektiv frei und autonom gefühlt hatte. »Modern« wurde als nicht-abbildlich, nicht-widerspiegelnd, kurz: als nicht-mimetisch definiert. Dieser bewusste Antirealismus äußerte sich nicht nur in der Verachtung für den Widerspiegelungsrealismus der modernen Massenmedien, der beispielsweise in den kunsttheoretischen Schriften von Gillo Dorfles und Walther Killy als »zutiefst indiskutabel, lächerlich oder gar ›kitschig‹« hingestellt wurde, sondern auch als Kritik am gesellschaftskritischen Realismus oder Dokumentarismus der Linksliberalen und der Neuen Linken und natürlich an allen Formen des Sozialistischen Realismus hinter dem Eisernen Vorhang. Zwar handelte es sich hierbei um einen höchst elitären Teilbereich innerhalb des Kulturbetriebs, für den sich bestenfalls zwei bis drei Prozent der Bevölkerung interessierten. Aber er wurde über Jahre hinweg am Leben erhalten, weil er durch Zeitschriften, Konzerte, Ausstellungen, Lesungen und Kleinkunstbühnen sowie durch die Feuilletons überregionaler Zeitungen wie der *Frankfurter Allgemeinen Zeitung,* der *Süddeutschen Zeitung* und der Wochenzeitung *Die Zeit* in erheblichem Maße – vielleicht über Gebühr – gefördert wurde. Hinzu kamen die staatliche Unterstützung sowie die Beachtung, die diese Kunst im öffentlich-rechtlichen Rundfunk, auf der halbstaatlichen Kasseler *Documenta,* bei Organisationsformen wie den Darmstädter Musiktagen oder im »Kulturkreis« des Bundesverbandes der deutschen Industrie fand. Der ins Unverbindliche verflachte Modernismus, der nur durch abstrakte Farben und Klänge, aber nicht durch unliebsame Inhalte bestach, obwohl er in seiner ursprünglichen Form zwischen 1910 und 1913 mit dem Anspruch angetreten war, die Welt oder zumindest die Gesellschaft zu verändern, wurde dadurch »zur halbamtlichen Vorzeigekunst der Bundesrepublik« (Jost Hermand).

In der zweiten Hälfte der sechziger Jahre war der Aufstand gegen den bildungsbürgerlichen Kulturkonsum jedoch nicht mehr aufzuhalten. Peter Weiss forderte nun ein Engagement der Kunst und allgemeine »Belesenheit«, um daraus politische Schlussfolgerungen abzuleiten. Wolfgang Fritz Haug entwickelte eine »Theorie der Warenästhetik«, in der er auf den Zusammenhang zwischen der Produktion und Propagierung von Waren einerseits und dem Bewusstsein und den Bedürfnissen der Menschen andererseits hinwies und deutlich machte, dass in modernen Gesellschaften nur noch die äußere Inszenierung – und die damit geweckte Begehrlichkeit – zählte, nicht der Gebrauchswert, d. h. die Frage nach der »inneren Wahrheit«. Dieser Zusammenhang sollte nicht zuletzt mit Hilfe der Kunst aufgezeigt (»bewusst gemacht«) werden, um die Voraussetzungen für eine Umkehrung des Verhältnisses von Begehrlichkeit und Bedürfnis zu schaffen. Kunst und Kultur wurden dadurch zu einem wichtigen Bestandteil der allgemeinen Protestbewegung in der Bundesrepublik in den späten sechziger Jahren.

Die These vom »Ende der Kunst«, die um 1968/69 von manchen anarchistischen Aktionisten ausgegeben wurde, fand in der politischen Bewegung von 1968 daher ebenso wenig Verständnis wie das Beharren auf dem modernistischen Konstruktivismus. Im Zuge einer breit angelegten Volksbildung und ästhetischen Schulung wollte man vielmehr den »kleinen Kreis der Kenner«, wie schon Bertolt Brecht gesagt hatte, zu einem »großen Kreis der Kenner« – einer »Kultur für alle« – erweitern, wie Carlo Schellemann 1969 in der Zeitschrift *Kürbiskern* schrieb. Daher setzte neben Brecht nicht nur eine Renaissance von Künstlern wie Hanns Eisler, John Heartfield und George Grosz ein, sondern auch eine Auseinandersetzung mit Theoretikern einer marxistischen Ästhetik wie Georg Lukács, Walter Benjamin, Ernst Fischer, Roger Garaudy, Christopher Caudwell und Moissej Kagan. In scharfer Abgrenzung gegen den »Dingfetischismus«? der Pop Art, den amerikanischen Photo Realism und natürlich den schönfärberischen Realismus der Nazi-Malerei, aber auch gegen den mit sensationalistischen Schockerelementen durchsetzten West-Berliner Realismus von Wolfgang Petrick, Klaus Vogelsang und Johannes Grützke sowie den Phantastischen Realismus der Wiener Ernst Fuchs und Rudolf Hausner, bemühte man sich um eine progressiv interpretierte Wirklichkeit mit gesellschaftskritischen Bezügen selbst im Detail. Beispiele dafür sind die Cartoons von Rainer Hachfeld, Walter Kurowski, Stefan Siegert, Guido Zingerl, Arno Ploog und Chlodwig Poth sowie die linken Fotomontagen, die ab 1967 mit der Wiederentdeckung John Heartfields in der Bundesrepublik einsetzten und für die vor allem Klaus Staeck, Jürgen Holtfreter und Ernst Volland zu nennen sind.

Hauptziel dieser Kunstrichtung war die »Bewusstmachung« der Gesellschaft als politische Forderung. Jürgen Habermas hatte zur Beziehung von Kultur und Öffentlichkeit bereits 1962 die These aufgestellt, dass die Entwicklung der bürgerlichen Gesellschaft und die Herausbildung der Massendemokratie einen Zerfall der literarischen Öffentlichkeit bewirkt hätten, die durch den pseudo-öffentlichen oder schein-privaten Bereich des Kulturkonsums ersetzt worden sei. Aus dem »kulturräsonierenden Publikum« sei damit ein »kulturkonsumierendes« geworden. Die »Massenkultur« erwerbe sich ihren zweifelhaften Namen eben dadurch, dass ihr erweiterter

Umsatz durch Anpassung an die Entspannungs- und Unterhaltungsbedürfnisse von Verbrauchergruppen mit relativ niedrigem Bildungsstand erzielt werde, anstatt umgekehrt das erweiterte Publikum zu einer in ihrer Substanz unversehrten Kultur heranzubilden.

Wie in der Kunst, so begann auch im Film die Veränderung zugunsten gesellschaftskritischer Themen und Darstellungsformen bereits relativ früh in den sechziger Jahren. Signal für einen Neubeginn war hier das im Februar 1962 während der Westdeutschen Kurzfilmtage in Oberhausen verfasste Manifest, in dem sich 25 Filmemacher, Kameraleute und Schauspieler unter dem Motto »Der alte Film ist tot« zu einem »Neuen deutschen Film« bekannten. Frei von den branchenüblichen Konventionen sowie der Beeinflussung durch kommerzielle Partner und Interessengruppen sollte der neue Film – in Anknüpfung an die positive Tradition der realitätsnahen Trümmerfilme aus der Nachkriegszeit – wirkliche Probleme aufgreifen, Konflikte in der Gesellschaft behandeln, Tabus zerbrechen und damit wieder »relevant« werden. Als Vorbild galt Herbert Veselys Film *Das Brot der frühen Jahre* nach einem Roman von Heinrich Böll aus dem Jahre 1961. Um für derartige Produktionen in der Zukunft eine solidere Basis zu schaffen, errichtete Alexander Kluge noch 1962 in Ulm ein »Institut für Filmgestaltung«, in dem der Nachwuchs für den »Neuen deutschen Film« ausgebildet werden sollte. 1965 entstand das »Kuratorium Junger deutscher Film«, das vornehmlich der finanziellen Förderung begabter junger Filmemacher diente und von der Bundesregierung mit einem Etat von fünf Millionen DM ausgestattet wurde.

In rascher Folge erschienen danach wichtige Filme, die sich von den politisch, gesellschaftlich und künstlerisch durchweg bedeutungslosen Kitsch-Produktionen der fünfziger Jahre grundlegend unterschieden. Im Vordergrund standen nun Themen der Vergangenheitsbewältigung, die Emanzipation der Frau, die Beseitigung moralischer Tabus, Randgruppen und Außenseiter, Konflikte zwischen den Generationen, Bildungsfragen oder Entgleisungen der Wirtschaftswundermentalität. Anerkennung unter den neuen Filmemachern fand vor allem Rainer Werner Fassbinder. Er kam – wie seine Mitarbeiter und Darsteller Hanna Schygulla, Ingrid Caven,

Peer Raben oder Kurt Raab – vom »Münchner Action-Theater«, das Anfang 1968 zum »Antitheater« wurde, beharrte jedoch darauf, »dass eine einfache Handlung nötig ist, um das zu sagen, was ich sagen will«. Sein Einbruch in Tabuzonen, die brutale Direktheit und Intensität seiner Filme sowie nicht zuletzt die »Ästhetik des Engagements«, das durch die rücksichtslos-egozentrische eigene Lebensführung noch unterstrichen wurde, machten ihn im deutschen Film – wie in der bildenden Kunst Joseph Beuys – zu einer Ausnahmeerscheinung seiner Zeit.

In der Literatur bedurfte es im Grunde gar nicht des Impulses von 1968, um zu zeit- und gesellschaftskritischen Themen und Darstellungsformen zu gelangen. Vor allem im Roman hatten Hans Werner Richter, Alfred Andersch, Walter Kolbenhoff und Wolfgang Koeppen, aber auch Heinrich Böll, Günter Grass, Martin Walser und Uwe Johnson längst die Voraussetzungen für eine kritische Auseinandersetzung mit vergangenen und gegenwärtigen Problemen geschaffen. Nicht nur das Dritte Reich, sondern auch die Bundesrepublik, vor allem die Mentalität des Wirtschaftswunders, spielte in ihren Werken – wie in Walsers *Halbzeit* (1960) oder Bölls *Ansichten eines Clowns* (1963) – eine Rolle. Die »Gruppe 47« galt bis zum Beginn der Studentenbewegung geradezu als Sprachrohr linken Protestes in der Bundesrepublik.

Mit der Politisierung der Gesellschaft am Ende der sechziger Jahre wurden jedoch sämtliche Formen der Literatur, einschließlich der Poesie, die ins Unpolitische, Existenzielle oder Formalistische auswichen, an die Seite gedrangt. Stattdessen verstärkten sich – wie im Film oder im Theater – die dokumentarischen und informierenden, aber auch die kritischen, satirischen und polemischen Elemente. Nicht zuletzt das politische Kabarett erlebte damit eine neue Blüte, wie die »Wühlmäuse« und die »Stachelschweine« in Berlin, das »Kom(m)ödchen« in Düsseldorf und die »Lach- und Schießgesellschaft« in München. Das 1964 von Eckehard Kühn und Rainer Uthoff gegründete Münchner »Rationaltheater« wurde zeitweilig auch von Martin Walser, Heinar Kipphardt und Günter Wallraff mit Beiträgen versorgt. Im zeit- und gesellschaftskritischen Roman – dem wohl traditionellsten und zugleich wirkungsmächtigsten Genre der Prosa – kam es durch die Protestbewegung von 1968 zu einer regelrechten Spaltung und Polarisierung: Während einige Autoren, wie Rolf Hochhuth, Martin Walser und Heinrich Böll, weiter nach links ausschwenkten, blieben andere, wie Siegfried Lenz, Peter Härtling und Günter Grass, ihren reformistisch-linksliberalen Überzeugungen treu oder gaben sich resigniert einer »neuen Subjektivität« hin. Am Ende des starken Politisierungsprozesses, den die Studentenbewegung ausgelöst hatte, trat schließlich aber insgesamt eine Entpolitisierung ein, die zum Teil mit einer resignativen Abkehr von gesellschaftlichen Institutionen und mit Misstrauen gegenüber den etablierten Parteien und sozialen Hierarchien einherging.

So begrüßten ab 1973/74 vor allem rechtsliberale und konservative Zeitungen unter dem Motto »Jetzt dichten sie wieder!« die Abwendung der Schriftsteller von Gesellschaftskritik und politischem Engagement. Die Restituierung des »Poetischen« in der Literatur wurde allgemein für lobenswert erklärt. Dichtung solle keinen »Geschichtsunterricht« ersetzen oder sich als Anheizer eines »Epochenumbruchs« verstehen, sondern sich in den Bereich jener authentischen Ichhaftigkeit zurückziehen, in der sie sich ganz ihren Träumen, Wünschen und Sehnsüchten hingeben könne. In diesen Zusammenhang gehört auch das Plädoyer Marcel Reich-Ranickis für ein bürgerlich-traditionelles Konzept eines Schriftstellers, der im Grunde »immer ein Einzelgänger« gewesen und daher zur »Subjektivität« angehalten sei.

Auch im Bereich der bildenden Kunst machte sich um 1973/74 die Tendenzwende allerorten bemerkbar. Nach der Überfrachtung mit Theorie und politisch-philosophischen Relevanz- und Deutungsforderungen setzten sich nun verstärkt jene sinnlichen Wahrnehmungsformen durch, die ihre Anhänger mit Begriffen wie Neue Sensibilität, New Age, Neue Wildheit, Neue Mythologie, Neuer Manierismus oder Postmodernismus umschrieben. Nicht nur der Marxismus, sondern auch das so genannte »Projekt der Moderne« – d. h. die linke bis liberale Vision einer aufgeklärten und mündig gewordenen Menschheit, die sich in politischer und künstlerischer Offenheit über sich selbst verständigt – geriet im Zuge dieser Subjektivitätswelle unter Beschuss. Was sich dabei als Gegenbegriff einstellte, war jener *Post Modernism,* der jetzt als eine Richtung verstanden wurde, die sich um Spontaneität, Authentizität und unmittelbare Gratifikation bemühte und bei der eher das Romantisch-Mythische, Existenzialistische und Sinnlich-Erotisierende im Vordergrund stand als die auf purer Zweckrationalität beruhende moderne oder auch modernistische Kultur der »Hirnis« – wie es im Anklang an die Szenesprache hieß –, der man mit einer sensibilisierenden und kreativitätsweckenden *New Age*-Kunst entgegentreten müsse.

Im Vergleich zu den sechziger und siebziger Jahren boten die beiden folgenden Jahrzehnte deshalb ein gänzlich anderes Bild. Der Philosoph Odo Marquard sprach von einem »Zeitalter einer vielnamigen Orientierungskrise«, Jürgen Habermas prägte das Wort von der »neuen Unübersichtlichkeit«, die er – mit dem Schlachtruf der Postmoderne: »Anything goes!« – als das Hauptcharakteristikum der Epoche ansah. Übrig blieb eine Erosion der Maßstäbe, deren befreiende und zugleich verwirrende Folgen vor allem in der bildenden Kunst sichtbar wurden.

Im literarischen Bereich kam es dagegen in den achtziger Jahren zu einer Rückeroberung der Literatur durch die Literaten, denen die allzu sehr auf Verarbeitung persönlicher Beschädigungen und Leiderfahrungen fixierte »neue Subjektivität« der siebziger Jahre mit zu vielen ästhetischen Defiziten behaftet gewesen war und die nun die Beschränkungen des ego-zentrierten Wahrnehmungshorizonts zu »entgrenzen« suchten. Dieser »Widerstand der Ästhetik« (in Umkehrung der von Peter Weiss propagierten »Ästhetik des Widerstands«) gegen einen »organisierten Dilettantismus« der Ich-Bezogenheit wurde zu Beginn der achtziger Jahre allerdings durch ein nochmaliges politisches Engagement vieler Schriftsteller in der Friedensbewegung überlagert. Zum ersten Mal seit 1947 trafen sich auf Einladung Stephan Hermlins im Dezember 1981 auch wieder Autoren aus beiden Teilen Deutschlands in Ost-Berlin, um über gemeinsame Probleme zu diskutieren. Man hatte sich jedoch nicht viel zu sagen, redete meist aneinander vorbei, auch auf einem zweiten Treffen ein Jahr später, so dass die ostdeutschen Schriftsteller an einem dritten Anlauf schon gar nicht mehr teilnahmen.

Im Widerstand der Ästhetik als Formel der Literatur der achtziger Jahre waren die Zukunftshoffnungen der sechziger Jahre somit ebenso in den Hintergrund gerückt wie die ich-zentrierte Wahrnehmungsperspektive der »neuen Subjektivität« in den siebziger Jahren. An ihre Stelle trat das Wissen um drohende ökologische, atomare und soziale Katastrophen, das die Autoren nicht unberührt ließ. Die Entgrenzung des Ich, die Lyrik einer beschädigten Welt, die Rückeroberung der Sinnlichkeit sowie die Rückgewinnung geschichtlichen Denkens und Handelns waren daher die wesentlichen Faktoren der literarischen Arbeit in den achtziger Jahren, die auch die »Wende« von 1989 überdauerten und in einer veränderten Welt die Suche nach neuer Orientierung begleiteten.

Offen war dabei die Frage, welche Bedeutung die Literatur, das gedruckte Wort insgesamt, in der Zukunft überhaupt noch haben würden. Denn die postindustrielle Gesellschaft war nicht nur durch neue künstlerische und literarische Strömungen, sondern ebenfalls durch den Siegeszug der neuen Medien gekennzeichnet. Doch wie schon die bundesweite Einführung des Fernsehens 1954, so bewirkte auch die Zulassung des Privatfernsehens mit dem dramatischen Anwachsen der Zahl der Sender und Programme ab Mitte der achtziger Jahre keinen Schwund an Zeitungen, keine Verringerung der Vollredaktionen und keine Senkung der Auflagen. Das Gegenteil war der Fall. Die Gesamtzahl der verkauften Exemplare von Tageszeitungen, die am Beginn des Fernsehzeitalters 1954 in der Bundesrepublik 13,4 Millionen betragen hatte, lag 2001 bei 31,7 Millionen und hatte sich damit mehr als verdoppelt. Auch die zusätzliche Dimension des Privatfernsehens seit dem 1. Januar 1984 ließ zunächst keinen unmittelbaren Einfluss erkennen: Während 1984 in der Bundesrepublik insgesamt 1267 Tageszeitungen – betreut von 125 Vollredaktionen (»Kopfblätter«) – mit einer verkauften Auflage von 21,1 Millionen Exemplaren erschienen, waren es Ende der neunziger Jahre – allerdings auf das wiedervereinigte Deutschland bezogen – 1580 Ausgaben von 135 Vollredaktionen. Bei den zwei größten überregionalen Abonnementszeitungen – der *Frankfurter Allgemeinen Zeitung* und der *Süddeutschen Zeitung* – stieg die Auflage in der gleichen Zeit von 355 500 bzw. 343 600 auf jeweils etwa 400 000 Exemplare. *Die Welt* und die *Frankfurter Rundschau* lagen nahezu unverändert bei rund 217 000 bzw. 188 000 Exemplaren.

Den größten Boom erlebten die Publikumszeitschriften, die sich im Gegensatz zu den Fach- und Zielgruppenzeitschriften an eine, bezogen auf Bildung, Alter und Einkommen, breite Leserschaft richten. Ende der neunziger Jahre wurden davon bei über 750 Titeln etwa 130 Millionen Exemplare verkauft. Die Gesamtzahl der Zeitschriftentitel in der Bundesrepublik betrug zu dieser Zeit rund 20 000. Die geschätzte Auflage dürfte, da genaue Statistiken fehlen, bei etwa 200 Millionen Exemplaren gelegen haben. Das Angebot in der Bundesrepublik zählte damit zu einem der vielfältigsten in der Welt. Der gewachsene »Erfahrungshunger« und die gestiegene Freizeit kamen darin zum Ausdruck. Nicht nur aktuelle Illustrierte und die Programmpresse, sondern vor allem Zeitschriften über Gesundheit, Sport, Mode, Lifestyle und Hobbys, aber auch Umwelt, Ökologie, Emanzipation und Esoterik sowie in den neunziger Jahren zunehmend Titel über Computer und audiovisuelle Medien bestimmten den Markt. Die Zahl der Titel stieg seit Anfang der siebziger Jahre um mehr als das Dreifache, die Auflage um mehr als das Vierfache. Die Auswirkungen der postindustriellen Gesellschaft waren wohl in keinem Bereich so deutlich ablesbar wie bei den Zeitschriften. Von einer Ablösung der Printmedien durch die elektronischen Medien konnte somit nicht die Rede sein. Die Schriftlichkeit überlebte nicht nur. Sie erreichte sogar neue Dimensionen der Popularität und des Konsums.

Dennoch steht die Gesellschaft der Bundesrepublik am Beginn des 21. Jahrhunderts – laut Ulrich Beck eine »Risikogesellschaft« der Industrialisierung und des technischen Fortschritts – vor der Notwendigkeit einer grundlegenden Veränderung. Die »reflexive Modernisierung«, deren innere Dynamik weitgehend sich selbst überlassen und nicht durch korrigierende Eingriffe von außen vor ihren größten Risiken bewahrt wurde, droht aufgrund immanenter Entwicklungen in Stillstand umzuschlagen. Vom Niedergang der Arbeitsgesellschaft über den Verkehrsstau bis zur Informationsüberflutung sind die Warnsignale unübersehbar, dass Grenzen der Zumutbarkeit erreicht oder bereits überschritten wurden. In der Bundesrepublik bestand die Reaktion darauf seit der »Tendenzwende« 1973/74 in allen Bereichen von Kultur und Gesellschaft häufig in einem Rückzug in soziale Idylle-Nischen, Subjektivität und Selbstfindung oder – keineswegs selten – der Zuflucht zu Esoterik oder religiösen Sekten. Der Kultursoziologe Joseph Huber meinte deshalb neben der »Konservativismusfalle«, die den technischen Fortschritt unwidersprochen hinnehme, auch eine »Romantizismusfalle« zu erkennen, die darin bestehe, dass unter Berufung auf mythisch überhöhte Begriffe wie »Leben«, »Gemeinschaft« oder »Natur« technische Errungenschaften und mühsam erreichte Fortschritte beim Aufbau demokratischer und sozialstaatlicher Institutionen leichtfertig preisgegeben würden.

Der Ausweg besteht für Huber in einer »Selbstmodernisierung der Moderne«, bei der es vorrangig um den »Übergang vom ökonomischen Aufbau zum sozialökologischen Umbau« gehe. Eine besondere Herausforderung ist dabei die Revolution in der Mikroelektronik, durch die nicht nur der von Rainer Maria Rilke beschworene »in stiller Fabrik ölend sich selber gehörende Automat« Wirklichkeit wurde, sondern die Arbeitsgesellschaft insgesamt ihren Charakter veränderte. Der Slogan »We try to reduce skill to its minimum«, der unter dem Einfluss des amerikanischen Ingenieurs und Betriebsorganisators Frederick Winslow Taylor, des Begründers der wissenschaftlichen Betriebsführung, bei der Einführung der Fließbandarbeit geprägt wurde, hat seine Bedeutung verloren, seitdem gerade Routinearbeiten von Robotern schneller, zuverlässiger und kostengünstiger erledigt werden als von Menschen. In der postindustriellen Gesellschaft ist nicht mehr der ungelernte Arbeiter, sondern der flexible, qualifizierte Spezialist bzw. der kommunikative Dienstleistungstyp gefragt. Die bisherige Industriegesellschaft mit langfristigen Arbeitsverhältnissen, festen Arbeitszeiten und tarifvertraglich vereinbarten Arbeitslöhnen gehört der Vergangenheit an. Die Zukunft wird durch eine in hohem Maße flexible und global vernetzte Wirtschaftsform bestimmt sein, in der dem Dienstleistungsbereich eine immer größere Bedeutung zukommt, das Eigentum an Produktionsmitteln kaum noch eine Rolle spielt und die Aufteilung in Arbeits- und Freizeitgesellschaft durch die Mischform einer »Tätigkeitsgesellschaft« abgelöst wird. Wirtschaft und Gesellschaft der Bundesrepublik sind diesem Strukturwandel bereits seit den achtziger Jahren ausgesetzt, der sich auf das Leben aller Bürger nachhaltig auswirkt.

Der Kultur fällt dabei die zentrale Aufgabe zu, die Veränderungen nicht nur durch die Sinnfrage immer wieder kritisch zu begleiten und zu beeinflussen, sondern auch in einer scheinbar beliebigen und haltlosen Welt selbst Sinn und Orientierung zu vermitteln. Zwar verfügen Literatur, bildende Kunst, Film und Musik ebenso wie die Geistes- und Sozialwissenschaften weder über ein direktes Mandat zur geistigen Pfadfindung in der neuen Welt raschen Wandels, noch könnten sie ein solches für sich allein beanspruchen. Aber neben der Spaßfunktion der Unterhaltung, Ablenkung und Zerstreuung, die in einer Gesellschaft, in der Freizeit einen immer größeren Platz einnimmt, besonders hoch zu veranschlagen ist, haben die verschiedenen Bereiche der Kultur immer auch eine erklärende, interpretierende, vorausschauende und vorausdenkende Bedeutung besessen. Für das 21. Jahrhundert, das ein Jahrhundert des postmodernen Umbruchs mit wenigen Konstanten und vielen Unbekannten sein wird, erscheint diese Rolle notwendiger als je zuvor.

17. Helmut Schmidt: Krisen-
bewältigung statt Reformen

Als Helmut Schmidt am 16. Mai 1974 zum neuen Kanzler der Bundesrepublik Deutschland gewählt wurde, hätte der Kontrast zu seinem Vorgänger Willy Brandt größer nicht sein können. Die Fähigkeiten, die man an Brandt zuletzt so sehr vermisst hatte, zeichneten Schmidt in hohem Maße aus. Er war eine starke Führungspersönlichkeit, besaß große Kompetenz in Fragen der Finanz- und Wirtschaftspolitik und war ein unermüdlicher, geradezu besessener Aktenarbeiter, der sich mit asketischer Disziplin auch in die kleinsten Details vertiefte. In der SPD gehörte Schmidt, spätestens seit er 1968 zum stellvertretenden Parteivorsitzenden gewählt worden war, neben Brandt und Wehner zum legendären Dreigestirn der Partei. Als einer der Reformer von Godesberg wusste er mit den Neomarxisten der sechziger Jahre wenig anzufangen. Die jungen Akademiker, die aus der ausfransenden Studentenbewegung in immer größerer Zahl in die Partei drängten und diese von innen her veränderten, betrachtete er mit Misstrauen, das nicht selten in offene Abneigung umschlug. Eine Zukunft konnte er sich für die Sozialdemokratie nur vorstellen, wenn sie sich den Spielregeln der parlamentarischen Demokratie und der sozialen Marktwirtschaft unterwarf. Unbedachte Experimente oder auch nur lockeres, unverantwortliches »Theoretisieren«, das die bestehende Ordnung in Frage stellte, minderten die Chancen der SPD, an der Gestaltung von Staat und Gesellschaft mitzuwirken, entscheidend. Die Partei konnte dadurch sogar wieder auf ein oppositionelles Rand- und Schattendasein zurückgeworfen werden, wie er es in den Zeiten Schumachers und Ollenhauers selbst erlebt hatte.

Schmidts Nähe zur Arbeiterschaft und zu den Gewerkschaften spiegelte sich in dem Kabinett wider, das er nach seiner Wahl zum Bundeskanzler zusammenstellte. Die politischen Intellektuellen

Horst Ehmke, Egon Bahr und Klaus von Dohnanyi gehörten der Regierung nicht mehr an; Erhard Eppler schied nach zwei Monaten resigniert aus. Den Ton gaben nun andere an: gestandene Sozialdemokraten der politischen Mitte, wie Hans Apel und Karl Ravens, sowie die Gewerkschaftler Walter Arendt, Georg Leber, Kurt Gscheidle, Hans Matthöfer und Helmut Rohde. Egon Bahr kehrte nach wenigen Wochen in die Regierung zurück, um Erhard Eppler zu ersetzen. Beim liberalen Koalitionspartner löste Hans-Dietrich Genscher Walter Scheel als Außenminister ab, der am 15. Mai 1974 als Nachfolger Gustav Heinemanns zum Bundespräsidenten gewählt worden war. Der liberale Marktwirtschaftler (und spätere Vorstandssprecher der Dresdner Bank) Hans Friderichs wurde Wirtschaftsminister, der linksliberale Werner Maihofer Innenminister.

Die Personalentscheidungen offenbarten, wie Schmidt sich seine Amtsführung als Regierungschef dachte. In seiner Regierungserklärung, die er am 17. Mai vor dem Bundestag abgab, wurde unter dem Leitwort »Konzentration« ein harter Neuanfang angekündigt. »In einer Zeit weltweit wachsender Probleme«, so Schmidt, »konzentrieren wir uns in Realismus und Nüchternheit auf das Wesentliche, auf das, was jetzt notwendig ist, und lassen anderes beiseite.« An die Stelle des Begriffs »Reform« trat »Stabilität«. Spielraum für neue Projekte sah der neue Kanzler nicht mehr – von Träumen und Visionen ganz zu schweigen. Reformen seien nur machbar, bemerkte er wenig später in einem Interview mit dem *Stern*, wenn man sie auch finanzieren könne. Ein internes »Arbeitsprogramm der Bundesregierung für die 2. Hälfte der 7. Legislaturperiode« zählte zwar immer noch 251 »Vorhaben« auf. Aber sie waren nach Prioritäten geordnet, bei denen das Kriterium der »Machbarkeit« im Vordergrund stand. Diese neue Sprache, die sich eklatant von der Ausdrucksweise des Vorgängers unterschied, fand allerdings keinen ungeteilten Beifall. Kritiker vermissten hinter dem »Maßnahmendeutsch« allzu oft eine Definition der angestrebten Ziele und sehnten sich nach der liberalen und freundlichen Offenheit Willy Brandts.

Zu den vorrangigen Aufgaben der neuen Regierung gehörte die Bewältigung des schweren Konjunktureinbruchs, der durch den

Ölschock vom Herbst 1973 ausgelöst worden war und dessen Tief-
punkt erst nach dem Kanzlerwechsel erreicht wurde. So erlebte die
Bundesrepublik 1975 die bis dahin schärfste Rezession seit ihrer
Gründung. Das Bruttosozialprodukt schrumpfte real um 1,6 Prozent, die Zahl der Arbeitslosen stieg auf über eine Million. Im September 1974, als diese Entwicklung bereits absehbar war, legte die
neue Bundesregierung ein Konjunktur-Sonderprogramm »zur
regionalen und lokalen Abstützung der Beschäftigung« vor. Im
Dezember folgte ein zweites Programm mit direkten Investitions-
zulagen und Lohnzuschüssen bei Einstellung arbeitsloser Arbeitnehmer. Auch die Deutsche Bundesbank beteiligte sich mit einer
Senkung des Diskontsatzes und der Mindestreservesätze an den
Maßnahmen zur konjunkturellen Wiederbelebung. Tatsächlich
führten die Bemühungen Ende 1975 zu einem leichten Aufschwung, der sich 1976 fortsetzte. Die Instrumente schienen zu
greifen, zumal auch die Gewerkschaften wieder mitspielten.

Der Erfolg der Krisenbewältigung wurde allerdings durch die an-
haltend hohe Arbeitslosigkeit getrübt. Obwohl die Wachstumsrate
1976 auf 5,6 Prozent stieg, ging die Zahl der Arbeitslosen kaum
zurück. Trotz einer erneuten Aufschwungphase 1978/79 pendelte
sie sich bei etwa einer Million ein. Nach dem zweiten Ölschock
1979, bei dem es nochmals zu einer dramatischen Verteuerung der
Energiepreise kam, und der folgenden schweren Rezession schnell-
te ihre Zahl sogar weiter nach oben. Hohe Arbeitslosigkeit wurde
zu einem Dauerthema, ohne dass sich Lösungsmöglichkeiten abzeichneten. Die Regierung Schmidt reagierte darauf mit einem
Kurs, der einerseits – im Sinne der »klassischen« Krisenbewältigung
von 1966/67 – die Nachfrage der privaten Haushalte, des Staates
und des Auslandes zu beleben suchte, andererseits aber auch Elemente neuer wirtschaftswissenschaftlicher Theorien der *supply-side
economics* aufgriff, um die Ertragskraft der Unternehmen zu stärken und dadurch deren Investitionsneigung zu fördern.

Innerhalb der Bundesregierung forderte vor allem Wirtschaftsminister Friderichs angebotsorientierte Maßnahmen. Aber auch der
Kanzler warnte frühzeitig vor einem weiteren Anstieg des staatlichen Verbrauchs und abnehmenden Erträgen in den Betrieben, die
zu einem Rückgang der Investitionen führen müssten. Bereits in sei-

ner Regierungserklärung vom 17. Mai 1974 stellte er fest, »angemessene Erträge« seien Voraussetzung für die notwendigen Investitionen in der Wirtschaft: »Ohne Investitionen kein Wachstum; ohne Investitionen keine Arbeitsplatzsicherheit, keine höheren Löhne und auch kein sozialer Fortschritt.« Die damit formulierte »Wende« in der sozialdemokratischen Wirtschaftspolitik ließ sich durch den Verweis auf die Weltrezession, die ein nationales Vorgehen nicht mehr zuließ, überzeugend rechtfertigen. Schmidts Auftreten auf internationalem Parkett verhalf zusätzlich dazu, seiner Politik Legitimität zu verschaffen. Außerdem kam ihm zugute, dass er die Gewerkschaften frühzeitig in den Entscheidungsprozess einbezogen und einige ihrer führenden Repräsentanten sogar ins Kabinett geholt hatte.

Tatsächlich sorgten Währungsturbulenzen und die dramatischen Auswirkungen der Energieverteuerung immer wieder für Unruhe. So blieb Schmidt gar keine andere Wahl, als auch international als Krisenmanager in Erscheinung zu treten. Regelmäßige Gipfeltreffen der Europäischen Gemeinschaft und der führenden Weltwirtschaftsmächte boten ihm ausgiebig Gelegenheit, seine ökonomische Kompetenz und rhetorische Brillanz zu beweisen. Der Weltwirtschaftsgipfel im Sommer 1978 in Bonn wurde im In- und Ausland als »Schmidt-Gipfel« gefeiert. Zur Jahreswende 1978/79 erreichte Schmidt den Höhepunkt seines Ansehens, das an die besten Zeiten Adenauers und Erhards erinnerte. Von der Presse wurde er umjubelt. Seine Partei und die Koalition schwammen im Fahrwasser seiner Popularität. Die Landtagswahlen, die vom Juni 1978 bis Mai 1980 in allen Bundesländern stattfanden, brachten mit Ausnahme von Niedersachen und Baden-Württemberg, wo es minimale Verluste gab, nur Erfolge für die SPD. Erst am 11. Mai 1980 in Nordrhein-Westfalen wurde der positive Trend gestoppt.

Den größten inhaltlichen Erfolg verbuchte Schmidt im Bereich der europäischen Währungspolitik. Nachdem die 1944 in Bretton Woods begründete, auf dem Gold/Dollar-Standard beruhende Währungsordnung 1971 zusammengebrochen war, hatten die westeuropäischen Regierungen im März 1972 den Europäischen Wechselkursverbund – die so genannte »Währungsschlange« – geschaffen, um wenigstens im regionalen Rahmen eine gewisse Handlungssicherheit für die Wirtschaft wiederherzustellen. Die europäischen Währungen waren in der »Schlange« mit einer tolerablen Schwankungsbreite von 2,25 Prozent aneinandergekettet. Das System funktionierte jedoch mehr schlecht als recht, weil wichtige Staaten wie Großbritannien, Italien und auch Frankreich die ökonomischen Voraussetzungen für die notwendige Währungsstabilität nicht erfüllten und daher nur zeitweilig teilnahmen oder bald wieder ausschieden. Schmidt erwog deshalb die Konstruktion eines neuen Währungssystems, das nicht nur, wie er vor dem Bundestag ausführte, der deutschen Wirtschaft zugute kommen werde, sondern auch in Bezug auf die EG »die wirtschaftspolitische Konvergenz innerhalb der Gemeinschaft erleichtern und dem Prozess der Europäischen Union Impulse geben« solle. Mit dem französischen Staatspräsidenten Valéry Giscard d'Estaing, den er bereits aus gemeinsamen Tagen als Finanzminister kannte und mit dem ihn seither eine enge Freundschaft verband, besaß er dabei einen adäquaten Partner. Giscard d'Estaing hatte seit jeher für feste Wechselkurse plädiert und trug nun maßgeblich zur Konzeption, Entwicklung und Verwirklichung der neuen Idee bei.

Gegen den Widerstand der Deutschen Bundesbank und der meisten Währungssachverständigen, die fürchteten, dass die Bundesrepublik sich in eine Inflationsgemeinschaft begebe und zu deren Finanzier werde, setzte Schmidt den Plan schließlich durch. Am 5. Dezember 1978 wurde das Europäische Währungssystem (EWS) vom Europäischen Rat verabschiedet. In Anknüpfung an die »Schlange« entstand ein westeuropäischer Währungsverbund mit festen, aber anpassungsfähigen Wechselkursen im Rahmen kleiner Schwankungsbreiten bis zu 2,25 Prozent, einer Europäischen Währungseinheit (Ecu) als dem gemeinsamen Nenner für die Bestimmung der Paritäten, die nur einvernehmlich geändert werden konnten, und einem über den Europäischen Fonds für währungspolitische Zusammenarbeit vermittelten Saldenausgleichs- und Kreditsystem. Zwar war das EWS von dem ursprünglichen Plan der frühen siebziger Jahre, bis zum Ende des Jahrzehnts eine europäische Wirtschafts- und Währungsunion zu schaffen, noch weit entfernt. Es eröffnete jedoch, wie Giscard d'Estaing im Dezember 1978 weitsichtig erklärte, ein »notwendiges Durchgangsstadium« für

»eine neue Etappe der Organisation Europas«, aus der schließlich mit dem Vertrag von Maastricht die Europäische Union und der »Euro« als einheitliche europäische Währung hervorgehen sollten.

Nicht weniger schwierig und dornenreich war ein zweites Feld, auf dem Schmidt seine Staatskunst beweisen musste: der Kampf gegen den Extremismus und Terrorismus, die seit der Studentenbewegung und der Außerparlamentarischen Opposition in der Bundesrepublik eine vorher nicht gekannte Bedeutung gewonnen hatten. Die ideologische Radikalisierung eines großen Teils der jungen Generation hatte einen politischen Rigorismus bewirkt, der sich in seiner milden Form die Veränderung der bestehenden Gesellschaftsordnung durch einen »Marsch durch die Institutionen« (Rudi Dutschke) zum Ziel setzte, in seiner radikalen Variante jedoch die Bereitschaft zur Anwendung von Gewalt einschloss, wobei die anfängliche Unterscheidung von »Gewalt gegen Sachen« und »Gewalt gegen Personen« nicht lange beibehalten wurde. Von hier war es nur ein kleiner Schritt zum spontanen und schließlich zum organisierten Terrorismus, der in den siebziger Jahren die Bundesrepublik erschütterte und seinen Höhepunkt im »deutschen Herbst« 1977 erreichte.

Ausgangspunkt dieser Entwicklung waren der Tod Benno Ohnesorgs am 2. Juni 1967 und das Attentat auf Rudi Dutschke am 11. April 1968. Sie wurden zu Auslösern einer Gewalt, die bereits während der Osterunruhen 1968 in den Aktionen gegen den Axel Springer Verlag dramatische Formen annahm. Auch theoretisch wurde die Schwelle zur Gewalt nun überschritten, als sich führende SDS-Funktionäre im Frühjahr und Sommer 1968 zu »militanten Aktionen« bekannten, zu denen nach Äußerungen des SDS-Vorstandsmitgliedes Bernd Rabehl unter anderem »das Abbrennen von Autos« und »die Aufstellung von Straßenbarrieren« zählte.

Von »Terrorismus« im engeren Sinne konnte man zum ersten Mal sprechen, als am 2. April 1968 – eine Woche vor dem Dutschke-Attentat – Brandsätze in zwei Frankfurter Kaufhäusern detonierten. Als Brandstifter wurden vier Personen, unter ihnen die Germanistik-Studentin Gudrun Ensslin und ihr Freund Andreas Baader, festgenommen. Ihre Verteidigung übernahm der Berliner Anwalt Horst Mahler. Publizistische Unterstützung leistete Ulrike Meinhof, die in der Hamburger Zeitschrift *Konkret* eine regelmäßige Kolumne schrieb. Der SDS distanzierte sich von den Kaufhaus-Brandstiftern, war aber offenbar gespalten, wie man einer Pressekonferenz seines ehemaligen stellvertretenden Bundesvorsitzenden Frank Wolff entnehmen konnte, der die offizielle Stellungnahme des SDS bedauerte und erklärte, es sei »legitim«, gegen die Gesellschaft anzukämpfen. Tatsächlich gab es Anzeichen dafür, dass eine kleinere Gruppe innerhalb des SDS offen für »Terror« eintrat. Sie bildete den Kern der späteren »Baader-Meinhof-Gruppe«, aus der dann die »Rote Armee Fraktion« (RAF) hervorging. Rabehl sprach deshalb bereits im Oktober 1968 von der Existenz eines »bakunistischen Geheimbundes« innerhalb des SDS.

Die Entstehung der RAF war vor allem aus der Enttäuschung über den Misserfolg der Studentenbewegung zu erklären, der es nicht gelungen war, ihre revolutionären Ziele mit den Mitteln der Massenmobilisierung durchzusetzen. Gewaltsame Aktionen einer »Stadtguerilla« sollten deshalb das angeblich vom staatlichen Herrschaftsapparat eingeschüchterte und von den Massenmedien manipulierte Volk zum bewaffneten Kampf ermutigen. Eine erste Serie von Brand- und Sprengstoffanschlägen begann im Sommer 1970. Nach der Verhaftung der führenden Köpfe dieser Gründergeneration der Terroristen-Szene – Andreas Baader, Holger Meins, Jan-Carl Raspe, Gudrun Ensslin und Ulrike Meinhof – im Juni 1972 gingen die Gewaltaktionen jedoch unvermindert weiter. Die Ermordung des Berliner Kammergerichtspräsidenten Günter von Drenkmann am 10. November 1974, die Entführung des Berliner CDU-Politikers Peter Lorenz am 27. Februar 1975 (mit der anschließenden Freipressung fünf inhaftierter Terroristen) und die Besetzung der deutschen Botschaft in Stockholm am 24. April 1975, die mit der Erstürmung des Gebäudes und dem Tod zweier Terroristen endete, nachdem diese zwei Botschaftsangehörige erschossen hatten, markierten eine zweite Welle des Terrorismus in der Bundesrepublik.

Ihren Höhepunkt erreichten die Gewalttaten jedoch erst 1977, als Generalbundesanwalt Siegfried Buback, der Vorstandssprecher der Dresdner Bank, Jürgen Ponto, und schließlich auch der Präsident der Bundesvereinigung der Deutschen Arbeitgeberverbände und des Bundesverbandes der Deutschen Industrie, Hanns-Martin Schleyer, von Terroristen ermordet wurden. Mit ihnen starben ihre Fahrer und mehrere Polizisten aus den Begleitkommandos. Schleyer war am 5. September zunächst nur entführt worden, um die Freilassung von elf inhaftierten mutmaßlichen oder verurteilten Terroristen zu erzwingen. Da die Bundesregierung sich weigerte, der Forderung nachzugeben, vielmehr am 14. September beschloss, bis 1981 zusätzlich 870 Millionen DM für die Bekämpfung des Terrorismus aufzuwenden und ein Kontaktsperregesetz im Bundestag einbrachte, das am 2. Oktober in Kraft trat und den Kontakt der in Haft befindlichen mutmaßlichen Terroristen untereinander und zur Außenwelt unterbinden sollte, wurde am 13. Oktober zur Unterstützung der deutschen Genossen auch noch eine Boeing 737 der Lufthansa mit 86 Passagieren und Besatzungsmitgliedern an Bord auf dem Flug von Palma de Mallorca nach Frankfurt von arabischen Terroristen gekapert. Doch die Terroristen blieben in Haft, und die Lufthansa-Maschine wurde am 18. Oktober von einem Sonderkommando des Bundesgrenzschutzes, der GSG 9, auf dem Flughafen von Mogadischu gestürmt. Andreas Baader, Gudrun Ensslin und Jan-Carl Raspe begingen danach in ihren Zellen der Haftanstalt von Stuttgart-Stammheim Selbstmord. Am folgenden Tag wurde die Leiche Schleyers im Kofferraum eines Autos in Mülhausen im Elsass gefunden.

Zwar kam es auch in der Folge noch zu Anschlägen. Aber der »deutsche Herbst« war zu Ende. Die schwere Belastung, die vom Terrorismus für das innenpolitische Klima der Bundesrepublik ausgegangen war, verlor nach den dramatischen Ereignissen um die Schleyer-Entführung viel von ihrem Schrecken. Für Bundeskanzler Schmidt bedeutete die Befreiungsaktion von Mogadischu auch einen persönlichen Erfolg. Wäre sie misslungen, hätte er seinen Rücktritt bekannt gegeben. Die Entscheidung, im Interesse der Staatsräson den Forderungen der Terroristen zu widerstehen und damit letztlich den Tod Schleyers in Kauf zu nehmen, wurde dadurch jedoch auch in der Rückschau nicht leichter.

Andererseits hatte Schmidt mit seiner Entschlossenheit im Kampf gegen den Terrorismus erneut seine Fähigkeit zum Krisenmanagement bewiesen, die seine Kanzlerschaft fast durchgehend

prägte. Für große Entwürfe, die Adenauers Politik der Westintegration und Brandts neue Ostpolitik gekennzeichnet hatten, blieb
dabei wenig Raum. Ohnehin ging es jetzt vor allem um die un-
dankbare Kleinarbeit der Ausfüllung vorgegebener Rahmen, so
wichtig die Maßnahmen im Einzelnen sein mochten: die Institutio-
nalisierung eines »Europäischen Rates«, um die Koordination zwischen der Gemeinschaftspolitik und der intergouvernementalen
Europäischen Politischen Zusammenarbeit (EPZ) zu verbessern;
die Einberufung eines »Weltwirtschaftsgipfels« der führenden
westlichen Industriestaaten, der auf Einladung des französischen
Staatspräsidenten Valéry Giscard d'Estaing zum ersten Mal vom 15.
bis 17. November 1975 auf Schloss Rambouillet bei Paris zusam-
mentrat; die Vorbereitung der ersten Direktwahlen zum Europäischen Parlament 1978; schließlich die Errichtung des Europäischen
Währungssystems (EWS).

Hinzu kam, dass die weltpolitische Konstellation sich inzwischen grundlegend gewandelt hatte. Neben der dramatischen Verschlechterung der ökonomischen Bedingungen war es vor allem der
Niedergang der Ost-West-Beziehungen, der neue Bedingungen
schuf und die Optionen der Politik verringerte. Das allgemeine Klima der Entspannung, das es Willy Brandt ermöglicht hatte, seine
neue Ostpolitik binnen weniger Jahre zum Erfolg zu führen, wich
einer Atmosphäre des Misstrauens, als die Sowjetunion trotz der
Verhandlungen mit dem Westen nicht nur ihre Aufrüstung unge-
bremst fortsetzte, sondern sogar eine neue weltpolitische Offensive startete, nachdem die USA durch die Watergate-Affäre und das
Trauma ihres Rückzuges aus Vietnam in ihrer außenpolitischen
Handlungsfähigkeit beeinträchtigt waren. Offenbar glaubte man in
Moskau, die Schwächung der westlichen Führungsmacht biete eine
günstige Gelegenheit, den sowjetischen Einfluss in der Welt zu erweitern. So wurde bereits die Revolution in Portugal im April 1974
genutzt, um die kommunistische Partei dieses NATO-Landes in
ihrem Kampf um die Macht zu unterstützen und anschließend beim
Zerfall des portugiesischen Kolonialreiches in Afrika auch in dessen ehemaligen Kolonien Angola, Guinea-Bissau und Moçambique
marxistische und sozialistische Befreiungsbewegungen zu fördern.
Dieses Verhalten der Sowjetunion, das sich (zum Teil im Zusam-

menspiel mit Kuba) auch in anderen Staaten und Regionen zeigte – am Horn von Afrika, im Süd-Jemen, in der Karibik und im Mittleren Osten –, führte schließlich dazu, dass in den USA die Bereitschaft zur Zusammenarbeit mit der UdSSR immer mehr schwand und die Entspannungspolitik auf eine abschüssige Bahn geriet.

Schon die Unterzeichnung der Schlussakte der Konferenz über Sicherheit und Zusammenarbeit in Europa (KSZE) am 1. August 1975 in Helsinki fand in gespannter Atmosphäre statt. Die Regierung Schmidt sah sich daher von Anfang an in der unangenehmen Lage, dass die Stagnation, die in der Deutschland- und Berlin-Frage bereits 1973/74 eingetreten war und die schon Herbert Wehner bei seiner Kritik an Brandt in Moskau beklagt hatte, aufgrund der sich verschlechternden weltpolitischen Rahmenbedingungen immer schwerer zu überwinden war. So verwunderte es auch nicht, dass Schmidt bei seinem ersten Besuch in der Sowjetunion im Oktober 1974 feststellen musste, dass Moskau nur noch wenig Interesse zeigte, in strittigen Fragen zu Lösungen zu gelangen. Lediglich in der langfristigen Absicherung der wirtschaftlichen Kooperation – etwa im Erdgas-Geschäft – waren Ergebnisse möglich. Dagegen wurden die militärischen Schatten, die sich aus der fortgesetzten sowjetischen Aufrüstung ergaben, auch in Europa immer länger. Zudem bestand die Gefahr, dass die beiden Supermächte sich im Sinne eines schon von Adenauer befürchteten »Kondominiums« bei ihren fortgesetzten SALT-Verhandlungen auf eine Begrenzung interkontinentaler Waffen einigten, ehe Verhandlungen über die europäische Rüstungslandschaft richtig begonnen hatten. Wenn dies geschah, entstand eine »Grauzone«, die in Europa zu schweren Sicherheitsproblemen – geradezu zu einer »Sicherheitslücke« – führen konnte.

In einer Rede vor dem Internationalen Institut für Strategische Studien in London am 28. Oktober 1977 wies Schmidt auf die »in Europa bestehenden Disparitäten« hin. Sorgen bereiteten ihm vor allem die neuen, mobilen SS-20-Mittelstreckenraketen, die die Sowjetunion soeben zu installieren begann. Deshalb bedürfe es, so der Kanzler, in Westeuropa einer »Nachrüstung« mit nuklearen Mittelstreckenwaffen, falls es nicht auch hier zu Rüstungsbeschränkungen kam, die eine solche Maßnahme überflüssig machten. Schmidt ließ keinen Zweifel daran, dass er Verhandlungen favorisierte, um durch beiderseitige Reduzierungen ein Gleichgewicht auf niedrigerem Niveau zu vereinbaren, und erzielte sogar einen Teilerfolg, als es ihm gelang, den sowjetischen Staats- und Regierungschef Breschnew bei dessen Besuch in Bonn im Mai 1978 dazu zu bringen, sich mit Verhandlungen über die Mittelstreckenwaffen in Europa einverstanden zu erklären. Zu solchen Verhandlungen konnte es jedoch nur kommen, wenn es auch im westlichen Bündnis eine abgestimmte Politik gab, die zu einem gemeinsamen Gesprächsvorschlag führte.

Inzwischen hatten sich jedoch die deutsch-amerikanischen Beziehungen in einem Maße verschlechtert, dass von einer harmonischen, aufeinander abgestimmten Politik gegenüber der Sowjetunion nicht mehr die Rede sein konnte. Wesentlichen Anteil daran hatte der neue amerikanische Präsident Jimmy Carter, der am 20. Januar 1977 in das Weiße Haus eingezogen war. Bestimmt von einem religiös motivierten Idealismus, hatte er bereits im Wahlkampf das Thema Menschenrechte in den Vordergrund gerückt und damit als krasser Außenseiter den Sieg gegen den amtierenden Präsidenten Gerald Ford errungen. Im Weißen Haus setzte er nun seine Menschenrechtskampagne fort, die vor allem die ersten hundert Tage seiner Amtszeit prägte, aber auch danach ein wichtiges Element seiner Politik blieb. Im Verhältnis zur Sowjetunion, die sich sogleich an den Pranger gestellt sah, kam es dadurch ebenso zu Verstimmungen wie in den Beziehungen zu den westeuropäischen Staaten, denen die berechenbare, realpolitisch fundierte Politik Henry Kissingers wesentlich mehr entsprochen hatte.

Nicht zuletzt erwuchs aus diesem politischen Umschwung in den USA auch ein persönlicher Konflikt zwischen Schmidt und Carter, in den ebenfalls Sicherheitsberater Zbigniew Brzezinski einbezogen war. Schmidts Angebot, seine guten Beziehungen zu Breschnew zu nutzen, um in Moskau die Möglichkeit von Verhandlungen über Mittelstreckenraketen zu erkunden, wurde vor allem von Brzezinski sofort abgelehnt. So zogen sich die internen Vorgespräche auf Expertenebene in die Länge, während die Sowjetunion fortfuhr, ihre SS-20 zu installieren. Erst am 12. Dezember 1979 kam es zu einem förmlichen Beschluss der Außen- und Verteidigungsminister der NATO, 108 »Pershing II«-Raketen und 464 bodengestützte

Marschflugkörper in Europa zu stationieren, falls Verhandlungen mit der Sowjetunion mit dem Ziel, »durch Rüstungskontrolle ein stabileres, umfassendes Gleichgewicht bei geringeren Beständen an Nuklearwaffen auf beiden Seiten zu erreichen«, nicht zum Erfolg führten.

Dieser doppelte Beschluss einer angekündigten Nachrüstung in Verbindung mit dem Angebot vorheriger Verhandlungen über Abrüstung stieß in Moskau allerdings auf wenig Interesse. Hier war man inzwischen offenbar zu der Auffassung gelangt, dass der Westen sein Interesse an der Entspannungspolitik ohnehin längst verloren habe. Die amerikanische Menschenrechtspolitik wurde dafür ebenso als Indiz genommen wie das »Ultimatum« des NATO-Doppelbeschlusses. Insofern meinte man wohl auch, auf westliche Interessen und Befindlichkeiten nicht länger Rücksicht nehmen zu müssen, als sich das Politbüro der KPdSU unmittelbar nach der NATO-Entscheidung dazu entschloss, am 26./27. Dezember 1979 sowjetische Truppen in Afghanistan einmarschieren zu lassen, um die erst im April 1978 durch eine Revolution an die Macht gekommene pro-kommunistische Regierung zu retten, die unter den Druck einer islamisch-fundamentalistischen Oppositionsbewegung geraten war. Präsident Carter, der die sowjetische Führung fünfmal persönlich vor einem Einmarsch in Afghanistan gewarnt hatte, erklärte danach in einem Interview am 31. Dezember 1979, die Regierungen der Welt müssten der Sowjetunion »klarmachen, dass sie nicht weiter den Weltfrieden gefährden kann, ohne ernstliche politische Konsequenzen tragen zu müssen«. Die Entspannungspolitik und mit ihr die Rüstungskontrollpolitik waren in die tiefste Krise seit ihrem Beginn in den sechziger Jahren gestürzt.

Bundeskanzler Schmidt bemühte sich zwar – gemeinsam mit dem französischen Staatspräsidenten Giscard d'Estaing –, den neuen Ost-West-Konflikt einzudämmen, um dessen Eskalation zu einem zweiten Kalten Krieg zu verhindern, konnte aber die drastische Verschlechterung der amerikanisch-sowjetischen Beziehungen, die unter Präsident Ronald Reagan ab Januar 1981 noch zunahm, nicht aufhalten. Die Bundesrepublik war davon in doppelter Hinsicht betroffen: Zum einen sah sie sich dadurch mit der Perspektive der Stationierung atomarer Mittelstreckenwaffen konfrontiert, die auf den energischen Widerstand einer neuen »Friedensbewegung« stieß und bis zum tatsächlichen Beginn der Stationierung 1983 das innenpolitische Klima in der Bundesrepublik maßgeblich beeinflussen sollte. Zum anderen bestand die Gefahr, dass die Eintrübung der Atmosphäre zwischen Ost und West nicht nur die Beziehungen zur Sowjetunion und den USA, sondern auch das Verhältnis zur DDR belasten könnte. Schmidt betrieb deshalb eine Politik der Schadensbegrenzung, um wenigstens die Substanz der innerdeutschen Entspannung zu retten. Ein Treffen mit SED-Generalsekretär Erich Honecker vom 11. bis 13. Dezember 1981 am Werbellinsee und am Döllnsee in der Uckermark sowie ein abschließender Besuch von Güstrow sollten diesem Zweck dienen. Zu einer Wende im Ost-West-Verhältnis reichte aber selbst das große persönliche Gewicht Schmidts nicht aus, der sich ansonsten auf internationalem Parkett so glänzend zu bewegen verstand.

Nachdem er bei der Bundestagswahl 1980 noch einmal einen überzeugenden Sieg gegen Franz Josef Strauß errungen hatte, ging es nun mit seiner Kanzlerschaft bergab. Als sich der Pulverdampf des Wahlkampfes verzog, wurde den Bürgern die wirtschaftliche Talfahrt, die nach der zweiten Ölpreisexplosion 1979 mit einem neuerlichen Konjunktureinbruch, wachsender Arbeitslosigkeit, steigender Inflation und zunehmenden Firmenzusammenbrüchen eingesetzt hatte, immer stärker bewusst. Wie 1966 im Falle Ludwig Erhards, geriet jetzt auch Schmidts bisher unbestreitbare Kompetenz in Fragen der Wirtschaft und Finanzen zunehmend ins Zwielicht. Daraus ergaben sich nicht nur größere Reibungsflächen mit dem Koalitionspartner FDP, der sich unter dem Einfluss des neoliberalen Wirtschaftsministers Otto Graf Lambsdorff immer weiter von den Resten gemeinsamer sozialliberaler Wirtschaftspolitik zu entfernen begann, sondern auch neue Konflikte mit der SPD-Linken, die angesichts der vermeintlichen Erfolglosigkeit marktwirtschaftlicher Konzepte keinen Grund mehr sah, den Vorschlägen ihres Kanzlers zu folgen. Bedenklich wurde es für Schmidt, als seine Politik auch von den Medien, die ihm im Prinzip freundlich gegenüberstanden, negativ beurteilt wurde. So erbrachten zwei umfangreiche Serien des *Spiegel* 1980 und 1982 über die ökonomischen Folgen des Strebens nach sozialer Gerechtigkeit sowie über »Re-

formpolitik und Staatsschulden« eine vernichtende Bilanz der sozialliberalen Wirtschafts- und Sozialpolitik.

Ein zweiter Bereich, in dem sich Schmidt nach der Bundestagswahl 1980 einer schweren Belastungsprobe ausgesetzt sah, war die
Sicherheitspolitik. Die Diskussion um den »Nachrüstungsbe-
schluss«, wie er verkürzt genannt wurde, traf die SPD an einer emp-
findlichen Stelle. Die »Friedensbewegung« war eine traditionelle
Domäne der europäischen Linken und hatte durch die lediglich ver-
nunftgeleitete Anerkennung der Westintegration für die meisten
Sozialdemokraten nichts von ihrer früheren Attraktivität verloren.
Die Kämpfe der fünfziger Jahre gegen Wiederbewaffnung und
Atomtod waren unvergessen; die Ostpolitik Willy Brandts erschien
als ihre Fortsetzung mit anderen Mitteln. Ostpolitik bedeutete Friedenspolitik. Viele Sozialdemokraten, die ihrer Partei durch die taktischen Wendungen Wehners entfremdet waren, wurden dadurch
wieder mit ihr versöhnt. Schmidts Nachrüstungspolitik wirkte dagegen als Bedrohung sozialdemokratisch-sozialistischer Ideale – ihr
Exponent, obwohl noch immer Kanzler, geriet in seiner eigenen
Partei in die Isolierung.

Schmidts Bemühungen, der Erosion seiner Position mit einem
»Fünf-Punkte-Papier« zu begegnen, das am 12. Februar 1981 auf
Vorschlag Brandts vom Vorstand der SPD verabschiedet wurde,
vermochte an den sachlichen Problemen und innerparteilichen Verwerfungen wenig zu ändern. Das Papier, das die Aufforderung zum
inneren Frieden mit einem Bekenntnis zur NATO und zum Dop-
pelbeschluss verband, blieb praktisch ohne Wirkung. Schmidt verlor immer mehr an Boden. Der Riss führte inzwischen auch quer
durch die Troika: Wehner, inzwischen 75 Jahre alt, hielt sich bei
Auseinandersetzungen häufiger als früher zurück; Unterstützung
konnte Schmidt von ihm kaum noch erwarten. Brandt dagegen
warnte nach einer Moskau-Reise im Sommer 1981 eindringlich vor
einer sowjetischen »Nach-Nachrüstung« und näherte sich damit
den Positionen der Nachrüstungsgegner um Erhard Eppler und
Oskar Lafontaine an. Als Eppler am 10. Oktober 1981 auf einer
großen Kundgebung der Friedensbewegung in Bonn sprechen
wollte, während Schmidt sich gegen die »antiamerikanische Auf-
putschung« verwahrte und darum bat, »Erhard Eppler zu ersuchen,

sich von der Veranstaltung fernzuhalten«, ergriff Brandt in der Fraktionssitzung am 29. September offen Partei für Eppler und fügte hinzu, er bekenne sich zu der Leistung der Sozialdemokratie, Ende der sechziger Jahre die APO integriert zu haben, und fühle sich »im Wort gegenüber denen, die damals zu uns gekommen sind«.

Der Kanzler selbst war bei der Sitzung nicht anwesend. Nach Schwindel- und Ohnmachtsanfällen als Folge lebensgefährlicher Herzrhythmusstörungen musste er sich im Bundeswehrkrankenhaus Koblenz einen Herzschrittmacher einpflanzen lassen. Danach ging es gesundheitlich besser. Dennoch drohte er immer häufiger, zunehmend resigniert, »den Bettel hinzuschmeißen« – wie auf dem SPD-Parteitag vom 19. bis 23. April 1982 in München, als er sich mit seinen Auffassungen zum NATO-Doppelbeschluss nur mit der Androhung seines Rücktritts noch einmal behaupten konnte. Schmidt teilte somit das Schicksal Adenauers, Erhards und auch Brandts, am Ende der Kanzlerschaft zu vereinsamen. Nur Kiesinger war ein plötzlicher und daher vielleicht glücklicherer Abgang beschieden gewesen. Im Falle Schmidts hätte es deshalb der FDP, die sich seit dem Sommer 1981 aus der Koalition zu verabschieden begann und nur nach einem Anlass suchte – den sie mit der Diskussion über ein von Graf Lambsdorff verfasstes Papier zur Notwendigkeit wirtschaftlicher Reformen im September 1982 schließlich fand –, um den Bruch zu vollziehen, gar nicht mehr bedurft. Schmidts Rücktritt war schon lange vorher nur noch eine Frage der Zeit, weil seine Isolation in der eigenen Partei ein immer unerträglicheres Ausmaß annahm. Dabei verließ nicht Schmidt die SPD; sie verließ ihn. Die Partei, die 1969 angetreten war, die Republik »umzugründen«, hatte vor allem sich selbst umgegründet und war eine andere geworden. Damit aber verspielte sie nicht nur die Kanzlerschaft Schmidts, sondern auch – wie von Schmidt selbst zu Beginn der siebziger Jahre vorhergesagt – ihre Macht, die sie am 1. Oktober 1982 wieder an die CDU/CSU verlor.

18. Rückkehr der Union an die Macht

Das Ende der sozialliberalen Koalition kam nach den vorangegangenen Querelen innerhalb der SPD und dem Streit zwischen den Koalitionspartnern über Grundfragen der Politik nicht mehr überraschend. So herrschte während der Aussprache und der Abstimmung im Bundestag über das konstruktive Misstrauensvotum gegen Bundeskanzler Schmidt am 1. Oktober 1982 – anders als 1972 beim versuchten Sturz Willy Brandts durch Rainer Barzel – »im Plenum konzentrierte Aufmerksamkeit, aber keine Spannung«, wie der Korrespondent der *Süddeutschen Zeitung*, Hans-Ulrich Kempski, notierte. Mit der erforderlichen »Kanzlermehrheit«, allerdings nur sieben Stimmen über dem Minimum, wählten CDU/CSU und FDP den Oppositionsführer und früheren rheinland-pfälzischen Ministerpräsidenten Helmut Kohl zum neuen Kanzler der Bundesrepublik Deutschland. Dieser nach 1969 zweite Machtwechsel war in der Geschichte der Bundesrepublik ohne Beispiel: Noch nie zuvor war ein amtierender Kanzler durch ein konstruktives Misstrauensvotum gestürzt, ein anderer dadurch in sein neues Amt befördert worden. Aber die Wähler bestätigten bei vorgezogenen Bundestagswahlen am 6. März 1983 die neue Koalition, indem sie ihr eine deutliche Mehrheit verschafften und damit ein Mandat zum Weiterregieren gaben.

Die Rückkehr der Union an die Macht sollte nach eigener Auffassung mehr sein als ein Regierungswechsel, nämlich Auftakt einer »konservativen Wende« mit dem Ziel, Fehlentwicklungen und Irrtümer der vorangegangenen dreizehnjährigen sozialdemokratischen Kanzlerschaft zu beseitigen. Helmut Kohl sah sich dabei selber als den politischen Enkel und Erben Konrad Adenauers, dessen Grundlinien er weiterzuführen und fortzuentwickeln gedachte. In seiner Regierungserklärung am 13. Oktober 1982 diagnostizierte er eine »geistig-moralische Krise«, die es zu überwinden gelte, und versprach »einen historischen Neuanfang«. Er wolle nicht Minderheiten aufwerten, wie es seiner Meinung nach während der sozialliberalen Koalition in zu hohem Maße geschehen war, sondern der »Normalität bürgerlichen Lebens« wieder zu ihrem Recht verhelfen. Die geistig-moralische Erneuerung verlange »den leistungsbereiten Normalbürger«.

Als die neue Regierung am 1. Oktober 1982 ihr Amt antrat, zählte die Überwindung der Wirtschaftskrise mit Massenarbeitslosigkeit, kritischer Staatsverschuldung, hoher Inflation und anhaltender Wachstumsschwäche zu ihren wichtigsten und vordringlichsten Aufgaben. Der alte und neue Wirtschaftsminister Otto Graf Lambsdorff wies dafür mit dem Papier, das er Anfang September auf Wunsch Bundeskanzler Schmidts verfasst hatte, die Richtung. Die Koalitionsvereinbarungen, die zwischen dem 20. und 25. September ausgehandelt worden waren, folgten im wirtschaftspolitischen Teil im Wesentlichen den Leitlinien dieses Papiers, das allerdings auch innerhalb der Union umstritten blieb. Vor allem Lambsdorffs Vorschläge für Einsparungen bei der Beamtenbesoldung, dem Arbeitslosengeld, beim Mutterschaftsurlaub und beim BAFöG sowie seine Pläne zur Erhöhung der Beiträge in der Kranken- und Rentenversicherung bei gleichzeitiger schrittweiser Abschaffung der Gewerbesteuer, Abflachung der Steuerprogression bei mittleren Einkommen und der Lockerung der Arbeits- und Jugendarbeitsschutzbestimmungen stießen über alle Parteigrenzen hinweg auf Unverständnis und Widerstand.

Der DGB nannte das Lambsdorff-Papier einen »wirtschafts- und sozialpolitischen Amoklauf« und sah darin sogar eine Kriegserklärung an die Gewerkschaften, die am 23. und 30. Oktober mit ersten Protestkundgebungen beantwortet werden sollte. Der Reichsbund der Kriegsopfer, Behinderten, Sozialrentner und Hinterbliebenen sprach von einem »Gruselkatalog« von Eingriffen in die sozialen Leistungen, welche die »soziale Demontage zur sozialpolitischen Barbarei« steigern würden. Der SPD-Vorstand erklärte am 13. September, das Papier kombiniere »wirtschaftspolitische Unkenntnis und Unverständnis für den sozialen Konsens« und fragte die FDP, »ob sie sich mit dem Konzept des Grafen Lambsdorff identifiziert und sich damit aus der erfolgreichen Tradition der Sozial- und Wirtschaftspolitik der Bundesrepublik Deutschland verabschieden« wolle. Nach Meinung der Finanzexpertin der FDP-Bundestagsfraktion, Ingrid Matthäus-Maier, strebte Lambsdorff eine massive Umverteilung von unten nach oben an und missachte dabei unentbehrliche liberale Grundsätze wie die Gleichheit der Bildungschancen und die Gleichberechtigung zwischen Mann und Frau. Kurt Biedenkopf bezeichnete die sozialpolitischen Überlegungen Lambsdorffs als »Radikalvorstellungen« ohne wirkliche Perspektive. Sie hätten zwar die Wirkung eines Paukenschlages, könnten aber nicht als »Gründungsurkunde für neue Mehrheiten« genommen werden.

Das FDP-Präsidium indessen würdigte das Papier am 13. September als »Vorwärtsstrategie zur Bekämpfung der Arbeitslosigkeit, die auf private und öffentliche Investitionen setzt«, und betrachtete es als gute Grundlage für die Wirtschaftspolitik der neuen Bundesregierung. In gleichem Sinne kündigte auch Kohl in seiner Regierungserklärung am 13. Oktober 1982 an, dass er durch eine Wiederbelebung der Marktkräfte die schwere Erblast seines Vorgängers abtragen wolle – »weg von mehr Staat, hin zu mehr Markt«, »weg von kollektiven Lasten, hin zur persönlichen Leistung«, »weg von verkrusteten Strukturen, hin zu mehr Beweglichkeit, Eigeninitiative und verstärkter Wettbewerbsfähigkeit«.

Ohne große Verzögerungen wurden nun innerhalb von elf Wochen der unter der Regierung Schmidt liegen gebliebene Haushalt 1983 über die Bühne gebracht und eine Reihe von Begleitgesetzen initiiert, die Signale für eine Wiederbelebung der Konjunktur setzen und die Voraussetzungen für eine Verbesserung der Leistungsbilanz schaffen sollten. Auch wenn diese Ziele im Einzelnen nicht immer erreicht wurden – etwa beim Abbau von Subventionen oder im Bereich des dirigistischen Agrarmarktes –, waren die wirtschaftspolitischen Erfolge der neuen Regierung doch beträchtlich. So lag das Wachstum des Bruttosozialprodukts, das 1982 noch um 1,0 Prozent abgenommen hatte, ab 1983 wieder über 2,5 Prozent. Durch eine restriktive Haushaltspolitik unter dem neuen Finanzminister Gerhard Stoltenberg wurde die öffentliche Verschuldung deutlich vermindert. Ein Rekord-Außenhandelsüberschuss von

110 Milliarden DM machte die Bundesrepublik bereits ab 1986 zur stärksten Handelsnation der Welt. Die Inflationsrate wurde von 5 Prozent 1982 auf -0,2 Prozent 1986 gedrückt (zuletzt waren die Preise 1953 gesunken).

Ein Schatten auf dieser Erfolgsbilanz war allerdings die Arbeitslosigkeit. Zwar wurden seit dem Sommer 1983 etwa 600 000 neue Arbeitsplätze geschaffen. Aber die Zahl der Arbeitslosen, die 1982 1,83 Millionen und 1983 2,26 Millionen betragen hatte, verringerte sich dadurch kaum. Sie lag 1989 weiterhin bei 2,04 Millionen und sank erst im Zuge der deutschen Vereinigung 1990 bis 1993 vorübergehend unter die Zwei-Millionen-Marke. Die Beseitigung der Arbeitslosigkeit blieb daher ein Dauerthema. In den achtziger Jahren hoffte man dabei seitens der Bundesregierung, dass die Verbesserung der wirtschaftlichen Rahmenbedingungen letztlich auch zu mehr Investitionen und damit zur Schaffung neuer Arbeitsplätze führen würde. Außenwirtschaftliche Faktoren gaben dieser Hoffnung zusätzlich Auftrieb: Der Preisverfall beim Erdöl bewirkte Mitte der achtziger Jahre einen Kaufkraftschub von etwa 40 Milliarden DM und kam damit einem gigantischen Konjunkturprogramm gleich, dessen Umfang in der Geschichte der Bundesrepublik beispiellos war. Der Exportboom, der die Konkurrenzfähigkeit deutscher Waren auf dem Weltmarkt bewies, würde – wenn er anhielt – der deutschen Wirtschaft die nötige Stärkung auch im Innern geben. Die wirtschafts- und finanzpolitische Solidität der Regierung Kohl würde sich dann auch für die Arbeitnehmer auszahlen, die zunächst durch Arbeitslosigkeit und Leistungseinschränkungen in der Sozialpolitik einen erheblichen Teil der Lasten tragen mussten.

Abgesehen von der Arbeitslosigkeit erschien die Wirtschaft damit wieder in einem günstigen Licht. Die positiven wirtschaftlichen Rahmendaten boten auch gute Voraussetzungen für die Befriedigung des gewaltigen staatlichen Finanzbedarfs im Zuge der deutschen Einigung. Wenngleich die Umstellung der ostdeutschen Wirtschaft ökonomische und soziale Folgelasten erwarten ließ, deren Auswirkungen insgesamt nur schwer abschätzbar waren, erhoffte man sich von ihr zugleich neue Impulse für die gesamtdeutsche Konjunktur, die sich ebenfalls auf dem Arbeitsmarkt niederschlagen würden.

In der Außen- und Deutschlandpolitik war die Wende von 1982 zunächst kaum spürbar. Der Bruch, der in der Spätphase der sozialliberalen Koalition angesichts des Einflusses der Friedensbewegung und deutlich erkennbarer Positionsverschiebungen innerhalb der SPD drohte, wurde durch den Regierungswechsel vielleicht sogar erst vermieden. Dabei sorgte nicht nur Hans-Dietrich Genscher, der sein Außenministeramt behielt, für Kontinuität. Auch sonst zeigte die neue Regierung wenig Neigung, von bisherigen Konstanten westdeutscher Außenpolitik abzurücken. Die von der SPD besonders in der Ostpolitik prognostizierte »Eiszeit« blieb daher aus. Die Rede, mit der Helmut Schmidt sich als Bundeskanzler vom Diplomatischen Corps verabschiedete, konnte Genscher »in allen ihren Elementen unterschreiben«. Sie zeigte, dass beide in der Außen- und Sicherheitspolitik unverändert übereinstimmten, und machte auf beinahe tragische Weise noch einmal deutlich, dass Schmidt auf dem Gebiet, das er als seine ureigene Domäne betrachtete, in der neuen Regierungskoalition mehr Unterstützung fand als in seiner eigenen Partei.

Die Außen- und Sicherheitspolitik der Bundesrepublik bekannte sich weiterhin zur Doppelstrategie des Harmel-Berichts von 1967, der zufolge Sicherheit und Entspannung eine »gegenseitige Ergänzung« bilden sollten. Diese gemeinsame Auffassung des Westens, die in dem NATO-Dokument zum Ausdruck gebracht worden war, hatte zu Beginn der siebziger Jahre nicht nur eine solide Basis für die amerikanische und europäische Entspannungspolitik geschaffen, sondern auch den Rahmen für die neue Ostpolitik der Bundesrepublik abgesteckt. So war das außenpolitische Handeln der sozialliberalen Koalition unter Brandt wie danach unter Schmidt bei allen entspannungspolitischen Visionen von einem nüchternen Realismus gekennzeichnet gewesen – beispielsweise mit einem jährlichen Anstieg der Rüstungsausgaben um real drei Prozent, der dazu verhelfen sollte, die militärpolitische Stabilität zu wahren, die eine zentrale Voraussetzung für erfolgreiche Verhandlungen mit der Sowjetunion darstellte. Andere Länder, nicht zuletzt die USA und Großbritannien, hatten dagegen ihre Verteidigungsanstrengungen im Vertrauen auf Fortschritte in der Entspannung zum Teil drastisch zurückgeschraubt und damit die sowjetische

Hegemoniepolitik ermutigt – diese jedoch, wie es der neue amerikanische Präsident Ronald Reagan tat, wiederum der Entspannungspolitik angelastet.

Während somit insbesondere viele Amerikaner nach dem sowjetischen Einmarsch in Afghanistan im Dezember 1979 die Entspannung als gescheitert betrachteten und diese Meinung bei den Präsidentschaftswahlen 1980 durch ihr Votum für Reagan zum Ausdruck brachten, ging die Bundesregierung unter Schmidt wie unter Kohl davon aus, dass die Entspannung noch zu retten war. Dazu bedürfe es allerdings großer Anstrengungen, um der ungebremsten Aufrüstung der Sowjetunion energischer als in den siebziger Jahren zu begegnen und auf diese Weise die Geschäftsgrundlage der Entspannung wiederherzustellen. Die Bundesregierung kämpfte mit dieser Auffassung jedoch an zwei Fronten gleichzeitig: Sie musste sich nicht nur der Kritik der Entspannungsgegner im Ausland erwehren, sondern sah sich auch den stürmischen Protesten der neuen Friedensbewegung im eigenen Land gegenüber, die nun genau jene Positionen vertrat, die bei den Verbündeten in den siebziger Jahren zu einer Erosion der Grundlagen der Entspannung geführt hatten. Helmut Schmidts Kanzlerschaft zerbrach nicht zuletzt an dieser doppelten Frontstellung, die er am Ende seiner eigenen Partei nicht mehr vermitteln konnte.

Die Regierung Kohl/Genscher hielt aus prinzipiellen Erwägungen an der Doppelstrategie von Rüstung und Entspannung fest, die sich für die Außenpolitik der Bundesrepublik als so erfolgreich erwiesen hatte. Sie bekannte sich nach ihrem Machtantritt unverzüglich zum NATO-Doppelbeschluss vom Dezember 1979 und bekräftigte, dass neue amerikanische Mittelstreckenraketen in Europa stationiert werden sollten, falls die in Genf geführten Verhandlungen über einen beiderseitigen Abbau des Mittelstreckenpotenzials bis Ende 1983 ergebnislos verliefen. Zugleich trug Bundeskanzler Kohl durch eine Entkrampfung des Verhältnisses zu Präsident Reagan dazu bei, die deutsch-amerikanischen Beziehungen, die im Zuge der deutschen Nachrüstungsdebatte und aufgrund persönlicher Animositäten zwischen Bundeskanzler Schmidt und der Führung in Washington beträchtlichen Schaden erlitten hatten, wieder auf eine vernünftige Grundlage zu stellen. Dazu gehörte ebenfalls die

Rückkehr zur außenpolitischen Verlässlichkeit, die durch das Verhalten der SPD und den Einfluss der Friedensbewegung zeitweilig in Frage gestellt gewesen war. So fasste der Deutsche Bundestag nach dem Scheitern der Genfer Verhandlungen über Mittelstreckenwaffen am 22. November 1983 den Beschluss, den fristgerechten Beginn der Stationierung amerikanischer »Pershing II«-Raketen und »Cruise Missiles« zu befürworten. Viel Zündstoff, der sich in der deutschen Außenpolitik in den Jahren zuvor angesammelt hatte, wurde damit entschärft.

Überraschend für viele war jedoch weniger die Haltung der Regierung Kohl in der Frage der Nachrüstung und zum westlichen Bündnis als vielmehr ihre aktive Ost- und Deutschlandpolitik. Die Ablehnung der neuen Ostpolitik der sozialliberalen Koalition durch die CDU/CSU zu Beginn der siebziger Jahre war noch in deutlicher Erinnerung – ebenso der Bundestagswahlkampf von 1980, in dem Franz Josef Strauß sich nach anfänglicher Zurückhaltung dazu hatte hinreißen lassen, von »gewissen Aktionsgemeinschaften zwischen Kommunisten und dem linken Bereich der SPD« zu sprechen und sich selbst als das »letzte gefährliche Hindernis aus der alten Generation« zu stilisieren, das den neuen Kräften ihren »Weg in den Sozialismus« verstelle. Dagegen war das Bemühen Kohls, sich stillschweigend mit den Ergebnissen der neuen Ostpolitik zu arrangieren, weitgehend verblasst. Tatsächlich bedurfte es aus Sicht Außenminister Genschers auch in der Ostpolitik – wie im Verhältnis zu den Verbündeten im Westen – keiner nennenswerten Korrekturen. Als er im Oktober 1982 in Moskau mit seinem Amtskollegen Gromyko und anderen Vertretern der sowjetischen Führung die Bedeutung des Regierungswechsels in Bonn besprach, gingen alle Beteiligten von einem »Höchstmaß an Kontinuität und Berechenbarkeit« aus.

Tatsächlich wurden die Kontakte zur Sowjetunion und zu Polen in der bisherigen Weise aufrechterhalten und fortgesetzt. Im Verhältnis zur DDR gab es nach Jahren der Stagnation, die von Ost-Berlin ausgegangen war, sogar eine Intensivierung der Beziehungen. In einer seiner ersten Amtshandlungen als Bundeskanzler erneuerte Kohl telefonisch eine bereits von Helmut Schmidt ausgesprochene Einladung an Staats- und Parteichef Erich Honecker, die

Bundesrepublik zu besuchen. Die 1975 unterbrochenen Verhandlungen über ein Kulturabkommen zwischen der Bundesrepublik und der DDR wurden im Frühjahr 1983 wieder aufgenommen und führten am 6. Mai 1986 zur Unterzeichnung in Ost-Berlin. Zudem übernahm die Bundesregierung im Juli 1984 Bürgschaften für Kredite deutscher Banken an die DDR in Höhe von insgesamt 1,95 Milliarden DM, wobei der erste Kredit über eine Milliarde DM im Juli 1983 sogar vom bayerischen Ministerpräsidenten und CSU-Vorsitzenden Franz Josef Strauß persönlich »vermittelt« wurde. Die DDR honorierte dieses Entgegenkommen mit menschlichen Erleichterungen. Es kam zu Verbesserungen bei der Grenzabfertigung, zum Abbau der Selbstschussanlagen und Bodenminen an der innerdeutschen Grenze, zur Verringerung der Verdachtskontrollen im Berlin-Verkehr sowie zu einer Senkung des Mindestumtausches für Rentner und einer Erweiterung der Ausreisemöglichkeiten für DDR-Bürger.

Im September 1987 erfolgte schließlich auch der Staatsbesuch Honeckers in der Bundesrepublik. Die östliche Seite hatte die Reise mehrfach – zunächst am 29. April 1983 und dann noch einmal am 4. September 1984 – abgesagt, weil der Streit über die Nachrüstung und der Beginn der westlichen Raketenstationierung eine deutsch-deutsche Begegnung auf höchster Ebene nicht erlaubt hatten. Erst nach dem Machtantritt Michail Gorbatschows in der Sowjetunion und dem Beginn der »Perestroika« war das Klima im Ost-West-Verhältnis wieder so weit verbessert, dass Honecker seine Reise antreten konnte. Für Kohl blieb der Besuch gleichwohl eine lästige Pflichtübung, die er nur auf sich nahm, weil es sich im Interesse der innerdeutschen Beziehungen – und damit der Menschen in den beiden Teilen Deutschlands – nicht vermeiden ließ. Da es sich um einen Staatsakt handelte und Honecker mit allen Ehren eines Staatsgastes empfangen werden musste, war das Zeremoniell praktisch vorgegeben. So wehten im Hof des Kanzleramtes nebeneinander die Fahnen der DDR und der Bundesrepublik, die Hymnen der beiden deutschen Staaten wurden gespielt, und der Kommandeur des Wachbataillons empfing den Gast mit den präformierten Worten: »Exzellenz, ich melde eine Ehrenformation der Bundeswehr zu Ihrer Begrüßung angetreten.«

Kohls Unbehagen über die Situation war unverkennbar. Im Rückblick erklärte er später, er habe den Besuch »in Kauf genommen«, um »das innerdeutsche Tor noch weiter öffnen zu können«. Wer die Bilder gesehen habe, wie Honecker und er die Ehrenformation des Wachbataillons abschritten und wie ihm zumute war, als die DDR-Hymne vor dem Kanzleramt gespielt wurde, könne sich »gut vorstellen, welche Gedanken mir an diesem Tag durch den Kopf gingen«. Allerdings war das Ende der DDR zu diesem Zeitpunkt noch nicht absehbar. Deutschlandpolitik war immer noch das geduldige Bohren dicker Bretter. So lag in dem Besuch Honeckers eine Chance, nach der Wiederannäherung an die Sowjetunion unter Gorbatschow auch mit Ost-Berlin wieder intensiver ins Gespräch zu kommen, als dies in den Jahren zuvor möglich gewesen war.

Kohls Hoffnungen richteten sich dabei ebenfalls auf die ostdeutsche Bevölkerung, der er seinen Standpunkt möglichst direkt mitteilen wollte. Nachdem der amerikanische Präsident Reagan am 12. Juni 1987 bei seinem Besuch in West-Berlin vor dem Brandenburger Tor ausgerufen hatte »Herr Gorbatschow, öffnen Sie dieses Tor, reißen Sie diese Mauer nieder«, wollte auch Kohl, wie er intern immer wieder sagte, die »Druckkulisse gegenüber der DDR« aufrechterhalten. Einer der wichtigsten Diskussionspunkte bei der Vorbereitung des Honecker-Besuchs war deshalb die Frage, ob die Tischreden beim Festbankett in der Bad Godesberger Redoute in beiden Teilen Deutschlands live im Fernsehen übertragen werden sollten. Die DDR-Führung hatte dies unbedingt vermeiden wollen; die Bonner Vertreter waren bereit, den Besuch an diesem Punkt scheitern zu lassen. So gab die Regierung in Ost-Berlin schließlich nach.

Was Kohl bei dieser Gelegenheit sagen würde, war vorhersehbar. Bereits im Mai 1987 hatte er sich anlässlich der 750-Jahrfeier Berlins mit seiner öffentlichen Erklärung, Berlin sei trotz Mauer und Stacheldraht weiterhin *eine* Stadt, den Unwillen der ostdeutschen Führung zugezogen. Die im Ostteil erscheinende *Berliner Zeitung* hatte daraufhin von einem »Missbrauch der Berlin-Feierlichkeiten in Berlin (West) zur Bekräftigung der Bonner Politik auf Neufestlegung der europäischen Grenzen« gesprochen und bemerkt, Kohl habe sich »durch seine Behauptung, die Bürger der DDR seien nicht frei«, sowie durch deren »Vereinnahmung als Bürger der BRD« in die Rolle eines Politikers hineingesteigert, der »seine Kräfte maßlos überschätzt«. Jetzt, am 7. September 1987, beim gemeinsamen Essen in der Godesberger Redoute, sprach Kohl nicht weniger offen als im Mai in Berlin. Wörtlich bemerkte er während der Live-Übertragung des Fernsehens neben einem zur Maske erstarrten Honecker: »Die Menschen in Deutschland leiden unter der Trennung. Sie leiden an einer Mauer, die ihnen buchstäblich im Wege steht und die sie abstößt. Wenn wir abbauen, was Menschen trennt, tragen wir dem unüberhörbaren Verlangen der Deutschen Rechnung: Sie wollen zueinander kommen können, weil sie zusammengehören … Sie wollen, dass wir – gerade auch in diesen Tagen – neue Brücken bauen …«

Die SED-Führung behauptete nach Honeckers Rückkehr, dass sowohl durch das Protokoll als auch durch das Verhalten des Bundeskanzlers während des Besuchs eine »endgültige völkerrechtliche Anerkennung« demonstriert worden sei. Außerdem habe der Besuch dazu beigetragen, eine neue Phase »in den bilateralen Beziehungen zwischen den beiden deutschen Staaten« einzuleiten, für deren Wiedervereinigung es keinerlei Grundlagen mehr gebe. Wörtlich schrieb SED-Politbüromitglied Werner Felfe dazu im *Neuen Deutschland:* »Die Tatsache, dass das Staatsoberhaupt der DDR den internationalen Gepflogenheiten entsprechend mit Hymne, Staatsflagge und militärischem Zeremoniell in Bonn empfangen wurde, gibt wohl den Kommentaren der Weltagenturen Recht, dass sich damit ›der Realismus endgültig durchgesetzt hat‹.«

Zur Realität gehörte aber auch, dass nach dem Honecker-Besuch zahlreiche politische Häftlinge aus DDR-Gefängnissen freigelassen wurden. Der Schießbefehl an der Grenze zur Bundesrepublik wurde – zumindest vorübergehend – außer Kraft gesetzt. Und der Reiseverkehr zwischen den beiden Teilen Deutschlands erreichte eine Dimension, die es seit dem Mauerbau von 1961 noch nicht gegeben hatte. Allein fünf Millionen DDR-Bürger – eine Million mehr als 1986 – durften 1987 in die Bundesrepublik reisen; nur 0,03 Prozent von ihnen kehrten nicht wieder zurück. Darüber hinaus wurden über 500 Anträge auf Städtepartnerschaften registriert, von denen schließlich 35 realisiert werden konnten. Mehr als hundert Maß-

nahmen im Zusammenhang mit sportlichen Begegnungen, Jugend-
und Kulturaustausch sowie zur Rückführung von Kulturgütern, die
während des Krieges verlagert worden waren, wurden in Gang gesetzt. Der Besuch war somit vor allem eine »Investition in die Zukunft«. Diese praktischen Ergebnisse wurden auch von der SPD-
Führung in Bonn gewürdigt. Nur die Grünen forderten, die DDR
endlich voll anzuerkennen und das in der Präambel des Grundgesetzes enthaltene Wiedervereinigungsgebot nicht mehr als Verpflichtung anzusehen.

19. Der Zusammenbruch der DDR

Die beim Besuch Honeckers in der Bundesrepublik erneut bekräftigte Hoffnung der DDR-Spitze, dass ihr Bemühen um internationale Anerkennung letztlich auch zu einer Stabilisierung der politischen Verhältnisse in Mitteleuropa führen werde, erwies sich bald als Illusion. Gerade die Entspannungspolitik, die der DDR zur äußeren Anerkennung verholfen hatte, sowie die positive Entwicklung der innerdeutschen Beziehungen trugen entscheidend dazu bei, die innere Machtbasis des SED-Regimes zu erschüttern.

In den siebziger Jahren war man in Ost-Berlin noch zuversichtlich gewesen, dass es gelingen würde, die humanitären Aspekte der Entspannung, die der DDR gefährlich werden konnten, durch eine Politik der »Abgrenzung« zu neutralisieren. Indessen war es der Ost-Berliner Regierung schon bald schwer gefallen, die Übersicht zu behalten. Während 1970 nur etwa zwei Millionen Menschen aus der Bundesrepublik und West-Berlin die DDR und Ost-Berlin besucht hatten, stieg diese Zahl bereits 1973 auf über acht Millionen. Die Zahl der Telefongespräche zwischen Ost und West, die 1970 lediglich 700 000 betragen hatte, explodierte förmlich auf über 23 Millionen pro Jahr bis 1980. Außerdem trug die Berichterstattung der westlichen Medien – vor allem des westdeutschen Fernsehens, das außer im Raum Dresden und im nordöstlichen Vorpommern überall in der DDR empfangen werden konnte – zu einem Abbau bisheriger Feindbilder bei, so dass die SED-Führung sich nicht mehr, wie in der Zeit des Kalten Krieges, auf den inneren Zusammenhalt verlassen konnte, der aus äußerem Druck entsteht.

Die SED suchte der neuen Herausforderung durch Verstärkung der »Abgrenzung« zwischen den beiden deutschen Staaten zu begegnen. Schon am 13. September 1970, kurz nach den ersten zwei Begegnungen zwischen Bundeskanzler Willy Brandt und DDR-Ministerpräsident Willi Stoph in Kassel und Erfurt, erklärte das für die Außenpolitik zuständige Mitglied des SED-Politbüros, Hermann Axen, die DDR habe »die Pflicht, sich weiterhin in allen Bereichen von der imperialistischen Bundesrepublik abzugrenzen«. Wenige Tage später, am 6. Oktober, wies auch Stoph die »Fiktion der so genannten Einheit der Nation« zurück und behauptete, »angesichts des Gegensatzes der Systeme des Staates und der Gesellschaft« sei »ein objektiver Prozess der Abgrenzung, nicht dagegen der Annäherung, unausweichlich«. Schlüsselgruppen, wie Partei- und Staatsfunktionären sowie Wehrpflichtigen, war es künftig untersagt, Kontakte zu Ausländern zu unterhalten. In einem eigens eingeführten »Besucherbuch« mussten die Namen aller ausländischen Besucher in den Wohnungen von DDR-Bürgern notiert werden.

Zugleich wurde der innere Staatssicherheitsapparat, der bereits im Kalten Krieg eine wichtige Funktion für den Schutz des Regimes besessen hatte, zu einem Instrument der flächendeckenden Kontrolle der DDR-Bevölkerung ausgebaut. Erst während der Entspannungspolitik erhielt die »Stasi« die Bedeutung, die man seither mit ihrem Namen verbindet. Der Etat des Ministeriums für Staatssicherheit, der 1968 noch eine Summe von 5,8 Milliarden Mark aufgewiesen hatte, stieg bis 1989 um etwa 400 Prozent auf 22,4 Milliarden. Die Zahl der hauptamtlichen Mitarbeiter, die auf dem Höhepunkt des Kalten Krieges in den fünfziger Jahren nur bei rund 4000 gelegen hatte, expandierte von 32900 im Jahre 1967 auf 81500 am Ende des Jahres 1982. Im Durchschnitt wurden jährlich mehr als 3200 Mitarbeiter zusätzlich eingestellt. In immer wiederkehrenden Wendungen gingen die MfS-Führung und die Leiter der Diensteinheiten wie selbstverständlich von einem »hohen Kaderbedarf« aus, um der Rolle der Stasi als eines Allheilmittels zur Bekämpfung der als allgegenwärtig empfundenen »feindlichen Einflüsse« gerecht werden zu können. Das Netz der »Inoffiziellen Mitarbeiter« wurde allein in der Anfangszeit der Entspannungspolitik von rund 100000 im Jahre 1968 auf etwa 180000 im Jahre 1975 nahezu verdoppelt.

Alle Anstrengungen der Stasi konnten indessen nicht verhindern, dass Bürger der DDR das Klima der Entspannung zum Anlass nahmen, auch im eigenen Lande eine Lockerung der strengen Zensur und Überwachung zu fordern. Dies galt nicht zuletzt für den Kul-

turbetrieb, dem Honecker im Mai 1973 ein gewisses Maß an Frei-
raum für »künstlerische Kreativität« zugestand. Doch die Grenzen
der Autonomie für Intellektuelle, Schriftsteller und Künstler wurden bald erneut sichtbar, als der Liedermacher Wolf Biermann 1976
nach einer Konzerttournee in der Bundesrepublik nicht wieder in
die DDR zurückkehren durfte. Freunde, Bekannte und Kollegen,
die gegen die Maßnahme protestierten, wie Robert Havemann und
Rudolf Bahro, wurden ebenfalls verfolgt. Nicht wenige unter ihnen
wurden gleichfalls ausgewiesen oder erhielten »langfristige Ausrei-
seerlaubnisse«, wie Bernd Jentzsch, Jürgen Fuchs, Jurek Becker und
Hans-Joachim Schädlich, der populäre Schauspieler Manfred Krug
oder die Liedermacher Christian Kunert und Gerulf Panach. Dieser
Exodus prominenter DDR-Schriftsteller und Künstler, der später
noch Günter Kunert, Erich Loest, Rolf Schneider und Joachim
Seyppel – um nur diese zu nennen – erfasste, bedeutete für die DDR
nicht nur einen großen intellektuellen Verlust, sondern war auch
Ausdruck für die Problematik einer Kulturpolitik, die sich angesichts der Entspannungsfolgen nicht anders zu helfen wusste, als
unliebsame Geister abzuschieben, um die Stabilität des Regimes zu
sichern.

Unruhe und Opposition gab es seit den siebziger Jahren in der
DDR aber auch in anderen Bereichen, vor allem in den Kirchen.
Pastoren begannen sich gegen ihre Diskriminierung aufzulehnen
und jungen Menschen unter dem Dach der Gotteshäuser ein Forum
zu bieten. Von den Kirchen veranstaltete Diskussionen über Sexualität, Alkoholismus, Rock-Musik und das Leben in der DDR oder
auch über die Militarisierung der Gesellschaft führten dazu, dass
sich vor allem die evangelischen Kirchen zu einem Sammelbecken
der Opposition entwickelten. Zwar wurde bei einem Treffen zwischen Honecker und den Kirchenführern der DDR unter Bischof
Albrecht Schönherr am 6. März 1978 eine Art »Waffenstillstand«
zwischen Staat und Kirche vereinbart. Doch die Einigung stellte
nicht mehr als eine Arbeitsgrundlage dar, zumal der Staatssekretär
für Kirchenfragen Klaus Gysi 1981 einschränkend erklärte, eine Zusammenarbeit in den Bereichen, in denen Kirche und Staat übereinstimmten, sei wünschenswert, die Kirche müsse aber bei Nichtüber-
einstimmung die staatlichen Entscheidungen respektieren.

Die Beruhigung, die sich die SED-Führung von ihrem Arrange-
ment mit Bischof Schönherr erhofft hatte, trat jedenfalls nicht ein.
Die Kirchen blieben ein wichtiger Angelpunkt der Opposition. Die
Selbstverbrennungen von Pastor Oskar Brüsewitz aus Zeitz 1976
und der Pastoren Rolf Günther aus Falkenstein und Gerhard Fischer aus Schwanewitz 1978 hatten das Ausmaß der Frustration und
die Reichweite der Protestbereitschaft bereits dokumentiert. Diese
Linie setzte sich fort, als die Kirchen zu Weihnachten 1979 öffentlich den Einmarsch sowjetischer Truppen in Afghanistan kritisierten und der Ost-Berliner Pastor Rainer Eppelmann im Januar 1982
den von mehreren hundert Ostdeutschen unterzeichneten »Berliner
Appell« an Honecker sandte, in dem nicht nur vor den Gefahren des
Wettrüstens zwischen Ost und West gewarnt, sondern auch die Militarisierung der Kindererziehung in der DDR angeprangert wurde.
Überdies gewann die in Westeuropa und vor allem in der Bundesrepublik seit 1980 bereits sehr aktive Friedensbewegung in der
DDR nun ebenfalls an Bedeutung. Unter dem Slogan »Schwerter zu
Pflugscharen« nahmen Zehntausende von zumeist jungen Ostdeutschen an einer Vielzahl von Veranstaltungen teil, ehe die SED-Führung 1983 dagegen vorging und Ausweisungen und Verhaftungen
vornehmen ließ.

Schließlich war es mit der Ausweisung einzelner Oppositioneller
nicht mehr getan. Anfang 1984 beschloss die DDR-Regierung,
31 000 Bürgern die Ausreise zu erlauben. Verglichen mit den 7729
Personen, die 1983 die DDR verlassen hatten, war dies nicht nur in
qualitativer, sondern auch in quantitativer Hinsicht ein bemerkenswerter Vorgang. Wie sehr sich die Stimmungslage in der DDR inzwischen verändert hatte, zeigte sich auch daran, dass es im Juli 1984
zur ersten »Botschaftsbesetzung« kam, als 50 Ostdeutsche in der
Ständigen Vertretung der Bundesrepublik in Ost-Berlin Zuflucht
suchten, um die Genehmigung zu erhalten, die DDR zu verlassen.

Die Frustration der ostdeutschen Bevölkerung über den Mangel
an Reformen in der DDR wurde noch vergrößert durch Beispiele
des Wandels in Polen, Ungarn und der Sowjetunion. Als Arbeiter-
unruhen auf den Werften von Danzig und Gdingen im Sommer
1980 eskalierten und die unabhängige Gewerkschaftsbewegung
»Solidarität« die etablierte kommunistische Einparteiherrschaft

herausforderte, schien auch die innere Stabilität der DDR bedroht. Streiks und Arbeiterproteste, die Polen erschütterten, waren in der DDR nicht in gleicher Weise zu erwarten, aber – wie der 17. Juni 1953 gezeigt hatte – auch nicht gänzlich unmöglich. Die Regierung in Ost-Berlin hob deshalb am 30. Oktober 1980 den visafreien Verkehr zwischen der DDR und Polen auf und erließ strenge Auflagen für den Reiseverkehr zwischen den beiden Staaten. Die Abgrenzung gegenüber dem Westen wurde nun durch Abschirmung gegenüber dem Osten ergänzt. Außerdem wurde die Überwachung der eigenen Bevölkerung auf Drängen des Ministers für Staatssicherheit Erich Mielke nochmals drastisch verschärft, um, wie er mit Blick auf Polen erklärte, die »inhumanen und antisozialistischen Pläne und Machenschaften« der Kräfte der Konterrevolution zu bekämpfen, die von »imperialistischen Kräften im Westen« geschürt würden.

Solange der Bestand der DDR von der Sowjetunion garantiert wurde, blieben die Risiken osteuropäischer Reformbemühungen aus der Sicht Ost-Berlins jedoch begrenzt. Schon die bloße Anwesenheit sowjetischer Truppen, aber auch der psychologische Druck und die physische Macht, die von Moskau ausgingen, bedeuteten für das SED-Regime Existenz und Stabilität. Ohne sowjetische Rückendeckung wäre die DDR nie entstanden oder hätte nicht überlebt; ohne die militärische Präsenz sowjetischer Streitkräfte in Ostdeutschland war das sowjetische Imperium in Osteuropa nicht zu halten. Die Beziehung beruhte also auf Gegenseitigkeit. Die disziplinierende Präsenz der 380 000 Soldaten der »Westgruppe der sowjetischen Streitkräfte in Deutschland« (wie die Truppen der Roten Armee in der DDR offiziell hießen), die auch die Bereitschaft zur Gewaltanwendung und Niederschlagung oppositioneller Bewegungen einschloss, wie der 17. Juni 1953 in der DDR, der Ungarn-Aufstand 1956 und der »Prager Frühling« 1968 gezeigt hatten, war daher eine Voraussetzung sowohl für die Sicherung der DDR als auch für den Zusammenhalt des sowjetischen Herrschaftsbereichs im ostmitteleuropäischen Raum.

Mit der Ernennung Michail Gorbatschows zum neuen Generalsekretär der KPdSU am 10. März 1985 wurde die Selbstverständlichkeit dieses Sachverhalts in Frage gestellt. Der neue starke Mann in Moskau besaß zwar kein Gesamtkonzept für Reformen. Aber seine Abkehr vom Stil und von den Denkweisen seiner Vorgänger war von Anfang an nicht zu übersehen. Gorbatschow hatte erkannt, dass das sowjetische System in seiner bisherigen Form zwar geeignet gewesen war, das rückständige Russland zu industrialisieren, aber nicht mehr den Anforderungen des postindustriellen Zeitalters entsprach. »Glasnost« und »Perestroika« sollten deshalb – in enger Zusammenarbeit mit dem Westen – dazu verhelfen, der Sowjetunion den Weg in das 21. Jahrhundert zu ebnen, wobei es nicht um die Beseitigung des Sozialismus, sondern um dessen langfristige Sicherung und Stärkung ging.

Aus Sicht der SED war ein solcher Kurs, den Gorbatschow selber vieldeutig als »zweite Revolution« bezeichnete, mehr als problematisch. Er schwächte die repressive Funktion des Partei- und Staatsapparates, die für den Machterhalt der kommunistischen Regime unerlässlich war, und gefährdete die Breschnew-Doktrin, ohne die eine Abwehr innerer Oppositionsbewegungen in den osteuropäischen Ländern kaum gelingen konnte. Die Auswirkungen auf Polen, Ungarn, die Tschechoslowakei und die DDR, aber auch auf Bulgarien und Rumänien, deren politische Legitimität sich in keinem Fall auf freie, demokratische Wahlen, sondern nur auf einen ideologischen Anspruch und die Macht »bewaffneter Organe« stützte, waren vorhersehbar. Doch Gorbatschow schien sich der Gefahr nicht bewusst und schlug alle diesbezüglichen Warnungen in den Wind. Auch im Verhältnis zu den osteuropäischen Ländern, so meinte er, seien Reformen aus politischen und wirtschaftlichen Gründen längst überfällig. Die damit verbundene Neugestaltung des Verhältnisses dieser Länder untereinander werde sogar zu einer weiteren Stärkung des Sozialismus beitragen.

In der DDR riefen diese Entwicklungen größte Besorgnis hervor. Zwar war die Regierung in Ost-Berlin mehr als ein Jahrzehnt lang in der Lage gewesen, die destabilisierenden Folgen der Entspannung durch eine Mischung aus sozialer Befriedung und politischer Kontrolle – einschließlich der Überwachung der Bevölkerung durch den Staatssicherheitsdienst – aufzufangen, so dass westliche Beobachter schon dazu verleitet wurden, die innere Stabilität und den relativen Erfolg der DDR zu überschätzen. Aber nachdem die

Sowjetunion, die für die Rückendeckung des SED-Regimes unverzichtbar war, nun selber eine »Revolution von oben« forderte und andere Ostblockstaaten, wie Polen, Ungarn und die Tschechoslowakei, bedenkliche Auflösungserscheinungen zeigten, wurde die Lage für die DDR kritisch. Die SED reagierte auf die »reformistische Einkreisung« jedoch nicht mit eigenen Reformen, sondern mit Selbstisolierung: Das SED-Regime wurde zu einer Insel der Orthodoxie in einem Meer politischer, ökonomischer und ideologischer Strukturveränderungen. Honecker bestand sogar darauf, dass die DDR nicht gezwungen werden dürfe, dem sowjetischen Modell zu folgen, sondern dass es ihr erlaubt sein müsse, einen Sozialismus »in den Farben der DDR« zu entwickeln. Kurt Hager, Mitglied des Politbüros der SED und Chefideologe der Partei, stellte in diesem Zusammenhang in einem Interview mit der Zeitschrift *Stern* vom 9. April 1987 die viel zitierte rhetorische Frage, ob man sich verpflichtet fühlen müsse, seinem Nachbarn zu folgen, wenn dieser beschließe, in seinem Haus die Wände neu zu tapezieren. Die DDR-Führung jedenfalls – so konnte man den Äußerungen Honeckers und Hagers entnehmen – verspürte eine derartige Verpflichtung zu inneren Reformen nicht. Man hielt sie für höchst überflüssig und schädlich, ja gefährlich.

Als ungarische Soldaten am 2. Mai 1989 nahe der Ortschaft Köszeg mit dem Abbau der elektronischen Sicherungsanlagen und des Stacheldrahtverhaus an der Grenze zu Österreich begannen, war zum ersten Mal seit 1945 das Prinzip des »Eisernen Vorhangs« in Frage gestellt. Schon jetzt – nicht erst am 9. November – war die Grenze zum Westen offen. Obwohl man, wie Günter Schabowski später berichtete, im SED-Politbüro durchaus ahnte, welche Sprengkraft in dem Vorgang lag, zog man es vor, sich selbst zu beschwichtigen. »Erschrocken und hilflos« habe man beobachtet, »wie der sozialistische Block in die Brüche ging«. Die Flüchtlingszahlen stiegen dramatisch an. Aus dem Rinnsal wurde ein Strom.

Dennoch hielt die SED-Führung an ihrem starren Kurs fest, wie sowohl ihre Manipulation der Kommunalwahlen vom 7. Mai 1989 als auch die demonstrative Unterstützung der chinesischen Regierung nach dem Massaker auf dem Tiananmen-Platz in Peking am 4. Juni 1989 zeigten. Während die Wahlresultate die weiterhin bestehende Zustimmung der Bevölkerung zum SED-Regime unterstreichen sollten, war der Schulterschluss mit den repressiven Kräften in China ein Signal an innenpolitische Gegner, nicht durch unbedachten Reformeifer »chinesische Verhältnisse« heraufzubeschwören. Doch diesmal war die Bevölkerung nicht mehr einzuschüchtern. Ermutigt durch die Vorbilder in Polen, Ungarn und auch der Sowjetunion, reagierte sie mit offen geäußerter Entrüstung und Protest. Gerüchte, dass die Regierung die Wahldokumente gefälscht hatte, um die erwünschten Ergebnisse zu erhalten, machten die Runde. Oppositionsgruppen gingen daran, die Manipulationen aufzudecken. Staatssicherheitsminister Mielke wurde nach eigenen Angaben mit Berichten über »Aktivitäten feindlicher, oppositioneller und anderer negativer Kräfte« bombardiert, die versuchten, ›Beweise‹ über eine angebliche Fälschung der Wahlergebnisse« zu erbringen, und wies deshalb die Sicherheitsorgane an, jeden Bürger, der sich über die Inkorrektheit des Wahlverfahrens beschwere, darüber zu informieren, dass »keine Anhaltspunkte für den Verdacht einer Straftat vorliegen«. In Wirklichkeit waren die Manipulationen vom 7. Mai kaum gravierender als bei früheren Wahlen in der DDR. Aber das innen- und außenpolitische Umfeld hatte sich verändert: Die wichtigsten Verbündeten befanden sich inzwischen auf Reformkurs, und die meisten DDR-Bürger hielten ihre Regierung nicht mehr nur für reformunwillig, sondern auch für reformunfähig. Die SED-Führung war deshalb weithin isoliert; ihr Verhalten stieß nahezu überall auf Kritik, ja Verständnislosigkeit.

Vor diesem Hintergrund fassten offenbar immer mehr DDR-Bewohner den Entschluss, ihrem Land so schnell wie möglich den Rücken zu kehren. Allein 120 000 von ihnen stellten im Sommer 1989 einen Antrag auf Ausreise in die Bundesrepublik. Im Juli und August versuchten darüber hinaus Hunderte, ihre Ausreise durch die Besetzung westlicher – vor allem westdeutscher – diplomatischer Vertretungen in Budapest, Warschau, Ost-Berlin und Prag zu erzwingen. Die Ständige Vertretung der Bundesrepublik in Ost-Berlin und die Botschaft in Prag mussten sogar wegen Überfüllung geschlossen werden. Etwa 600 DDR-Urlauber nutzten zudem am 19. August 1989 ein Fest der »Paneuropa-Union« bei Sopron an der ungarisch-österreichischen Grenze zur Flucht nach Österreich,

während die ungarischen Grenzposten die Massenflucht zwar be-
obachteten, aber demonstrativ untätig blieben.

Der Flüchtlingsstrom aus der DDR über Ungarn und Österreich
in die Bundesrepublik schwoll nun immer mehr an. Täglich trafen
zwischen 100 und 200 Ostdeutsche in Aufnahmelagern in Bayern
ein, bis die DDR-Regierung am 5. September von der ungarischen
Regierung informiert wurde, dass es vom 11. September an DDR-
Bürgern erlaubt sein werde, die Grenze nach Österreich legal zu
überschreiten. Jetzt flohen nicht nur Hunderte, sondern Tausende
täglich. Bis Ende September waren es bereits 32 500. Im SED-Politbüro beschuldigte Günter Mittag, der für den erkrankten Honecker
die Amtsgeschäfte führte, die Ungarn des »Verrats am Sozialismus«
und konnte doch nur resigniert den Bericht eines Abgesandten ent-
gegennehmen, der nach Budapest geschickt worden war, um »die
Dinge zu verlangsamen«, und von dort mit leeren Händen zurückkehrte: Die Ungarn hatten die Kontrolle verloren und – schlimmer
noch – besaßen auch nicht die Absicht, sie zurückzuerlangen.
Außenminister Gyula Horn, so hieß es, sei dort jetzt die »treiben-
de Kraft«, während das ungarische Militär den »Erwartungen der
DDR« zwar loyal gegenüberstehe, aber aufgrund innerer Uneinig-
keit nicht mehr handlungsfähig sei. Die Bitte von DDR-Außenmi-
nister Oskar Fischer, ein Warschauer-Pakt-Treffen einzuberufen,
um die Ungarn zur Räson zu bringen, wurde von Gorbatschow mit
dem Hinweis abgelehnt, die Zeit, als eine Abweichung von der allgemeinen Linie durch den Druck der Mehrheit habe korrigiert werden können, sei vorüber. Die DDR stand allein.

Zugleich nahmen die Proteste und Demonstrationen innerhalb
der DDR zu. Seit Juni wurden am 7. jeden Monats Protestaktionen
veranstaltet, um an die Manipulation der Kommunalwahl vom
7. Mai zu erinnern. Darüber hinaus begannen am 4. September in
Leipzig nach einem Friedensgebet in der Nikolaikirche etwa 1200
Menschen mit den »Montagsdemonstrationen«, auf denen Forderungen nach Reise- und Versammlungsfreiheit laut wurden. Bis
zum 25. September stieg die Teilnehmerzahl auf 5000, am 2. Oktober waren es bereits 20 000. Ermutigt durch den Erfolg dieser Aktionen bildeten sich nun auch politische Organisationen, die sich
zum Teil als Parteien, zum Teil als Bürgerbewegungen begriffen.

Am 26. August entstand die »Sozialdemokratische Partei in der DDR«, am 9./10. September das »Neue Forum«, am 12. September »Demokratie jetzt« und am 14. September der »Demokratische Aufbruch«. Erstmals in ihrer Geschichte sah sich die SED damit einer organisierten innenpolitischen Opposition gegenüber, die darüber hinaus durch die Liberalisierungstendenzen in Osteuropa und die wachsende Fluchtbewegung zunehmend Auftrieb erhielt.

In dieser Situation kam das festliche Ereignis des 40. Jahrestages der DDR am 6. Oktober 1989 durchaus ungelegen. Die öffentlichen Demonstrationen und Aktivitäten der Oppositionsgruppen erreichten am Vorabend dieses Tages einen neuen Höhepunkt. Besonders Dresden, wo die Durchfahrt eines Zuges mit DDR-Flüchtlingen aus der Bonner Botschaft in Prag am 4. Oktober Unruhen ausgelöst hatte, die immer noch andauerten, war Schauplatz schwerer Auseinandersetzungen. Während die Proteste, die zunächst auf Berlin, Leipzig und Dresden konzentriert gewesen waren, sich immer mehr ausbreiteten, erwartete die Führung in Ost-Berlin mehr als 4000 geladene Gäste aus der DDR und über 70 ausländische Delegationen, unter ihnen eine sowjetische Abordnung mit Michail Gorbatschow an der Spitze. Man hoffte, vom Glanz des Generalsekretärs der KPdSU zu profitieren. Doch Gorbatschow war auch ein Hoffnungsträger für die ostdeutschen Dissidenten, die sich von ihm eine Ermutigung für den Reformprozess in der DDR versprachen.

Am 6. Oktober, dem ersten Tag der Feierlichkeiten, beschränkte man sich noch auf den Austausch von Höflichkeiten, die dem festlichen Anlass angemessen waren. In Honeckers Festrede am Nachmittag im Palast der Republik fand sich dabei kein Wort über die Flüchtlinge, kein Satz über die internen Probleme. Am Abend gab es allerdings bei einem Fackelzug Unter den Linden spontan öffentliche Ovationen für Gorbatschow. Doch erst am folgenden Tag wurde dieser bei einem persönlichen Gespräch mit Honecker und in einer Unterredung mit den Mitgliedern des SED-Politbüros im Schloss Niederschönhausen deutlicher: »Kühne Entscheidungen« seien notwendig, jede Verzögerung werde zur Niederlage führen: »Wenn wir zurückbleiben, bestraft uns das Leben sofort.« Nachdem Gorbatschow mit seinem Plädoyer für politische und ökonomische Reformen geendet hatte, pries Honecker aufs Neue den Erfolg des Sozialismus in der DDR. Wiederum kein Wort über die Krise in seinem Lande oder das Problem der Flüchtlinge.

Der Tag klang aus mit einem Empfang im Palast der Republik. Währenddessen hatten sich auf dem Alexanderplatz, nur wenige Meter entfernt, etwa 15 000 bis 20 000 Menschen versammelt, wo sie von »Agitatoren« der Partei in Diskussionen verwickelt wurden. Niemand musste verhaftet werden. Doch als die Menge sich bereits zu zerstreuen begann, starteten einige Demonstranten am Ufer der Spree wieder mit »Gorbi, Gorbi«-Rufen und dem Slogan »Wir sind das Volk«. Kurze Zeit später war die Situation völlig verändert: Einheiten der Polizei und der Staatssicherheit, die sich auf dem Alexanderplatz zurückgehalten hatten, erwarteten die auf dem Heimweg befindlichen Demonstranten in den Straßen auf dem Prenzlauer Berg. Die Gewalt, die in der Stadtmitte vermieden worden war, wurde nun mit großer Härte angewandt.

Für die Führung der SED waren die Ereignisse bei den Jahrestag-Feierlichkeiten ein weiterer Rückschlag. Vor allem Honecker hatte offenbar jeglichen politischen Instinkt verloren. Zwei Tage nach dem Jubiläum, am 8. Oktober, ergriff daher Egon Krenz, der lange als »Kronprinz« Honeckers gegolten hatte, die Initiative und erörterte mit Günter Schabowski ein fünfseitiges Papier, das vom Politbüro verabschiedet und als Proklamation der Parteiführung veröffentlicht werden sollte. Es enthielt keine Sensationen, aber doch einen Anflug von Selbstkritik. Da nur der Generalsekretär das Recht hatte, Vorlagen im Politbüro zur Diskussion zu stellen, musste Honecker zustimmen, wenn der Text überhaupt zur Sprache kommen konnte. Wie nicht anders zu erwarten, lehnte er ab. Doch Krenz beharrte darauf, dass die Parteiführung nicht länger schweigen dürfe, und kam schließlich telefonisch mit Honecker überein, die Angelegenheit am folgenden Tag nochmals zu besprechen.

Dieser Tag, der 9. Oktober, war besonders spannungsgeladen, weil bei der anstehenden Montagsdemonstration in Leipzig das Schlimmste befürchtet wurde. In den Kirchen und über den Leipziger Stadtfunk wurde deshalb ein Aufruf verlesen, der die Unterschriften vom Kapellmeister des Gewandhausorchesters, Kurt Masur, des Pfarrers Peter Zimmermann, des Kabarettisten Bernd-Lutz Lange und den drei Sekretären der SED-Bezirksleitung Leipzig trug und zu einem freien und friedlichen Dialog aufforderte. In Ost-Berlin bemühte sich derweil Krenz, die Sicherheitsorgane in Leipzig von der Zentrale aus an die Leine zu legen. Tatsächlich blieb alles ruhig. Gleichzeitig erreichte Krenz bei Honecker sein Ziel, die von ihm entworfene Proklamation im Politbüro beraten zu lassen. Aber die Reaktion Honeckers hatte ihn in seiner Überzeugung bestärkt, dass eine baldige Ablösung unvermeidlich sei.

Als der Text schließlich am 12. Oktober in leicht veränderter Form im *Neuen Deutschland* veröffentlicht wurde, war das Ergebnis enttäuschend: Die erhoffte positive Resonanz blieb aus. Zu wenig war zu spät vom Politbüro geäußert worden. So war Glaubwürdigkeit nicht wiederzuerlangen. Allerdings war auch der Sturz Honeckers inzwischen kaum noch aufzuhalten. Am selben Tag, als die Proklamation des Politbüros im *Neuen Deutschland* erschien, wurde der Generalsekretär in einer Sitzung mit den Bezirkschefs der SED derart scharf kritisiert, wie es im Politbüro noch nie vorgekommen war. Vor allem Hans Modrow aus Dresden, der durch die Flüchtlingszüge aus Prag schwer in Bedrängnis geraten war, tat sich hervor. Krenz fühlte sich dadurch ermutigt, in der folgenden Politbürositzung am 17. Oktober den Sturz zu wagen. Gemeinsam mit Schabowski und dem FDGB-Vorsitzenden Harry Tisch verabredete er am 15. Oktober, dass Honecker zu Beginn der Sitzung von Ministerpräsident Willi Stoph zum Rücktritt aufgefordert werden solle. Tisch wurde beauftragt, am Tag zuvor, dem 16. Oktober, anlässlich eines seit längerem geplanten Routinebesuchs in Moskau Gorbatschow über die geplante Aktion zu informieren.

Da die Situation in den Bezirken eindeutig zu sein schien und auch aus Moskau keine Einwände kamen, brachte Stoph am 17. Oktober die Rücktrittsforderung vor, die sich ebenfalls auf Mittag und den im ZK der SED für Agitation und Propaganda zuständigen Joachim Herrmann erstreckte. Honecker leistete kaum Widerstand. Alle Politbüromitglieder, einschließlich Günter Mittag und Erich Mielke, plädierten für seinen sofortigen Rücktritt. Bei der anschließenden Abstimmung war das Ergebnis einmütig: Honecker, Mittag und Herrmann votierten gegen sich selber. Nur Verteidigungsminister Heinz Keßler fehlte; er befand sich auf Dienstreise in Nicaragua.

Bereits am folgenden Tag wurde Egon Krenz auf Vorschlag des Politbüros vom Zentralkomitee der SED zum neuen Generalsekretär der Partei gewählt. Am Abend im Fernsehen vermittelte er das typische Negativ-Image der alten SED-Elite: dunkler Anzug, steife Haltung, monotone Rhetorik. Er stand in dem Ruf, das Muster eines orthodoxen Parteifunktionärs zu sein. Dieser Eindruck wurde jetzt bestätigt. Wer erwartet hatte, mit Honeckers Absetzung seien die Voraussetzungen für einen Neuanfang erfüllt, sah sich getäuscht. Die Reformer hatten die Chance, ihren Versuch zur Erneuerung überzeugend unter Beweis zu stellen, schon im ersten Anlauf vertan.

Tatsächlich war mit dem Sturz Honeckers keines der Probleme gelöst, die das Dilemma der DDR verursacht hatten. Zwar versprach die neue Führung unter Krenz, dass Demonstrationen künftig toleriert, neue Reisegesetze erlassen, die Berichterstattung in den Medien geändert und Ausgereiste bzw. Flüchtlinge und Demonstranten amnestiert werden sollten. Alles wurde auch binnen weniger Tage auf den Weg gebracht. Doch die Proteste gegen das SED-Regime hielten unvermindert an. Und als in der Nacht zum 1. November die Anfang Oktober von den DDR-Behörden verhängten Beschränkungen im Reiseverkehr mit der Tschechoslowakei wieder aufgehoben wurden, überquerten binnen weniger Stunden mehr als 8000 DDR-Bürger die Grenze zur ČSSR. Ehe der Tag zu Ende war, hatten erneut 1200 Ostdeutsche in der Bonner Botschaft in Prag Zuflucht gesucht, um ihre Ausreise in die Bundesrepublik zu erzwingen. Auch die Demonstrationsbewegung erreichte in dieser ersten Woche ihren Höhepunkt, als sich am 4. November mehr als eine halbe Million Menschen auf dem Berliner Alexanderplatz versammelten und am 6. November ebenfalls wieder eine halbe Million in Leipzig, 60000 in Halle, 50000 in Karl-Marx-Stadt, 10000 in Cottbus und 25000 in Schwerin. Daraufhin trat am 7. November zunächst der gesamte Ministerrat (die Regierung der DDR) und am 8. November auch das Politbüro geschlossen zurück, um einer neuen Führung zu weichen, die im Wesentlichen aus Anti-Honecker-Leuten bestand.

Hans Modrow wurde nun zum neuen Ministerpräsidenten der DDR bestimmt. Anders als Krenz, der keinen Ruf als Reformer besaß, erschien Modrow als eine glaubwürdige Alternative zur alten Garde der Partei, auch wenn es übertrieben gewesen wäre, ihn als Dissidenten oder gar als Oppositionellen zu bezeichnen. Der 61-jährige Modrow war seit vier Jahrzehnten Mitglied der SED. Bereits 1967 war er in das Zentralkomitee der Partei gewählt worden und hatte von 1971 bis 1973 die Abteilung für Agitation und Propaganda geleitet, ehe Honecker ihn nach Dresden abgeschoben hatte – offenbar um ihn von mächtigeren Positionen in der Hauptstadt fernzuhalten. In Dresden hatte Modrow sich durch einen unideologischen Pragmatismus Achtung und Popularität verschafft, die noch angewachsen waren, als seine Vorgesetzten in Berlin ihm wiederholt, wenn auch ohne Erfolg, Kontrollkommissionen ins Haus schickten, um seine Organisation zu überprüfen und ihn selbst politisch unter Druck zu setzen. Nun glaubten manche, er habe das Zeug, der »Gorbatschow der DDR« zu werden. Im Übrigen war es ein offenes Geheimnis, dass Modrow das Vertrauen Moskaus besaß.

Ehe Modrow am 13. November von der Volkskammer offiziell zum Ministerpräsidenten gewählt wurde, überschlugen sich jedoch die Ereignisse an den Grenzen. Der Massenexodus, der nach der ungarischen Grenzöffnung am 2. Mai 1989 begonnen hatte, setzte sich mit immer neuen Rekordzahlen fort. Bis zum Ende der ersten Novemberwoche hatten allein im Jahre 1989 über 225 000 DDR-Bürger ihren Weg in die Bundesrepublik gefunden. Dazu kamen noch etwa 300 000 deutschstämmige Umsiedler aus Osteuropa. Bundesinnenminister Wolfgang Schäuble warnte deshalb vor falscher Euphorie: Zwar werde die Bundesrepublik weiterhin alle Übersiedler aufnehmen; diese müssten jedoch damit rechnen, für längere Zeit in relativ bescheidenen Verhältnissen zu leben. Bundeskanzler Kohl bot der neuen DDR-Führung in seinem »Bericht zur Lage der Nation« am 8. November an, ihr bei der Umsetzung der Reformen zu helfen. Wenn es einen wirklichen Reformprozess gebe, werde man sogar »eine neue Dimension wirtschaftlicher Unterstützung« für die DDR erwägen. Hilfen vor Ort, so konnte man daraus entnehmen, waren ihm lieber als ein weiterer Anstieg der Übersiedlerflut in die Bundesrepublik. Allerdings sprach Kohl auch von der »nationalen Verpflichtung« seiner Regierung, das »Recht auf Selbstbestimmung für alle Deutschen« zu fordern.

Doch während Kohl im Bundestag redete, schwoll die Zahl der Flüchtlinge aus der DDR auf nicht weniger als 500 pro Stunde an. Innerhalb eines Tages, vom Morgen des 8. November bis zum Morgen des 9. November, flohen mehr als 11 000 Ostdeutsche über die Tschechoslowakei in die Bundesrepublik. Krenz und die neue SED-Führung waren sich zwar von Anfang an darüber im Klaren gewesen, dass die Frage der Reisefreiheit von größter Bedeutung sein werde, wenn die Stabilisierung des Regimes gelingen sollte. Aber mit solchen Ausmaßen hatte niemand gerechnet. Das neue Reisegesetz, das Innenminister Friedrich Dickel bereits seit dem 19. Oktober im Auftrag von Ministerpräsident Stoph vorbereitete, war deshalb längst überfällig.

Am Nachmittag des 9. November informierte Krenz das Zentralkomitee der SED – eher beiläufig, wie Sitzungsteilnehmer sich erinnerten, da das Gremium immer noch als »orthodox« galt –, dass die Regierung soeben eine Entscheidung über die neuen Reisebestimmungen getroffen habe. Gegen 18 Uhr übergab Krenz dem neuen ZK-Sekretär für Information, Günter Schabowski, der gerade auf dem Weg ins Internationale Pressezentrum am Alexanderplatz war, um die dort versammelten Journalisten über die Ergebnisse der ZK-Tagung zu unterrichten, ein zweiseitiges Papier, das die neuen Bestimmungen enthielt. Offenbar hoffte er, dass das Einlenken in dieser zentralen Frage die Lage entspannen werde.

Entsprechend groß war die Aufregung, als Schabowski um 19.07 Uhr, kurz vor Ende der Pressekonferenz, die vom Hörfunk und Fernsehen live übertragen wurde, mit bemühter Routine bekanntgab, die DDR habe ihre Grenzen geöffnet. »Bedeutet dies«, fragte ein Reporter, »dass jeder DDR-Bürger jetzt frei in den Westen reisen kann?« Schabowski zitierte danach aus dem Text, dass Anträge auf Reisen ins Ausland ohne Vorbedingungen gestellt werden könnten, dass jeder DDR-Bürger ab dem kommenden Morgen um 8 Uhr ein Visum erhalten könne und dass die Behörden angewiesen seien, Pässe und Visa »schnell und unbürokratisch« auszustellen. Die Regelung trete »sofort« in Kraft.

Natürlich glaubte nun jeder, die Grenzen seien offen. Die westlichen Medien berichteten ausführlich. Im Bundestag, wo eine Plenarsitzung noch über 19 Uhr hinaus andauerte, wich der CSU-Abgeordnete Karl-Heinz Spilker vom Text seiner vorbereiteten Rede ab und gab seinen Kolleginnen und Kollegen die Nachricht weiter, die er soeben erhalten hatte. Die meisten Abgeordneten – mit Ausnahme der Grünen – erhoben sich spontan von ihren Plätzen und sangen die Nationalhymne: »Einigkeit und Recht und Freiheit«. Viele Ostdeutsche und Ostberliner machten sich noch in der Nacht auf den Weg zur Grenze, um sich an Ort und Stelle einen Eindruck von der neuen Lage zu verschaffen.

Hier war die Verwirrung allerdings groß, denn die Grenzposten hatten von der angeblichen Grenzöffnung ebenfalls erst aus dem Fernsehen erfahren. Tatsächlich gab es noch keinen Beschluss, sondern nur eine Regierungsvorlage über die vorgezogene Grenzregelung, die Krenz von Innenminister Dickel während der ZK-Tagung zur Prüfung erhalten hatte. Nach der Zustimmung des Politbüros sollte sie im Umlaufverfahren von den Mitgliedern der noch amtierenden Regierung verabschiedet werden. Erst nach dieser Runde im Ministerrat, so das Verfahren, würden auch die entsprechenden Ausführungsbestimmungen erlassen. Dies brauchte jedoch Zeit, die man nun nicht mehr hatte. Die Grenzposten konnten deshalb am Abend des 9. November noch gar keine neuen Weisungen erhalten haben und mussten improvisieren. Als der Druck zu groß wurde, entschieden sie spontan, die Schlagbäume aufzumachen. Auch Krenz, der gegen 21 Uhr von Mielke telefonisch unterrichtet wurde, dass »mehrere Hundert Menschen« an der Grenze die sofortige Ausreise verlangten, plädierte dafür, sie »durchzulassen«. Die Öffnung der Mauer war jetzt ohnehin nicht mehr zu vermeiden. Eigentlich war sie ja auch schon beschlossen.

Der Jubel und das Chaos, die in den folgenden Tagen herrschten, ließen eine nüchterne politische Bestandsaufnahme der Entwicklung nur schwer zu. Vor allem war unklar, ob die Verwirklichung der Reisefreiheit nur den Druck beseitigte, unter dem die DDR-Führung bisher gestanden hatte, so dass eine Stabilisierung des SED-Regimes wieder in den Bereich des Möglichen rückte, oder ob die Maueröffnung den Massenexodus noch weiter förderte und die DDR damit endgültig in den Ruin trieb. Einer derjenigen, der sich zutraute, frühzeitig ein Urteil abzugeben, war Willy Brandt, der am Abend des 10. November vor dem Rathaus Schöneberg erklärte, nun sei eine neue Beziehung zwischen den beiden deutschen Staaten entstanden – eine Beziehung in Freiheit. Damit sei die Zusammenführung der Deutschen in Ost und West auf Dauer nicht mehr aufzuhalten. »Jetzt«, so Brandt, »wächst zusammen, was zusammengehört.«

20. Der Weg zur Einheit

Die Wende vom Herbst 1989 traf Ost und West unvorbereitet. Obwohl es bei näherer Betrachtung zahlreiche Hinweise und Vorboten gegeben hatte, wurde man in Bonn und den westlichen Hauptstädten ebenso überrascht wie in Ost-Berlin und Moskau. Dementsprechend unsicher waren anfangs die Reaktionen: Während Großbritannien und Frankreich sich besorgt zeigten, dass eine deutsche Wiedervereinigung neue Risiken für die europäische Ordnung heraufbeschwören könnte, empfanden die USA Genugtuung, dass die Befreiung Osteuropas vom Kommunismus greifbar nahe schien. In der Bundesrepublik neigte man dagegen zur Zurückhaltung, um die ohnehin komplizierte Situation nicht durch unbedachte Schritte weiter zu verwirren. In der Sowjetunion bemühten sich Generalsekretär Michail Gorbatschow und Außenminister Eduard Schewardnadse in Kontakten mit den Regierungen in Washington, Bonn und Ost-Berlin, eine unkontrollierte Eskalation der Entwicklung – etwa eine spontane Wiedervereinigung durch die Bevölkerung beider Teile Deutschlands – zu verhindern und einen »friedlichen Übergang« in der DDR zu ermöglichen. Später behauptete Schewardnadse in einem Interview sogar, in den Stunden nach der Maueröffnung habe man sich »am Rande eines Dritten Weltkrieges« bewegt. Glücklicherweise habe er in der Auseinandersetzung mit den Befürwortern einer Militäraktion Rückendeckung von Gorbatschow erhalten, so dass ein militärischer Konflikt habe vermieden werden können.

Der Alltag der Wende begann bereits mit der Wahl Hans Modrows zum neuen Ministerpräsidenten der DDR am 13. November 1989. Seit Beginn der Krise im Sommer hatte Modrow wiederholt erklärt, dass er hoffe, während der unsicheren Zeit des Übergangs der DDR zu einer »sozialistischen Demokratie« ein stabilisierender Faktor zu werden. Den neuen Generalsekretär der SED Egon

Krenz dagegen bezeichnete er in privatem Kreis nur als »Übergangslösung«. Modrows eigentliche Ziele blieben gleichwohl im Dunkeln. Manches spricht dafür, dass er das SED-Regime grundlegend reformieren wollte, um es nicht nur als Eckpfeiler des sowjetischen Imperiums in Osteuropa zu erhalten, sondern auch die Wettbewerbsfähigkeit der DDR gegenüber dem Westen zu erhöhen. In jedem Falle war es unvermeidlich, das SED-Regime wirtschaftlich und finanziell zu sanieren – notfalls sogar im Rahmen einer Konföderation mit der Bundesrepublik.

Doch Modrow fehlte die Zeit, seine Pläne zu verwirklichen. Die Situation verschlechterte sich kontinuierlich. Täglich verließen mehr als 2000 Menschen das Land. Die neuen politischen Kräfte, wie das Neue Forum und die ostdeutsche SPD, trafen sich mit anderen Reformern nach polnischem Vorbild zu Gesprächen am »Runden Tisch«, wo sie eine Art Nebenregierung bildeten, während die SED innerhalb von zwei Monaten nach dem Sturz Honeckers mehr als die Hälfte ihrer zuvor drei Millionen Mitglieder verlor. Gefördert wurde der Schwund nicht zuletzt durch die Enthüllung von Korruptionsskandalen, bei deren Aufdeckung sich Modrow ebenso auffällig zurückhielt wie bei der Auflösung des Ministeriums für Staatssicherheit, das für die DDR-Bevölkerung inzwischen zu einem der Hauptangriffspunkte ihrer Kritik gegen das SED-Regime geworden war. Immerhin wurde mit der Auflösung des gesamten Politbüros und des Zentralkomitees der SED am 3. Dezember 1989 der Machtwechsel in der DDR personell abgeschlossen. Krenz verlor nicht nur seinen Posten als SED-Generalsekretär, sondern trat am 6. Dezember auch als Vorsitzender des Staatsrates und Vorsitzender des Nationalen Verteidigungsrates zurück. Alle Schlüsselpositionen wurden mit Anhängern Modrows besetzt. Neuer Generalsekretär der SED, die sich nun »Sozialistische Einheitspartei – Partei des Demokratischen Sozialismus« (SED-PDS) nannte, wurde der Rechtsanwalt Gregor Gysi, der sich als Verteidiger von Regimegegnern – darunter Bärbel Bohley – einen Namen gemacht hatte und sich nun als loyaler Parteigänger Modrows erwies. Modrow selbst blieb Vorsitzender des Ministerrates und damit Regierungschef.

Bei der Montagsdemonstration in Leipzig am 6. November waren erstmals Sprechchöre mit dem Ruf »Deutschland, einig Vaterland« zu hören gewesen. Eine Woche später war dieser Slogan bereits zu einem bestimmenden Element auf den Transparenten geworden. Außenminister Hans-Dietrich Genscher sah sich deshalb am 13. November veranlasst, in Brüssel seine Amtskollegen in der Westeuropäischen Union (WEU) mit dem Hinweis zu beruhigen, dass die Bundesrepublik keinen »nationalen Alleingang in der Außenpolitik« unternehmen werde. Auch Bundeskanzler Kohl bekräftigte bei seinem Besuch in Polen am Tag darauf »die Buchstaben und den Geist« des Warschauer Vertrages vom 7. Dezember 1970 und unterzeichnete mit Ministerpräsident Tadeusz Masowiecki eine Gemeinsame Erklärung, in der noch einmal eine Garantie für die polnische Westgrenze abgegeben wurde. Zu einer weiter gehenden Zusicherung für den Bestand der Oder-Neiße-Grenze war Kohl aus innenpolitischen Gründen zu diesem Zeitpunkt noch nicht bereit, um der rechtsgerichteten Partei der »Republikaner«, die sich in der Bundesrepublik regional als bemerkenswert erfolgreich erwiesen hatte, keine unnötige Schützenhilfe zu leisten.

Auch vor dem Deutschen Bundestag, wo er am 16. November seinen Bericht über die Polen-Reise abzugeben hatte, sah sich Kohl zu größter Vorsicht gezwungen. Anstatt über die Möglichkeiten einer deutschen Wiedervereinigung in Euphorie zu verfallen, beschränkte er sich auf eine nüchterne Bestandsaufnahme und den Hinweis, die Bundesrepublik werde selbstverständlich jede Entscheidung respektieren, die das Volk der DDR in freier Selbstbestimmung treffe. Dennoch drängte das Thema jetzt immer mehr in den Vordergrund, nachdem selbst Generalsekretär Gorbatschow bei einer Rede vor Studenten in Moskau am 15. November ausdrücklich davon gesprochen hatte, dass eine »Wiedervereinigung« Deutschlands eine »interne Angelegenheit« der Bundesrepublik und der DDR sei. Offenbar dachte man in dieser Hinsicht in Moskau bereits weiter als in Bonn. So überraschte es kaum noch, dass vier Tage später einer der führenden sowjetischen Deutschlandexperten, Nikolai Portugalow, im Kanzleramt erschien, um die Haltung der Bundesregierung zur Entwicklung in der DDR zu erkunden, und dabei die Möglichkeit andeutete, dass die Sowjetunion mittelfristig einer deutschen Konföderation »grünes Licht« geben könne.

Da Portugalow bei seinem Besuch einen Fragenkatalog über- reichte und Antworten erwartete, wurden in einer nächtlichen Run- de im Kanzleramt am 23. November und in einer weiteren Sitzung am folgenden Morgen in aller Eile sogleich die notwendigen Über- legungen angestellt. Es ging um die Kooperation zwischen den bei- den deutschen Staaten und eine mögliche Wiedervereinigung, die Aufnahme der DDR in die Europäische Gemeinschaft, die Mit- gliedschaft in NATO und Warschauer Pakt sowie den Abschluss eines Friedensvertrages. Am Ende waren zehn Punkte zusammen- gekommen, die der Kanzler in der Haushaltsdebatte am 28. No- vember vortragen sollte. Nur die amerikanische Regierung wurde vorab über die Ausführungen Kohls unterrichtet, deren Kern der Plan für eine deutsch-deutsche Konföderation darstellte. Der so- wjetische Botschafter in Bonn, Julij Kwizinskij, erhielt den Text der Rede, während Kohl im Bundestag sprach.

Im Einzelnen sah der »Zehn-Punkte-Plan«, wie er sogleich ge- nannt wurde, eine Reihe von Maßnahmen vor, die von »sofortiger konkreter Hilfe« für die DDR über die Errichtung der von Modrow vorgeschlagenen »Vertragsgemeinschaft« bis zur Einführung »kon- föderativer Strukturen zwischen den zwei Staaten in Deutschland mit dem Ziel der Schaffung einer Föderation, einer föderativen staatlichen Ordnung in Deutschland« reichten. Niemand wisse, so Kohl, wie ein wiedervereinigtes Deutschland aussehen werde. Er sei jedoch sicher, dass die Einheit kommen werde, wenn die deutsche Nation dies wünsche. Eine unabdingbare Voraussetzung dafür sei eine »legitime demokratische Regierung« in der DDR. Nach freien Wahlen könnten dann verschiedene gesamtdeutsche Institutionen gebildet werden – einschließlich eines gemeinsamen Regierungsaus- schusses zur ständigen Konsultation und politischen Harmonisie- rung, gemeinsame technische Komitees und eine gemeinsame par- lamentarische Körperschaft. Wenn diese Politik erfolgreich sei, könne das deutsche Volk schließlich in einem freien Europa in frei- er Selbstbestimmung seine Einheit wiedererlangen.

Die Reaktion war bei allen Parteien des Bundestages mit Aus- nahme der Grünen positiv. Die Sozialdemokraten glaubten in Kohls Plan sogar viele eigene Ideen wieder zu entdecken, die sie über die Jahre hinweg zur Deutschlandpolitik geäußert hatten. Auch der amerikanische Präsident George Bush und Außenminister James Baker erklärten sich mit den von Kohl angeregten Schritten zur Wiedervereinigung Deutschlands prinzipiell einverstanden. Allerdings knüpften sie ihre Zustimmung an die Bedingung, dass die fortgesetzte Einbindung Deutschlands in die westliche Allianz gesichert bleibe. Bei einem Besuch Bakers in Berlin am 12. Dezember verwies der amerikanische Außenminister deshalb vorsorglich noch einmal auf die alliierten Vorbehaltsrechte in der Deutschlandpolitik, um Bonn von einem Alleingang abzuhalten. Gorbatschow hingegen brachte in einem Telefonat mit dem Vorsitzenden der SED-PDS, Gregor Gysi, sein Missfallen über Kohls Vorschläge zum Ausdruck. Jeder Versuch des Westens, die »Souveränität der DDR« einzuschränken, werde von der Sowjetunion zurückgewiesen. Zwischen der Stabilität der DDR und der Stabilität auf dem europäischen Kontinent bestehe ein enger Zusammenhang.

Über die Zukunft der DDR wurde inzwischen jedoch kaum noch von außen, sondern vor allem in Ostdeutschland selbst entschieden. So zogen am 11. Dezember nicht weniger als 300000 Menschen durch die Straßen Leipzigs, viele von ihnen mit schwarz-rot-goldenen Fahnen, darunter einige mit dem Bundesadler – »Deutschland! Deutschland!« skandierend. Auch ein Besuch Kohls in Dresden am 19. Dezember wurde zu einer emotionalen Erfahrung für die Wiedervereinigung. Mitarbeiter beschrieben später die Reise als ein Schlüsselerlebnis des Kanzlers, der von diesem Augenblick an instinktiv den Weg zur Wiedervereinigung beschritten habe. Die Verhandlungen, die Kohl mit Modrow im Dresdner Hotel Bellevue führte, waren dabei zweitrangig, auch wenn man sich – was wenige Monate zuvor noch als Sensation erschienen wäre – auf die Öffnung des Brandenburger Tores und Verhandlungen auf Ministerebene über die Ausgestaltung einer Vertragsgemeinschaft zwischen der Bundesrepublik und der DDR verständigte.

Nach Dresden jedoch setzte Kohl zunehmend auf die Triebkräfte der Geschichte, die ihm am Nachmittag des 19. Dezember in Gestalt einer jubelnden Menschenmenge mit Zehntausenden von Ostdeutschen vor der Ruine der Dresdner Frauenkirche in einem Meer schwarz-rot-goldener Fahnen begegnet waren. An Verhandlungen mit dem DDR-Ministerpräsidenten, der noch das alte, nicht durch freie Wahlen legitimierte SED-Regime repräsentierte, verlor er nahezu jedes Interesse. Auch zu den vereinbarten Gesprächen über eine Vertragsgemeinschaft kam es nicht mehr.

Wie sehr sich die Entwicklung inzwischen beschleunigt hatte, zeigte ein weiteres Mal Nikolai Portugalow, der in einem als sensationell empfundenen Interview mit der *Bild*-Zeitung am 24. Januar 1990 erklärte, wenn die Menschen in der DDR die Wiedervereinigung wollten, werde die Sowjetunion »nicht intervenieren«. Die Äußerung wurde in Bonn als Zeichen eines grundsätzlichen Wandels der sowjetischen Haltung gegenüber einer möglichen deutschen Wiedervereinigung gedeutet. Zugleich malte DDR-Ministerpräsident Modrow bei einem Besuch von Kanzleramtsminister Seiters am 25. Januar in Ost-Berlin ein düsteres Bild der Situation in seinem Lande: Die staatliche Autorität sei in rascher Auflösung begriffen, Streiks weiteten sich aus, das öffentliche Klima sei zunehmend aggressiv. Massive Finanzhilfen und industrielle Kooperation seien notwendig, um den bevorstehenden Zusammenbruch abzuwenden. In seinen Memoiren bekannte Modrow später, aus dieser Lage und den Illusionen, die man sich in den anderen RGW-Ländern über die wirtschaftliche Lage damals noch machte, die Schlussfolgerung gezogen zu haben, »dass für uns nur die Orientierung auf die Bundesrepublik eine reale Alternative war«. Gemeinsam mit den Kräften am Runden Tisch habe er es daher als notwendig betrachtet, »die Stabilisierung der DDR mit einer stufenweisen Vereinigung der beiden deutschen Staaten zu verbinden«.

Am 29. Januar reiste Modrow nach Moskau, wo er am folgenden Tag Generalsekretär Gorbatschow einen eigenen Konföderationsplan unter dem beziehungsreichen Titel »Für Deutschland, einig Vaterland« zur Billigung vorlegte. Der Plan sah eine stufenweise Vereinigung Deutschlands mit Berlin als Hauptstadt vor – allerdings verbunden mit der Forderung, dass die Bundesrepublik und die DDR »sich gegenseitig nicht in innere Angelegenheiten einzumischen« hätten. Außerdem war die Verwirklichung des Plans an die Bedingung geknüpft, dass beide deutschen Staaten auf dem Weg zur Föderation »militärische Neutralität« wahren sollten. In Bonn stießen vor allem die Neutralisierungsabsichten sogleich auf Ablehnung. Dagegen wurde Gorbatschows Antwort, die er Modrow gab, die deutsche Wiedervereinigung könne nicht länger als »eine Möglichkeit in der Zukunft« ausgeschlossen werden, erneut mit großer Aufmerksamkeit registriert. Der sowjetische Generalsekretär schien sich inzwischen prinzipiell mit der deutschen Einigung abgefunden zu haben, und Modrow hatte bestätigt, dass er zu einer Konföderation – oder gar zu einer vollständigen Wiedervereinigung – keine Alternative mehr sah.

Bei einem Zusammentreffen mit Kohl am 2. Februar auf dem »World Economic Forum« im schweizerischen Davos informierte Modrow den Kanzler, dass der Zerfall der DDR sich täglich beschleunige. Eine rasche Zusammenführung der beiden deutschen Staaten sei deshalb unvermeidlich. Geld spiele ebenfalls eine Rolle: Die DDR brauche sofort 15 Milliarden DM, um eine finanzielle Katastrophe im März abzuwenden. Darüber hinaus sei es möglich, die D-Mark zur alleinigen Währung der DDR zu machen. In einem Interview mit dem schweizerischen Radio gestand er zu, offenbar tief erschüttert, dass eine Wiedervereinigung Deutschlands auch ohne Neutralisierung denkbar sei.

Vor dem Hintergrund des gerade beginnenden Wahlkampfes für die Wahlen zur Volkskammer am 18. März kündigte der Kanzler deshalb am 6. Februar Gespräche zur Einführung der D-Mark in der DDR an. Es war eine politische Entscheidung, denn der Direktor der Bundesbank, Karl Otto Pöhl, hatte erst am Tag zuvor eine sofortige Währungsunion für »ungeeignet und unmöglich« erklärt und sich für einen schrittweisen Prozess ausgesprochen, der Jahre in Anspruch nehmen könne. Pöhl war deshalb über Kohls Ankündigung »unangenehm überrascht«. Doch als die Entscheidung am 7. Februar vom Kabinett in Anwesenheit Pöhls bestätigt werden sollte, um der DDR nunmehr auch offiziell die Errichtung einer Währungsunion zwischen den beiden deutschen Staaten anbieten zu können, schwieg der Bundesbankdirektor. Was vom ökonomischen Standpunkt aus gesehen unvernünftig sein mochte, war politisch nicht mehr zu vermeiden. Zu deutlich waren inzwischen die Sturmsignale aus der DDR – mit weiterhin 2000 Übersiedlern täglich und sich verdichtenden Anzeichen eines finanziellen Zusammenbruchs. Man konnte nicht einmal mehr sicher sein, dass die Modrow-Regierung bis zum 18. März durchhalten würde.

Theoretisch hätte die Währungsunion den letzten Schritt einer politischen und wirtschaftlichen Integration bilden müssen. Durch die konkreten Umstände war man jedoch gezwungen, »den ökonomischen Karren vor das politische Pferd zu spannen«. Bonn bot an, die Verantwortung für die DDR-Wirtschaft, die Währungsstabilität, Beschäftigung, Renten, das Sozialwesen und die Infrastruktur zu übernehmen, forderte jedoch, dass der gesamte wirtschaftliche Ordnungsrahmen der Bundesrepublik in Ostdeutschland eingeführt werden müsse. Die Anpassung der DDR an das westliche System sollte in einem Staatsvertrag zwischen den beiden deutschen Staaten verankert werden. Danach würden selbst Haushaltsentscheidungen der DDR-Volkskammer von der westdeutschen Zustimmung abhängig sein.

Strittig war vor allem der Kurs, zu dem die Mark der DDR in D-Mark umgetauscht werden sollte. Die Bundesbank, die um die Stabilität ihrer Währung fürchtete, wenn Hunderte Milliarden Ost-Mark plötzlich als D-Mark in den Währungskreislauf gelangten, plädierte deshalb – entsprechend dem tatsächlichen Wert der Mark der DDR – für eine Relation von 2:1 oder 3:1, während die DDR-Bürger aus verständlichen Gründen einen Umtauschkurs von 1:1 wünschten. Da die Experten sich zunächst nicht einigen konnten, entschieden sie, die Beratungen darüber erst nach der Volkskammerwahl am 18. März fortzusetzen. Doch erneut war es Bundeskanzler Kohl, der die Entscheidung durch eine öffentliche Ankündigung herbeiführte: Fünf Tage vor der Wahl, am 13. März, versprach er auf einer Wahlkundgebung in Cottbus, dass die Guthaben der kleinen Sparer zum Kurs von 1:1 umgetauscht würden. Bundeskabinett und Bundesbank konnten die Entscheidung am folgenden Tag nur noch zur Kenntnis nehmen.

Die Wahl in der DDR am 18. März, bei der sich 12,2 Millionen Wahlberechtigte zwischen 19 Parteien und fünf Listenverbindungen, die weitere 14 Parteien repräsentierten, entscheiden konnten, wurde dadurch nicht unwesentlich beeinflusst. Meinungsumfragen zufolge lag die SPD in der Wählergunst Anfang Februar noch mit 54 Prozent der Stimmen weit in Führung, gefolgt von der PDS mit 12 Prozent und der CDU mit 11 Prozent. Doch nachdem Bundeskanzler Kohl am 6. Februar (einen Tag nach Gründung der konservativen »Allianz für Deutschland« unter Einschluss der CDU) die baldige Errichtung einer Wirtschafts- und Währungsunion und am 13. Februar den günstigen 1:1-Umtauschkurs angekündigt hatte, schlug das Pendel dramatisch um, zumal der SPD-Vorsitzende Hans-Jochen Vogel am 15. Februar im Deutschen Bundestag vor einem solchen Schritt warnte.

Am Ende stimmten 48,1 Prozent für die Parteien der »Allianz für Deutschland«, nur 21,8 Prozent für die SPD, 16,3 Prozent für die PDS und 5,3 Prozent für die »Allianz Freier Demokraten«. Die Bürgerrechtler der DDR, die bei der Wahl als »Bündnis 90« – einer Vereinigung des Neuen Forum, Demokratie Jetzt und der Initiative für Frieden und Menschenrechte – angetreten waren, mussten sich mit nur 2,9 Prozent der Stimmen begnügen. Obwohl sie mit ihrem mutigen Engagement die »Wende« erst möglich gemacht hatten, waren sie deren politischen Folgen überraschend schnell erlegen. Ähnliches galt für die Sozialdemokraten, die die Wiedervereinigungserwartungen vieler Ostdeutscher mit unklugen Äußerungen – vor allem von Hans-Jochen Vogel und Oskar Lafontaine – enttäuscht hatten. Der Wunsch nach Wiedervereinigung und sofortiger Einführung der Marktwirtschaft sowie die Zurückweisung jeglicher Form des Sozialismus, die in dem Wahlergebnis zum Ausdruck kamen, bedeuteten zugleich den endgültigen Abschied von der DDR. In den ersten und einzigen freien Wahlen, die je in der DDR stattfanden, wurde diese von der großen Mehrheit ihrer Bürger abgewählt. Bereits Anfang Februar hatte eine vom Leipziger Zentralinstitut für Jugendforschung und dem westdeutschen Nationalen Marktforschungsinstitut gemeinsam durchgeführte Meinungsumfrage ergeben, dass 75 Prozent der Ostdeutschen sich nunmehr für die Wiedervereinigung aussprachen – 27 Prozent mehr als im November 1989. Ostdeutschland wurde Teil der nun gemeinsamen Geschichte der Bundesrepublik.

Die Verhandlungen über die Einführung der Wirtschafts- und Währungsunion, die am 7. Februar 1990 mit ersten Vorklärungen begonnen hatten, wurden nach dem Sieg der »Allianz für Deutschland« am 18. März erheblich beschleunigt. Daneben zählte die Frage der künftigen Verfassung zu den Hauptthemen der Diskussion im Frühjahr 1990. Rechtlich betrachtet, konnte die Wiedervereinigung auf zweierlei Weise erfolgen: nach Artikel 23 GG, der besagte, dass die Verfassung außer in den bereits bestehenden Ländern der Bundesrepublik auch in »anderen Teilen Deutschlands ... nach deren Beitritt in Kraft zu setzen« sei, oder nach Artikel 146 GG, demzufolge das Grundgesetz an dem Tage seine Gültigkeit verlor, »an dem eine Verfassung in Kraft tritt, die von dem deutschen Volke in freier Entscheidung beschlossen worden ist«. Während die Bundesregierung von Anfang an für die Anwendung des Artikels 23 plädierte, der eine rasche und unkomplizierte Lösung versprach, befürworteten vor allem die Bürgerrechtler in der DDR, aber auch viele Sozialdemokraten in beiden Teilen Deutschlands die Ausarbeitung einer neuen Verfassung nach Artikel 146, um den Anschein eines »Anschlusses« Ostdeutschlands zu vermeiden. Eine Umfrage des Wickert-Instituts, die am 26. Februar veröffentlicht wurde, machte indessen deutlich, dass 89,9 Prozent der Westdeutschen und selbst 84,1 Prozent der Ostdeutschen für die Übernahme des Grundgesetzes als gesamtdeutsche Verfassung plädierten.

Nach der Volkskammerwahl vom 18. März war auch diese Frage politisch entschieden. Bundesinnenminister Wolfgang Schäuble, der im Kabinettsausschuss »Deutsche Einheit« die Arbeitsgruppe »Staatsstrukturen und öffentliche Ordnung« leitete und in seinem Ministerium einen eigenen Arbeitsstab zu diesem Thema gebildet hatte, der sich später als »eine Art Keimzelle für den Vertrag zur deutschen Einheit erweisen sollte«, hielt bereits am 6. April eine erste Ressortbesprechung ab, um ein »Gesetz über die Einführung von Bundesrecht in der DDR (1. Überleitungsgesetz)« vorzubereiten. Die eigentliche Beschlussfassung erfolgte jedoch in der DDR-Volkskammer, in der eine Mehrheit der Abgeordneten am 26. April eine neue Verfassung ablehnte und nach Beratungen im Verfassungs- und Rechtsausschuss am 23. August 1990 entschied, der Bundesrepublik Deutschland nach Artikel 23 beizutreten. Erst danach konnte zwischen den beiden deutschen Regierungen formal ein Staatsvertrag »über die Herstellung der Einheit Deutschlands« ausgehandelt werden.

Die außenpolitischen Aspekte der deutschen Einigung wurden in so genannten »Zwei-plus-Vier«-Gesprächen der beiden deutschen Staaten mit den vier Siegermächten des Zweiten Weltkrieges geklärt, auf die man sich am Rande eines Treffens der Außenminister der NATO und des Warschauer Paktes am 13. Februar 1990 in Ottawa verständigte. Die erste Runde der Zwei-plus-Vier-Verhandlungen fand am 5. Mai 1990 in Bonn statt. Danach traf man sich erneut im Juni in Berlin, im Juli gemeinsam mit dem polnischen Außenminister in Paris und ein letztes Mal Anfang September in Moskau. In der sowjetischen Hauptstadt wurde am 12. September 1990 auch der »Vertrag über die abschließende Regelung in Bezug auf Deutschland« unterzeichnet.

Tatsächlich kam man aus rechtlichen Gründen nicht umhin, die Siegermächte des Zweiten Weltkrieges an der endgültigen Lösung der deutschen Frage zu beteiligen. Da es nach 1945 keinen Friedensvertrag mit Deutschland gegeben hatte, waren die alliierten Vorbehaltsrechte, deren Ursprung auf die »Übernahme der obersten Regierungsgewalt hinsichtlich Deutschlands« durch die Siegermächte zurückging (Berliner Erklärung vom 5. Juni 1945), nie vollständig revidiert worden. Auch in den Pariser Verträgen zwischen der Bundesrepublik und den Westmächten vom 23. Oktober 1954 war noch einmal ausdrücklich auf die »Rechte und Verantwortlichkeiten der Vier Mächte in Bezug auf Deutschland als Ganzes einschließlich der Wiedervereinigung Deutschlands und einer friedensvertraglichen Regelung« verwiesen worden. Zudem bedeutete eine Wiedervereinigung unter den Bedingungen des Jahres 1989/90 mehr als nur die Zusammenführung der beiden deutschen Teilstaaten. Da sie auf eine Neugestaltung der gesamten europäischen Ordnung hinauslief, waren im Prinzip alle Staaten Europas betroffen. Bei den Zwei-plus-Vier-Verhandlungen ging es daher nicht nur um formale rechtliche Prozeduren, sondern auch um wichtige inhaltliche Klärungen: die Bündniszugehörigkeit des vereinigten Deutschlands sowie die Stärke der Bundeswehr und Sicherheitsgarantien für die Nachbarn Deutschlands, die endgültige Festlegung der polnischen Westgrenze, den Abzug der alliierten Streitkräfte sowie die Aufhebung der alliierten Vorbehaltsrechte und die Wiederherstellung der vollen völkerrechtlichen Souveränität Deutschlands.

Auch Geld spielte im Hintergrund offenbar eine Rolle, da die Sowjetunion nur mit westlicher Hilfe aus ihrer tiefen ökonomischen und sozialen Krise herausfinden konnte. So bat Außenminister Schewardnadse am Rande der ersten Runde der Zwei-plus-Vier-Verhandlungen am 4. und 5. Mai in Bonn um einen Kredit, der möglichst kurzfristig gewährt werden sollte. Der sowjetische Bedarf belief sich nach Auskunft von Botschafter Kwizinskij auf etwa 20 Milliarden DM für einen Zeitraum von fünf bis sieben Jahren. Die Bundesregierung, die der Sowjetunion schon im Januar 1990 mit umfangreichen Lebensmittellieferungen zu Hilfe gekommen war, entsandte deshalb am 13. Mai den außenpolitischen Berater des Kanzlers, Horst Teltschik, zusammen mit Hilmar Kopper von der Deutschen Bank und Wolfgang Röller von der Dresdner Bank in geheimer Mission nach Moskau, um den Kredit einzufädeln. In Moskau wurden die deutschen Unterhändler von Ministerpräsident Ryschkow mit den konkreten sowjetischen Forderungen konfrontiert: Die UdSSR benötige kurzfristig einen ungebundenen Finanzkredit in der Größenordnung von 1,5 bis 2 Milliarden DM, um ihre Zahlungsfähigkeit zu sichern und nicht international ins Gerede zu kommen. Darüber hinaus war ein langfristiger Kredit in Höhe von 10 bis 15 Milliarden DM zu Vorzugsbedingungen erforderlich, dessen Tilgungsfrist zehn bis fünfzehn Jahre bei fünf Freijahren betragen solle.

Die Forderungen bewiesen, wie groß die sowjetischen Zahlungsprobleme waren und welches Gewicht die Moskauer Führung in diesem Zusammenhang der Bundesrepublik beimaß. Tatsächlich waren Gorbatschow und Schewardnadse auf Bonn angewiesen, wenn sie in ihrem eigenen Lande politisch überleben wollten. Kohl begründete daher in einem weiteren Gespräch mit Röller und Kopper am 21. Mai im Kanzleramt seine Bereitschaft, Gorbatschow mit einem Kredit zu helfen, mit dem Bild des Bauern, »der vor einem heraufziehenden Gewitter seine Ernte rechtzeitig in die Scheune einbringen« müsse. In einem Brief an Gorbatschow bot der Kanzler am folgenden Tag der Sowjetunion einen ungebundenen Finanzkredit bis zur Höhe von fünf Milliarden DM an, verband damit allerdings die Erwartung, »dass die Regierung der UdSSR im Rahmen des Zwei-plus-Vier-Prozesses im gleichen Geiste alles unternimmt, um die erforderlichen Entscheidungen herbeizuführen, die eine konstruktive Lösung der anstehenden Fragen noch in diesem Jahr ermöglicht«. Der Kreditvertrag wurde schließlich am

18. Juni in Moskau unterzeichnet und von der Bundesregierung Anfang Juli mit den erforderlichen Garantien versehen.

Kurz darauf fand vom 2. bis 13. Juli in Moskau der 28. Parteitag der KPdSU statt, auf dem über das Schicksal Gorbatschows und damit auch über die sowjetische Deutschlandpolitik entschieden wurde. Während des Parteitages kündigten die Staats- und Regierungschefs der NATO, die sich ihrerseits am 5. und 6. Juli zu einem Gipfeltreffen in London versammelt hatten, einen grundlegenden Wandel in der Politik der Allianz an: NATO und Warschauer Pakt sollten sich »nicht länger als Gegner betrachten«. Die NATO werde ihre Streitkräftestruktur und Strategie den veränderten Bedingungen der Welt nach dem Ende des Kalten Krieges anpassen. Die Zahl der Nuklearwaffen werde reduziert und die Strategie der »flexiblen Erwiderung« so umgestaltet, dass sie »eine verminderte Abstützung auf Nuklearwaffen« widerspiegele. Damit wolle die Allianz dazu beitragen, »die Hinterlassenschaft von Jahrzehnten des Misstrauens zu überwinden«.

Außenminister Schewardnadse bemerkte später, die »Londoner Erklärung« mit ihrem versöhnlichen Ton habe möglicherweise seine Politik »gerettet«. Andernfalls wäre es für Gorbatschow und ihn unmöglich gewesen, sich gegen ihre innenpolitischen Gegner durchzusetzen. Auch der Milliardenkredit aus Bonn, der genau zu diesem Zeitpunkt von der Sowjetunion in Anspruch genommen werden konnte, verfehlte seine Wirkung nicht. So wurde Gorbatschow am 10. Juli mit klarer Mehrheit in seinem Amt als Staats- und Parteichef bestätigt, nachdem er zuvor – am 15. März 1990 – auf dem 3. Kongress der Volksdeputierten der UdSSR zum ersten Präsidenten der UdSSR gewählt worden war, womit zugleich der Übergang der Sowjetunion zu einem Präsidialsystem vollzogen wurde.

Unmittelbar nach dem Parteitag lud Gorbatschow Bundeskanzler Kohl in seinen Heimatort Stavropol im Kaukasus ein. Die persönliche Einladung war ein Ausdruck des Vertrauens und ein Hinweis auf mögliche weitere Fortschritte in den deutsch-sowjetischen Beziehungen. Wie die deutsche Delegation, die daraufhin am 14. Juli zunächst nach Moskau und anschließend in den Süden der Sowjetunion reiste, feststellen konnte, trogen die Zeichen nicht. Schon in Moskau, wo Gorbatschow den Kanzler in kleinem Kreis im Gästehaus des Außenministeriums empfing, wurde der Durchbruch erreicht, als der sowjetische Präsident zugestand, dass Deutschland weiterhin Mitglied der NATO bleiben könne. Die Allianz müsse lediglich für eine Übergangsperiode berücksichtigen, dass ihr Geltungsbereich nicht auf das DDR-Territorium übertragen werden dürfe, solange dort noch sowjetische Truppen stationiert seien. Eine solche Entscheidung, so Gorbatschow, stelle beide Seiten zufrieden. Im Übrigen werde das Abschlussdokument der Zwei-plus-Vier-Verhandlungen die Aufhebung der Viermächteverantwortung für Deutschland ohne Übergangszeit feststellen. Es sei nur ein separater Vertrag über den Aufenthalt der sowjetischen Streitkräfte auf dem bisherigen DDR-Territorium für die Dauer von drei bis vier Jahren erforderlich.

Im Jagdhaus Gorbatschows im engen Flusstal des Selemtschuk im Kaukasus, oberhalb von Stavropol, herrschte danach eine gelöste Stimmung. Die Bilder gingen um die Welt: Gorbatschow kletterte eine steile Böschung zum kristallklaren Wasser des Flusses hinunter, streckte Kohl seine Hand entgegen, um ihn aufzufordern, ihm zu folgen – Deutsche und Russen versöhnlich vereint. Bei den formalen Verhandlungen, die am nächsten Morgen, dem 16. Juli, am Frühstückstisch des Jagdhauses begannen, bewies Gorbatschow eine »erfreuliche Konsequenz«, wie Horst Teltschik notierte, und bestätigte das Entgegenkommen, das er am Vortag bereits gegenüber dem Bundeskanzler bewiesen hatte: Die Zwei-plus-Vier-Verhandlungen sollten mit einem völkerrechtlich verbindlichen Vertrag abgeschlossen werden. Das geeinte Deutschland würde die Bundesrepublik, die DDR und Berlin umfassen und Mitglied der NATO sein können. Bedingung war lediglich der Verzicht auf ABC-Waffen und die Nichtausdehnung der militärischen Strukturen der NATO auf das Gebiet der bisherigen DDR, solange dort noch sowjetische Truppen standen.

Nachdem die Details der Vereinbarungen ausgehandelt waren, wobei man sich schließlich auch auf 370000 Mann als Obergrenze für die Truppenstärke der Bundeswehr einigte, waren alle wesentlichen Hindernisse, die einer Vereinigung der beiden deutschen Staaten noch im Wege gestanden hatten, ausgeräumt. Aus deutscher Sicht waren die Ergebnisse mehr als bemerkenswert: Deutschland würde wiedervereinigt. Es würde vollständig souverän sein. Es konnte Mitglied der NATO bleiben. Deutsche Streitkräfte würden in ganz Deutschland stationiert sein. Und die Sicherheitsgarantien der Artikel 5 und 6 des Nordatlantischen Vertrages würden unverzüglich für ganz Deutschland gelten, sobald das Schlussdokument der Zwei-plus Vier-Verhandlungen in Kraft getreten war.

Nach der Einigung im Kaukasus war der Abschluss der Zwei-plus-Vier-Verhandlungen nur noch eine Formsache. Am 17. Juli fand in Paris die dritte Runde der Außenministergespräche mit polnischer Beteiligung statt. Die polnische Forderung nach einer endgültigen Anerkennung der Oder-Neiße-Linie als polnische Westgrenze wurde nun erfüllt, indem man sich darauf verständigte, die Angelegenheit in das völkerrechtlich verbindliche Abschlussdokument der Verhandlungen aufzunehmen. Danach handelten die Bundesrepublik und die Sowjetunion die bilateralen Verträge aus, die im Rahmen des Zwei-plus-Vier-Prozesses vereinbart worden waren. Dies betraf vor allem den so genannten »Generalvertrag« über eine umfassende deutsch-sowjetische Kooperation sowie den »Überleitungsvertrag« über die Stationierung sowjetischer Truppen auf dem Territorium der bisherigen DDR für weitere drei bis vier Jahre und ihre anschließende Rückführung in die UdSSR. Trilaterale Gespräche mit der DDR-Regierung bezogen sich auf die Fortsetzung der Zusammenarbeit von DDR-Unternehmen mit sowjetischen Firmen.

Der endlich am 12. September 1990 in Moskau unterzeichnete »Vertrag über die abschließende Regelung in Bezug auf Deutschland« behandelte in zehn Artikeln die außenpolitischen Aspekte der deutschen Vereinigung und kam damit einem Friedensvertrag zwischen Deutschland und den Siegermächten des Zweiten Weltkrieges gleich. Das Ergebnis war die Wiederherstellung der deutschen Einheit und die »volle Souveränität Deutschlands über seine inneren und äußeren Angelegenheiten«. Bundesaußenminister Genscher setzte zudem am 2. Oktober 1990 die 35 Mitgliedstaaten der KSZE auf ihrer Konferenz in New York über die Inhalte des Zwei-plus-Vier-Vertrages offiziell in Kenntnis. Die deutsche Einigung vollzog sich dadurch am folgenden Tag mit der Zustimmung aller Staaten Europas und Nordamerikas, die in der KSZE zusammengeschlos-

sen waren. Eine breitere Basis für die Wiedervereinigung Deutschlands hätte sich kaum denken lassen. Am 3. Oktober 1990 wurde
Deutschland wieder ein souveräner Staat, nachdem am Vortag auch
die alliierte Kommandantur in Berlin ihre Arbeit beendet hatte und
alle auf Besatzungsrecht beruhenden innerdeutschen Bestimmungen, wie die Bindung des Flugverkehrs nach Berlin an Luftkorrido-
re, entfallen waren.

21. Das Abenteuer Wiedervereinigung

Das spektakuläre mitternächtliche Feuerwerk über dem Reichstag in Berlin, mit dem am 3. Oktober 1990 Hunderttausende das wiedervereinigte Deutschland begrüßten, war ein öffentliches Fest, kein Ausdruck eines übersteigerten Nationalismus. Die offiziellen Sprecher betonten ausnahmslos die europäische Dimension des deutschen Einigungsprozesses sowie die Notwendigkeit, ein neues Kapitel in der Geschichte Europas aufzuschlagen. Es werde, schrieb Bundeskanzler Kohl am Vorabend der Einigung in der *Frankfurter Allgemeinen Zeitung,* »keine deutschen Sonderwege und keine nationalistischen Alleingänge geben – und auch kein ›ruheloses Reich‹ mehr«. Mit der Überwindung der Teilung sei gewährleistet, »dass Deutschland in der Mitte Europas ein Faktor der Stabilität sein wird«. Der 3. Oktober sei deshalb »ein europäisches, ja weltpolitisches Ereignis von historischem Rang«.

Tatsächlich ließ die euphorische Bilanz, die aus deutscher Sicht am Ende des »Wendejahres« 1989/90 gezogen werden konnte, leicht übersehen, welche Probleme sich daraus schon bald ergeben würden. Die Wiedervereinigung war wie im Rausch errungen worden. Zum Nachdenken über Details und mögliche Folgen hatte es weder Anlass noch Muße gegeben. Der Niedergang der Sowjetunion und der Zusammenbruch der DDR waren innerhalb so kurzer Zeit erfolgt, dass Politik, Wirtschaft und Wissenschaft mit den geschichtlichen Veränderungen kaum Schritt zu halten vermochten. Erst allmählich wurde erkennbar, dass die epochale Zäsur weit über Deutschland hinausreichte – und deren Konsequenzen deshalb um so stärker hierher zurückwirkten. Der abrupte Wandel nahezu aller politischen, ökonomischen und sozialen Rahmenbedingungen zwang die Bundesrepublik zu einer Anpassung, auf die sie nicht vorbereitet war und auf die sie sich angesichts der Kärrnerarbeit des

Alltags der Wiedervereinigung auch nicht binnen kurzem einstellen konnte.

Die größte negative Überraschung barg der Prozess der deutschen Einigung selbst. Vor allem die 1989/90 gehegte Erwartung, dass die Verbesserung der Lebensbedingungen in Ostdeutschland ohne größere Probleme zu bewerkstelligen sein würde, erwies sich als Illusion. Zwar befanden sich die Wirtschaft und auch die öffentlichen Finanzen der Bundesrepublik 1989 in einem guten Zustand. Doch die Kosten, die durch die Einheit entstanden, überstiegen alle Voraussagen um ein Vielfaches. Die Annahme, die deutsche Einheit werde sich praktisch »von selbst« – durch Privatisierung und Vereinigungsboom – finanzieren, erfüllte sich nicht. »Blühende Landschaften«, die Bundeskanzler Kohl im Bundestagswahlkampf 1990 versprochen hatte, stellten sich nur langsam ein, und sie wurden teuer erkauft.

Am wenigsten Probleme bereitete noch die Währungsumstellung, vor deren Folgen die Bundesbank so eindringlich gewarnt hatte. Obwohl zum 1. Juli 1990 rund 200 Milliarden DDR-Mark im Verhältnis von knapp 1,6:1 in 130 Milliarden DM umgetauscht wurden, kam es entgegen den Befürchtungen mancher Kritiker nicht zu stärkeren inflationären Tendenzen. Geldmenge und Preisanstieg blieben unter Kontrolle. Unerwartet hoch waren jedoch die Kosten, die bei der Eingliederung der neuen Länder die öffentlichen Haushalte belasteten. Der »Solidaritätszuschlag«, der seit 1991 in West- und seit 1994 auch in Ostdeutschland erhoben wurde, erbrachte zwar bis zum Jahr 2000 Einnahmen von mehr als 150 Milliarden DM, wovon knapp 95 Prozent aus dem Westen stammten. Aber für den »Aufbau Ost« wurde sehr viel mehr benötigt. Bereits im ersten Jahrzehnt nach der Wiedervereinigung, von 1991 bis 2001, beliefen sich die Transferleistungen von West nach Ost auf etwa zwei Billionen DM. Auch wenn davon ein beträchtlicher Teil in die alten Bundesländer zurückfloss, blieb netto immer noch ein Betrag von 1,5 Billionen.

Wichtigster Grund für die Notwendigkeit derart hoher Transferleistungen war die Tatsache, dass bereits unmittelbar nach der Währungsumstellung weite Bereiche der ostdeutschen Wirtschaft, vor allem in der Industrie, zusammenbrachen. Bis zum Herbst 1990 hatte sich die Industrieproduktion gegenüber 1989 halbiert und fiel bis April 1991 sogar auf 30 Prozent des Ausgangsniveaus, weil nicht nur die Binnennachfrage, sondern auch die Exporte in den ehemaligen Ostblock dramatisch zurückgingen. Danach verbesserte sich die Situation spürbar – nicht zuletzt dank großzügiger Abschreibungsvergünstigungen der Bundesregierung, durch die viel privates Kapital in den Osten Deutschlands gelockt wurde. Doch 1997 blieb das Wirtschaftswachstum in den neuen Ländern wieder hinter dem westdeutschen zurück. Die Kluft schloss sich nicht, sondern wurde größer. Trotz aller Anstrengungen reichte das Ausmaß an Investitionen zur Erneuerung der Industrieanlagen und der Infrastruktur offenbar nicht aus, um einen sich selbst tragenden wirtschaftlichen Aufschwung herbeizuführen. Da zudem die Lohnkostenentwicklung regelmäßig über dem Zuwachs der Produktivität lag, war eine Besserung auch nicht in Sicht. So betrug der Anteil Ostdeutschlands am Bruttoinlandsprodukt der Bundesrepublik noch Ende der neunziger Jahre nur etwa 10 Prozent, die Produktivität erreichte kaum mehr als die Hälfte (1998 59,4 Prozent) des westdeutschen Standards, die ostdeutsche Industrie produzierte lediglich ein Zwanzigstel aller deutschen Güter, und der Anteil der ostdeutschen Exporte an der Gesamtwarenausfuhr belief sich auf magere 5,4 Prozent.

Entsprechend dramatisch verlief die Entwicklung auf dem ostdeutschen Arbeitsmarkt. Die Zahl der Erwerbstätigen ging von 9,7 Millionen im Jahre 1989 auf 6,7 Millionen 1992 zurück. Die Arbeitslosenquote stieg innerhalb eines Jahres von 10,3 Prozent 1991 auf knapp 15 Prozent 1992. Und es kam noch schlimmer: Durchschnittlich waren in den neunziger Jahren 1,1 Millionen Ostdeutsche arbeitslos; eine weitere Million nahm an Arbeitsbeschaffungs- und Qualifizierungsmaßnahmen teil. Nicht weniger als 57 Prozent aller erwerbsfähigen Ostdeutschen waren in den ersten fünf Jahren nach der Wiedervereinigung in derartige Fördermaßnahmen einbezogen – teilweise sogar mehrfach. Die tatsächliche Quote der Arbeitslosen – einschließlich der verdeckten Arbeitslosigkeit – wurde noch im Jahre 2001 auf etwa 25 Prozent geschätzt (alte Bundesländer rund 10 Prozent).

Vor diesem Hintergrund wird der hohe Finanzbedarf Ostdeutschlands nach der Wiedervereinigung verständlich, zumal die Regierung Kohl sich frühzeitig für einen »konsumorientierten Vereinigungsweg« entschied. Mehr als die Hälfte der knapp zwei Billionen DM Transferleistungen floss deshalb in den Konsum, etwa ein Drittel in den investiven Bereich, der Rest ist nicht genau zuzuordnen. Die Mittel wurden zu einem erheblichen Teil für den Ausgleich der ostdeutschen Sozialversicherung verwendet, die ihre Ausgaben nicht durch eigene Einnahmen decken konnte. So wurden die ostdeutschen Renten etwa zur Hälfte vom Bund und den westdeutschen Rentenversicherungsträgern finanziert. Bei den Ausgaben der Bundesanstalt für Arbeit konnten sogar nur etwa ein Viertel bis ein Drittel der Ausgaben durch Einnahmen in den neuen Ländern gedeckt werden. Die ostdeutsche Sozialleistungsquote, d. h. der Anteil der Sozialleistungen am Bruttoinlandsprodukt, erreichte daher Mitte der neunziger Jahre das weltweit einmalige Niveau von über 60 Prozent und liegt gegenwärtig immer noch bei 55,7 Prozent. In Westdeutschland, das in sozialpolitischer Hinsicht ebenfalls keinen internationalen Vergleich zu scheuen braucht, beträgt sie lediglich 30,6 Prozent.

Volkswirtschaftlich bedenklich war jedoch vor allem die Tatsache, dass die enormen Transferleistungen nur durch Kredite zu finanzieren waren. Die Verschuldung der öffentlichen Haushalte in der Bundesrepublik, die 1990 noch bei etwa einer Billion DM gelegen hatte, stieg dadurch innerhalb von zehn Jahren auf nahezu 2,5 Billionen DM an. Die Kosten der Vereinigung wurden damit in hohem Maße den nachfolgenden Generationen aufgebürdet. Außerdem ist der Prozess noch keineswegs abgeschlossen. Der Finanzbedarf der ostdeutschen Länder wird auch in den kommenden Jahren hoch bleiben. Bund und Länder haben deshalb eine Fortschreibung des Fonds »Deutsche Einheit«, der ursprünglich nur mit 115 Milliarden DM für den Zeitraum von 1990 bis 1994 ausgestattet war, bis zum Jahr 2015 beschlossen. Bis dahin werden noch einmal rund 1,5 Billionen DM von West nach Ost fließen, davon wiederum die Hälfte aus staatlichen Kassen.

Trotz dieser enormen finanziellen Zuwendungen, die zu einer wesentlichen materiellen Verbesserung der Lebensverhältnisse in Ostdeutschland führten, wurde der tiefgreifende soziale Wandel nach der Wende von 1989 von den Menschen in den neuen Ländern oft als schmerzhaft empfunden. Der Verlust an gewohnter Sicherheit – vor allem infolge der früher unbekannten Arbeitslosigkeit – rief bei vielen ehemaligen DDR-Bürgern eine Befindlichkeit hervor, die von Krisenfurcht und Existenzangst gekennzeichnet war, auch wenn diese mit der objektiven Lebenssituation oft wenig zu tun hatten. Umgekehrt wuchs in den alten Bundesländern der Verdruss über die hohen Kosten der Einigung und die daraus folgenden steuerlichen Mehrbelastungen. Die zunächst überall vorhandene Bereitschaft, für den wirtschaftlichen und sozialen Wiederaufbau in den neuen Ländern die notwendigen finanziellen Mittel aufzubringen, wurde um so geringer, je länger die Gesundung der ostdeutschen Wirtschaft auf sich warten ließ und die Kosten explodierten. Hinzu kam vielfach Unverständnis für die »Undankbarkeit« der Ostdeutschen, die im Rückblick die DDR verklärten oder der PDS den Rücken stärkten. Neben der Überforderung der finanziellen Ressourcen der Bundesrepublik war es vor allem dieser mentale, aus einer doppelten Frustration in Ost- und Westdeutschland resultierende Pessimismus, der die Situation ab Mitte der neunziger Jahre kennzeichnete.

Dem Ende der Euphorie folgte somit eine »Vereinigungskrise« (Jürgen Kocka), die sich nicht nur auf die Ökonomie beschränkte, sondern viele Bereiche in Politik, Wirtschaft und Gesellschaft erfasste. Deutschland nach der Vereinigung – das hieß deshalb in den neunziger Jahren: ein Staat, aber zwei Gesellschaften. Symptomatisch dafür war der Verzicht auf die Ausarbeitung einer gemeinsamen neuen Verfassung. Der Weg zur Wiedervereinigung nach Artikel 23 GG war wegen der Zeitknappheit noch verständlich gewesen. Aber die Tatsache, dass die Gemeinsame Verfassungskommission von Bundestag und Bundesrat am 27. Oktober 1994 nur marginale Änderungen des Grundgesetzes beschloss und – wenn auch aus juristisch nachvollziehbaren Gründen – die Wünsche vieler Ostdeutscher nach Aufnahme so genannter »sozialer Errungenschaften« der DDR, wie des Rechts auf Arbeit und Wohnung, oder plebiszitärer Elemente unberücksichtigt ließ, trug wesentlich dazu bei, dass ein Verfassungspatriotismus, wie er in der alten Bundesrepublik vorhanden war, sich in den neuen Bundesländern nicht herausbildete.

Die Bundesrepublik, auch die erweiterte, blieb der Staat der »Wessis«, in dem viele »Ossis« sich immer noch als Fremde fühlten.

Dementsprechend wurden der Umbau der politischen und gesellschaftlichen Institutionen und die Übernahme eines neuen Rechtssystems weithin als Akte der Fremdbestimmung begriffen. Zwar vollzog sich dieser Transformationsprozess der neuen Bundesländer mit Unterstützung durch ihre jeweiligen westdeutschen »Partnerländer« in einem technischen Sinne vergleichsweise zügig und reibungslos. Aber die Tatsache, dass eine große Zahl von Beamten und anderen Fachkräften nicht nur »ausgeliehen«, sondern mit der Folge eines weitgehenden Elitenwechsels umgesetzt wurde, führte in Verbindung mit der forcierten Privatisierung und partiellen Deindustrialisierung unter der Regie der »Treuhand« zu sozialen Verwerfungen, die nur langfristig zu überwinden sein werden. PDS und Grüne sowie prominente westdeutsche Linksintellektuelle kritisierten deshalb schon frühzeitig den »überhasteten Anschluss« und malten das Bild einer »Kolonisierung Ostdeutschlands« – wie Günter Grass, der am Vorabend der Vereinigung von einem »Schnäppchen namens DDR«, das nun dem westdeutschen Kapital zufalle, sprach, und den Ostdeutschen mit unverhohlenem Abscheu erläuterte, was jetzt auf sie zukomme: »Anstelle kommunistischer Mangelwirtschaft wird Ihnen unter dem Etikett ›soziale Marktwirtschaft‹ eine rüde Ausbeutung geboten. Hässlich sieht diese Einheit aus.«

Trotz der Probleme, die mit dem tief greifenden sozialen Wandel nach der Wiedervereinigung für die DDR und die ostdeutsche Gesellschaft verbunden waren, trug die Ausdehnung des sozialen Netzes der alten Bundesrepublik auf die neuen Länder jedoch maßgeblich dazu bei, die negativen Auswirkungen des Umbruchs für die betroffenen Menschen in Grenzen zu halten. Anders als in Osteuropa oder der ehemaligen Sowjetunion führte der Transformationsprozess nur selten in eine soziale Katastrophe. Im Gegenteil: Nach der Wiedervereinigung, vor allem bis Mitte der neunziger Jahre, erlebten die meisten Ostdeutschen »eine in der Geschichte beispiellose Entwicklung des materiellen Lebensstandards, die pointiert als Wohlstandsexplosion ohne wirtschaftliches Fundament bezeichnet werden kann« (Klaus Schroeder). Während sich ein durchschnittlicher ostdeutscher Haushalt zum Zeitpunkt der Vereinigung etwa auf dem Niveau befand, das ein entsprechender westdeutscher Haushalt Mitte der fünfziger Jahre erreicht hatte, lag er nur zehn Jahre später auf dem Stand eines vergleichbaren westdeutschen Haushalts des Jahres 1992 – und hatte damit innerhalb eines Jahrzehnts einen Wohlstandssprung von über 35 Jahren vollzogen. Dies war nur möglich, weil nicht nur die Renten innerhalb kürzester Zeit an das westdeutsche Niveau angepasst wurden, sondern weil auch die durchschnittlichen Arbeitnehmereinkommen in den neuen Bundesländern trotz hoher Arbeitslosigkeit von 1990 bis 2000 um rund 150 Prozent brutto stiegen, so dass die ostdeutschen Haushalte real, also unter Berücksichtigung der Kaufkraft, am Ende dieses Jahrzehnts bei etwa 90 Prozent des westdeutschen Niveaus angelangt waren.

Auch in anderer Hinsicht waren die materiellen Erfolge beträchtlich. So wurden im ersten Jahrzehnt nach der Wiedervereinigung nicht weniger als 5,7 Millionen modernste Telefonanschlüsse installiert, 11 500 Kilometer Fernstraßen modernisiert und ausgebaut sowie 5300 Kilometer Schienenwege überholt. 510 000 mittelständische Unternehmen, die seit 1990 neu errichtet wurden, beschäftigen inzwischen mehr als 3,2 Millionen Menschen – mehr als die Hälfte aller Erwerbstätigen im Osten. Der Umbau, so schwierig und langwierig er im Einzelnen sein mochte, fand also durchaus statt, und es scheint nur eine Frage der Zeit, bis die negativen ökonomischen und sozialen Begleiterscheinungen der Wiedervereinigung überwunden sind.

In der Außenpolitik markierte die Öffnung der Grenzen zwischen Ost und West sowie das Ende des Kommunismus in Osteuropa den Beginn einer neuen Phase der europäischen Geschichte, die einerseits von der Hoffnung auf Überwindung der bisherigen Spaltung geprägt war, andererseits aber auch eine Renaissance traditioneller Verhaltensmuster europäischer Politik bedeutete. Nationalismus, ethnische Konflikte, religiöse Gegensätze und Grenzstreitigkeiten lebten neu auf. Eine dramatische Zuspitzung erfuhren historische Spannungen und Streitigkeiten im früheren Jugoslawien, wo es zu einem erbitterten Bürgerkrieg kam, während sich die Aufspaltung der Tschechoslowakei in die beiden Teilrepubliken unblutig vollzog und der Zerfall der Sowjetunion ebenfalls größtenteils ohne kriegerische Auseinandersetzungen verlief.

Die Außenpolitik der Bundesrepublik sah sich dadurch am Beginn der neunziger Jahre vor große Herausforderungen gestellt, die mit der Wiedervereinigung nur teilweise in Zusammenhang standen. Nach der Wiedererlangung der vollen staatlichen Souveränität am 3. Oktober 1990 wuchs ihr dabei jedoch eine Eigenverantwortung zu, die sie während des Kalten Krieges im Schatten der Supermächte nie besessen hatte. In einer Phase schwieriger weltpolitischer Entscheidungen sowie des Zusammenbruchs der europäischen Nachkriegsordnung, deren Hauptmerkmale – der Ost-West-Konflikt und die deutsche Teilung – nicht länger existierten, nahm Deutschland seine traditionelle geopolitische Mittellage im Zentrum Europas wieder ein.

Angesichts des fundamentalen Wandels nahezu aller Faktoren blieb die Bundesrepublik allerdings ihrer bisherigen Linie treu. Die bewährten außenpolitischen Grundsätze aus der Zeit vor 1989 galten weiter: die Entwicklung der europäischen Integration, die besondere Betonung der deutsch-französischen Zusammenarbeit, die Sicherung der transatlantischen Beziehungen zu den USA und eine aktive Stabilitätspolitik gegenüber Osteuropa und Russland. Im Mittelpunkt standen weiterhin die Stärkung der Europäischen Gemeinschaft und der NATO sowie die »Kultur der Zurückhaltung«, die nicht nur im militärischen Bereich, sondern auch mit der »an Souveränitätsabbau orientierten, betont nicht-nationalen Ausrichtung« der deutschen Außenpolitik unterstrichen wurde (Thomas Paulsen). Unter den Bündnispartnern wurde diese Zurückhaltung indessen nicht immer mit Beifall aufgenommen. Vor allem die USA forderten eine aktive deutsche Rolle zur Unterstützung westlicher Positionen.

Wie schwierig die Wahrnehmung der gewachsenen internationalen Verantwortung des wiedervereinigten Deutschland sein konnte, wurde im Golfkrieg 1991 und bei der verfrühten völkerrechtlichen Anerkennung der jugoslawischen Teilrepubliken Slowenien und Kroatien als unabhängige Staaten im Winter 1991/92 deutlich. Im Golfkrieg sah sich die Bundesregierung mit der Forderung der USA konfrontiert, zum Schutz gemeinsamer Interessen und Werte im

Rahmen beiderseitiger Risikobereitschaft logistische Unterstützung zu gewähren und eigene Truppen an den Golf zu entsenden. Bonn lehnte den direkten Einsatz deutscher Soldaten am Golf aus verfassungspolitischen Gründen zwar ab, erklärte sich jedoch zu finanzieller und materieller Hilfe bereit, so dass die Bundesrepublik am Ende mit 17 Milliarden DM – nahezu einem Drittel des jährlichen Verteidigungsetats – den Golfkrieg großenteils finanzierte und sich gleichwohl den Vorwurf der »Scheckbuch-Diplomatie« gefallen lassen musste. Im Falle der diplomatischen Anerkennung Sloweniens und Kroatiens verhielt es sich genau umgekehrt: Die Bundesregierung setzte sich im Dezember 1991 gegen den Widerstand Frankreichs, Großbritanniens, der USA und der UNO durch, handelte im Alleingang und stellte die Verbündeten – darunter den britischen Vermittler im Jugoslawien-Konflikt, Lord Carrington – vor vollendete Tatsachen. Dessen Warnung, insbesondere die Anerkennung Kroatiens werde die Zündschnur des Krieges weiter nach Bosnien-Herzegowina verlängern, wurde unbedacht in den Wind geschlagen. Doch Lord Carrington sollte Recht behalten, während Kohl und Genscher mit der völkerrechtlichen Anerkennung der Regierung in Zagreb einen folgenschweren Fehler begingen: Der Krieg in Bosnien dehnte sich aus, die Politik »ethnischer Säuberungen« eskalierte. Es sollte Jahre dauern, bis die Kritik der Verbündeten an diesem Versagen der deutschen Diplomatie verstummte. Der Schock darüber saß auf deutscher Seite so tief, dass weitere Alleingänge unterblieben und der vom neuen Außenminister Klaus Kinkel 1992 vor der UN Vollversammlung erhobene Anspruch auf einen ständigen deutschen Sitz im UN-Sicherheitsrat nur mit begrenztem Nachdruck vorgetragen wurde.

Erfolgreicher war die deutsche Außenpolitik bei ihrer behutsamen Mitwirkung an friedenserhaltenden und friedensschaffenden Maßnahmen der Vereinten Nationen. Insbesondere Bundesverteidigungsminister Volker Rühe war bestrebt, im Interesse des internationalen Ansehens und der Gleichberechtigung der deutschen Politik mit den Verbündeten nach der Wiedervereinigung die zum Teil selbst auferlegten Restriktionen bei Auslandseinsätzen der Bundeswehr zu lockern. Der Einsatz von Sanitätseinheiten in Kambodscha 1992 sowie die Entsendung von Pionieren, Fernmeldern,

Sanitätern und anderen Blauhelmsoldaten nach Somalia 1993 trugen dazu bei, den Erwartungen der UNO und verschiedener Dritte-Welt-Organisationen an ein größeres internationales Engagement Deutschlands gerecht zu werden. Mit dem Urteil des Bundesverfassungsgerichts vom 12. Juli 1994 wurden humanitäre und militärische Einsätze der Bundeswehr außerhalb des NATO-Gebietes (*out of area*) schließlich auch verfassungsrechtlich abgesichert. Danach war es der Bundesrepublik möglich, im Zuge des Ausbaus ihrer sicherheitspolitischen Handlungsfähigkeit auch im militärischen Bereich ordnungspolitische Verantwortung zu übernehmen. Dementsprechend wurde die Beteiligung der Bundeswehr am Bosnien-Einsatz der NATO auf dem Balkan am 6. Dezember 1995 von einer großen Mehrheit des Bundestages (563 Ja- zu 107 Nein-Stimmen bei 6 Enthaltungen) getragen, die wenige Jahre zuvor noch undenkbar gewesen wäre.

Eine Führungsrolle fiel Deutschland schließlich bei den Bemühungen um die Stabilisierung Osteuropas zu. Der Erfolg der demokratischen und marktwirtschaftlichen Reformen lag im besonderen deutschen Interesse, weil die Bundesrepublik als unmittelbar angrenzender westlicher Nachbar von einem Misslingen der Stabilisierung sofort betroffen gewesen wäre. Die Bundesregierung bemühte sich daher auf vielfältige Weise um die Festigung der Demokratie, den Aufschwung der Wirtschaft und die Verbesserung der Lebensbedingungen in den osteuropäischen Ländern. Deutschland trug mit 37 Prozent die Hauptlast der westlichen Finanzhilfen, gefolgt von den USA mit 11 Prozent und Japan mit 5 Prozent, und war stärkster westlicher Befürworter einer Osterweiterung von NATO und EU. Außerdem wurde die Bundesrepublik für fast alle osteuropäischen Staaten einschließlich Russland zum wichtigsten Handelspartner.

Die konstruktive Gestaltung des Verhältnisses zwischen Russland und dem wiedervereinigten Deutschland genoss in diesem Zusammenhang besondere Priorität. Die vertraglichen Voraussetzungen dafür waren bereits mit den Verträgen von 1990 geschaffen worden. In den neunziger Jahren pflegte die Bundesrepublik aber nicht nur die bilateralen Beziehungen, sondern wurde auch zum Befürworter einer engen Einbeziehung Russlands in die Tätigkeit der Organisation für Sicherheit und Zusammenarbeit in Europa (OSZE), in verschiedene NATO-Programme (u. a. »Partnerschaft für den Frieden«) sowie in die multilateralen Bemühungen zur Lösung des Balkan-Konflikts. Allerdings brachten der politische und wirtschaftliche Zusammenbruch der Sowjetunion und die Erschütterung des Selbstverständnisses der Menschen in der ehemaligen UdSSR neue Belastungen mit sich, deren Folgen sich auch auf das deutsch-russische Verhältnis auswirkten. Das Dilemma der deutschen Außenpolitik nach der Wiedervereinigung, die sich sowohl mit Forderungen nach einem größeren internationalen Engagement als auch mit der Furcht vor einem erneuten deutschen Vormachtstreben in Europa konfrontiert sah, zeigte sich am Beispiel des deutsch-russischen Verhältnisses besonders deutlich. Historische Schuld und Erinnerung mischten sich mit Fragen der aktuellen Macht- und Interessenpolitik.

Deutschlands Rückkehr auf die Bühne der internationalen Politik konnte sich somit nicht losgelöst vom Hintergrund der Erfahrungen der deutschen und europäischen Geschichte des 19. und 20. Jahrhunderts vollziehen. Die Bundesregierung rückte deshalb bewusst das Ziel der »Europäisierung« in den Mittelpunkt ihrer Außenpolitik und besaß dafür mit dem Vertrag von Maastricht vom Dezember 1991 auch das geeignete Instrumentarium. Darin wurde vereinbart, ab 1. Januar 1999 schrittweise eine europäische Wirtschafts- und Währungsunion mit einer Europäischen Zentralbank und einer gemeinsamen Währung – dem »Euro« – zu errichten und eine gemeinsame Außen- und Sicherheitspolitik einzuleiten, wozu auf längere Sicht auch eine gemeinsame Verteidigung gehören könnte. Aus der »Europäischen Gemeinschaft« wurde die »Europäische Union«. Insbesondere die Einführung des »Euro«, der seit dem 1. Januar 2002 als einheitliches Zahlungsmittel in zwölf Ländern der EU dient und ebenfalls die Deutsche Mark ablöste, entkräftete Befürchtungen, Deutschland könne nach der Wiedervereinigung erneut, wie nach 1871, zu einem nationalen Alleingang in Europa starten. Das vereinte Deutschland wurde dadurch noch dauerhafter als zuvor in europäische Strukturen integriert.

Zum anderen bot die EU einen allgemein akzeptierten Rahmen für die Heranführung osteuropäischer Staaten an westliche Institutionen, die nicht zuletzt dem Ziel diente, die Entwicklung in Osteuropa zu stabilisieren und das politische, ökonomische und soziale Gefälle an der Ostgrenze Deutschlands zu vermindern. In der Bundesrepublik hoffte man, dass den Menschen in Osteuropa damit eine konkrete Perspektive für die Verbesserung ihrer sozialen Lage gegeben würde, um größere Wanderungsbewegungen – wie 1989/90 von Ost- nach Westdeutschland – zu vermeiden. Wie die Integration nach dem Zweiten Weltkrieg zum wirtschaftlichen Wiederaufbau und zur Aussöhnung zwischen den Völkern Westeuropas beigetragen hatte, sollte die Europäische Union aus deutscher Sicht nun auch in Osteuropa zum Katalysator der Erneuerung politischer, ökonomischer und sozialer Strukturen werden. Die Ausweitung und Intensivierung der europäischen Integration war deshalb das wichtigste Kennzeichen der deutschen Außenpolitik nach der Wiedervereinigung.

Die Bundestagswahl vom 27. September 1998 änderte daran nichts, auch wenn damit die »Ära Kohl« nach 16 Jahren Kanzlerschaft zu Ende ging. Die SPD wurde mit 40,9 Prozent zum zweiten Mal in ihrer Geschichte (nach 1972) stärkste Fraktion im Bundestag; CDU und CSU mussten das schlechteste Ergebnis seit 1949 hinnehmen und rutschten mit 35,2 Prozent erstmals deutlich unter die 40-Prozent-Grenze. Bündnis 90/Die Grünen erreichten 6,7 Prozent und erhielten die Chance, mit der SPD eine Koalition zu bilden und sich an der Regierung zu beteiligen. Es war im Übrigen auch das erste Mal in der Geschichte der Bundesrepublik, dass ein Kanzler durch eine Wahl aus dem Amt gedrängt wurde. Der Kanzlerkandidat der SPD, Gerhard Schröder, erklärte nach seinem Wahlsieg, es sei jetzt sein Ziel, zur staatlichen Einheit die innere hinzuzufügen und »das Volk zusammenzuführen«.

Noch bevor Schröder am 27. Oktober 1998 sein neues Amt antrat, stand der Bundestag ein weiteres Mal vor einer außenpolitischen Entscheidung von großer Tragweite, die die veränderte Rolle Deutschlands unterstrich: In einer Sondersitzung am 16. Oktober 1998 stimmte das Parlament mit 500 von 580 anwesenden Abgeordneten dem Antrag der scheidenden Bundesregierung zur deutschen Beteiligung an einer möglichen Militäraktion der NATO im Kosovo zu. Hintergrund war ein seit Monaten anhaltender Bürgerkrieg in diesem Teil Jugoslawiens, in dem die albanische Bevölkerungsmehrheit für größere Autonomie gegenüber der serbischen Zentralregierung in Belgrad unter Ministerpräsident Slobodan Milošević kämpfte. Der UN-Sicherheitsrat hatte Milošević mehrfach ohne Erfolg aufgefordert, das Blutvergießen zu beenden, so dass nur noch ein direktes militärisches Eingreifen geeignet schien, die menschliche Tragödie im Kosovo zu beenden. Dieser Meinung war auch der neue Außenminister Joschka Fischer, der als Vertreter der Grünen vor der schwierigen Entscheidung stand, ungeachtet der pazifistischen Grundüberzeugungen seiner Partei einen NATO-Einsatz gegen Jugoslawien mittragen zu müssen.

Als es nach dem Scheitern letzter Friedensbemühungen auf Schloss Rambouillet bei Paris im März 1999 zu den lange erwarteten Kampfhandlungen kam, bei denen die Bundeswehr an Luftschlägen der NATO gegen Serbien beteiligt war, erklärte Fischer in einer weiteren Kosovo-Debatte im Bundestag, angesichts der durch die Politik Belgrads verursachten Menschenrechtsverletzungen gebe es zu dem Militäreinsatz keine Alternative. Bundeskanzler Schröder betonte in gleichem Sinne, es wäre »zynisch und verantwortungslos gewesen«, dieser humanitären Katastrophe noch länger passiv zuzuschauen. Den deutschen Soldaten, die erstmals seit Ende des Zweiten Weltkrieges im Kampfeinsatz stünden, müsse der Bundestag ein Zeichen der Solidarität und der Unterstützung geben.

Tatsächlich stimmte das Parlament nach der Aussprache mit großer Mehrheit für die Fortsetzung der NATO-Luftangriffe auf Ziele in Jugoslawien. Lediglich die PDS, für die ihr Fraktionsvorsitzender Gregor Gysi die Angriffe als »Bruch des geltenden Völkerrechts« bezeichnete, und einzelne Abgeordnete von Bündnis 90/Die Grünen, wie Christian Ströbele, lehnten den Militäreinsatz ab. Doch das eindeutige Abstimmungsergebnis in dieser schwierigen Frage demonstrierte ein weiteres Mal, wie groß das Maß an Kontinuität war, das die deutsche Außen- und Sicherheitspolitik kennzeichnete, obwohl sie sich seit der Wiedervereinigung in einem neuen, erweiterten Rahmen bewegte und inzwischen auch außerhalb der eigenen Grenzen Verantwortung trug. Der Regierungswechsel hatte an diesem Grundkonsens nichts geändert – vor allem weil Außenminister Joschka Fischer das Unbehagen und die Widerstände, die es in seiner Partei gegen den außenpolitischen Kurs gab, in entscheidenden Momenten immer wieder zu überwinden vermochte. Dies galt nicht zuletzt nach dem 11. September 2001, als die Bundesrepublik sich nach der Zerstörung des World Trade Center in New York durch islamische Extremisten wie selbstverständlich und ohne Zögern an der von den USA zusammengeführten internationalen Koalition gegen den Terrorismus beteiligte und im Januar 2002 nach der Niederlage des Taliban-Regimes in Afghanistan sogar Bundeswehreinheiten als Teil einer »Internationalen Sicherheitstruppe« unter UN-Mandat nach Kabul entsandte, um dort die Sicherheit zu gewährleisten.

Wie sehr der deutsche Beitrag für den Frieden inzwischen auch von der internationalen Staatengemeinschaft gewürdigt wurde, zeigte nicht zuletzt die Tatsache, dass die Afghanistan-Konferenz der Vereinten Nationen, die am 5. Dezember 2001 ein Abkommen zur Wiederherstellung der politischen Ordnung in Afghanistan zustande brachte, nach Vermittlung durch Bundesaußenminister Fischer auf dem Petersberg bei Bonn stattfand. Es war – Koinzidenz der Geschichte – derselbe Ort, an dem Bundeskanzler Adenauer 1949 den Hohen Kommissaren der Vier Mächte entgegengetreten war, um im Namen der soeben gegründeten Bundesrepublik den Anspruch zu erheben, vier Jahre nach dem Ende des Hitler-Reiches wieder in die Gemeinschaft der freien Völker zurückzukehren.

Ausblick

Die Wende von 1989 bedeutete nicht nur den Untergang der DDR, sondern auch das Ende der »Bonner Republik«, die sich seit 1949 durch innere Stabilität, wirtschaftliche Prosperität und außenpolitische Berechenbarkeit ausgezeichnet hatte. Die nach einer spektakulären und hart umkämpften Debatte getroffene Entscheidung des Bundestages vom 20. Juni 1991, den Sitz von Parlament und Regierung überwiegend nach Berlin zu verlegen, erfolgte nicht nur aus Gründen politischer Glaubwürdigkeit (nachdem seit 1945 in ungezählten Erklärungen immer wieder die Hauptstadtfunktion Berlins beschworen worden war), sondern auch zur Vollendung der inneren Einheit Deutschlands.

Die Frage bleibt, ob mit diesem Wechsel weiter gehende politische Veränderungen verbunden sind. Nicht umsonst erregte Fritz René Allemann in den fünfziger Jahren mit seinem Buch *Bonn ist nicht Weimar* Aufsehen. Orte standen für Inhalte: Weimar für Instabilität und eine gefährdete Republik, Bonn für Stabilität und eine zukunftsfähige Demokratie. Wenn der Übergang von der Bonner zur Berliner Republik nun ebenfalls eine Verschiebung der deutschen Politik ankündigen würde – diesmal zu Großmannssucht und weltpolitischem Abenteurertum –, wäre Besorgnis angebracht. Doch eine solche Sorge scheint überflüssig: Zum einen kann von einem vollständigen Ende der Bonner Republik keine Rede sein. Schon mit dem Fortbestand der Verfassung und der Westbindung besitzt die Bundesrepublik zwei Säulen, die Kontinuität gewährleisten. Darüber hinaus tragen die Wirtschaftsordnung, die Struktur der Eliten und – in einem umfassenden Sinne – die demokratische politische Kultur der Bundesrepublik, die im Gegensatz zur Weimarer Republik eine große Reife bewiesen hat, dazu bei, die Stabilität zu erhalten. Zum anderen ist die wachsende europäische Verankerung der beste Schutz gegen nationale Alleingänge – wobei ein übersteigerter Nationalismus im gegenwärtigen Deutschland noch weniger zu erkennen ist als in anderen Ländern Europas. Der Regierungsumzug nach Berlin sollte deshalb in seinen Auswirkungen auf die Gestaltung der deutschen Politik nicht überschätzt werden.

Natürlich gibt es auch Zäsuren. Das geeinte Deutschland ist aus einer Randlage im Ost-West-Konflikt in das Zentrum des neuen Europa gerückt; Deutschland segelt nicht länger im Windschatten der Weltpolitik, sondern wird zur Übernahme von Verantwortung gedrängt. In der neuen Hauptstadt Berlin spiegeln sich wie in einem Brennglas die Probleme eines Kontinents, dessen Grenzen offener und dessen soziale Gegensätze größer geworden sind – und die Bundesregierung kann sich diesen Spannungen in der Metropole Berlin weniger entziehen als im kleinstädtischen Bonn. Während Bonn oft nur die politische Arbeitsstätte von Wochenendheimfahrern war, wandelt sich Berlin zum nationalen Zentrum: von Ministern und Parlamentariern, Diplomaten und Journalisten, Verbandsvertretern und Lobbyisten, Wissenschaftlern und Künstlern – in dieser Hinsicht Paris, London oder Washington nicht unähnlich. Auch darin liegt ein Stück Symbolik: Das »metropolitane Flair« (Johannes Gross) könnte sich auf die Regierungsarbeit auswirken.

Dennoch dürfte sich die Berliner Republik von ihren Bonner Traditionen nicht allzu weit entfernen. Vor allem hinsichtlich der Grundorientierung der Politik hat sich die Befürchtung als unbegründet erwiesen, mit der Rückkehr der Regierung an die Spree werde auch der Reichsgedanke wieder Einzug halten. Die Entstehung eines »Vierten Reiches« ist angesichts des inneren Strukturwandels und der äußeren Einbindung der Bundesrepublik praktisch ausgeschlossen. Die Bundesrepublik bleibt auch als Berliner Republik, was sie zu ihren Bonner Zeiten war: ein stabiler und verlässlicher Partner des Westens mit demokratischer Grundhaltung und einer politischen Kultur, die aus der verfehlten Nationalgeschichte von 1871 bis 1945 ihre Lehren gezogen hat. Deutschland besitzt damit – in den Worten des deutsch-jüdischen Historikers Fritz Stern, der unter Hitler zur Emigration nach Amerika gezwungen wurde – eine »zweite Chance«.

Literatur

Die Literatur zur Geschichte der Bundesrepublik ist längst uferlos geworden. Die folgenden Hinweise beschränken sich auf Überblickswerke und wichtige Einzeldarstellungen sowie auf Memoiren und Biographien derjenigen Entscheidungsträger, die diese Geschichte maßgeblich geprägt haben.

Überblickswerke

Benz, Wolfgang (Hrsg.): Die Geschichte der Bundesrepublik Deutschland, 4 Bde., Frankfurt am Main 1989.

Birke, Adolf M.: Nation ohne Haus. Deutschland 1945–1961, Berlin 1989.

Bracher, Karl-Dietrich/Theodor Eschenburg/Joachim C. Fest/Eberhard Jäckel (Hrsg.): Geschichte der Bundesrepublik Deutschland, 5 Bde., Stuttgart und Mannheim 1983–1987.

Glaser, Hermann: Deutsche Kultur 1945–2000, München 1998.

Görtemaker, Manfred: Geschichte der Bundesrepublik Deutschland. Von der Gründung bis zur Gegenwart, München 1999.

Kielmansegg, Peter Graf. Nach der Katastrophe. Eine Geschichte des geteilten Deutschlands, Berlin 2000.

Köhler, Henning: Deutschland auf dem Weg zu sich selbst. Eine Jahrhundertgeschichte, Stuttgart und Leipzig 2002.

Pötzsch, Horst: Deutsche Geschichte von 1945 bis zur Gegenwart. Die Entwicklung der beiden deutschen Staaten, München 1998.

Ritter, Gerhard A.: Über Deutschland. Die Bundesrepublik in der deutschen Geschichte, München 1998.

Steininger, Rolf: Deutsche Geschichte seit 1945. Darstellung und Dokumente in vier Bänden, Frankfurt am Main 1996.

Winkler, Heinrich August: Der lange Weg nach Westen, 2 Bde., München 2000.

Memoiren

Adenauer, Konrad: Erinnerungen. Bd. 1: 1945–1953, Stuttgart 1965; Bd. 2: 1953–1955, Stuttgart 1966; Bd. 3: 1955–1959 Stuttgart 1967; Bd. 4: 1959–1963, Stuttgart 1968.

Bahr, Egon: Zu meiner Zeit, München 1996.

Blankenhorn, Herbert: Verständnis und Verständigung. Blätter eines politischen Tagebuchs 1949 bis 1979, Frankfurt am Main u. a. 1980.

Brandt, Willy: Begegnungen und Einsichten. Die Jahre 1960–1975, München und Zürich 1975.

–: Erinnerungen, Berlin und Frankfurt am Main 1990.

Ehmke, Horst: Mittendrin. Von der Großen Koalition zur Deutschen Einheit, Berlin 1994.

Genscher, Hans-Dietrich: Erinnerungen, Berlin 1995.

Gorbatschow, Michael: Wie es war. Die deutsche Wiedervereinigung, Berlin 1999.

Grewe, Wilhelm G.: Rückblenden 1976–1951. Aufzeichnungen eines Augenzeugen deutscher Außenpolitik von Adenauer bis Schmidt, Frankfurt am Main u. a. 1979.

Kiesinger, Kurt-Georg: Dunkle und helle Jahre. Erinnerungen 1904–1958, hrsg. von Reinhard Schmoeckel, Stuttgart 1989.

Kohl, Helmut: »Ich wollte Deutschlands Einheit«, dargestellt von Kai Dieckmann und Ralf Georg Reuth, Berlin 1996.

Krenz, Egon: Wenn Mauern fallen. Die friedliche Revolution. Vorgeschichte – Ablauf – Auswirkungen, Wien 1990.

Mende, Erich: Die neue Freiheit 1945–1961, München 1984.

Von Wende zu Wende 1962–1982, München 1986.

Schabowski, Günter: Der Absturz, Reinbek 1992.

Schäuble, Wolfgang: Der Vertrag. Wie ich über die deutsche Einheit verhandelte. Hrsg. und mit einem Vorwort von Dirk Koch und Klaus Wirtgen, Stuttgart 1991.

Schmid, Carlo: Erinnerungen, Bern u. a. 1979.

Schmidt, Helmut: Menschen und Mächte, Berlin 1987.

–: Die Deutschen und ihre Nachbarn. Menschen und Mächte II, Berlin 1990.

–: Weggefährten. Erinnerungen und Reflexionen, Berlin 1996.

Strauß, Franz Josef: Die Erinnerungen, Berlin 1989.

Biographien

Bickerich, Wolfram: Franz Josef Strauß. Die Biographie, Düsseldorf 1996.

Dreher, Klaus: Helmut Kohl. Leben mit der Macht, Stuttgart 1998.

Hentschel, Volker: Ludwig Erhard. Ein Politikerleben, München und Landsberg am Lech 1996.

Köhler, Henning: Adenauer. Eine politische Biographie, Berlin und Frankfurt am Main 1994.

Krieger, Wolfgang: Franz Josef Strauß. Der barocke Demokrat aus Bayern, Göttingen und Zürich 1995.

Laitenberger, Volkhard: Ludwig Erhard. Der Nationalökonom als Politiker, Göttingen und Zürich 1986.

Lindemann, Helmut: Gustav Heinemann. Ein Leben für die Demokratie, München 1978.

Mayer, Tilman: Jakob Kaiser. Gewerkschafter und Patriot, Köln 1988.

Merseburger, Peter: Der schwierige Deutsche. Kurt Schumacher – Eine Biographie, Stuttgart 1995.

Morsey, Rudolf: Heinrich Lübke. Eine politische Biographie, Paderborn 1996.

Schwarz, Hans-Peter: Adenauer. Der Aufstieg: 1876–1952, Stuttgart 1986.

Adenauer. Der Staatsmann: 1952–1967, Stuttgart 1991.

Seebacher-Brandt, Brigitte: Ollenhauer. Biedermann und Patriot, Berlin 1984.

Soell, Hartmut: Fritz Erler. Eine politische Biographie, 2 Bde., Berlin u. a. 1976.

Weber, Petra: Carlo Schmid 1896–1979. Eine Biographie, München 1996.

Wengst, Udo: Thomas Dehler (1897–1967). Eine politische Biographie, München 1997.

Einzeldarstellungen

Aust, Stefan: Der Baader-Meinhof-Komplex, erw. u. akt. Aufl., Hamburg 1997.

Baring, Arnulf: Außenpolitik in Adenauers Kanzlerdemokratie. Bonns Beitrag zur Europäischen Verteidigungsgemeinschaft, München und Wien 1969.

– (in Zusammenarbeit mit Manfred Görtemaker): Machtwechsel. Die Ära Brandt-Scheel, Stuttgart 1982.

Bender, Peter: Die »Neue Ostpolitik« und ihre Folgen. Vom Mauerbau bis zur Vereinigung, 3., überarb. Aufl., München 1995.

Bohn, Volker: Deutsche Literatur seit 1945. Texte und Bilder, Frankfurt am Main 1993.

Brand, Karl-Werner u. a.: Aufbruch in eine andere Gesellschaft. Neue soziale Bewegungen in der Bundesrepublik, Frankfurt am Main 1984.

Doering-Manteuffel, Anselm: Die Bundesrepublik Deutschland in der Ära Adenauer. Außenpolitik und innere Entwicklung, Darmstadt 1983.

Görtemaker, Manfred: Unifying Germany 1989–1990, New York und London 1994.

Graml, Hermann: Die Alliierten und die Teilung Deutschlands 1945–1948, Frankfurt am Main 1985.

Gross, Johannes: Begründung der Berliner Republik. Deutschland am Ende des 20. Jahrhunderts, Stuttgart 1995.

Grosser, Dieter: Das Wagnis der Währungs-, Wirtschafts- und Sozialunion. Politische Zwänge im Konflikt mit ökonomischen Regeln (= Geschichte der deutschen Einheit, Bd. 2), Stuttgart 1998.

Hacke, Christian: Die Außenpolitik der Bundesrepublik Deutschland. Weltmacht wider Willen? Mit einem Vorwort von Gordon A. Craig, 3. Aufl., Berlin 1997.

Haftendorn, Helga: Deutsche Außenpolitik zwischen Selbstbeschränkung und Selbstbehauptung 1945–2000, Stuttgart und München 2001.

Jarausch, Konrad H.: Die unverhoffte Einheit 1989–1990, Frankfurt am Main 1995.

Kleßmann, Christoph: Die doppelte Staatsgründung. Deutsche Geschichte 1945–1955, 5. Aufl., Bonn 1991.

–: Zwei Staaten, eine Nation. Deutsche Geschichte 1955–1970, Göttingen und Bonn 1988.

Koerfer, Daniel: Kampf ums Kanzleramt. Erhard und Adenauer, Stuttgart 1987.

Korte, Karl-Rudolf: Deutschlandpolitik in Helmut Kohls Kanzlerschaft. Regierungsstil und Entscheidungen 1982–1989 (= Geschichte der deutschen Einheit, Bd. 1), Stuttgart 1998.

Lietsch, Fritz und Bernhard Michalowski (Hrsg.): Die Bananenrepublik. Skandale und Affären in der Bundesrepublik – Eine Chronik, München 1997.

Limmer, Hans: Die deutsche Gewerkschaftsbewegung. Geschichte, Gegenwart, Zukunft. Ein kritischer Grundriß (= Geschichte und Staat, Bd. 279),13., völlig überarb. Aufl., München 1996.

Naimark, Norman M: Die Russen in Deutschland. Die sowjetische Besatzungszone 1945 bis 1949, Berlin 1997.

Niclauß, Karlheinz: Der Weg zum Grundgesetz. Demokratiegründung in Westdeutschland 1945–1949, Paderborn u. a. 1998.

Rupieper, Hermann-Josef: Der besetzte Verbündete. Die amerikanische Deutschlandpolitik 1949–1955, Opladen 1991.

Schildt, Axel: Ankunft im Westen. Ein Essay zur Erfolgsgeschichte der Bundesrepublik, Frankfurt am Main 1999.

Schroeder, Klaus: Der Preis der Einheit. Eine Bilanz, München und Wien 2000.

Schroeter, Harm G.: Von der Teilung zur Wiedervereinigung (1945–2000), in: Deutsche Wirtschaftsgeschichte. Ein Jahrtausend im Überblick, hrsg. von Michael North, München 2000.

Schwarz, Hans-Peter: Vom Reich zur Bundesrepublik. Deutschland im Widerstreit der außenpolitischen Konzeptionen der Besatzungsherrschaft 1945–1949, Neuwied und Berlin 1966.

Sontheimer, Kurt: Deutschlands politische Kultur, München 1990.

Weidenfeld, Werner: Außenpolitik für die deutsche Einheit. Die

Entscheidungsjahre 1989/90 (= Geschichte der deutschen Einheit, Bd. 3), Stuttgart 1998.

– u. Karl-Rudolf Korte (Hrsg.): Handbuch zur deutschen Einheit 1949-1989-1999, Bonn 1999.

Wettig, Gerhard: Entmilitarisierung und Wiederbewaffnung in Deutschland 1943–1955. Internationale Auseinandersetzungen um die Rolle der Deutschen in Europa, München 1967.

Wetzlaugk, Udo: Berlin und die deutsche Frage, Köln 1985.

Wilke, Jürgen: Mediengeschichte der Bundesrepublik Deutschland, Köln und Weimar 1998.

Ziebura, Gilbert: Die deutsch-französischen Beziehungen seit 1945. Mythen und Realitäten, überarb. u. akt. Neuausgabe, Stuttgart 1997.

Personenregister

Rusk, Dean 126, 150
Ryschkow, Nikolai Iwano-
    witsch 296

Schabowski, Günter 274, 278 f.,
    282
Schädlich, Hans-Joachim 270
Schäffer, Fritz 41 ff.
Schäuble, Wolfgang 281, 294
Schauer, Helmut 159
Scheel, Walter 133 f., 169 ff.,
    185, 187 f., 190, 243
Schellemann, Carlo 233
Schelling, Friedrich W. 63
Schelsky, Helmut 83 f., 86 f., 90
Schenk, Herrad 225
Schewardnadse, Eduard 285,
    296 f.
Schiller, Karl 140 ff., 169, 174,
    179 f., 203–207
Schleyer, Hanns-Martin 249
Schmid, Carlo 29, 31 ff., 35, 41
Schmidt, Helmut 137, 139, 155,
    168 f., 178 f., 184, 189, 199,
    203–206, 209, 212, 214, 222,
    242–247, 249, 251–258,
    261 ff.
Schneider, Rolf 270
Schönherr, Albrecht 270 f.
Schopenhauer, Arthur 63
Schröder, Gerhard (CDU)
    124–128, 131, 134 f., 139, 144,
    147, 174, 193
Schröder, Gerhard (SPD) 312 f.
Schroeder, Klaus 306
Schroedter, Louise 30
Schukow, Georgjj 110

Schulze, Gerhard 85
Schumacher, Kurt 31, 37 f., 41,
    93 ff., 137, 171, 242
Schuman, Robert 96 f., 100, 102
Schygulla, Hanna 234
Semjonow, Wladimir 130
Semmler, Johannes 52
Seyppel, Joachim 270
Siegert, Stefan 233
Sontheimer, Kurt 78
Speer, Albert 9
Spilker, Karl-Heinz 283
Springer, Axel 160 f., 164, 247
Staeck, Klaus 233
Stalin, Josef W. 8, 14 f., 78,
    101 f.
Starke, Heinz 170
Staudte, Wolfgang 76
Steffen, Jochen 179, 181
Steiner, Julius 191
Stern, Fritz 316
Sternberger, Dolf 71
Stoltenberg, Gerhard 259
Stolz, Robert 74
Stoph, Willi 193, 268, 279, 282
Strauß, Franz Josef 22, 113 f.,
    137 f., 141, 149, 174, 192 f.,
    254, 263 f.
Strawinsky, Igor 74
Stresemann, Gustav 42, 75
Ströbele, Christian 313

Taylor, Frederick Winslow
    240
Teltschik, Horst 296, 298
Teufel, Fritz 159
Tisch, Harry 279

329